U0904210

艺术院校
体育课基础教程

主　编　李建春

北京体育大学出版社

策划编辑： 魏　北
责任编辑： 周学政
责任校对： 孙双明
版式设计： 沈小峰

图书在版编目（CIP）数据

艺术院校体育课基础教程 / 李建春主编 . -- 北京：北京体育大学出版社，2013.8（2020.10 重印）
ISBN 978-7-5644-1387-3

Ⅰ . ①艺… Ⅱ . ①李… Ⅲ . ①体育－高等学校－艺术学校－教材 Ⅳ . ① G807.4

中国版本图书馆 CIP 数据核字 (2013) 第 186195 号

艺术院校体育课基础教程　　　　**李建春　主编**

出版发行： 北京体育大学出版社
地　　址： 北京市海淀区农大南路 1 号院 2 号楼 4 层办公 B-421
邮　　编： 100084
网　　址： http：//cbs.bsu.edu.cn
发 行 部： 010-62989320
邮 购 部： 北京体育大学出版社读者服务部 010-62989432
印　　刷： 北京昌联印刷有限公司
开　　本： 787mm × 1092mm　1/16
成品尺寸： 185mm × 260mm
印　　张： 24
字　　数： 613 千字
版　　次： 2013 年 8 月第 1 版
印　　次： 2020 年 10 月第 2 次印刷
定　　价： 33.00 元

本书如有印装质量问题，请与出版社联系调换。

《艺术院校体育课基础教程》编委会

主　编　李建春

副主编　于　毅　张宝鑫　张　悦　鲁宇非
刘曼罗　王志萍　万　艳

编　委　阳　翔　赵　震　柳海涛　王志国
蒿　彬　李　奕　曹建承　李　革
陆妍羽　陈　英　梁　平

前 言

大学生是掌握新技术、拥有新思想的前沿群体，是国家培养的高级专门人才，是我国现代化建设的主力军，担负着实现伟大民族复兴的历史重任。《中共中央国务院关于深化教育改革全面推进素质教育的决定》中明确指出：“健康体魄是青少年为祖国和人民服务的基本前提，是中华民族旺盛生命力的体现。学校教育要树立健康第一的指导思想，切实加强体育工作。”这为构建充满生机活力的现代教育体系指明了方向。为了适应高校教育事业迅速发展的需要，进一步深化教育改革，提高体育课的教学质量，根据《学校体育工作条例》、《全国普通高等学校体育课程教学指导纲要》与《国家学生体质健康标准》的要求，我们编写了本教材——《艺术院校体育课基础教程》。

本教材编写是以“健康第一”的思想为指导，以国家教育部颁发的《全国普通高等学校体育课程教学指导纲要》和《国家学生体质健康标准》为依据，在总结多年高校体育教育改革的理论和实践经验、结合高校体育教学的实际情况和具体特点、广泛征求许多教师意见的基础上，针对大学生的生理、心理特点，确定了教材的结构和内容，并力求使本教材成为在艺术院校大学生学习体育并满足其终身体育锻炼的指导性用书。

近几年来，随着体育教育的新理论、新方法和新成果不断涌现，高校体育领域也呈现出生机勃勃的景象。那么，如何将这些新知识呈现、传授和介绍给学生，使学生能掌握体育的基本原理和方法，拓宽视野，并根据自身的实际指导现在和未来体育锻炼，是本书编者考虑的首要问题。因此，本教材在编写过程中着力体现以下几个特点：

1. 展现艺术院校教育特色。依据艺术院校办学特点，立足本位，精心设置了体育理论常识和运动实践项目，融入了艺术院校的体育教育的功能、体育文化、体育与艺术的关系等新颖内容，构建了艺术院校教材的鲜明特色，充分体现了本教材的创新性。

2. 体现时代性与科学性。本教材坚持以“健康第一”思想为宗旨，紧扣高校体育课程主要目标，围绕“体育与健康”这一主题，将体育与健康的最新成果和前沿进展交织铺陈，使学生了解体育与健康的科学原理和方法，展现当代体育科学的最新风貌。此外，根据当前大学生喜欢健身性、娱乐性强的运动项目的特点，本教材选择了时代性较强的运动项目，如热力舞、击剑、瑜伽等，以提高艺术院校学生的体育兴趣。

3. 注重针对性与实用性。本教材在内容选择上，以适应艺术院校学生智力发展水平和心理自我辨别特点，符合其生理、心理发展需要为前提，选择有针对性、实用性的教材内容，帮助学生学习体育与健康的基本知识、原理和方法，了解体育与艺术的关系，提高认知水平，同时也有助于大学生掌握终身有用的体育技术和技能，培养大学生的体育兴趣。

4. 坚持“三个突出”、“三个面向”。本书突出“学”的特色，在处理“教”与“学”的关系时面向学生；突出公共教材的特色，在适用对象上面向全体艺术院校学生；突出需求兼容性特色，在运动项目的选择上面向艺术院校大多数学生。

在本教材的编写过程中，我们参考了一些专家和学者的研究成果，在此向他们表示衷心的感谢。

由于编写人员能力和水平有限，书中疏漏之处，恳请广大读者批评与指正，以便今后进一步完善和提高。

目 录

·体育基础理论篇·

·体育实践训练篇·

体育基础理论篇

绪 论

一、体育与艺术的关系

当你闲暇的时候，置身于体育的大舞台，可以获得巨大的精神享受：艺术体操、冰上舞蹈、水上芭蕾；更有亚平宁半岛足球的魅力，大洋彼岸NBA那出神入化的绝技。诚然，体育与艺术历来都是生产精神产品的。一部好的作品，可以激励千万人冲上前线，保家卫国；而一场激动人心的比赛，也可以振奋民族自豪感，喊出“振兴中华”的口号。体育与文艺有着千丝万缕的联系。近年来，众多的体育人士进入演艺圈一显身手，且声名鹊起、挥洒自如，创造了众多脍炙人口的银幕形象。历史上对艺术早有定论，她属于“艺术型”的高级神经活动类型。而体育隶属何类?不得而知。长期萦绕在我们耳边的“文体不分家”的理论基础是什么？

巴甫洛夫关于人的高级神经活动类型的学说，是在他的关于两种信号系统的基础上提出来的。他认为，大脑两半球皮质经常受到来自外部世界或机体内部多种信号的影响，他把这些信号根据本质上的差别区分为两个系统，即第一信号系统和第二信号系统。第一信号系统指的是直接到达机体的视觉感受器、听觉感受器和其他感受器的专门细胞的刺激，及其在大脑皮质中留下痕迹而发出的信号。这是从外部环境——不论是一般自然环境或是社会环境的具体对象或现象中得到的感觉、知觉和表象的东西，是用映象的形式来反映外部世界的客体的心理现象。它是人和动物所共有的。但人与动物不同，人在劳动和社会生活的过程中发展了有声的语言。人所听到的和看到的，或在发音时听觉上所感受到的词和词汇，能产生出关于一定的对象、现象及其联系和关系的信号来，这就组成了第二信号系统，它是社会生活的产物，按照巴甫洛夫的学说，它组成了动物所没有而只有人类才有的一种“附加物”；人的第二信号系统与第一信号系统是不可分割地联系着的，两者彼此相互联系，都是在人类社会生活条件下形成和发展起来的。巴甫洛夫强调指出：语言、言语机理给大脑半球带来了新的机能。这种新的神经活动的原理，在于把现实加以抽象，并且能够概括第一信号系统的信号。第二信号系统能以概括的形式保持人类社会所积累起来的知识，它为人与人之间的交往服务。它在与第一信号系统相互作用的情况下就成为人们的抽象思维机制的基础，它是以概念的形式间接地反映外部世界的对象或现象和它们的联系的最高级的心理现象。

巴甫洛夫通过大量实验研究证明，在人脑的机能——高级神经活动中，第一信号系统和第二信号系统的作用在辩证统一的相互联系中的发展可能彼此平衡，也可能一个比另一个占优势。他根据这个特点把人类所特有的高级神经活动分为三种：第一信号系统占相对优势的是艺术型，第二信号系统占相对优势的是思维型，两种信号系统相对平衡的为中间型。他认为，艺术型的特点是直观映象的鲜明性，想象的丰富性；思维型的特点是运用概念进行判断，推理的思维能力强。这两种类型的特点在它们极端代表方面表现得极为鲜明突出；而绝大多数人都属于和谐地结合着两种信号系统的中间类型之列。

巴甫洛夫在谈到思维型与艺术型的差别时，曾把自己列为思维型。他说："我不善于绘画。我在音乐方面什么都不懂，甚至连音调也区分不出来。同时，我也不懂研究文学……另一方面，我知道许多艺术类型的人鲜明的例子，他们善于绘画，很喜欢歌唱等等。""艺术家的第一信号系统比第二信号系统占优势。依靠回忆的痕迹，艺术家可以画出不在他面前的人的肖像，就好像站在他跟前一样。"

关于人的高级神经活动类型的学说中，巴甫洛夫明确地指出：艺术型的第一信号系统占相对优势，它的特点是直观映象的鲜明性和想象的丰富性，想象是用最高级的感性映象，即表象来活动的。

我们如何来确定体育运动是第一信号系统占相对优势的艺术型高级神经活动呢?马克思主义认识论是反映论，从反映论的观点来看，整个心理、意识的活动或过程都是人脑对外部世界的反映活动或反映过程，在这些活动或过程中所产生的结果都是外部世界的主观映象。关于这种映象，列宁写道："唯物主义者把人的感觉、知觉、表象和一般意识看作是客观实在的映象。"他又说，"我们的感觉，我们的意识只是外部世界的映象，不言而喻，没有被反映者，就不能有反映，被反映者是不依赖于反映者而存在的。"映象作为人脑对外部世界客观实在的反映的各种活动或过程的结果是观念的、第二性的东西。它们是以外部世界的客观实在为前提的。它们是外部世界的对象或现象的摹本、复写，它们把所反映的对象或现象大致符合地反映出来。它们跟自己所反映的对象或现象相类似，然而却不是这种现象或对象本身，而外部世界的对象或现象则是物质的、第一性的，它们是在人们的心理、意识之外并且不依赖人的心理意识而客观地存在。

关于映象这个术语有广义和狭义两种不同的解释。广义的解释是把整个反映过程或反映活动的结果都叫做映象，与第一信号系统和第二信号系统、感性认识和理性认识相一致，把整个映象分作两个性质不同的层次：感性映象（其中又分出三个不同层次或三种不同水平：感觉——最初级的感性映象，知觉——较高级的感性映象，表象——最高级的感性映象）和理性映象（或词的映象）。狭义的解释是只用映象这个术语来表示感性认识活动或理性认识活动的结果，是用概念来表示。

由此可见，从马克思列宁主义反映论的观点来看，说艺术型的人第一信号系统占优势，就意味着在他们的心理意识中用感性的映象或表象来进行的活动或过程占优势。

体育运动心理学认为，运动表象的清楚与否，直接影响着运动技能的形成。运动表象是运动员依头脑中的动作表象模仿动作的高级阶段，即依靠自己头脑中储存的动作表象进行独立模仿。运动表象的形成具有下列几个特征。

1. 由视觉表象过渡到运动表象，即由开始阶段的视觉成分为主，逐渐让位于运动感知的阶段。这里又具有三种发展情况：（1）视觉主导；（2）视动觉相结合；（3）动觉为主。

2. 运动表象在初步形成阶段缺乏随意性质，很难控制，需要动作表象的再认知逐渐达到随意调节。

3. 运动表象稳定性加强，表象相对稳定性的加强是动觉成分占优势，自我控制加强的结果。

4. 运动表象的发展使肌肉感觉明确化，初步的时间、空间关系准确化，特别是在各种变换身体位置时的时空关系精确化，是表象形成的特征。

5. 视觉、动觉，时空感觉、肌肉感觉等等这些无一不是运动员在运动时的感性的映象，它们是构成运动知觉的基本成分。现代运动心理学研究表明，形成各种专项运动所需的专门化的运动知觉，是保证运动技术质量的关键之一。

6. 运动表象不同于其他事物表象，它以动作表象为主，由于其反映的时间、空间关系处于运动之中，不易保持稳定，误差较大，故而对运动员的映象的鲜明及想象的丰富提出了更高的要求。事实上，演员亦是以运动表象为主的职业，也就是“文体不分家”的根源所在。

由此我们不难看出，体育运动是在运动员的心理意识中用感性的映象或表象来进行活动的过程中完成的，它是第一信号系统占相对优势的。

人的高级神经活动类型——艺术型、思维型、中间型的特点，不只在他们的活动中形成和表现出来，而且也在他们的活动的产物上显露出来。不同类型的人以观念形式存在的心理、意识中的映象和以物质形式存在的活动产物之间存在着辩证统一的关系。在这里，我们试以教练员及运动员的想象中的感性映象和他们创造的运动形象的辩证统一的关系为例作些简要的说明。

众所周知，每一套运动技能都是由一系列动作形象构成的系统，运动员是以生动的动作形象来反映运动技能的，而这些生动的动作形象主要是通过丰富的想象创造出来的。所以高度发展的、鲜明的想象力在运动员创造动作形象的整个心理、意识活动中占有巨大的特殊的地位。

马克思在谈到人的活动与动物的活动的本质上的差别时指出：“蜘蛛的活动与织工的活动相似，蜜蜂建筑蜂房的本领使人间的许多建筑师感到惭愧。但是，最蹩脚的建筑师从一开始就比最灵巧的蜜蜂高明的地方，是他在用蜂蜡建筑蜂房以前，已经在自己的头脑中把它建成了。劳动的过程结束时得到的结果，在这个过程开始时就已经在劳动者的表象中存在着，即已经观念地存在着。”据此论点，教练员与运动员在着手创造新动作之前，经过一个构思或酝酿阶段，要创造的动作形象，就已经在他们的头脑中以感性映象即表象的形象观念地存在着了。想象是最高级的感性映象即表象进行活动的心理过程。运动员在创造新动作的整个过程中，总是根据自己头脑中已经形成的想象中的表象来活动。想象中的表象能动地调节和指导着创造性活动的每一环节，使之符合所创造的动作形象的目的和要求。同时，创造性活动中的每一个环节所产生的结果又反过来改变着、修正着那些起调节作用的想象中的表象的活动和发展的状态，即为心理学上的反馈作用。因此想象中的表象始终都处于修正和补充的不断变化着的状态之中。新的动作形象就是这种处于不断变化着的表象的调节和指导下所进行的体育活动的产物。

为了对想象中的感性映象和体育活动中的动作形象之间的辩证统一关系的实质有更深刻的理解，用马克思关于“生产中，人客体化”（有作用对象化）的论点作些简要分析。首先，马克思的这个论点既适合于物质生产，又适合于精神生产。因此，我们说在创造动作形象的过程中，实现运动目的客体化——动作形象化，就是说实现在想象中的表象调节和指导运动员的活动向着它的客观结果——动作形象转化。究竟这种转化的具体表现如何？它的最终结果是什么？马克思的解释是这样：“在劳动过程中，劳动不断由动的形式转为存在形式，由运动形式转为物质形式。”“在劳动者方面曾以动的形式表现出来的东西，现在产品方面为静的属性，以存在的形式表现出来。”由此可见，在体育运动的动作形象中，就包含着由运动员的创造性活动转化成的物质存在的形式，就凝结着这种创造性活动所表现出来的东西的静的属性，例如，以运动员的名字命名的体育的动作名称：像体操中的京格尔空翻、佳妮腾跃、托马斯全旋，田径中的邹氏跳法等等。不言而喻，这种静的属性是由想象中的感性映像决定的。

综上两点，我们不难得出这样一个结论——体育活动是以第一信号系统为主体的高级神经活动类型，它亦属于艺术型，而体育活动的产物的静的属性同样证明了这一点。

从另一个角度来看，体育活动同样是一种艺术活动，广义上说体育是一种行为艺术。

行为艺术，也称行动艺术、身体艺术、表演艺术等，国外目前通用的用法是Performance Art，它是指在特定时间和地点，由个人或群体行为构成的一门艺术。行为艺术必须包含以下4项基本元素，除此之外不受任何其他限制：时间，地点，行为艺术者的身体，以及与观众的交流。同时，经由这种交流传达出一些非视觉审美性的内涵。体育活动的属性正印合了这些特征。

我们在这里探讨体育活动的高级神经活动类型的归属，为的是充分认识体育与艺术的高级神经活动类型的归类是一致的，故而他们都可称为“艺术型”，也就是“文体不分家”的缘由所在。更重要的是，认清这一概念，有助于我们在艺术院校体育课程的设置上可以有的放矢地形成自己的特色；教师在进行体育教学的过程中，如何运用这一优势也就有了明确的方向。

二、艺术院校体育课的设计理念与专业特点

指导思想：贴近专业，服务专业，培养学生具有感受美、鉴赏美、表现美和创造美的情感与能力。

（一）设计理念与教学特色

1．设计理念

人们普遍把艺术工作当作轻松愉快的职业，玩玩乐乐，既风光又收入高。殊不知艺术创作中的“轻松”，获得创作成功的“愉快”，是辛勤磨练的结果。实践经验告诉我们，艺术创作是十分复杂、艰巨的精神劳动，它要求艺术家必须具有高尚的思想情操、深厚的生活积累、丰富的审美经验、出众的艺术才能和娴熟的艺术技巧，是一个依靠勤奋、耐劳，有追求、有毅力才能成才的职业。只有辛勤耕耘的人，才能获得丰硕的果实。艺术创作指艺术家以一定的世界观为指导，运用一定的创作方法，通过对现实生活观察、体验、研究、分析、选择、加工，提炼生活素材，塑造艺术形象，创作艺术作品的创造性劳动。艺术创作是人类为自身审美需要而进行的精神生产活动，是一种独立的、纯粹的、高级形态的审美创造活动。艺术创作以社会生活为源泉，但并不是简单地复制生活现象，实质上是一种特殊的审美创造。艺术家是艺术创作的主体，其生活积累、思想倾向、性格气质、艺术修养是艺术创作得以顺利开展和最终完成的基础和前提。艺术家创作艺术作品，总是从特定的审美感受、体验出发，运用形象思维，按照美的规律对生活素材进行选择、加工、概括、提炼，构思出主观与客观交融的审美意象，然后再使用物质材料将审美意象表现出来，最终构成内容美与形式美相统一的艺术作品。艺术创作的动机，大致可以说生活是艺术的源泉，但艺术不等于生活，从生活到艺术必须经过一个认识过程的“质”的飞跃。歌德曾经说过：“艺术家对于自然有着双重关系，他既是自然的主宰，又是自然的奴隶。他是自然的奴隶，因为他必须用人世间的材料来进行创作，才能使人理解；同时他又是自然的主宰，因为他使这种人世间的材料服从于他的较高的意旨，并且为这较高的意旨服务。”他又说：“艺术家一旦把握住一个自然对象，那个对象就不再属于自然了，而且还可以说，艺术家把握对象那顷刻间就是在创作那个对象了，因为他从那个对象中取得了具有意蕴、显出特征、引人入胜的东西，使其具有更高的价值。”歌德的这番见解，辩证地分析了生活中的自然形象与艺术家创作的艺术形象

之间的关系，即道出了艺术创作与生活的辩证关系。

体育课是众多基础课中唯一可以使学生保留形象的教学。体育教学的本质是对学生生理、心理素质的开拓与利用。因此解放学生自身的素质即成为体育教学的基础问题。

一个画家必须研究他的画笔与颜料，一个雕塑家必须研究他的石块、木材与泥土，如果以刻刀去对付画布，以画笔去对付泥土，可真谓是张冠李戴，何谈有成功的可能。体育教学不同于运动训练，它的对象无从选择，正如：纪念碑上的浮雕与图章上的刻字，虽然都以石头作素材，又都属雕刻艺术，然而无论从素材的质与量，还是利用的方式与形式都大不相同。体育教学要注意研究学生本身。体育课的素材是学生，不研究学生的特点，就不能深入地完成教学目标。

艺术工作者为了获得更宽广的创作空间，也就需要更全面的能力修养。而体育活动本身就直接依赖人的能力的参与。

与普通综合大学不同，艺术院校是培养艺术人才的单一的专业院校。艺术创作需要灵感，灵感的产生来自于心灵的丰富，心灵越丰富刺激它的触发点就越多。而艺术题材的多样化，也需要艺术创作者了解、体会更多的经验。为了使刺激更丰富、更多样，就要让学生在课堂上尽可能地接受更多的心理和肌体上的体验，以唤醒他们的感觉器官。运动技能是一种信息，不是文化，文化是一种素养。大学教育的目的就是要引导学生把体育知识上升到文化层面，再从文化的层面上升到对智慧的使用上来。爱因斯坦曾指出："只用专业知识教育人是很不够的，通过专业教育他可以成为一种有用的机器，但是不能成为一个和谐发展的人，要使学生对人生价值有所了解，并且产生热烈的感情那是基本的。他必须获得美和道德上的鲜明辨别力。否则他运用他的专业知识只能像一条受过很好训练的狗，而不像一个和谐发展的人。"艺术院校的体育课要为专业人才培养服务，从专业特点的角度出发，以小周期、多项课目设计教学内容，为学生将来创作积累最初的体验。

艺术院校的体育课要从三个方面去进行实践：体育即艺术，启发学生从欣赏的角度去了解、去体会；体育即专业技能，启发学生以发展、丰富自己专业技能的心态去学习、掌握；体育即健康生活与工作的保障，启发学生从自身的切实利益出发主动自觉地加入到体育教学中来。

艺术院校的专业大致有文学、导演、表演、美术（包括舞美、动画）、摄影、音乐、管理等，在课程设计上，从专业特点出发将它们分为三个板块，即：导演、表演；美术、摄影；其他专业。

2. 教学特色

（1）先期视觉化

现代教育技术是信息技术在教育、教学领域的运用。体育课先期视觉化的意图在于，使学生在进行技能学习之前，已经对所学内容有了一个直观的认识。

传统的体育课，教师通过文字教案的形式备课，在教案中插入个别示意图，并通过教师示范的方式来向学生传达所要达到的效果。这种方式，使学生学习技能之前缺少直观认识。体育课先期视觉化正是解决这一问题的重要方案，作为一堂体育课先期视觉的一种途径，首先，它是体育教师对自己所授内容未来结果的一种预示；通过先期视觉化的手段即多媒体课件，对体育课教学内容进行分析，优化整体的教学构思，向学生传达自己的意志。另一方面，作为独特而可辨识的方式，一堂体育课只有师生获得统一的认识后，才能把握体育课的总体学习效果，形成独特的教学风格，从而开掘体育教学的深层认识价值和美学价值。

体育课先期视觉化主要表现为一种视觉的创造性活动。它强调在构思未来课堂教学中要以视觉影像为根本出发点，强调学生在构思想象中视像的重要性，并以视觉影像为创作基础，探索体育课预期教学效果，研究教学过程中的特殊气氛，以及学生在所学内容中所处的关系，从而加深学生对体育课所学内容在视觉方面的认识价值。

（2）内心视象与内心动作

合理地将艺术教学理论运用到体育教学中，将有助于教师与学生间沟通。

多年的教学实践告诉我们，用学生熟知的专业知识来诱导，较之用与学生相距甚远的体育词汇具有事半功倍的效果。就艺术院校来说，专业知识“内心视象”较之单一体育词汇“假想敌”对学生的诱导效果更加明显。

体育是一种动作的艺术。一定时空内系列的动作构成了运动者的行为，表达并展现着运动者的技巧和性格特征，于是艺术化的运动形象得以矗立在观众面前。

运动形象的产生来自于规定情境下的具体动作，动作是运动的基础和实质。“动于衷而形于外”这句话不仅道出了动作的因果关系，而且揭示了动作所具有的两个层面：一是心理动作，二是形体动作。我们知道，人的心理活动乃是高级神经思维的活动，它看不见也摸不着，之所以能够被他人感知，完全依赖于形体和语言两大介质的传导。从这个意义上讲，运动者的形体动作直接起着外化其心理动作的效能，反过来又刺激心理动作延续产生。当然，人若没有心理活动的驱使自然不会有心理动作，也就无从产生形体动作。而依人对自身的认知，我们只能说这种假设是不存在的，因为人生活于社会中，心理活动永远在进行，心理动作便不会有止歇，形体动作也就会一个接一个一环扣一环地递涌。如击剑进攻时要求必须先伸手再上步，其目的一是使进攻者在有效地击中对手后才将身体送给对手，保证进攻的主动性；二是通过手上发出进攻信号，观察对手的反应，也就是其心理动作。当对手向后退一步时，进攻方则完成向前一步的进攻，若对手向后跃步拉开距离时，进攻者则完成弓步进攻。而若对手进行击打等积极的动作时，进攻者则相应地做出躲开击打、反击打、向后拉开等反应动作。正因为人的心理动作总是通过形体动作或语言动作表露于外，所以说“人没有没有内心的外形”。体育教学就是不断引导学生挖掘、寻找、体现这两个层面的动作的过程。

既然“艺术型”是第一信号系统的直观反映，所以在教学中要以示范教学为主，通过现代化多媒体手段进行先期视觉化教学，给学生建立良好的第一映像。

（二）专业特点与课程设置

1. 导演、表演专业

（1）专业特点：形体是表演创作的基石。

（2）课程设置：身体素质（跑、跳、投）、游泳、击剑、跆拳道、户外运动、球类（篮、排、足）、滑雪、网球、高尔夫。

2. 美术、摄影专业

（1）专业特点：野外写生是美术和摄影专业的必修课，及至未来的工作也免不了到一些危险区域，具有良好的身体素质，了解掌握野外生存知识，掌握熟练的游泳技能对于自我保护和创作是十分必要的。作为创作专业，素材的积累至关重要，与体育课的运动规律、外部运动表现课程互动，将有助于提升课程质量。

（2）课程设置：身体素质、户外运动、游泳、腰旗橄榄球、（篮、排、足）球。

3. 其他专业：文学、管理、音乐等

（1）专业特点：需要全面综合的文化素质。因此课程目标为：掌握基本运动技能，注重从文化角度介绍项目的发展，为终身锻炼打下基础。

（2）课程设置：身体素质、健身舞、腰旗橄榄球、排球、篮球、足球、游泳、网球、羽毛球、瑜伽、太极拳、击剑。

第一章　认识身体

第一节　身体结构

在进行形体动作训练之前，我们首先要对自己的身体有一个全面而正确的认识，目的是使形体动作训练建立在科学的基础之上。人的身体有着复杂的组织结构，这里我们先从运动解剖学的角度对人体主要关节部位的结构及其功能做一些简要的分析。

一、脊　椎

人体躯干的中轴称为脊椎，亦称脊柱，它是人体的“中流砥柱”。脊椎由33块自上而下逐渐增大的脊椎骨组成，其中骶骨以上24块脊椎骨共同形一根可以弯曲的圆柱体（图1–1–1）。椎骨之间有厚薄不同的椎间盘相连，形成软骨结合，在人体承重和运动时起缓冲作用。椎骨之间由韧带连接，韧带的紧张程度影响椎关节的运动范围。脊椎这个独立承重的柱体，全靠肌肉力量来保持平衡、产生活动。肌肉是成对的并对称着附着在脊椎的两侧，人的躯干之所以能够挺直而且不左右摇晃，就是靠脊椎中心线两侧的肌肉间歇收缩来维持的。每一侧肌肉同时又起着抵消倒向另一侧方向趋势的作用。人体直立的姿势并不是一动不动地僵硬着，而是由一系列连续的动态调整准确合成的结果。这种调整，是依靠来自肌肉、肌腱、韧带和眼球等运动器官的动觉反馈来完成的。

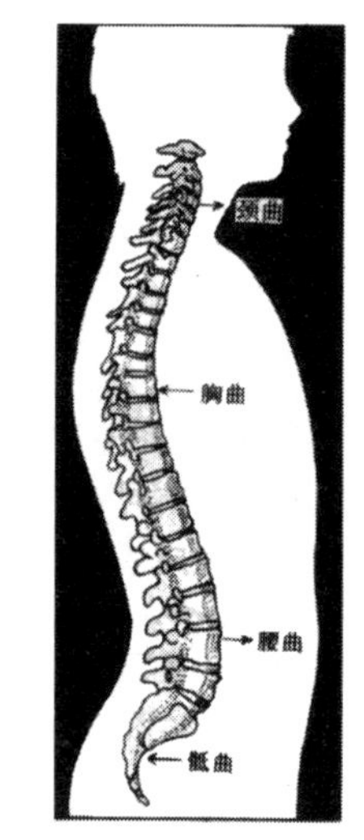

图1–1–1　脊柱侧面观

脊椎作为躯干的中轴，上连头骨，中附肋骨参与胸廓的构成，下连髋骨构成骨盆和腹腔。由于骨结构上的差异，与胸、腰部分的椎间关节相比，颈部关节的运动是相当自由的。由颈椎和通过颈部的肌肉共同构成的颈项（俗称脖子），是人体的最微妙的生命通道，血管、神经、气管、声带、食道等都集中地通过这里。颈部关节的灵活可控，肌肉运动的自如有序，不仅有益于机体生命活动的正常运转，也是使发声器官有效工作和调控自如的重要保障。

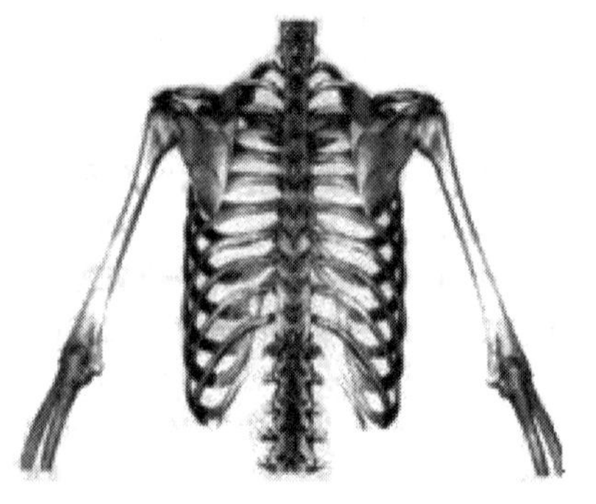
图1–1–2　胸廓与上肢

躯干是由脊椎的胸、腰一段和肋骨、胸骨为支架组成的（图1–1–2）。躯干的直立和运动靠腰、背、腹等部位肌肉力量的协调工作来维持，而韧带又常常限制着躯干关节运动的范围。由于胸椎的椎间软骨薄、弹性小，再加上受肋骨的限制，因此胸廓部分的运动幅度很小，这样可以使呼吸运动少受干扰，并对心、肺器官起到保护作用。腰椎间软骨比胸椎的软骨厚五倍，再加上腰椎的形态等因素的差异，腰部的运动幅度要比胸部大得多。从人体构造上讲，躯干是人体的中间带，它是身体各个部分进行运动的主轴与枢纽。

二、上　肢

人的上肢，是由包括锁骨与肩胛骨构成的肩带和游离的上肢骨与手骨组成。上肢各关节周围的肌肉、韧带，既加固了关节，又是使其产生运动的原动力。上肢各关节的构造和包围它的肌肉，决定了肩带的灵活性很大，它是人体最为灵活自由的关节。六块肌肉将肩带和人体骨骼的主干（以脊柱为中心的躯干）联系起来，使肩带能稳定在正常的位置上，保证了人体正常姿态的维持。

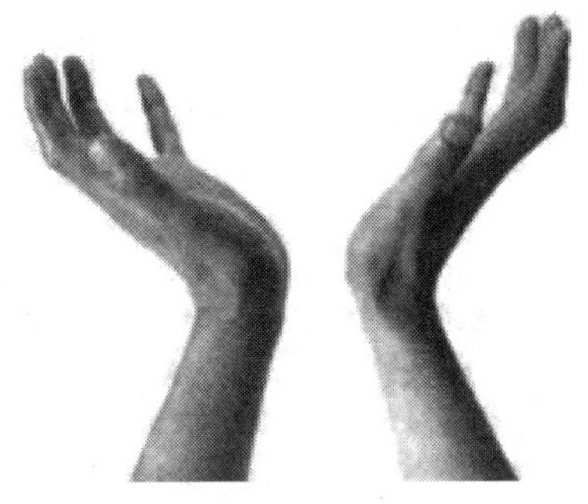

图1–1–3　手

人的一双手，每只是由27块骨骼、20多个关节组成，手的活动涉及了33块肌肉。手是感觉灵敏的、高度专门化了的器官，在大脑中有相当大的区域管理着手的运动。在日常生活中，手是最好的效力者，能准确而精细地完成各种劳作（图1–1–3）。

三、下　肢

人的下肢是由骨盆带，大、小腿骨和足骨构成的游离下肢骨组合而成。骨盆由两侧的髋骨、骶骨、尾骨以及他们所属的韧带共同构成。人在直立时，骨盆就像架在两根支架上。它除了具有保护内脏器官和支持体重的功能之外，还有连接下肢和调节运动的作用，使人体能够重心稳当、肢体平衡地完成姿势直立、身体移动、行走、跑跳、屈蹲等各项运动。

膝关节是人体构造中最为复杂的关节（一个关节腔内有着三个独立的关节），膝关节的运动是屈还是伸，它对人体维持直立，完成行走、跑、跳、屈蹲、身体承重等都有着重要的意义。

足部关节是由形态和机能都很不一样的许多关节组合而成的，它们由复杂的韧带装置连接在一起的，从而使足部可以产生屈伸、内旋、外旋等运动。足弓是足底具有弓形结构的运动支撑能力的器官，它有较强的坚固性，并保证足部有良好的弹力。

下肢的运动，主要是髋、膝、踝和足部的运动。踝关节是足部活动的枢纽。作为支撑和移动身体的运动器官，下肢的使命是由包裹在整个下肢骨骼和关节周围的肌肉、韧带的工作来完成的，包括腰肌在内的下肢肌肉群，在稳定关节和脊柱中起着至关重要的作用。

四、眼　睛

人的眼睛虽然不是身体上的关节部位，眼睛的运动也不属于关节运动，但它是人身体上的一个重要的运动器官，它的运动是靠肌肉的工作来实现的。同时它又是人体的重要表情器官，是形体训练中需要关注的重要器官（图1–1–4）。因而，我们需要对眼睛的结构有所了解。作为运动器官，人的外眼是由眼球、眼睑（俗称眼皮）组成。眼睑由一块上睑提肌控制着，对眼球起着保护的作用。眼球的运动是由眼球周围的六条（三对）眼肌操纵，通过相互对抗和协同的复杂运动来调整视线、扩大视野、传递情感和信息。

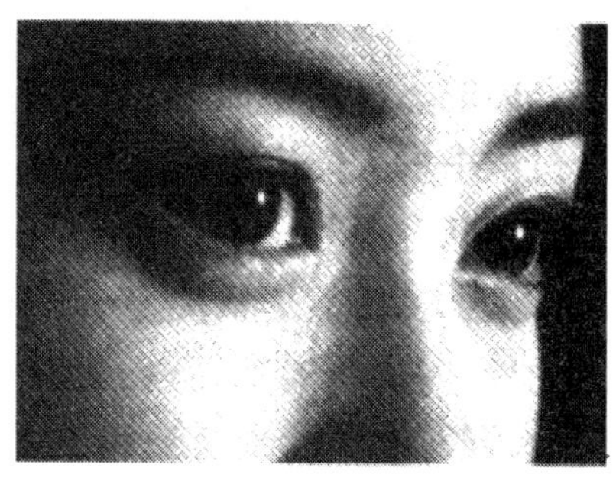
图1–1–4 眼

以上我们对人体主要关节部位及其结构功能做了一些简要的分析。只是为了便于分析，我们才将身体的各个部位分别进行叙述。应当明确指出：人体是一个有机统一的整体，身体的任何一个局部，都是整体中相互关联、不可分割的一部分。

第二节 身材体形

匀称的身材是一个人最明显的自然特征，它可以在很远的距离中被人观察到，在给他人造成的“第一印象”中，是一个重要因素。

人的身材有着高、矮、胖、瘦的不同。不同的身材体型，主要表现在身高、体重和身体各个部分的比例和形状上。美国心理学家谢尔顿等一些学者从胚胎学的原理出发，将人的体形分为内胚叶型、中胚叶型和外胚叶型三种基本类型。

内胚叶型的身体特征是：内脏，尤其是消化系统发达，身体外形丰满，脂肪易于沉积，腹大，身体躯干的前后径大于横径，四肢相对短小。

中胚叶型的特征是：肌肉、骨骼和心血系统发育良好，骨骼坚实，肌肉发达，四肢较为粗大，身体躯干宽阔厚实，但前后径不大，身体线条鲜明。

外胚叶型的特征是：和身体体积相比，体表面积相对更大一些，皮肤面积大。与体重比，脑的重量相对较大。躯干短，四肢长，胸廓瘦窄，肌肉不够发达，几乎没有脂肪层。

此外，还有介于上述三种基本类型之间的均衡型（外、中、内胚叶均衡发展）、外一中型、内一中型和内一外型等四个中间型。当然，上述基本分类是典型化了的，在实际生活中，由于各种因素的影响，人们多数是属于混合的中间型。

人的体形从胚胎发育开始就各有不同，各种体型的最终形成，原因是多方面的。种族遗传、胚胎发育，对一个人体形的形成有着重大的影响，而生长过程中的人体内分泌机能、生活环境和条件、饮食和营养状况、从事劳作和运动状况等等，也与一定体形的形成有显著的和直接的关系。

人体的整体形状决定于骨骼构架，人体一旦发育成熟，已经生成的身体比例（身高与肩宽、肢长之比）是不会再有改变了。比如，成年人无法使自己再长高一些，或者腿再变长一些。然而，影响体形的另一个因素——身体的结构，则可能随着肌肉发达的程度，脂肪沉积的厚度，以及由脊柱和胸廓的形状所决定的身体姿势的改变而有所变化。由于人体发育成熟之后，肌肉发达程度、脂肪沉积厚度以及身体姿势性改变仍是体形发展中的可变因素，因此，通过形体训练来改变人的体型是可能的。

第三节　人体运动基本规律

从生理学、解剖学的角度讲，人体的构造是最适合活动的。人体的运动是在大脑神经的支配与控制下，以骨骼为杠杆和支架，以关节为轴或支点，以肌肉运动为原动力，并以大关节带动小关节来实现与展开的。而补偿性动作，又是运动中维持人体平衡的关键因素。

人体的骨骼支架，在运动中起着杠杆的作用；关节则在运动中起着轴和枢纽的作用。关节的灵活性，是决定人体活动是否灵活易变的基础。而关节的稳固和运动的灵活性，又是靠肌肉和韧带的工作来实现的。作为人体运动的原动力，肌肉、肌腱和韧带的力量、弹性和张弛能力，是影响人体运动是否灵活可控的关键因素。同时，由于肌肉紧张与松弛的协调工作，使整个身体或某些局部发生改变，形成某种姿势或动作。肌肉用力的不同，不仅表现在动作的刚柔变化上，也表现在动作速度的改变上。

人体肌肉群中，离躯干近的肌肉群大、力量强，离躯干远的肌肉群小、力量弱。人体在运动时，主动加强大关节的活动，会使动作易于完成和取得较好的效果。如果运动中违背了大关节带动小关节这个基本规律，人的动作有机感就会被破坏，从而产生动作不协调的感觉。

在动作中，小关节的活动也不可忽视。许多动作的“最后用力”，都是由小关节完成的。如走的每一步，都是由脚部的最后用力一蹬地、推送完成。最后用力的大小、强弱、缓急，直接影响着每一步的大小、力量和速度。

人体各部分的构造各有其机能，各种机能协调作用，人才能进行正常的生活和运动。这些存在于人体运动中的有机变化的客观规律，是具体指导演员形体动作训练的科学依据。

第四节　身体自然形态与不良体态

人的生活都是要通过身体运动来实现的。反过来，生活实践的经历又会不断地改变着人的身体，在人的外表上留下生活的印记。生活的过程实际上是每一个人和生存环境相互适应的过程，其结果使得每一个个体都有着各自不同的身体形态，表现为社会生活中，人各不相同的直立形态和动作习惯。我们把这些人各不相同的直立形态和动作习惯称作身体的自然形态。

在人们身体的自然形态中，存在着许多与正确要领相左的姿态动作。我们把这些与正确要领相左的姿态动作称为不良体态。这里我们将常见的人体姿态动作缺陷按身体结构的部位进行综合的阐述。

一、头　颈

人体的姿势反射是从头部运动开始的，如果颈部运动松懈而缺乏控制，不仅会使面部肌肉松垂，还会形成缩颈伸头的姿势。同时，头部前伸会反射性地引起眼球向上移动，造成“翻白眼”的面部形态。相反，如果颈部过于紧张就会出现梗脖仰头的姿势，头部后仰，会反射性地引起眼球向下移动，造成“睁不开眼”的面部形态。

二、躯　干

灵活舒展的身躯是生命活力的象征，而扣胸驼背、不正常的脊柱弯曲，不但会使胸廓变形，从而影响心、肺器官的正常机能，而且也是形成影响体形的姿势性缺欠的主要原因。松腰弓背形成身躯的沉懈笨滞，不仅是病弱和老态的反映，也是懒散、沮丧、羞愧和消沉心态的一种表现。

三、上　肢

人的上肢肌肉中任何一块如果发生病变、受伤、肌肉无力或者不能正确地使用肌肉，都会造成姿势失常，甚至影响到头部的正常运动，使面部表情产生变异。由于肩臂、胸部的形状和运动在人的体型、体态中占据着重要的、显眼的位置，因此，诸如肩部歪斜、扣胸、耸肩、架臂（手臂外张）、夹肘（肘部紧贴躯干）等所形成的失常的姿势，都会使人的整体形象遭到破坏。

四、下　肢

足部肌肉乏力、韧带松懈会使足弓的弧度减少而导致足部变形，形成扁平足，从而使下肢的支撑机能大大降低，行走和跑跳缺乏蹬力，使动作姿势沉笨而难看。腰腹部肌肉无力或缺乏伸展性，是造成腰曲过大、骨盆过于前倾、形成“塌腰撅臀”和脊柱侧曲变形的主要原因。松懈无力的下肢，会使人变得沉笨、拖沓、没有活力。腿部肌肉松懈、迟笨、僵硬、乏力等所形成的“腿脚不灵”，不仅形态不美，它还是体弱、病态、老态等缺乏活力的象征。

上面列举分析了一些有缺陷的身体姿态，我们把它们统称为不良体态，不良体态需要经过有针对性的形体训练来矫正。

第五节　不良体态形成原因

为了使形体动作训练中对不良体态的矫正更加具有针对性和有效性，在这里我们将常见的、造成人体姿态与动作缺陷的原因作以下概要的分析。

一、生理原因

由于遗传和生长发育等生理因素的影响，造就了人各不相同的身体形态。正如我们在分析不同体型形成原因中所讲的，人各不相同的胚胎发育及出生后内分泌机能和营养状况等等的不同，形成了人各不相同的体型。例如，如果在生长发育过程中，由于骨骼发育缺乏必要的营养供给而造成的佝偻病，形成鸡胸、驼背、X形腿或O形腿等，这样会使身体在直立和行走时，无法实现正确要领所要求的形态和动作。

由于肌肉、韧带或骨骼受伤，受伤部位的支撑和运动能力被减弱，甚至遭到破坏，使身体失去平衡，从而造成体态动作发生不正常的改变，经过一段时间伤愈之后，可能会给身体姿态留下不良的影响。如果不及时矫正，就会形成永久性的缺憾。

人体维持正确的直立和行走姿势，需要具有一定的力量和耐力。如果由于疾病或身体衰弱使肌肉无力，会造成身体松散扭曲，形成未老先衰似的体态动作，这样天长日久成为习惯固定下来，也会造成体态动作缺陷。

二、环境影响

常年生活在某种特定的环境中，由于人体对环境的不断适应，长年累月，会在体态动作中留下印记。例如，在贫困山区，一个人终年行走在崎岖不平的环境中，或者习惯于在黑夜行路的人，走路时，脚总要抬得高一些，同时，双膝经常保持微屈状态，以便随时准备应付意外（坑洼、凹凸不平的路）或不被绊倒，以保证身体平稳地到达目的地。天长日久成为习惯，以致即使在平坦的大道上行走，也保留着高抬脚的特点。

一个生长在草原上，过着放牧生活的人，由于常年骑马的放牧生活，使他的双腿向外侧弯曲、两膝之间的距离加大，行走时，两脚之间的间距加宽，于是造成走动中身体明显地左右晃摆。这些变化，正是为了适应环境，身体姿势与动作经过无数次的调整和反复实践，从主动适应到形成习惯性的下意识状态，最后，成为一种固定的形态存在下来的。

三、劳动作业方式的影响

经常性地从事某种劳动、运动，以及不同职业的劳作方式和日常生活中的某些习惯，都会在身体上留下一些明显的痕迹。

较为常见的诸如，经常习惯性地用某一侧肩挑担、扛重物等，会使身体经常用力一侧的肌肉比另一侧发达，肌肉力量的增强，使身体原本均衡对称的两侧出现失衡。肌肉力量强的一侧，对脊柱的拉力会随之加大，久而久之，会造成脊柱侧弯变形，削弱了脊柱承受体重的能力，使躯体形成侧弯，这种改变可能局限在某一段，也可能延展到整个脊柱，造成直立时躯体歪斜。

此外，有一些职业使从业者的身体形态和站、走方式发生变异，这类情况生活中并不鲜见。例如，开胯、八字脚是芭蕾舞演员明显的职业印记；摔跤手则往往是架着双臂，晃动着身体行走等等。

在日常生活中的一些习惯，也会在体态上留下印记。例如，一个常年习惯于伏案写作和学习的人，一个经常长时间在计算机前工作的人，都容易出现含胸伸颈和圆形背。一个习惯于采用懒散的、歪扭着身体坐靠的人，由于身体经常处于一部分或一侧肌肉收缩、另一部分或另一侧身体伸展的状态下，日久天长，肌肉力量会发生改变，使原本垂直的脊柱产生扭曲变形，造成姿势缺陷。即使是人们出门时经常背包，这样一个不太会引起注意的生活动作，也会给原本正直的躯体造成影响。多数人都会有这样的感受：一个习惯于用左肩（或右肩）背包的人，一旦换成用另一侧肩背包，总是背不稳当，甚至包常常会自动滑下来。究其原因，是由于当你最初开始背包时，负重一侧的肩会自然地向上耸起，以防止背包滑落。久而久之，经常背包一侧肩的上耸姿势形成习惯，成为下意识的反应。其实，如果你站在镜子前注意观察，就会发现双肩不在一个水平位置上，经常背包一侧的肩，比另一侧的肩总要高一些。

诸如此类的不良习惯和姿势，如果不及早纠正，随着时间的推移，就会使体态造成永久性的缺陷。

四、审美情趣的影响

现实生活中，几乎每一个人都很关注自己的体态与形象，并且总是按照自己的理解、爱好和对美的追求，不断地调整与修饰自己的体态举止，以求得到一个自认为满意的形象。因此，有人喜欢稳重高雅，有人偏爱活泼潇洒，而有人则误把歪身斜肩、松松垮垮当作“帅”，把忸怩造作当成“美”，把挺腹昂头、端肩梗脖视为“派”等等。此外，只要稍加留意，常常会在行进中的人流里发现，某些身材矮小的人总是努力地挺直身躯，走动时身体也会向上窜动，以图弥补“矮”的缺憾；而某些身材特别高大的人，则常常是屈身弓背身体下沉，为的是不让自己过分“出众”。诸如此类，都会在各自的体态动作中留下痕迹。

思考题

1. 人体的运动规律是怎样的?
2. 什么是身体的自然形态?什么是不良体态?
3. 不良体态的形成原因有哪些?

第二章　健康知识

第一节　健康的基础知识

一、健康的概念

健康是人类的最大财富，其重要性几乎人人皆知。然而，对于什么是健康，真正说得清的人却为数不多。很多人认为，只要不生病、不打针、不吃药就是健康的，但随着社会的进步与发展，人们对健康有了更加深刻和全面的认识。世界卫生组织（WHO）于1948年在其《组织法》中指出："健康不仅是免于疾病和虚弱，而且是保持身体、精神和社会适应方面的完美状态。"1989年该组织又把"道德健康"引入健康的概念之中，给健康重新下了定义："健康不仅仅是躯体没有疾病，而且还应拥有心理健康、社会适应良好和道德健康，只有具备了上述四个方面的良好状态，才是一个完全健康的人。"这个定义全面、科学、完整、系统地对人类的健康做出了准确的界定。这四个方面的具体含义如下。

（一）身体健康：指躯体结构和功能正常，具有生活自理能力。

（二）心理健康：指个体能够正确认识自己，及时调整自己的心态，使心理处于良好状态，以适应外界的变化。

（三）社会适应良好：指对社会生活的各种变化能以良好的思想和行为去适应。

（四）道德健康：指能够按照社会规范的准则和要求来支配自身行为，能为人类的幸福作贡献。

世界卫生组织提出的现代健康概念突破了千百年来人们对健康认识的局限，从人的自然属性与社会属性的结合上将人们对健康的认识推向了一个新的阶段。

二、HELP哲学观与健康

如何保障当今社会中人类的健康生存？HELP哲学观的提出为当今社会保障人类健康生存提供了理论基础。HELP是四个英文单词的首字母，H-Health，E-Everyone，L-Lifetime，P-Personal。理解HELP的理论内涵将会帮助人们培养健康的生活方式，并将影响其一生。

HELP中的H代表健康。健康是生命的根本，健康的生活习惯是健康机体的根本保证。只有理解并领会健康的含义，才能有效地付诸行动，并保持良好的生活习惯，而良好的生活习惯将有效地促进身心的健康发展。

HELP中的E代表每个人。具备追求健康的意识很重要，但关键是要使每个人都认识到健康的重要性，进而保证每个人都能养成良好的生活习惯，并影响周围的人；同时，还要使每个人都认识到，良好的生活习惯要保持终生。体育运动并非运动员的专利，不是为了艺术欣赏而出现的，其根本目的是拥有健康。这里强调每个人，最终目的是消除国民的健康差距，促进全民健康。

HELP中的L代表一生。年轻时人们可能并没有意识到吸烟、酗酒、运动不足等不利于健康的行为对机体危害的严重性。只有等到疾病发生时，人们才意识到这种行为的后果。因此，要使人们认识到不良行为具有累积性。从生命的早期就开始重视健康行为，树立终身体育意识，将使人一生受益。实施健康生活习惯的时间越早、越长，机体的受益时间就越久，长期的健康生活习惯甚至能改变某些疾病的遗传性。

HELP中的P代表个人。迄今为止，世上还没有一种能包治百病的灵丹妙药。同样，增强身心健康、提高身体素质也没有单一的行为或运动处方。健康的生活习惯应基于个人需求，每个人都要根据个人的习惯，对个人行为做出调整。指导者同样要了解被指导者，做到因人而异，并要强调循序渐进。

三、透视亚健康

（一）什么是亚健康

亚健康也称第三状态，是近年来由医学界提出的新概念。现代医学根据人的健康状况，把健康人称为“第一种人”，把患病者称为“第二种人”，把处于健康与疾病之间的人称为“第三种人”，又称第三状态。第三状态是指机体虽无明确的疾病，却呈现出活力降低、功能减退的一种生理状态，是一种暂时性的生理功能失调，会造成精神紧张综合征、疲劳综合征、疼痛综合征等。亚健康状态的主要表现有疲乏无力、焦虑不安、易激怒、情绪不稳定、适应能力差、失眠、胃口不佳、懒散、注意力不集中、理解判断能力差、社交障碍等。

（二）引起亚健康的主要原因

1. 心理失衡

俗话说，万事劳其行，百忧撼其心。高度激烈的竞争，错综复杂的人际关系，使大多数中年人思虑过度、心神不宁，这不仅会引起睡眠不良，甚至会影响人体的神经体液调节和内分泌调节，进而影响机体各系统的正常生理功能。这是引起亚健康的一个重要原因。

2. 营养不全

营养结构的不合理，会给机体造成隐患。现代人在高度激烈的竞争时代，应避免营养不全，不能只吃热量高的食品，如“洋快餐”等，导致摄入热量过高，加之食品中人工添加剂过多，人工饲养动物成熟期短、营养成分偏缺，造成很多人体重要的营养素缺乏和引发肥胖症，机体的代谢功能紊乱等一系列不良后果。

3. 噪声干扰

科技发展、工业进步、车辆增多、人口增长，使很多居住在城市的人群生存空间狭小，备受噪声干扰。噪声对人体的心血管系统和神经系统产生很多不良影响，使人烦躁、心情郁闷。所以，世界卫生组织呼吁及倡导全世界人类要注意声音的环保，为捍卫人类的健康提供良好的保障。

4. 环境封闭

高层建筑林立，房间封闭，一年四季使用空调，长期处于这种环境当中，空气中的负氧离子浓度较低，使血液中氧浓度下降，组织细胞对氧的利用降低，影响组织细胞正常的生理功能。

5. 锻炼不科学

生命在于科学运动。人体在生命运动过程中有很多共性，但是也存在着个体差异。因此，强身健体应该是个体性很强的学问。健体无章、健体不当，必然会损害人体的健康。

6. 乱用药品

用药不当不仅会对机体产生一定的副作用，而且还会破坏机体的免疫系统。比如，不少人稍有感冒，就大量服用抗生素，不仅会破坏人体肠道的正常菌群，还会使机体产生抗药性。

7. 生活方式不健康

不良生活方式也是导致亚健康的“帮凶”。诸如吸烟、过量饮酒、饮食失衡、缺少运动、睡眠不足等，都加快了身体由健康向亚健康状态的演化过程。

（三）亚健康的临床表现

神经系统的临床表现为：头痛、耳鸣、麻木、眩晕、昏厥；消化系统的临床表现为：肠易激现象、吸收不良、十二指肠淤滞症间歇期、菌群失调；循环系统的临床表现为：无症状性心肌缺血、二尖瓣脱垂。

（四）远离亚健康的处方

造成亚健康状态的原因是多方面的，除了上述几种主要原因之外，还有医疗卫生服务、生物遗传因素等也应引起大家的高度重视。同时，大家在日常生活中还应注意养生之道，不可乱用药品、补品，注意调节内劳外伤，注意控制“六气淫盛”（指四季气候变化中的风、寒、暑、湿、燥、火六种表现，简称“六气”）、七情过度（喜、怒、忧、思、悲、恐、惊七种情感表现，简称“七情”）。

1. 远离亚健康处方之一

（1）均衡营养，合理膳食。理想的食谱首先要保证营养均衡，如糖、蛋白质、脂类、矿物质、维生素等必需的营养物质在膳食中一样也不能少。都市中有两种不良营养倾向，一种倾向是营养和热量过剩，另一种倾向是为了节食导致某些营养素和热量的不足。这两种倾向都可以引起亚健康。

（2）补充维生素。从事文字工作或经常操作电脑者容易眼肌疲劳、视力下降，维生素A对预防视力减弱有一定效果，所以要多吃鱼肉、猪肝、韭菜、鳗鱼等富含维生素A的食物；经常待在办公室里的人日晒机会少，容易缺乏维生素D，需多吃海鱼、鸡肝等富含维生素D的食物；当人承受巨大的心理压力时，所消耗的维生素C将显著增加，而维生素C是人体不可或缺的营养物质，应尽可能多吃新鲜蔬菜、水果等富含维生素C的食物。

（3）补钙。国外研究资料表明，钙具有镇静、防止攻击性和破坏性行为发生的作用，所以平时可以有意地多摄入牛奶、酸奶、奶酪等乳制品以及鱼等含有丰富钙质的食物。

（4）多食碱性食物。大量的体力劳动后，人体内新陈代谢的产物乳酸、丙酮蓄积过多，造成人体体液偏酸性，使人产生疲劳感。为了维持体液的酸碱平衡，可多食用以水果为主的碱性食物，如西瓜、桃、李子、杏、荔枝、哈密瓜、樱桃、草莓等。

（5）让“心”放松。美国卡耐基学会的调查显示，心理健康是所有精力充沛、事业有成者的标志，人生活在社会上难免有这样那样的痛苦和烦恼，要想应付各种挑战，重要的是通过心理调节维持心理平衡。可适当摄入些鱼、家禽、土豆、绿叶蔬菜和某些水果等富含B族维生素的食物。

2. 远离亚健康处方之二

（1）晒太阳提神。日光照射可以改变大脑中某些信号物质的含量，使人情绪高涨，愿意从事富有挑战性的活动。上午光照半小时，对经常萎靡不振、有抑郁倾向的人效果尤为明显。

（2）了解生理周期。每个人的心理状态和精力充沛程度在一天中会不断变化，有高峰也有低谷。大多数人在午后达到精力的高峰，但也不乏个人差异，因此应根据自己的精力变化曲线，合理安排每日的活动。

（3）求助心理医生。由心理医生进行正规的心理学干预，不仅是一种直接的治疗方法，而且能使人增加心理承受能力和心理调节能力，尽快恢复心理平衡和心理健康。

（4）张弛有度。持续、高强度、快节奏的生活难免令人难以承受，疲劳、头痛、失眠等不适接踵而至。这些信号提醒你机体已经超负荷运转，该进行调整与休息了。

（5）静坐放松。每天抽出一段时间静坐，完全放松全身的肌肉，去掉脑中的一切杂念，将意念集中于丹田，可以调整全身的脏器活动。

（6）勤活动。长时间静坐的人应该每隔1个小时活动一下，可以做简单的保健操，虽然用时不多，却可有效防止由“静坐”导致的慢性疾病。

我国著名健康教育家经过研究考证，提出以下9条健康的生活方式，作为健康生活的参考：① 清洁卫生，锻炼身体；② 合理膳食，少喝酒、不抽烟；③ 规律生活，不乱用药品；④ 注意安全，善用保健设施；⑤ 自尊自重，预防艾滋病；⑥ 培养应激控制能力，保持心理平衡；⑦ 珍惜生命，拒绝毒品；⑧ 崇尚文明，远离邪教；⑨ 家庭和谐、计划生育。

第二节　明星致病的五大诱因

医生和健康专家日前指出，明星们的部分生活方式使他们在精神和体力上普遍呈过劳状态，并对健康造成致命威胁。经过总结，有五大诱因导致明星患病。

一、劳累过度

几乎有三分之一的明星坦言很累，并且长期处在睡眠不足状态。作家海岩感叹每天都很累，导致身体免疫力比较差，他的失眠比较严重，兜里随时装着药，靠药物保证睡眠。张纪中导演也喊累：“每天都在工作，几乎一年都这样。”而三分之二的明星，如夏雨、周迅、羽・泉、张静初等部分明星则常常是忙起来就昼夜连轴转，而档期空闲下来则能在很长一段时间内随意安排生活。

二、睡眠不规律

明星拍戏或重大演艺活动大都在晚上进行，凌晨一两点睡觉已是家常便饭。从整体上来看，他们的睡眠规律性不强。刘晓庆表示自己从影多年，生活一直没有规律。赵薇、亚宁等往往是忙完手头工作深更半夜才用餐，直到凌晨四五点才睡觉休息。

三、吸烟解乏成习惯

许多明星虽然公众形象良好，但为了熬夜和应酬，也不得不烟不离手。不少女明星也不例外。已故的陈逸飞、梅艳芳、柯受良、罗文都曾经是老烟民。在春晚演播厅，可以见到更多的烟民，潘长江、田震等，几乎一会儿一包。

四、成名压力大

演艺圈明星之间的竞争十分激烈和残酷，许多人因此内分泌严重失调，影响了健康。“一代歌后”梅艳芳生前的私人医生就曾曝出她长期心理压力太大。

五、盲目减肥

很多明星为了自身形象和银幕形象的要求而减肥，大大损害了身体的免疫功能。当初为了摆脱“肥妹”的绰号，郑秀文曾强制自己减肥到46公斤。傅彪为了角色，增肥减肥的次数难以统计。古月生前为了塑造毛泽东瘦的形象时，也逼迫自己不吃饭减肥。

思考题

1. HELP哲言观中的四个英文字母代表什么意义？
2. 什么是亚健康？引发亚健康的主要原因有哪些？

第三章　营养与体重控制

第一节　减肥的误区

“过瘦不仅危险，还可能导致死亡。”这是法国超模卡罗给痴迷减肥的人们敲响的警钟。据报道，法国曾拍摄裸照抗击厌食症的“皮包骨”模特伊莎贝尔·卡罗去世，时年28岁。

一、健身误区

（一）局部瘦身行不通

大腹便便的男士希望练练仰卧起坐，就把腹部多余的脂肪消耗掉；腿粗的女士也希望通过踢腿运动，把大腿踢瘦。但是，专家告诉我们，这其实是人们在减肥认识上的一个误区，局部瘦身实际上根本做不到。

运动时，先消耗肌糖原，肌糖原被大量消耗后，血糖便参与供能，再然后才动员肝糖原和脂肪。作为燃料，脂肪只是备用“油箱”，当主油箱（糖原）消耗到一定程度时，才会启动备用“油箱”。一般来说，只有当运动时间超过30分钟，脂肪才被动员起来与肝糖原一起供能。随着运动时间的延长，脂肪供能的比例逐渐增加。由此可见，短于30分钟的减肥运动，无论强度大小，脂肪消耗均不明显。再者，从脂肪代谢原理看，脂肪要分解成糖原后才能参与供能。脂肪分解由神经和内分泌系统调节，而这种调节是全身性的。并非练哪个部位就减哪个部位的脂肪，而是哪里供血条件好，有利于脂肪的消耗，哪里就能减肥。比如，一个胖子经过一段时间的腰腹锻炼后，腰围不见小多少，可脸颊却消瘦了许多，原因就在于此。

在选择运动项目的时候要兼顾全身运动和局部运动，将两者交叉安排合理搭配。另外，若以减肥为目的进行锻炼，还要注意控制自己的饮食。

（二）胖人不宜健身跑

有些肥胖的人喜欢健身跑运动，以求减轻体重。但最近美国有关专家研究发现，肥胖者在健身跑过程中，因体重大，膝关节和关节部分承重过大，易受到损伤，出现踝关节肿痛、膝关节炎症性疼痛等。

因此，比较适合肥胖者的健身运动应是游泳、快走、骑自行车等，而不应选择健身跑。

二、健身窍门：20岁时健身最关键

20岁左右，运动医学将这个年龄段称为“破纪录年龄段”。这个时段身体功能处于鼎盛时期，心律、肺活量、骨骼的灵敏度、稳定性及弹力等各方面均达到最佳点。从运动医学角度讲，这个时期运动量不足比运动量偏高更对身体不利。这个年龄段的人可进行任何运动强度的锻炼。

这个时段通过肌肉强化锻炼取得的“常规体力”，在锻炼终止后也不会消失。心脏通过耐力锻炼可提高输血量。总之，20岁的人能为今后的身体健康储备“资源”。这个时段一定要注意坚持锻炼，以保持体重，否则30岁以后再去减肥就很吃力了。

锻炼可星期一、三、五隔天进行一次，每次大约30分钟增强体力的锻炼，方法是试举重物，再进行20分钟的心血管系统锻炼，方法是慢跑、游泳、骑自行车等，强度为脉搏达到150～170次/分钟。

第二节　营养与肥胖

一、肥胖的危害

肥胖不仅影响工作、生活、学习和美观，而且对健康有一定的危害。世界卫生组织已将肥胖定为疾病，认定肥胖是目前继心脑血管病和癌症之后威胁人类健康的第三大敌人。肥胖者易发生高血压病、冠心病、脂肪肝、糖尿病、高血脂、痛风及胆结石等疾病。临床化验显示，绝大多数单纯性肥胖患者出现内分泌紊乱，尤其是高胰岛素血症、糖耐量实验异常、性激素水平紊乱、肾上腺皮质激素偏高、瘦素水平增高等；青少年肥胖还易导致肥胖性生殖无能症。肥胖病的早期治疗，对防止上述疾病的发生具有重要意义。

从心理学角度讲，肥胖的人容易出现性格孤僻。大学生尤其是女大学生，在成长过程中会越来越注重自己的外表，会意识到自己过胖的体形不好看，多有自卑、消极、孤僻等性格特点，不愿与人交往，这不但不利于身心的健康发展，而且还会形成恶性循环，使身体越来越胖。

世界卫生组织1998年对肥胖者发生某些健康问题的相对危险性做了报道（表3－2－1）。

表 3-2-1 肥胖者发生疾病的危险性对照表（WHO，1998）

高度危险（RR ≥ 3）	中度危险（RR 2~3）	轻度危险（RR 1~2）
Ⅱ型糖尿病 胆囊疾病 血脂异常 代谢综合征 呼吸困难 睡眠呼吸暂停综合征	冠心病 高血压 骨关节炎（膝和髋关节） 高尿酸血症和痛风	癌症（子宫内膜癌、大肠癌及停经后妇女乳腺癌） 多发性卵巢囊肿综合征 性激素分泌异常、不育症 腰背痛 增加麻醉危险性 母亲肥胖引起胎儿缺陷

注：RR为相对危险度

二、减肥的手段

（一）合理的饮食

1. 合理选择食物

每天可以放心选择的食物：新鲜蔬菜、水果及米饭、馒头、鸡蛋、低脂奶、瘦肉和适量的植物油。这些食物中含有人体必需的营养素，可促进身体健康，是每天必须选择的食物。

限量食用，不可吃太多的食物：煎蛋、炒饭、炸鸡、糖醋排骨、汉堡、比萨饼、水果罐头等。这些食物中含有人体必需的营养素，但糖、油脂、盐分的含量过高，是必须限量食用的食品。

平时最好少摄入的饮料和食物：汽水、可乐、炸薯条、巧克力、奶油蛋糕等，只提供热量、糖、油脂和盐分，其他必需的营养素含量则很少，是可偶尔选择或是犒赏自己的食物。

上述分法重在对食物的“定性”，因此同一食物属于何种食物，也是因人而宜的。以花生为例，对于想减肥的人来说，因其高油脂含量，属于不可多吃的食物，但是当食用对象换成素食者时，花生因其蛋白质含量丰富，而属于每天可以放心食用的食物。

2. 吃饭先喝汤

吃饭先喝汤，这个办法对于想减肥的人来说效果不错。喝过汤后，大脑中负责管理吃饭的“饱食中枢”就会兴奋，食欲也就随之下降，吃饭就不会“狼吞虎咽”了。虽然只是一个饮食习惯问题，但如果天天如此，无形之中食量就减少了。

3. 晚饭要尽量少吃

如果一天饮食的总量不变，早饭和午饭吃得少，晚饭吃得最多，人就会发胖。相反，早饭和午饭多吃一些，晚饭少吃一些，就不会发胖。晚饭如果以蔬菜为主，喝一些汤，把原来晚饭吃的主食移到早饭或午饭，这样分配一日三餐，总量没有变化，效果却大不一样。

（二）适当的运动

肥胖的一大原因是运动少，经常进行适量的运动，能够消耗每天在体内积存下来的脂肪。实践证明，运动是消除肥胖的最有效的手段。体育锻炼过程中，肌肉要消耗热量，这些热量主要来源于脂肪。这样，经常进行体育锻炼，原来聚积的脂肪就逐渐减少，皮下脂肪少了，自然减肥。

更有意义的是，体育锻炼能促进新陈代谢，改善和提高各器官系统的机能，使肌肉变得粗壮结实，既健康，又健美。

有助于减肥的运动项目有两类：一类是消耗体内过多脂肪的运动项目，如跑步、跳绳、游泳等，一类是着重锻炼脂肪过多部位的项目，如大腹便便者多做腹背运动、仰卧举腿，臂部和大腿脂肪多者多做下蹲起立、踢腿运动。日本有一种简易的减肥法：每天原地跑步15分钟，腹背运动30次，踢腿运动30次，半年即见成效。胖人进行减肥运动，务必注意锻炼的科学性，切勿操之过急。体重有上升倾向的人，从现在起就要坚持锻炼，莫要“急来抱佛脚”。

第三节　平衡膳食

一、平衡膳食的概念

了解人体对营养素的需求以及食物营养价值的优劣之后，还有一个各种食物需求的综合平衡问题，这就是人们常说的平衡膳食。所谓平衡膳食，是指膳食中所含有的营养素数量充足、种类齐全、比例适当。平衡膳食由多种食物构成，它提供足够数量的热能和各种营养素，以满足人体正常的生理需要。图3-3-1所示的，就是满足人体正常生理需要的金字塔食谱。

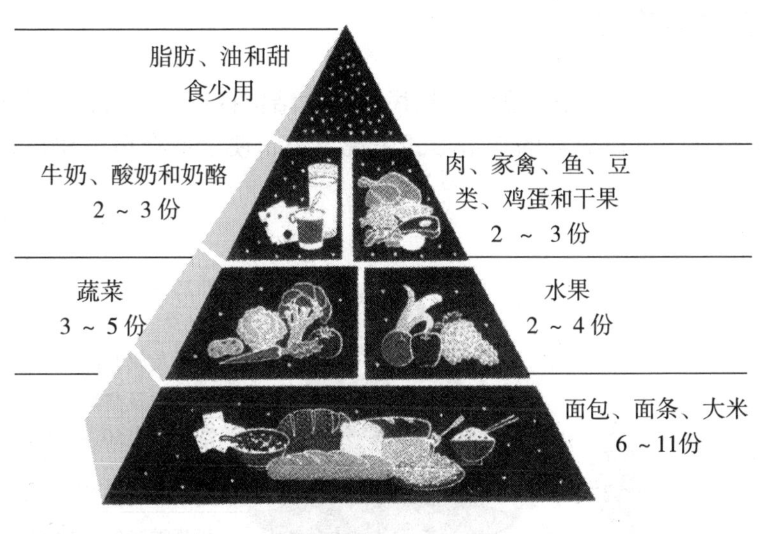

图3-3-1

二、平衡膳食的基本要求

（一）充　足

为了营养充足，成年人在使用“金字塔”食谱时必须在谷类一组中取6份，蔬菜类3份，水果类2份，肉、禽、鱼、干豆、蛋和坚果类2份，奶、酸奶和奶酪类2份。简单记为“63222”。这些只是最少的份数，为了满足更多能量的需要，人们应该相应地增加每类食物的份数。

（二）适　量

谷物处于金字塔食谱的底部，这说明吃得最多的应该是谷类，谷类是健康饮食的基础；其次是水果和蔬菜。肉类和奶制品的蛋白质含量很高，也是维生素和矿物质的重要来源，但吃的量却有限，因为它们同时也是高脂肪和高热量的食物。

脂肪、油和甜食只占据了金字塔食谱顶部的一小角，说明应该少食用，它们不应当构成一个食物类别，因为它们不是促进健康所必需的；当然它们在提供大量能量的同时确实也提供一些必要的脂类和维生素E。酒精饮料几乎没有什么营养，因而被排除在“金字塔”之外，而且其热量很高，必须控制每天的摄入量。香料、咖啡、茶和餐间软饮料中有一些对身体有益的植物化学物质，但没有什么营养，故没有被列入“金字塔”。

（三）多　样

“金字塔”食谱试图弱化肉类和奶、奶酪、蛋等动物性食品，而强调谷物、水果和蔬菜的作用，这有助于素食主义者安排饮食，也鼓励其他人尽量多吃植物性的食物。但有一点却是始终强调的，那就是食物摄取的多样性。如肉类所在的一组也包括“肉的替代物”——豆类、坚果类和豆腐。对于奶制品组，这组包括牛奶和奶制品，那些不愿将奶制品作为日常食物的人可以用豆浆来代替牛奶，豆浆在添加钙和维生素方面同样可以满足营养素需求。

三、平衡膳食宝塔

中国居民平衡膳食宝塔是根据中国居民的膳食结构特点设计的，它把平衡膳食的原则转化成各类食物的组成，并以直观的宝塔形式表现出来，便于群众理解和在日常生活中实行（图3–3–2）。

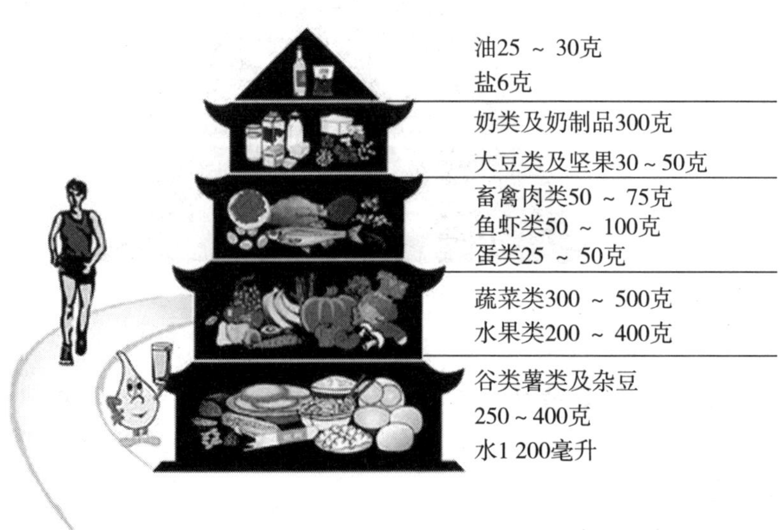

图3–2–2

平衡膳食宝塔提出了一个营养上比较理想的膳食模式，但在应用时要注意以下几个要点：一是确定你自己的食物需要；二是同类互换，调配丰富多彩的膳食；三是要合理分配三餐食量；四是要因地制宜，充分利用当地资源；五是要养成习惯，长期坚持。

平衡膳食宝塔注意事项如下。

1. 食物多样，谷类为主，粗细搭配。

2. 多吃蔬菜水果和薯类。

3. 每天吃奶类、大豆或其制品。

4. 常吃适量的鱼、禽、蛋和瘦肉。

5. 减少烹调油用量，吃清淡少盐膳食。

6. 食不过量，天天运动，保持健康体重。

7. 三餐分配要合理，零食要适当。

8. 每天足量饮水，合理选择饮料。

9. 饮酒应限量。

10. 吃新鲜、卫生的食物。

思考题

1. 肥胖的危害有哪些？
2. 怎样进行正确的减肥？
3. 平衡膳食的基本要求有哪些？

第四章 形体语言

第一节 身体姿态与信息

在人际交流中，人们运用言语和文字传递的信息，远不及运用身体动作、表情等非言语手段所传递的信息多。人们常常不知不觉地从自身形体动作中发出感情信号，反映出最真实的感受和内在需求。日常生活中，同是一个人，在不同的场合，会以不同的方式处理自己的外部状态、举止动作，在家里，在办公室里，在课堂上，在联欢会上或者在追悼会上，都会很自然地以不同的面貌出现，以至整个身体动作的表现，都像戴上了不同的面具似的，有着不同的状态。这种通过身体动作、姿态及表情传递情感信息的方式，被称为体态语。

人的身体是一个信息载体，人们内心深处的情感、态度、需求和心理意向，都会及时地从身体或身体某一局部的运动中表现出来。不同的表情、姿态和举止动作有着不同的含义，显示出内心深处的真实感受，也体现出人各自不同的风范。

人们的体态动作，作为相互交流的工具，能够发出多少个信息，是难以计数的。为了研究的需要，体态语学家将它们从功能上作了以下区分。

第一，象征性动作。它是一种口语的简化，或者是由于相距过远，在口语难以送达的情况下所使用的。例如，竖起食指和中指形成“V”形手势，表示胜利；用拇指与食指尖相触形成“O”形，其余三指竖直的“OK”手势，表示肯定或成功。

第二，说明性动作。它常常用于重复口语的表达，以帮助人们更清晰地理解所要表达的意思。例如，用手势为寻路人指示方向；伸出两个手指，表示“买两张车票”等等。

第三，调节性动作。它是用来调节人与人的交流或交谈过程的动作。例如，在课堂上，面对众多举手希望回答问题的学生，教师用眼神（注视）和轻轻地扬一下头，向某一位学生示意准许由他来回答问题。

第四，适应性动作。它是指在特定的场合和情境中，人们会以相宜的体态动作出现，以达到适应环境、表达心声的目的。例如，在遗体告别仪式上，人们都会自觉地以沉重的表情、缓慢的步态来表示对死者的哀悼和对家属的慰问。

第五，表情性动作。即表露内心情感、态度等的眼神、面部表情、手势、姿态等形体动作的无声表现。表情动作和人的生活形影不离，相伴终身，它不仅丰富、多变，使用频率极高，而且表达细腻、真切，因而成为人们研究的重点。

下面我们就一些常见的表情、姿势、举动及其含义进行一些概要的分析。

一、表情信息

人的脸是心灵的一面镜子，它真实地反映着人的内心世界。凡事都会“形于色”。在影视艺术作品中，特写镜头会将人物面部的表情动作展现得格外醒目。为此，对表情动作含义的认识和把握是应当格外精心的。为了便于分析，我们将面部表情分部位地进行阐述。

（一）额　头

额头是指眼睛以上包括前额和眉毛在内的部分。人类在进化中，由于大脑容量的迅速增长，使人的前额随之宽大。因此，人的额头不再像自己的祖先——猿那样窄小。人的额头是高度智慧化的象征。

科学家的研究发现：一个人额头上皱纹的深度，客观地显示出他一生中皱眉的总次数。一个性格内向又生活坎坷的人，一生中皱眉的次数总会大大高于性格开朗、坦诚大度的人。随着年龄的增长，一些经常性的皱眉动作，会变成永久性的印记，成为面部特征的一部分。

有人认为眉毛的功能是防止雨水、汗水流入眼睛里。体语学家认为更需要的是，眉毛运动的形状与心理活动密切相关，它具有解释内心情感状态的作用。皱眉和紧锁的眉头，是痛苦、烦恼、惊奇或不信任的表现。当对他人产生轻蔑、鄙视、怀疑或有意进行挑逗时，两边的眉毛会一边高一边低地斜挑着……总之，眉毛的动作和形状，通常都有各自的含义，能真切而细腻地传达出内在信息。伟大的艺术家卓别林就曾经说过：我只要眉毛一动，就比说50个字更能表达感情。

在人际交往中，由于眉毛在脸上所处的位置非常显眼，一个细微的变化，都会轻而易举地被他人发现，并对其含义做出判断。有些人说话时，经常挑动眉毛，由于习惯成自然而形成了下意识的动作，尽管自己没有意识到，但是，在他人看来则是一种自视清高、自鸣得意的表现。

（二）眼　睛

眼睛是人类最重要的感觉器官。人的各种复杂的心理活动与喜怒哀乐等情感，都会从眼睛的微妙变化中反映出来。这是由于在人的眼球的中央有一对可以变大、可以变小的瞳孔；有可以调节眼睑开合的眼睑肌和眼轮匝肌。受三对眼肌的控制，眼球的运动可快可慢，可多可少，再加上泪腺分泌的功能等等，使眼睛产生灵活而复杂的变化。通过眼底三级神经元的作用，使瞳孔的变化，眼睑、眼球的运动，直接受大脑神经的支配。因此，人的内心活动和情感自然就会从眼睛中反映出来。

科学家的研究发现：人与外界发生联系，有80%以上的信息是通过眼睛传输的。眼睛除了具有视物的功能之外，更是人们传递感情与信息的重要器官。它感觉敏锐，变化精细而迅速，传递的信息丰富而生动，所有心灵深处的情与怨、善与恶，都能从眼睛的运动中真实地反映出来。正因为如此，人们才把眼睛称为“心灵的窗口”。

在社会生活中，眼睛是一个表达细腻、反应敏锐的交流工具。从眼睛这个心灵的窗口，可以领会人们心灵的语言。眼睛又是一个诚实的表现者。就以瞳孔来说吧，它会因外界光线的强弱而变化，光线强时瞳孔缩小，光线弱时瞳孔扩大，这是人体的一种自动保护机制。当人的内心情感产生变化时，瞳孔也会不由自主地随之发生变化。情绪激动或遇见特别喜爱的人或事物时，瞳孔会自动扩大；而当遇到让你感到特别厌恶或恶心的事物时，瞳孔会自动缩小。人们永远无法任意调控自己瞳孔的变化，瞳孔的改变总是诚实地暴露出人的内心感受。

眼睛的运动机敏、灵活，每一瞥都有细小的区别，它所传递出的信息有惊人的微妙之处。不同的用眼方式，不同的目光，表达出不同的含义：微闭的双眼加上高挑的眉毛，是一种高傲、轻视和不屑一顾的信号；眼球上翻、运动迟疑，是寻思或心中无底的表现；目光涣散，多是疲惫、无奈、茫然的表现；睁开双眼安静地看着对方是真诚的表现；如果是用力地抬起眼睑，睁大双眼，则是惊异、恐惧或愤怒的信号，有时也是一种被迫顺从的信号。凡此种种，只要稍加留意，生活中随时都会遇到的。

眨眼也会传出信息。正常情况下，人在清醒的时候，每隔大约40秒钟就会眨眼一次。眨眼时，眼睑就像汽车前方挡风玻璃上的雨刷器一样，清洁和湿润着眼球。然而，当人们情绪激动；内心紧张时，眨眼的次数会明显增多，人在快要哭的时候，会出现连续地眨眼动作，显示出一种极力想抑制情感的心情。由于内心紧张、心理压力大而频频眨眼的情形也会出现在初次登台、上镜头的演员或主持人身上。尽管他们会极力做出轻松、微笑的表情，然而不停眨动的眼睛，却清楚地揭示出他们紧张和不安的心理状态。

在人与人的交往中，眼睛的动作有看与不看两种选择，它们分别起到维系和阻断与人交流的作用。当与人打招呼时，应当正视对方的眼睛，以表示对对方的尊重与关切，这是人所共知的。然而，当你在大街上或某个场合，迎面走来一个熟人，即使与他擦肩而过，他仍是用有意回避的目光假装没有看见你，这种用视线阻断交往的做法，正是他不想理你、此时不想与你打交道的信号。

人在情绪高昂时投射的目光就多；而郁郁寡欢时，常常会用“白眼”待人。看与不看，如何看，不但能显示出一个人的心态，也能反映出身份地位的高低。通常情况下，在人际交往中，身份低的人（如下属）会注视身份高的人，而身份高的人，则往往会忽视下属，只是在需要时，才看他一眼。就像在一个公共集会的场合那样：当领导人到场时，大家的目光会集中地注视着他，而这位领导一般都不会用专注的目光去注视在场的下属。

在人与人的交往中，听对方的讲话时，比自己说话时会更多的注视对方。如果双方互相注视的时间长，则表示彼此相互感兴趣的心情，已经超过了谈话内容本身，而过长时间的互相凝视，一般只出现在产生强烈的爱或恨的时候。热恋中的情侣，含情脉脉地长久凝视，是炽热的爱慕之情的相互传递。而当仇人相遇时，相互对峙、怒目凝视的目光，是怒火中烧，试图以凶狠的目光贬低和压倒对方的表现。对大多数人来讲，是不习惯于被人长时间地直视的，因为直视具有试图贬低压制对方的作用。生活中总盯着别人看，就是对他人的一种冒犯，是一种不礼貌的行为。只有在诸如警务人员审问顽固不化的罪犯，或者是家长追问撒谎的孩子时，才会长时间地用直视的目光向对方施加压力。而此时的被审问、被追问的人，总是极力避开对方的直视，以求减轻心理上的压力。

总之，眼睛的运动和表现，在传递内心信息、表达情感态度上是十分丰富而细腻、准确而有力的。正如美国思想家、诗人爱默生所说，人的眼睛像舌头那样善于交谈，眼睛的语言有这样的优点：他不需要字典，世界各地的人都能读懂。

（三）嘴

嘴，是面部最为繁忙的器官。吃、喝、咬、嚼、打哈欠、吹口哨、亲吻、唱歌、说话都离不开嘴。为此，有人曾把嘴比做脸上的“战场”。然而，嘴更是表达情感、传递心声的重要器官。受嘴部、面颊及颈部等表情肌的控制，嘴可以产生开、合（闭）、前撅、后撇、嘴角移动、嘴唇抿紧或放松等动作。由于表情肌属于皮肌，它的一端或两端附着在皮肤上，收缩时引起皮肤移动，因而呈现出千变万化的表情。

嘴的四周包围着强劲有力的口轮匝肌，这个环形肌肉收缩的时候，嘴就闭合，当它内层收缩时，嘴唇就向里拉紧，贴着牙齿。当它的表层用力时，嘴就撅起来了。口轮匝肌因运动方式的不同，会形成不同的表情。此外，当面颊上的颧肌和嘴侧上方的上唇方肌收缩时，会把嘴角向后上方拉起，展现出喜悦的笑容。而当下唇方肌和嘴角下侧的三角肌用力时，会将嘴角拉向后下方，展现出悲伤、痛苦和愤怒的表情。颊肌和咬肌的共同作用，可使面颊向内收缩，咬住牙齿，传递出狠和恨的心态。由于颈阔肌的作用，嘴会向下或向左、右拉开，传递出惊吓、恐惧和盛怒的表情，等等。总之不同表情的产生，是包括额肌和眼鼻周围面部各表情肌群在大脑支配下协同工作的结果。不同肌群与不同的用力方式及用力强度，会产生形态各异的表情，传达出不同的情感与信息。个性阴沉、伤感和内心痛苦时，嘴角下垂；乐观自信、和善、宽容和心情愉悦时，嘴角是微微上扬的；松懈而又张开的口唇，表现出无知和呆傻的状态；紧绷的嘴唇和紧缩的嘴角，是沉默、愤怒的表现；撇嘴是轻视、不以为然和不愉快的表现；微闭的口唇和向后上扬的嘴角所形成的微笑，则是亲和、友好与舒畅的表现。

科学家的研究发现，不同表情以不同形式运动着肌肉群，会使流向大脑血液的温度和皮肤的温度产生变化（温度升高会产生不愉快的感觉，温度下降则会使人感到舒服），使心跳、呼吸发生某些改变从而影响大脑的情绪控制中枢。研究还发现，微笑能为自己制造一个自信、坦然和愉悦的心理环境，有助于减缓身心紧张。微笑时，不仅使人的面容更好看，和善的微笑，在促进人际关系的和谐沟通中，还会产生意想不到的作用。

总之，人的面容是反射心灵的镜子。面部表情所传达的内心深处的感情，精细而又生动，它所表达的信息，往往胜过千言万语。由于它是人的内心状态的自然流露，因而人们常常把脸当做人的本身来看待，不是没有道理的。

二、手势信息

手，是人身体上最为忙碌的器官。抓、握、投、掷、缝纫、编织、书写、绘画……生活中做每一件事，几乎都离不开手的劳作。同时，人的一双手也是极富表情的器官。手势不仅能显露人们内心的隐衷，在人与人的交流中也是传递情感和信息的重要交流工具。

每一只手，分别由27块骨骼、20多个关节组成。手部复杂而精细的肌肉、韧带和每平方厘米内数以千计的神经末梢，再加上受手臂肌肉的牵引，使这一双手不仅灵活、有力，而且感觉也十分精细、灵敏。

人的这双灵活、敏感、精细而有力的手，不仅是日常生活和工作中最好的效劳者，更是展现内心活动、表露情感、态度和传递信息的效力者。作为人与人之间进行交流与沟通的工具，手的动作与形态是复杂多变的，在揭示内心情感状态上更是精细入微的。我国常用的成语中，就有用

“手足无措”来形容人的内心紧张与慌乱；而“手舞足蹈”则是人在得意、激动和高兴到了极点时的表现。

在日常生活中，“以手势助说话”是随处可见的：用手势指方向，掰着手指计数，说话使用各种手势强调重点。甚至有的人在打电话的时候，尽管无法亲眼看见对方，说话时照样会不停地做出各种手势。除了指示性、说明性和象征性的各种手势之外，表露内心情感、态度和需求的手势动作更是丰富多彩。例如，在听人讲话或出席会议时，有人会用手指不停地敲击桌面或椅子扶手，表现出一种焦虑、烦躁和不耐烦的心理；在听他人讲话时，有人手不停地乱涂乱画，则是缺乏兴趣、冷漠和不恭的表现；在会议中或与人交谈时用两手掌心相对，食指尖相触的塔尖形手势竖在胸前，多是一种自信心态的显露；小臂放在桌上，双手十指交叉相握，乍一看好像是自信的信号，但是，经过科学家大量的研究和分析证实，这实际上是一个控制沮丧心情外露的焦虑和防范的信号；两手相合，搓捏手掌，是内心紧张、恐慌时企图镇定自己的表现；双臂交叉胸前抱臂的姿势，是一种消极、防备心态的流露，但是，如果交叉抱臂时，双手各将四个手指插入腋下，拇指露出竖在胸前，则是一种神气十足、目中无人、唯我独尊或具有敌对心理的表现。

在手势所传递的信息中，最有力的但是却又经常不易受到重视的是手掌所发出的信息，它在人际交往中是运用最多的。比如，当有客人来访时，人们总会手心朝上地伸手示意，表示欢迎和“请进”。当有人在诉说冤情、竭力表示自己是诚实的、坦白的时候，常常会伸出一双摊开的手掌，在身体前面反复地抖动，表示自己是无辜的。然而，当有人在说谎的时候，往往会下意识地把手藏起来或插进口袋里，尤其是小孩子在说谎时，你会发现他常常会把一双手藏在自己的身后。

在手势中，由于掌心指向的不同，会传递出不同含义的信息。掌心指向，常见的有以下几种：掌心向上、掌心向下、握拳和伸出食指。下面我们来作一些简要的分析。

掌心向上：伸出的手当掌心朝上时，多为诚实、坦率、表白或索取、乞求的含义。

掌心向下：伸出的手掌心朝下时，往往带有强制的意味。这种手势经常在下命令或质问对方时出现。扬起手腕而掌心向前是否定、拒绝或推辞的信号。

握拳和伸出食指：握拳是力量、权威或决心的象征，人在愤怒时也会握紧拳头。伸出食指的手势，由于掌心朝向的不同，所传递的信息含义也各不相同。掌心朝上地伸出食指，是一种轻蔑、鄙视和挑逗的信号；掌心朝下地伸出食指，则是具有强制、指责和镇压意味的信号，这种手势在双方发生激烈争吵或在竭力制止某事时经常会出现；掌心向侧，虎口朝上地伸出食指，一般情况下这是一种带有中性色彩的手势，多用于指示方向、描述事物。但是，在人际交往中，用食指直指对方，则是对对方缺乏尊重的不礼貌的行为。一般情况下人们大多都不会乐意被他人直指自己，因为这种手势会使人产生窘困，有一种受辱的感觉。

不同手势有着不同的含义，同时，它也是人们不同心态的“显示器”。譬如，当你需要某人“把椅子搬到这边来”，在说话的同时，伸出一只摊开手掌、掌心朝上的手示意，就具有“请”和“劳驾”的含义。若是手心向侧地伸出食指示意，则是一种平和的，具有指示方位的含义。如果在说话时伸出一只掌心朝下的手掌，就带有强制和命令的色彩，有“你必须这样做”的含义。再如握手的动作。人们见面时礼节性的握手，是掌心向侧的相互抓握，显示出双方的平等、平和的心态。如果握手时伸出的手，掌心朝上，是一种亲近、亲昵的表示，在长者见到格外关爱的晚辈时，经常会用这种方式传递情感。如果握手时伸出的是一只掌心朝下的手，则是一种自高自大、企图以气势压倒对方的表现。如果关系冷漠、缺乏热情，手掌会是僵硬的；缺少真心，只为应付礼节的人，手会变得软绵绵的；而有力紧握的手，是热情或决心的表示；右手握住对方，将左手扶在上面或抓扶对方的手臂，是一种显示亲密的表现。有时人们在表示真挚情感与关怀时，不一定握手，而是拉起对方的双手。总之，通过握手，是可以了解人们相互的关系和态度的。

在人体各个部位中，手的运用是最为频繁的。而且，手的动作与姿态也是比较容易泄露人的内心隐秘的，它在揭示人的个性品质和情感态度中有着不可低估的作用。生活中和许多文艺作品中，人们经常会发现，某些人说话时总爱比比划划，不停地挥动双手。他主观上是希望能以此强调自己所说的事十分重要，以便引起他人的注意。然而从客观的效果上看，过多过滥的手势，却正好揭示出说话者知识浅薄、心中无底和巴结讨好他人的心态。一个真正有修养、有身份的人，说话时的手势是比较简洁的。只是在必要时才以明朗、恰当的手势示意，显示出一种成熟、沉稳和练达的气质和心态。

在初次登台亮相的演员或节目主持人中，经常会为如何处置自己的双手而烦恼。由于缺乏必要的形体语言知识，往往会主观臆造地设计出许多手势。然而，正是这些过多的、无意义的手势暴露出他内心的紧张慌乱。因此，学习和掌握必要的形体语言知识，明晰不同手势的不同含义和在传情达意中的作用是十分有必要的。

三、腿、脚信息

人的双腿，下端连着双脚，上端有与躯干相连的骨盆。腿部由四种骨骼组成，包括大腿骨、髌骨（俗称膝盖骨）、胫骨（与大腿骨连接的小腿骨）、腓骨（连接脚部的小腿骨）。脚的构造十分复杂，它由26块骨骼、114条韧带和12块肌肉组成。躯干与大腿汇合处是骨盆，骨盆两侧的股髋关节突出的部位，称为髋部。

人类修长笔直的腿，约占身长的一半。腿部肌肉十分强劲，是稳健和力量的象征。包括腿脚和髋部在内的整个下肢，除了承担支撑和移动身体的任务外，它的姿态与动作也会传递出各种不同的信息。

（一）脚

脚，是人的身体上最为诚实的部位。平日里人们总是过多地注意自己的脸，借着一颦一笑撒谎是习以为常的。由于脚离脸太远，常常被多数人忽略。所以，使得脚部的一个小小的姿态和动作，得以泄露出真实的心态和情感。比如，参加面试的人，看起来面带微笑，好像很轻松自在，然而他的两只脚，却紧紧地靠在一起或者扭在一起，就好像在互相抚慰着似的。

另外，在冗长的会议中，有人会用脚轻轻地叩击地面，或是两腿交叠，悬空的一只脚不停地上下拍动，泄露出一种不耐烦和有意及早脱身的心态。

（二）腿

腿的姿态具有传达信息的功能，它是揭示内心真实情感的主要部位。总起来讲，它的最基本姿态有以下三种：两腿分开、两腿并拢和两腿交叉。

两腿分开：两腿适度分开平稳地站立，是一种松弛、平衡的姿态，它显示出自信、沉稳和开放的心态。两腿稍稍分开的坐姿，是自信和权威的象征。但是，两腿分开过大，就显得气势汹汹、自以为是。对于女性来讲，叉开双腿的坐姿，是有碍端庄、缺少教养、显得粗放的表现。无论男女，在坐姿中张开双腿，使裆部直对他人，是一种粗野的、不恭和无礼的表现。

两腿并拢：双腿并拢的站立或坐姿，是一种严肃、恭敬或拘谨的表现。但是，若两腿夹得过紧，则是紧张、恐慌和不安心理的表露，也是一种自卫心态的反映。

两腿交叉：站立时双腿交叉地绞在一起，在女性中较为多见，这是一种拘谨和自卫心态的流露。坐姿中交叉双腿，在非正式场合会反复出现，它带有某种不拘礼节的意味。由于双腿交叉的部位不同，流露出的心理状态也有所不同。脚踝交叉，是一种最为含蓄、拘谨的姿态。伸直双腿、小腿交叉的坐姿，是较为放松和不受拘束的表现。在公开场合，斜靠着上身、伸直交叉着小腿的双腿，通常是身居高位者显示身份的一种表现。跷起一条腿放在另一条腿的膝关节上方（即俗称的“二郎腿”），会给人以一种过于随便、无拘无束甚至放肆的印象。跷起“二郎腿”，加上双臂胸前交叉抱臂的动作，则是一种典型的防卫心态的表露。人在生气时也会出现这种姿态。

一般地讲，交叉的双腿盘得越紧，自卫心态越强。人在局促不安时，常常会用力地夹紧双腿。

在我国数千年封建文化的历史长河中，暴露腿部被认为是淫荡、放纵的不齿行为。在西方文化中，女性暴露腿部，被认为是吸引异性的表现。

在不同时代、不同文化环境中，腿部露出的尺寸是不同的。直至19世纪，人们的腿是不可示人的，特别是女性，都被长长的裙袍包裹着。进入20世纪，直到第一次世界大战之后，腿才逐渐地从隐匿中显露出来。20世纪20年代，具有叛逆性的年轻女性，开始大胆地露出小腿和膝盖。然而，这种新潮在当时仍被视为是道德低下的表现。随着时代的推移，腿部的暴露越来越开放。可是，对一些有文化、有教养的人来讲，过分暴露，仍不能被视为是道德情操高尚的表现。

（四）髋　部

连接腿和躯干的髋部，处在人体的中间部位，在调整身体重心、维持人体平衡中起着关键性的作用。不论是支撑身体的直立，还是在移动身体的走、跑、跳跃中，甚至人体各种姿态的形成与改变，髋部都有着至关重要的作用。

舞蹈家都需要充满活力的髋部动作；时装模特儿行走时的髋部扭摆，则是一种展示服装动态效果的职业化动作；扭摆和转动髋部曾经是女性的专利，被认为是一种“性感”的姿态，实际上是一种以吸引异性为目的的求偶手段。一般来说，男性总是避免此类动作。但是，“猫王”艾尔维斯·普莱斯利开创了男歌手在流行歌曲演唱中运用扭臀转髋姿态动作的先例，效仿者甚多。

在形体语言中，与髋部有关的姿态动作最重要的是双手叉腰或双手分别撑在两侧髋骨上的姿态，它通常具有表示权威、挑战和强调的意味。这种姿态在某些团体领导者身上出现，就具有要求下属听从指挥和坚守本分的含义。此外，当表示强烈的不满和反对时，有人会下意识地做出这种带有挑衅意味的姿态。有人在遇到挫折而发怒时，也会出现这种叉腰姿态，表示出不服气、抗拒和“叫阵”的心态。

总之，腿脚等下肢所传出的信息，最为真实可靠，只是由于它远离人们注意的中心而常常被忽视。

四、姿势信息

姿势，是由身体多个部位改变而形成的，不同姿势传出不同的信息。从不同动作的含义中，我们可以发现一个规律，即当人们在交流时，身体及头部是朝向对方还是避开对方，身体姿势是敞开的还是关闭的，都能够清晰地区分出对对方是接纳还是排斥的信号。面朝对方，双臂和双腿所构成的敞开的姿势，是一种坦诚、自信、热情和接纳对方的信号，例如，张开双臂迎接来者。而扭转头部，身体正面避开对方和双臂、双腿相互交叠的关闭式姿势，则是内心恐慌、不安和排斥、拒绝对方的一种防卫心态的显露。例如，在火车上或公交车里，当人们不得不和陌生人相对而坐时，常常会下意识地交叉起双腿和双臂，并将头转向窗外，用这种自我保护式的关闭姿势，避开对方。但是当他面对的是无需防备的亲友时，姿势则多半是敞开的，显示出接纳对方，愿意与他交流的轻松、自如的心理状态。当两个人在进行交谈时，他们的身体总是相对的，甚至脚尖也指向对方，形成一个无形的封闭圈。这种封闭圈，既有利于情感和信息的交流，也具有排斥他人介入的含义。此时若有第三个人走来，而交谈中的两人只是转过头来看他一眼，打个招呼，但是身体并未挪动，两人的封闭圈并未打开，这就是不希望、不欢迎他介入的信号。如果对来者有意表示接纳，交谈中的两个人会挪动脚的位置，并自动地将身体朝第三个人所处的方向转动，构成一个新的、由三个人组成的封闭式圈子。

当多人相聚时，身体的向背与姿势同样会发出无声的信息。我们经常会发现，人们去野外郊游，当一个团体、一个家庭聚在一起休息或野餐时，总会有意无意地形成一个封闭的圈子，构成一块属于自己的天地，通过这个封闭的形式，传达出排斥其他人进入的信号。又如，在会议休息厅或公园里，当三四个熟人或亲友坐在一条长椅上交谈时，坐在椅子两端的人，会自然而然地将身体转向中间，甚至会将靠外侧的腿架在另一条腿上，形成一个由多人组成的封闭圈，从而发出了维护这个群体、不欢迎其他人介人的信号。不经允许，任意地闯入他人的封闭圈，是一种失礼的行为。

运用姿势动作和身体向背传达信息，表示对来者是接纳还是排斥，是欢迎还是拒绝的态度，是一种形体语言的无声表达。它不仅是人们内心情感态度的流露，也是区分人际关系亲疏和是否愿意与其交流的无声表达的手段

从事表演艺术创作的人，学习研究体态信息，不仅是为了掌握正确识别信息、善于洞察他人内心的知识，更重要的是，要学会正确运用体态信息的本领。这是完整、准确地表现人物的重要手段。

第二节　形体语言

一、形体语言概述

什么是形体语言?形体语言，通称身体语言（Body Language），简称体态语，指包括目光与面部表情在内的全身各部位的姿态与动作所传达的非言语性身体信息。它是人类沟通与交流的工具。形体语言也是一门科学，专门研究形体语言的学科叫做形体语言学，简称为体语学（Kinesics），也有人将它译为身势学、身动学，也有人称它为行为解剖学。

人类对姿态、表情的研究成为一个专门的学科，进而对它进行系统的研究，是自1872年达尔文发表他的专著《人及动物之表情》一书开始的。达尔文的进化论观点认为，言语是为了保证生存而发展起来的，而非言语交流则是作为言语的起点发挥作用的。在非言语交流方面，达尔文进行了大量细致的研究和记载。从那时起，研究者们就注意记载了人类的近百万种无声暗示的信号。到20世纪中期，科学家们从人类学、遗传学、传播学、生物化学和心理学等等不同的角度进行了深入的研究，对达尔文的一些权威观点进行了修正和补充，逐步发展形成了这一门新兴的学科——体语学。

体语学的研究发现，人类天生就有进行非言语交流的基础。在人与人的交流沟通中，即使不说话，我们也可以凭借对方的形体语言来探索他内心的秘密，对方也同样可以通过形体语言了解到我们的真实想法。

人的一些最基本的情感，如欢快、惊奇、恐惧、气恼等的表达，是与生俱来的。它们都是通过面部、嘴角、眼睑等肌肉的运动变化来发出情感信号的。同时，心跳、呼吸等生理过程也随之发生改变，这是人类遗传所得的一部分。

而在社会生活中，一些较高级的、具有文化色彩的表情、姿态，则是后天学习得来的，并且因生存的文化环境不同而存在着差异。作为人类进行社会交往的工具，形体语言又总是随着社会历史的发展和变迁，不断地演变和发展，因而使形体语言的“词汇”也越来越丰富多彩。

形体语言有以下一些特点。

（一）真实可靠性

科学家的研究证实：人的许多外部躯体特征和心理功能是有着直接联系的，所有精神上的问题，都能从体态的结构和功能上表现出来。形体语言是人的大脑活动的外部显现，是内心深处真情实感的自然流露。在人与人的交往中，形体语言和口头语言共同承担着发出信息、传递情感的任务。然而，口头语言常常会出现“词不达意”、“言不由衷”，甚至说谎话的情形，而与此同时从形体语言中发出的信号，不仅能弥补词不达意的欠缺，更能起到揭穿谎言的作用。也就是说，人们可以在口头语言上伪装自己，但形体语言却不会说谎。例如，一般情况下，说谎的人是不大敢正视对方的眼睛的，即使是有意作假，想极力隐瞒真相，你只要稍加留意，就会从他那假装无辜、故意瞪大的眼睛和他身体上远离有意装假的那部分中看出破绽。体语学的研究还证实，人的表情，除了盛怒、狂喜和消沉等强烈的情感之外，真诚的表情是不会在脸上停留很久的。某种表情（如瞪着眼睛）如果持续的时间超过5至10秒钟，就可能是假装出来的，而且很不自然。

由此可见，真实可靠性是形体语言的重要特点之一。

（二）言简意赅

形体语言是人类通过身体或身体的某个局部，与外界交流情感与信息的一种反射性或非反射性的活动。它所传递的信息比口头语言更加精细，哪怕只是一个眼神，面部一个小小的抽动，都会在刹那间传递出许许多多用话语难以表达的情感信息。例如，当你的亲友遭遇巨大的不幸，产生极大悲痛的时候，一个亲切的抚摸或拥抱，往往会比你说许多的话语更能使他感到慰藉。

（三）视觉感染力

形体语言是人体的一种表现性运动，而运动着的物体，是最容易被视觉捕捉到的。作为表达情感、态度和内心需求的物质手段，形体语言也是体现一个人的个性、气质和风度的主要媒介，特别是风度、气质，主要是透过形体语言的表达方式体现出来的。而且它具有强烈的可见、可感的特性，因而更具视觉感染力。例如，人与人之间的握手动作，即使是初次见面，有人在与对方握手时用力很大，加上洋溢着热情的目光与面部表情，使人感受到他性格中的奔放与豪爽；有人则不同，握手用力适度，表情不卑不亢，继而表现出一种温文尔雅或沉着稳健的风度与气质。

正因为形体语言具有真实性、可靠性、言简意赅和可见可感的视觉感染力等特点，因而，对它的研究和应用受到了社会的广泛重视。精神病医生和心理学研究者，运用形体语言作为了解病人、了解研究对象的真实心理和发病原因的手段；律师运用体语学去掌握当事人的真实内情；公安和侦察部门更是运用它去进行各种案件的侦破工作等等。

随着对形体语言研究的逐渐深入，人们发现，既然一个人的站立、行走等移动身体的方式和不同的姿态动作能显示出人们不同的个性、气质和风度，那么反过来，就可以通过改变自己的动作方式和姿态来改变自己的个性、气质风度甚至形象。

美国心理学家保罗·埃克曼专门研究人的面部表情与内心真相的关系已有40年，被学术界称为“人面教皇”。埃克曼的研究发现，正常情况下，人是先动情，面部肌肉随后才会产生运动、产生表情，而有些人居然可以将这个顺序颠倒过来，先摆出表示某种情感的表情，然后身体竟然会朝着这种设计中的感情产生变化，产生出设计中的感觉。生活中，这正是撒谎者常用的伎俩，事实上，它也是演员在进行人物刻画时常常使用的手法，即借助情绪记忆来诱发戏中所需要的表情、举止和声音。

埃克曼的研究中表明，不只是感情能触发表情，反过来表情诱发感情也是有可能的。然而，他在进一步研究中又发现，压抑真感情是无法真正办到的，因为感情不是可以随意控制的，总会有漏洞把它显现出来，这就是说，不自主的反应是掌握感情真实与否的最佳指标。

埃克曼对表情的研究，再一次证实了通过学习和应用形体语言来改变自己形象的可能性。例如，在许多西方国家，政治家们都懂得如何运用形体语言来作为推销自己的手段。例如，美国前总统罗斯福是一个残疾人，尽管他离不开轮椅，但是，他能够通过形体语言为自己塑造出一个镇定自若、自信刚强、运筹帷幄的形象。罗伯特·肯尼迪是一个身材比较矮小的人，他就借助体态语使自己看起来显得高大一些。政客们为了竞选，会特意去学习形体语言，雇人为自己设计形象，以便使自己能得到一个看起来显得有才干、有魄力和有亲和力的形象。这些例子都说明，形体语言在社会生活中的效能是不可轻视的。人的形体是会说话的。形体语言是人们内心感受的真实流露。形体语言“言简意赅”，真实可靠，感染力强，在人际交流和信息传递中，有着不可低估的作用。并且不论你对它是否了解与掌握，它总是客观存在的。因此，深入了解和正确解译人们的体语密码，可以更准确地认识自己和他人。对于影视演员来讲，学习和掌握形体语言的一般规律与表达方式，是提高塑造人物形象技巧不可缺少的基本内容。

二、形体语言的结构

形体语言，是人体表现性运动的别称。身体的每一个部位都具有表达的功能，由动作组成的任何一个姿势都具有一定的含义。形体语言这个无声有形的人际交往工具，虽然不像文字语言那样有一套严格的规则、语法，但是，它有着自己特定的语言结构。

在形体语言中，一个单独的动作就相当于文字语言中的一个词。在文字写作中，要使文章能够被人理解，必须将词组合成能够完整表达意思的句子和段落。同样，在形体语言中，仅仅观察某一单个动作，充其量也只能了解到某个情绪变化的片段，这不仅难以领会它的完整含义，更难以掌握其真实的内心动态。因此，研究形体语言，不能像“盲人摸象”那样，抓住一点就做结论，将局部当作整体肯定是会出差错的。只有将一系列的姿势举动融会起来，按照一定的规律进行分析，才能得到正确的认识，并真正窥探到人物的内心世界。

身体的头、眼、手、脚等等各个部位的单个动作，实际上还称不上是姿态性的动作。心理学家舍弗伦博士将这些单个动作称为“点动”。一连串的点动，改变了身体各部或部分的位置才构成姿势。这就是说，姿势至少是由一连串牵涉半个身体的举动所组成的。不同姿势总是与不同的情绪相联系的。在人际交往中，姿势的作用是标出非言语交流的单元。点动、姿势所构成的单元，就如同说话和写文章中的句子。将一次交流过程中的全部姿势归在一起称为演段。演段持续在整个交流过程中，只有当所处的地点、位置改变时才会终止。例如，交谈过程中离开房间、去接电话、去倒水等等。任何打断谈话的动作都会使演段终结。当他回到原处时，又开始了新的演段。这就是形体语言的最基础的结构。这个结构概括为：点动—姿势—单元—演段—词—词组—句子—段落。

三、形体语言的社会性

形体语言是人类在社会交往中通过表情、姿态等身体运动的方式，表露情感、传递内在信息的工具。表情，多指面部肌肉的表现性运动。姿势，则是由身体多个部位改变而综合形成的一种传递内心情感信息的形体态势。

人的表情、姿势有些是先天遗传所得。例如，人在紧张或快哭的时候，眨眼的动作会不由自主地增多；而当遇到特别欢喜的人或事物时，眼睛的瞳孔会自动扩大；人在激动或感到羞怯时会脸红；巨大的惊吓会使人的面色变得苍白，心跳加快，出冷汗等等，这些表露情感态度的形体表现是与生俱来的。

然而，作为人与人相互交往和沟通的工具，形体语言更多的是人们在成长过程中通过各种方式学习到的。

世界上任何一个人都生活在具体的社会环境中。人的一生，总会以各种方式接受教育和熏陶（家庭的、学校的和社会的），除了学习必要的生存技能之外，每一个人在一定的社会环境中所形成的思想观念、伦理道德和行为准则，都会留下很深的烙印，再加上民族信仰、礼仪习俗的规范等，都在制约人们传情达意、待人接物、举手投足的表现方式上起着决定性的作用。

不同的社会环境，不同的历史文化背景，造就着不同的社会群体，在运用形体语言传情达意的方式上，形成了明显的差异。这就是形体语言的社会性特征的具体内涵。

在学习和研究形体语言的过程中，不懂得这个规律性特征，是难以在不同社会、不同文化环境中进行正常的人际交往与沟通的。不了解这种形体语言的差异，会导致相互交流过程中对体态信息的误解，甚至会引起不必要的矛盾和纠纷。

就以人与人之间的触摸和身体的接触这个举动来讲，一般情况下，这是人们表示亲近和关爱的信号。然而，在不同的社会文化背景中，接触和触摸的准则是不相同的。例如，在我国，同性之间的接触，被看做是一种正常的、具有中性色彩的行为。而异性之间的触摸，只有在恋人、夫妻和亲人之间才是正常的行为。但是，在西方国家，除了可以触摸儿童表示关爱之外，一般情况下，是忌讳同性之间的接触的。相反，异性之间的接触和触摸，特别是在年轻的异性之间是一种很平常的中性行为。因此，在西方人的眼里，中国人同性之间的接触和触摸是一种“同性恋”的行为；而在中国人看来，西方国家男女之间的任意接触是一种轻浮、放荡的表现。由于社会和文化观念上的差异，确实引出过一些麻烦。例如，改革开放后，我国赴美求学的人日益增多，在美国为了节省开支，也为了能相互关照，中国的留学生总是希望能有两个同性别的伙伴居住在一起。然而，当房东得知是同性别的两个人共同租住一间房屋时，常常会拒绝出租，因为他们不欢迎“同性恋”者。

类似的事例有很多。例如，在大多数国家中，有一条不成文的规矩：一般情况下总盯住别人看是没有教养的无礼行为，也是对对方的冒犯。但是，当你和一位法国男士交谈时，他常常会直率地盯着看你。在法国，男士们甚至可以对走过身边的陌生女性从头到脚地细细观看，表达出“尽管我不认识你，但是我欣赏你，喜欢你”的信息。而法国的女士们，则把这种被男士盯着看当作是对自己的一种赞赏。

在世界上多数国家，人们都以点头表示同意、肯定，摇头表示否定。然而，在土耳其、希腊、印度等国家的一些地区却恰恰相反，他们用摇头表示赞同，点头表示否定。

在我国，许多人见到可爱的孩子时，总会用手抚摸孩子的头，表示疼爱。但是，在东南亚的一些信仰佛教的国家，这个举动是绝对不行的。因为，他们认为随便抚摸孩子的头是不吉祥的。

用食指和拇指尖相触形成一个圈，其余三个手指竖起，代表“OK”的手势。在英美等国家，是表示肯定、成功和赞许的信号。然而，在日本，这种手势代表的是钱；而在南美洲，这则是一个低级庸俗的信号。

就以人们见面时相互致意、打招呼的方式来讲，不同历史时期、不同文化背景的国家和不同民族之间，有着千差万别的表现形式。现在世界广泛流行的握手礼，据语源学的观点，这是显示张开的手中没有武器。双方相互将张开的手掌握在一起，是坦诚、友好的表示。然而，在不同的社会文化环境中，这种致意的方式也是千姿百态的。日本人见到尊贵的人，在握手的同时，必须端正工整地深鞠一躬；而新西兰的毛利族人，则是以握手加碰鼻的方式迎接尊贵的客人，碰鼻即用鼻子与对方的鼻子相互触碰，以表达对客人的热忱欢迎。欧洲人则多采用握手加拥抱、贴面来表达热情和欢迎。

在我国，自古惯用的是拱手作揖和磕头作为相互致意的方式。特别是当面对皇帝、首领和长辈时必须磕头，以这种尽量降低自己身体高度的方式来表示对对方至高无上的崇敬。随着历史文化的发展与变迁，尤其是近百余年来与世界交往的增多，人们相见时的礼节也随之发生了演变。作揖、磕头发展成深深地鞠躬，到了现代又进一步演化成握手、点头示意。

凡是多民族的国家，各个民族之间形体语言也会有着巨大的差异。就以人们相见时相互致意的见面礼节来讲，我国地处西南的纳西族人，当两位男性好友相见时，双方都要用自己的手按住对方的肩膀，并用前额相互顶碰，以表示对对方的亲密和问候。

在不同的社会环境、不同的文化背景中，形体语言表达方式上的差异是难以历数的。在社会交往时，绝对不可低估它的影响。第二次世界大战期间，就曾有过这样的事例：在德国纳粹横行的年代，一些犹太人为了逃避纳粹的残害，把自己装扮成非犹太人以图蒙混过去。然而，是他们的形体语言“出卖”了自己。由于犹太人说话时的手势较为活泛，动作更显眼，而在伪装的形体语言中，习惯性的手势是最难改变同时也是最容易被忽视的。

形体语言的社会性特征是社会历史形成的。这种差异不存在谁优谁劣的问题，它是不同文化和习俗的体现。

四、形体语言的信息识别与信息发射

形体语言，必须具备信息发出和接受两个方面。作为影视演员来讲，不仅要有足够的识别形体语言的知识和能力，也需要使自己的形体器官成为一个运转精良、有丰富储存的信息载体。

形体语言识别能力的获得，是一个精细的学习和研究过程。在社会生活中，一般的成年人，依靠自己的生活经验，能比较敏感地从对方的表情、姿态、动作的细微变化中了解某人、某事，体会对方的愿望、意图和情绪。这种敏感，大多来自直觉和经验，所以常常是因人而异、似是而非或不够精确。而对演员来讲，要运用形体语言进行创作，单凭直觉和经验是不行的。由于人类的形体动作、行为生活不是杂乱无章的，而是有着一定规律的，因而，演员必须在深入地学习、分析和研究中，把握形体语言的语法结构；了解人们在社会生活中怎样使用自己的身体进行交往；掌握作为生物体相同的人类，如何在社会生活和文化环境的制约下，蒙上个性的色彩，从而形成“形体个性”的，等等。有了这些学识，不仅能深入把握形体语言表露的真情实意，而且，更能捕捉和积累富有个性的形体表达方式，这无疑对拓宽演员的形象表达与构思能力，有着重要的意义。

对演员来说，丰富的形体语言知识是必不可少的，而身体力行的本领更为重要。演员的表演过程，实为信息发射的过程。把一切美好的创作构思，变成观众可见的、真实感人的形象，靠的就是演员的形体信息发射功力。这种形体语言信息发射能力的培养，同样是一个身心功能综合参与的训练过程。它不仅需要培养身心统一的形体运动能力，更要培养调动自身感觉器官真实再现各种心理感受和动作特征的能力，进而在持之以恒的训练中，增强各种形体感觉记忆、累积丰富的感性形象素材。作为信息的载体，演员的形体动作具有了这样的功力，他的艺术创造力必将大大提高。

五、学习研究形体语言的意义

为了区别于现实生活中的身体语言，我们在教学实践中暂且把与演员创作有关的身体语言专称作形体动作语言。形体动作语言是“演员在表演中传递人物内心信息、进行交流的身体姿态、动作手势和面部表情。这些传递内心活动的形体语言，不是代替说话的符号，而是表达那些难以用语言文字表达的心理动向和内在情感的无声语言”。形体动作语言还包括演员在表演中运用整个形体，或者形体的某一局部去捕捉与表现不同的人物特征，对人物进行个性刻画这一方面。

表演艺术是深刻细腻地揭示各种人物心灵的艺术。在表演艺术创作中，演员要运用自己的身体去活灵活现地塑造不同的人物形象。只有对形体语言进行深入细致的学习和研究，演员才能得心应手地运用形体塑造出现实生活中各种活生生的令人信服的人物形象。

人有两个表意系统，一个是言语表意系统——通过口头语言表情达意；另一个是非言语表意系统——通过形体语言表情达意。人的言语通常表达思考性的想法或概念，而非言语信息则用来传递情绪和感受。因而表达人细腻的感觉与感受、细微的情绪变化、复杂的心理活动是形体语言最擅长的。表演艺术创作中，在展现人物跌宕起伏的情感及复杂矛盾的心理时，过多的言语，有时不足以将这种人物心理动势深刻地揭示出来，甚至在某种程度上会显得肤浅和张扬，削弱了具有细微悬念感的艺术氛围和对观众视觉和心灵上的冲击力。这时，形体语言便发挥了它特有的优势，形体语言是表情和感知的有力手段，在特定的情境下，演员的形体语言能传达出灵魂的心声，折射人物情感的空间，有助于挖掘人物的潜台词。所以，形体语言是演员在表演艺术创作中传递人物内心信息、与对手进行交流的重要途径。这些传递内心活动的形体语言，不是代替说话的符号，而是表达那些难以用语言文字表达的心理动向和情绪的手段。斯坦尼斯拉夫斯基认为：“细小的形体动作，细小的形体真实和对这些真实的瞬间信念，非但在角色的平静部分，而且在角色的最强烈的高潮部分也都具有重大的意义。”表演艺术是感觉的艺术，学习与研究形体语言的相关知识对提高表演技巧有实际意义。

人的形体语言是通过表情、身体姿态等构成的形体动作表达出来的，而形体动作是有自然特征与社会特征的。在表演艺术创作中，这种自然特征表现为呈现在角色的表情、姿态、动作与身体机能活力上的生理特征。人的生命活动过程是个不停息的新陈代谢、生长发育的过程，在过程的不同阶段表现出不同的生理特征。在生活中，人们每时每刻都要面对各种事物，产生各种动作，人的身体会相应出现各种合乎自然规律的反应。在演员创造角色时，必须考虑角色生理特征等方面的因素，使演员的形体动作与形体语言的表达符合角色形体的自然规律的要求。角色形体动作与形体语言表达的自然特征是角色个性形象的构成因素，是演员分析和捕捉角色外部形象的科学手段之一。

形体动作也有其社会特征。这种社会特征表现为角色的社会地位、生活经历、品德素养、职业特点等在其形体动作上留下的痕迹。一个人身体的生理结构和遗传特征，对构成其形体动作特征有一定的影响，但是对形体动作特征最终形成起决定作用的是社会环境和生活经历。人的社会地位、职业特点、生活状况，所受的教育和熏陶，以及由之形成的思想品德、兴趣志向，都会从举止动作、待人接物、表达感情的方式中表现出来。因此，形体动作与形体语言表达的社会特征，是体现人物个性的重要因素，对人物进行深入剖析，在形体动作与形体语言表达上体现出人物的社会特征，才能使人物典型化与性格化。

演员创作中的形体动作语言，应以真实生活为依据。社会生活给人的交流创造了无限丰富的形体动作语汇，因此，在研究生活、体验生活的过程中，注意发现和研究人体动态上所表现出来的内心动向，善于积累可供创作时筛选、运用的具有感染力和表现力的形体动作语汇，是影视演员的一项重要的工作。

各种与身体运动有关的专业训练，都有各自特定的高难度，这是人所共知的。例如，舞蹈艺术中身体的软度和各种跳跃、旋转的技巧；体操运动的各种空翻转体；擒拿格斗中各种自我保护与制服对手的技巧，等等。那么，在影视演员的形体动作训练中，什么是我们这个专业所要求的高难度呢？我们以为，自觉熟练地掌握和运用形体动作语言，就是作为表演专业基础的形体动作训练的高难度。

思考题

1. 人类常见的体态信息有哪些?
2. 根据功能的不同，体态信息可分为几类?
3. 影视演员学习研究体态信息的意义是什么?
4. 形体语言的定义是什么?
5. 形体语言有哪些特点?
6. 什么是形体语言的社会性?

第五章 运动损伤的紧急处理

第一节 体育锻炼的卫生常识

一、做好准备活动与整理活动

体育运动过程是人体由静态到动态再到静态的变化过程，准备活动和整理活动就是实现这种变化的过渡手段。

（一）准备活动

体育锻炼前进行充分的准备活动对于体育锻炼者来说是非常重要的，有些大学生就是由于不重视锻炼前的准备活动而出现各种运动损伤，不仅影响锻炼效果，更影响锻炼兴趣，甚至会对体育活动产生畏惧感。

做好准备活动能起到以下作用：克服机体的生理惰性；加速肌肉组织的新陈代谢，提高氧的利用率；调节心理状态，提高神经系统兴奋性；预防运动损伤。

（二）整理活动

整理活动是人体由运动状态（无序状态）过渡到相对安静状态（有序状态）的活动过程，它是促进体力恢复的一种有效手段。整理活动的作用：一是有助于人体机能尽快恢复常态；二是有助于偿还氧债。

整理活动应侧重于全身性放松。特别是在紧张剧烈的运动之后，一定要进行全身放松活动，以免身体受到损伤。整理活动之后，还要注意保暖，防止着凉、感冒。

二、讲究运动饮食卫生

经常进行体育锻炼，可促进胃肠道的蠕动和消化液的分泌，对消化吸收机能产生良好影响。但是，如果在体育锻炼中不注意饮食卫生，则会严重影响锻炼者的身体健康。这是因为运动时大量血液流入运动器官，消化器官内的血液量相对减少，胃液分泌减少，消化系统的功能处于相对的抑制状态。如果运动后立即进餐，必然影响食物的消化和吸收，长此以往，会造成消化不良或其他消化道疾病。因此，在体育锻炼中应注意饮食卫生。

（一）运动后不宜立即进餐

体育锻炼后不要急于进食。要使心肺功能稳定下来，胃肠道机能逐渐恢复后再用餐。这段时间一般为半小时，如果在下午进行较剧烈的体育锻炼，间隔的时间应更长。应注意的是，由于运动后易产生饥饿感，用餐时不要狼吞虎咽，更不能暴饮暴食。

（二）饭后不宜立即进行剧烈运动

饭后立即进行剧烈运动，不仅易产生消化不良，还会引起腹痛、恶心等症状，甚至造成胃下垂等疾病。可见，吃饭与运动之间要有一定的时间间隔，一般在饭后半个小时方可进行运动；剧烈运动或比赛最好安排在饭后1.5小时，缺乏体育锻炼或体质较弱的人，吃饭与运动之间的时间应更长些。

（三）空腹不宜进行长时间剧烈运动

长时间剧烈运动要消耗大量能量，而能量主要来自体内血糖的氧化。早晨空腹进行长时间剧烈运动，无充足的血糖补充，易发生低血糖症状。另外，空腹进行长时间剧烈运动会使胃发生痉挛性收缩，出现胃痛，久而久之会导致胃炎等疾病。因此，早晨空腹锻炼的时间，一般不宜超过30分钟，且运动强度不宜过大。

（四）体育锻炼中或锻炼后正确补充水分

体育锻炼中或锻炼后正确的饮水方法是：首先确认是否体内真的缺水。在短时间的体育运动中或剧烈的体育运动中感到口渴，主要由口腔和咽部粘膜水分蒸发、唾液分泌减少引起，或者由心理紧张造成，这时候不必补充水分，只需用水漱漱口，增加口腔湿润感即可。对体育锻炼中失去水分的补充，要采取少量多次的办法。预防运动失水的最好办法是每15 ~ 20分钟饮水150毫升左右，这样既随时补充了水分，又可避免对身体的损害；在锻炼前10 ~ 15分钟，可饮水300 ~ 500毫升，以保证体内水分充足，预防失水过多。一次补水最大量不能超过800毫升。

三、防止和消除运动性疲劳

（一）运动性疲劳的概念

疲劳是一种暂时的生理现象，对人体是一种保护性抑制。运动性疲劳出现后，只要不使疲劳积累而产生过度疲劳，就不会损害人的身体健康；相反，经过疲劳的产生—消除过程，借助不断强化的体育锻炼，人体机能和运动能力可以达到超量恢复，从而提高运动者的健康水平。

（二）运动性疲劳的判定

判断运动性疲劳的出现及其程度，对科学地锻炼身体，增强体质，合理地安排运动强度及提高运动成绩都有着重要的意义。在学校体育运动和自我锻炼中，可采用比较简易的方法来判断运动性疲劳及其程度（表5-1-1）。

表5-1-1　运动性疲劳的判定

内　容	轻度疲劳	中度疲劳	重度疲劳
自我感觉	无任何不适	疲乏、腿痛、心悸	除疲乏、腿痛、心悸外，还有头痛、胸痛、恶心，甚至呕吐等症状，有些症状存在的时间较长
面 色	稍　红	相当红	十分红或苍白，有时呈紫色
排汗量	不　多	稍多，特别是肩带部位	非常多，尤其是整个躯干部分，在汗衫和衬衣上可出现白色盐迹
呼 吸	中度加快	显著加快	显著加快，并且表浅（其中有少数深呼吸出现），有时呼吸节奏紊乱
动 作	步法轻稳	步法摇摆不稳	摇摆现象显著，在行进时掉队，出现不协调动作
注意力	比较好，能正确执行指令	执行口令不准确，改变方向时有时发生错误	执行口令缓慢，只对大声口令才能接受

（三）消除运动性疲劳的常用方法

为了使运动中消耗的物质和各器官、系统的机能得到尽快恢复，避免疲劳累积而造成过度疲劳，一般可采用下述消除运动性疲劳的方法。

1. 放松活动

放松活动包括慢跑、呼吸体操及各肌群的伸展练习。运动后做伸展练习，可消除肌肉痉挛，改善肌肉血液循环，减轻肌肉酸胀和僵硬程度。

2. 按摩和物理方法

按摩可改善局部或全身血液循环状况，促进代谢产物的消除，减轻肌肉的酸痛感和僵硬感，提高肌肉的收缩力，改善关节的灵活性。

消除运动性疲劳的物理疗法种类较多。训练和比赛后采用局部热敷和进行温水浴是简单易行的手段。

3. 补充营养物质

运动时消耗的物质要靠饮食中的营养物质来补充，体育锻炼和比赛后，合理补充营养有助于运动者恢复体力和消除运动性疲劳。因此，运动后应根据运动项目的特点补充足够的糖、蛋白质、维生素（维生素B_1、维生素B_6、维生素C、维生素E）、无机盐（钠、磷、铁）和水等。

4. 充足的睡眠

充足的睡眠是消除疲劳、恢复体力的最好方法之一。睡眠时大脑皮层的兴奋度降低，体内分解代谢处于最低水平，而合成代谢则相对较高，有利于体内能量的蓄积。因此，运动者每天应保证充足的睡眠时间，一般每天不少于8 ～ 9小时。在大运动量训练和比赛期间，睡眠时间应适当延长。

第二节 体育锻炼损伤的处理

运动损伤分为开放性损伤和闭合性损伤。对于运动损伤的处理，一般分为前、中、后处理原则。对于急性损伤前期（24小时以内）的处理原则是制动、止血、防肿、镇痛，即减轻炎症。可根据具体情况选用一种处理方法或几种处理方法并用。

一、一般处理方法

（一）一般先冷敷，加压包扎并抬高伤肢。这种方法应在伤后立即使用，有制动、止血、止痛及防止或减轻肿胀的作用。冷敷一般使用冰袋、自来水或氯乙烷。冷敷之后，用适当厚度的棉花或海绵置于伤部，立即用绷带稍加压力进行包扎。

（二）伤后24小时打开包扎，可进行热疗、按摩，如理疗，外敷活血化瘀和生新的中草药，贴活血膏等，也可用几种方法进行综合治疗。

（三）损伤组织已基本恢复正常，肿胀和压痛已消失，但锻炼时仍会感到酸胀、无力，因此要进行功能性的恢复治疗，这时仍以按摩、理疗以及增加肌肉、关节功能的锻炼为主。

二、开放性软组织损伤的处理方法

常见的开放性软组织损伤有擦伤、切伤、刺伤和撕裂伤，局部皮肤或粘膜破裂、伤口与外界接触，常见组织液渗出或血液自伤口流出。紧急处理的原则是及时止血和处理伤口，预防感染。

（一）擦　伤

擦伤多发生在摔倒时，对于伤口较脏的擦伤可先用生理盐水洗净伤口，然后再用酒精棉球或碘酒消毒，伤口较浅、面积较小的擦伤无需包扎。

（二）切伤与刺伤

切伤与刺伤的伤口往往较深、较小。如果伤口较脏，除了进行伤口的止血消炎、包扎外，还要注射破伤风抗菌素。

（三）撕裂伤

撕裂伤中头面部皮肤伤较多见。例如，拳击运动中，眉弓被对方肘部碰撞而引起眉际皮肤撕裂等。若撕裂的伤口较小，经消毒处理后，贴上创可贴即可；若撕裂伤口较大，则须止血，缝合伤口；若伤情和污染较重，应注射破伤风抗菌素。

三、闭合性软组织损伤的处理方法

急性闭合性软组织损伤是运动损伤中较常见的一类，肌肉拉伤、挫伤、韧带拉伤等都属于这类损伤。

急性闭合性软组织损伤的特点是皮肤粘膜完整。此类损伤由暴力引起，损伤部位因组织的撕裂、血管损伤等导致出血，组织液渗出、肿胀。在急性闭合性软组织损伤发生后，首先要检查有无合并伤，如腹部挫伤后是否有内脏破裂；肌肉挫伤后有无断裂，有无明显血肿；头部挫伤后有无脑震荡等。如果有，应先处理合并伤，然后处理软组织损伤。在确定没有严重的合并伤后，在急性闭合性软组织损伤后应进行冷敷、加压包扎、制动和抬高伤肢，24小时以后解除包扎，并进行局部热敷、理疗、按摩等，以改善血液循环，促进局部代谢，加速损伤部位的修复。当损伤部位基本恢复后，开始进行肌肉、韧带的伸展性练习，以及加强局部力量练习，以恢复受伤部位的肌肉力量及肌肉、韧带的柔韧性。

四、几种常见运动损伤的征象、原因和处置

（一）挫　伤

1. 征　象

挫伤多发生在头部、胸部、四肢，因为这些地方经常暴露在外，常会遇到碰、跌、撞、打、摔等，受伤后局部红肿、疼痛，皮肤破裂的当时就出血，没有破裂的会出现青紫淤血。

2. 原　因

首先是运动前准备活动做得不够，肌肉关节没有得到充分活动；其次是活动时用力过猛，超过了肌肉、关节和韧带的负荷限度。

3. 处　置

对挫伤应根据情况及时处理。如果皮肤出血应立即停止运动，先用酒精或碘酒将伤口消毒，用净布包扎。如果受伤部位红肿疼痛，可先用冷水或冰进行局部冷敷，抬高受伤部位，必要时加压包扎，防止继续出血。24小时以后改用热敷，用按摩来活血、消肿、止痛。伤势减轻后再做针对性的活动，使关节、肌肉恢复功能，如做下蹲、弯腰、举腿等，可以避免伤后关节不灵或发生肌肉萎缩。

（二）肌肉损伤

1. 征　象

如果是细微的肌肉损伤，则症状较轻；如果是肌纤维完全断裂，则症状较重。一般表现为伤处疼痛，局部肿胀、压痛，肌肉紧张或抽筋，伤后肌肉功能减弱或丧失。

2. 原　因

准备活动不充分，肌肉的生理机能尚未达到剧烈活动所需的状态就参加剧烈活动；体质较弱，运动水平不高，肌肉的弹性、伸展性和力量较差，疲劳过度也可能导致肌肉损伤。

3. 处　置

肌肉损伤治疗要根据具体情况而定，少量肌纤维断裂者，应立即采取冷敷、局部加压包扎等措施，并抬高伤肢。对于肌肉大部分或完全断裂者，应在加压包扎后立即送医院进行手术缝合。

（三）关节韧带损伤

1. 征 象

关节韧带损伤后，一般表现为压痛、自感疼痛，轻者发生韧带部分纤维的断裂，重者韧带纤维完全断裂，引起关节半脱位或完全脱位，从而出现关节功能障碍。

2. 原 因

上肢关节以肩关节、肘关节、腕关节损伤最为常见，如掷标枪引枪后的翻肩动作错误造成肩、肘关节扭伤；下肢关节以髋关节、膝关节、踝关节损伤较多，如从高处跳下，平衡缓冲不够，使膝、踝关节受伤；做“下桥”练习时，过分提腰造成腰椎损伤等。

3. 处 置

发生关节、韧带扭伤应当在24小时内采用冷敷，必要时加压包扎，24小时后采用理疗、热敷、按摩、针灸治疗。待疼痛减轻后可增加功能性练习。对急性腰部损伤，如果出现剧烈疼痛，切不可轻易处理，可让患者平卧，并用担架送至医院就诊。

（四）骨 折

1. 征 象

骨折分为完全性骨折（骨完全断裂）和不完全性骨折（骨未完全断裂，如裂缝骨折），是运动中一种比较严重的损伤。主要症状表现为肿胀和皮下淤血、功能障碍，出现畸形和假关节，并有压痛和震痛感。

2. 原 因

因身体某部位受到直接或间接暴力，或肌肉强烈收缩所致。常见的骨折部位有肱骨、尺（桡）骨、手指、小腿和肋骨等。

3. 处 置

一旦出现骨折，暂勿随意移动伤肢，而应先用夹板或其他代用品固定伤肢，动作要轻巧、缓慢，不要乱拉乱拽，以免造成错位，影响整复。如果是上肢骨折，可用木板托住伤肢，用绷带扎紧骨折处的上、下两端；如果是下肢骨折，先将伤腿轻轻放好，然后用宽布条或褥单将两条腿缠在一起，慢慢抬到硬板担架上，送往医院救治；如果是头部、颈部或脊椎骨发生骨折，运送时就更要小心，以免损伤神经和脊椎而造成肢体瘫痪。搬运时头部用枕头或衣服垫住，防止移动，固定好以后，告知患者不要扭动伤肢。送往医院时要注意做到迅速、平稳。

（五）关节脱位

1. 征象及原因

因受外力作用，关节面失去正常的连接关系，叫做关节脱位，又称脱臼。关节脱位可分为完全脱位和半脱位（或称错位）两种。运动中发生的关节脱位大都是间接外力撞击所致。如摔倒时用手撑地，引起肘关节或肩关节脱位。关节脱位后常出现畸形，与健肢相比不对称，表现为局部疼痛、压痛和关节肿胀，并失去正常活动功能，甚至发生肌肉痉挛等现象。

2. 处　置

用长度和宽度相称的夹板固定伤肢。如果没有夹板，可将伤肢固定在自己的躯干或健肢上，防止震动，随后及时送医院治疗。必须指出的是，如果没有把握做整复处置，切不可随意做整复手术，以免增加伤害。

（六）脑震荡

1. 征象及原因

脑震荡是指头部受到外力打击后，大脑管理平衡的膜半规管、椭圆囊、球囊等感应器官机能失调，引起意识和机能的暂时性障碍。体育锻炼时，两人头部相撞、撞击硬物或从高处跌下时头部撞地，都可能造成脑震荡。

受伤时表现为神志昏迷、脉搏徐缓、肌肉松弛、瞳孔稍大但能对称，神经反射减弱或消失；清醒后患者常有头痛、头晕、恶心呕吐感；平时情绪烦躁，注意力不易集中，出现耳鸣、心悸、多汗、失眠、记忆力减退等。

2. 处　置

立即让患者平卧，头部冷敷；若有昏迷，即指压人中、内关、合谷穴；若呼吸发生障碍，立即进行人工呼吸。完成上述处理后，若出现反复昏迷或耳鼻口出血，两瞳孔放大且不对称时，则表明病情严重，应立即送至医院救治。在运送途中，要让伤者平卧，头部固定，避免颠簸。

轻微的脑震荡一般都可自愈，无需住院治疗，但要注意休息，保持情绪稳定，减少脑力劳动。

第三节　运动性疾病的产生原因、处置与预防

一、延迟性肌肉酸痛

（一）产生原因和临床表现

延迟性肌肉酸痛是运动时肌肉活动量过大引起局部肌纤维及结缔组织的细微损伤，以及部分肌纤维的痉挛所致。这种酸痛不是发生在运动结束后的即刻，而是发生在运动结束后1 ~ 2天，因此称为延迟性肌肉酸痛。由于这种酸痛现象只是局部肌纤维的细微损伤和痉挛，不影响整块肌肉的运动功能，所以，酸痛后经过肌肉内部对细微损伤的修复，肌肉组织会变得更加强壮，以后同样负荷将不易再发生酸痛。

一般在运动后的24时之内出现肌肉僵硬、酸痛和自觉酸痛部位肿胀，有压痛，多发生于双下肢主要伸、屈肌群，而肌肉远端和肌肉—肌腱移行处症状一般较重，严重者肌肉会发生疼痛，且以肌腹为主。24 ~ 48时之内，酸痛达到高峰，之后可自行缓解，5 ~ 7天消失。

（二）处置和预防

1. 处　置

对酸痛部位进行热敷或按摩，还可配合做一些伸展练习，也可口服维生素C以缓解症状，另外针灸、电疗等也有一定作用。

2. 预　防

锻炼时，要充分做好准备活动，把握运动强度及运动负荷的递进性原则，根据自身的身体状况安排锻炼负荷，尽量避免局部肌肉负担过重。锻炼后，要对主要的工作肌肉进行推拿、按摩。

二、运动中腹痛

（一）产生原因和临床表现

运动中腹痛多数在中长跑时发生。主要因准备活动不充分，开始时运动过于剧烈，或跑得过快，内脏器官功能尚未达到运动状态，致使脏腑功能失调，引起腹痛；也有的因运动前吃得过饱，饮水过多，以及腹部受凉，引起胃肠痉挛而出现腹痛；少数因运动时间过长或过于剧烈，使下腔静脉压力上升，引起血液回流受阻，或者因肝脾淤血，膈肌运动异常，致使两肋部胀痛而出现腹痛。

（二）处置和预防

1. 处　置

如果没有器质性病变迹象，一般可采用减慢跑速、加深呼吸、按摩疼痛部位或弯腰跑等方法处理，疼痛常可减轻或消失。如疼痛仍不减轻，甚至加重，就应停止运动，并口服十滴水或溴丙胺太林（每次1片），或揉按内关、足三里、大肠俞等穴位。如仍不见效，应到医院做进一步检查。

2. 预　防

饭后1小时可进行运动，但要做好准备活动，运动负荷要循序渐进，并注意呼吸节奏；夏季运动要适当补充盐分；对于各种慢性疾病引起的腹痛应就医检查。病愈之前，应在医生和体育教师指导下进行锻炼。

三、运动性贫血

（一）产生原因和临床表现

血液中红细胞与血红蛋白数量低于正常值，称为贫血。因运动引起的这种血红蛋白数量的减少，即称为运动性贫血。

其发病的主要原因如下。

1. 运动时肌肉对蛋白质和铁的需要量增加，一旦需要得不到满足，即可引起运动性贫血。

2. 剧烈运动时血流加速，易引起红细胞破裂，致使红细胞从新生到衰亡之间的平衡遭到破坏，从而导致运动性贫血。

运动性贫血发病缓慢，其临床表现有头晕、恶心、呕吐、气喘、体力下降，运动后心悸、心率加快、脸色苍白等。

（二）处置和预防

1. 处　置

在运动中（后）出现头晕、无力、恶心等现象时，应适当减小运动负荷，必要时暂停运动，并补充富含蛋白质和铁的食物，口服硫酸亚铁，这对缺铁性贫血的治疗有明显效果。

2. 预　防

遵循循序渐进和个别对待原则，合理调整膳食。如运动时经常有头晕现象出现，应及时诊断医治，以利于正常参加体育锻炼。

四、运动性昏厥

（一）产生原因和临床表现

在运动中，因脑部突然血液供给不足而发生的暂时性知觉丧失现象，叫做运动性昏厥。运动性昏厥产生的原因是，剧烈运动或长时间运动使大量血液积聚在下肢，回心血量减少；或者是剧烈运动后引起低血糖。

运动性昏厥表现为全身无力、头昏耳鸣、眼前发黑、面色苍白、失去知觉、突然昏倒、手足发凉、脉搏慢而弱、血压降低、呼吸缓慢等。

（二）处置和预防

1. 处　置

应立即使患者平卧，脚略高于头部，并进行由小腿向大腿、心脏方向按摩或拍击；同时用手指点压人中、合谷等穴位，必要时给氨水闻嗅。如有呕吐，应将患者头偏向一侧；如停止呼吸，应立即进行人工呼吸。轻度休克者，应由同伴搀扶慢走一段时间，帮助进行深呼吸，即可消除症状。

2. 预　防

平时要经常坚持体育锻炼，以增强体质；久蹲后不要突然起立；不要带病参加剧烈运动；疾跑后不要立即停下来；不要在饥饿的情况下参加剧烈运动。

五、肌肉痉挛

（一）产生原因和临床表现

在体育锻炼时，肌肉受到寒冷的强烈刺激，可能发生肌肉痉挛。它常在游泳或冬季户外锻炼时发生。准备活动不够，或肌肉猛力收缩，或收缩与放松不协调，均可发生肌肉痉挛；也有的肌肉痉挛是因情绪过分紧张所致。

肌肉痉挛时，肌肉突然变得坚硬、疼痛难忍，而且一时不易缓解。

（二）处置和预防

1. 处　置

对痉挛部位的肌肉做牵引。例如，腓肠肌痉挛时，即伸直膝关节，并配合按摩、揉捏、叩打以及点压委中、承山、涌泉等穴位，以促使痉挛缓解和消失。

2. 预　防

运动前做好准备活动，对容易发生痉挛的部位，事先应做适当按摩。夏季进行长时间运动时要注意补充盐；冬季锻炼时要注意保暖；游泳下水前应先用冷水淋浴；游泳时不要在水中停留过长时间；疲劳和饥饿时，不要进行剧烈运动。

六、运动中暑

（一）产生原因和临床表现

在高温环境中长时间体育锻炼易发生中暑，尤其在气温高、通风不良、头部缺乏保护、被烈日直接照射的情况下，最容易发病。

中暑早期表现为头晕、头痛、呕吐，随后逐步发展为体温升高，皮肤灼热干燥，严重者可出现精神失常、虚脱、抽搐、心律失常、血压下降，甚至出现昏迷而危及生命。

（二）处置和预防

1. 处　置

首先将患者扶送到阴凉通风处休息，同时采取降温消暑手段，如解开衣领、额部冷敷做头部降温，喝些清凉饮料、十滴水，并补充生理盐水或葡萄糖生理盐水等。

对于严重患者，经临时处理后，应迅速送医院进一步治疗。

2. 预　防

在高温炎热季节锻炼时，应适当减小运动负荷，缩短锻炼时间；避免在烈日下长时间锻炼；夏天在室外锻炼时，应戴白色帽子，穿宽松薄衣；在室内锻炼时，应保持通风，并备有低糖含盐的饮料。

七、低血糖症

正常人的血糖维持在一定的水平（0.8 ~ 1.2克/升）。当血糖低于0.5 ~ 0.6克/升时，机体会出现一系列症状，称为低血糖症。

运动时肌肉收缩要消耗能量，而能量主要来源于体内糖的氧化，因而运动过程伴随着体内糖的消耗。长时间剧烈运动时，葡萄糖大量消耗可产生低血糖症，此病多发生于长跑、超长跑、长距离滑冰、滑雪以及自行车等运动比赛过程中或结束后。

（一）产生原因和临床表现

运动中发生低血糖症，主要是由于长时间剧烈运动时体内血糖大量消耗和减少，调节糖代谢的机制紊乱。赛前饥饿，情绪过分紧张或身体有病，都是引起本病的重要原因。

病员会感到非常饥饿，极度疲乏，并伴有头晕、心跳、面色苍白、出冷汗等症状。较重者可出现神志模糊、语言不清、四肢发抖、心率不齐或精神错乱（如赛跑者返身向相反方向跑），甚至出现惊厥、昏迷等症状。检查时，脉搏快而弱，血压或无明显变化，或昏倒前升高而昏倒后降低，呼吸短促，瞳孔扩大。若验血，则血糖明显降低（0.5克/升以下）。

（二）处置和预防

1. 处　置

使病员平卧，注意保暖。神志清醒的可给其喝浓糖水或姜糖水，并吃少量食品，一般短时间后即可恢复。若昏迷，可针刺或用指掐点人中、百汇、涌泉、合谷等穴，并迅速请医生处理。这时若能静脉注射50%葡萄糖溶液50 ~ 100毫升，提高血糖浓度，就会使病情迅速好转。

2. 预　防

平时没有锻炼基础，或患病未愈，或空腹饥饿时，不要参加长时间的剧烈运动（如万米跑、马拉松赛跑、长距离滑冰等）。举行马拉松赛跑时应准备一些含糖的饮料，供运动员途中饮用。

思考题

1. 体育锻炼的卫生常识有哪些?
2. 常见的运动性疾病有哪些，产生后原因是什么?
3. 如何处置与预防运动性昏厥?

体育实践训练篇

第六章　田径运动

第一节　田径运动基础知识与欣赏

一、田径运动的起源与发展

田径是世界上最为普及的体育运动之一，是体育运动的基础项目也是历史最悠久的运动项目。田径与游泳、射击被视为奥运金牌三大项目，也是奥运金牌最多的项目，“得田径者得天下”也由此而来。

田径运动是人类长期社会实践发展起来的，包括男女竞走、跑、跃、投掷四十多个单项，以及由跑跳、跳跃、投掷部分项目组成的全能运动。以时间计算成绩的竞走和跑的项目叫“径赛”，以高度和远度计算成绩的跳跃、投掷项目叫“田赛”，田径运动是径赛、田赛和全能比赛的全称。

远在上古时代，人们为了获得生活资料，在与大自然及禽兽的斗争中，不得不走或跑相当的距离，跳过各种障碍，投掷石块和使用各种捕猎工具。在劳动中不断地重复这些动作，便形成了走、跑、跳跃和投掷的各种技能。随着社会的发展，人们有意识地把走、跑、跳跃、投掷作为练习和比赛形式。

据记载，最早的田径比赛，是公元前776年在希腊奥林匹克村举行的第1届古代奥运会上进行的，项目只有一个——短距离赛跑，跑道为一条直道，长为一个“斯泰德”（192.27米）。到公元前708年的第10届奥运会上，才正式列入了跳远、铁饼、标枪等田赛项目。当时只准男子参加，女子连观看也不行，违者处以死刑。

1894年，在英国举行了最早的现代田径运动国际比赛，比赛共分9个项目。真正的大型国际比赛是1896年开始举行的现代奥运会。它沿用古代奥运会每隔4年举行一次的制度，每届奥运会上，田径运动都是主要的比赛项目之一。从1928年第9届奥运会起，才增设了女子田径项目，此后，女子便参加了田径项目的比赛。

二、重大田径赛事简介

（一）世界田径锦标赛

世界田径锦标赛，创始于1983年的国际性田径赛事，主办机构是国际田径联合会，最初是每四年一届，1991年起改为每两年一届。1977年开设的世界杯田径赛，是国际田联单独主办的第一个世界性田径赛，对世界田径运动的发展，起到了一定的推动作用。

（二）国际田径联合会世界室内田径锦标赛

国际田径联合会世界室内田径锦标赛（英文：International Association of Athletics Federations World Indoor Championships，简称为IAAF World Indoor Championships in Athletics）是一项由国际田径联合会举办的国际室内田径赛事，首届于1985年在法国巴黎举行，当时赛事名称为世界室内运动会（World Indoor Games），国际田联为了把世界室内外锦标赛的名称统一起来，1987年再举行世界室内比赛便改为世界室内田径锦标赛，并规定每隔两年举行一次，因此，室内世界运动会只在1985年举行过一次。

第一、二届世界室内田径锦标赛先后于1987年3月6～8日和1989年3～5日在美国印第安纳波利斯和匈牙利布达佩斯举行，比赛项目和两年前的世界室内田径运动会一样。第3届于1991年在西班牙举行。

（三）黄金联赛

国际田联把欧洲原来几个独立的比赛串联在一起，因此叫联赛。每个赛站除了发给前8名优胜者奖金外，还为整个联赛设一份50公斤的纯黄金金锭，由各站保持不败的6名选手分享价值100万美元的黄金大奖，全部六站赛事中任意五站冠军的选手都可以分享100万美元奖金总额的一半——50万美元，余下的50万美元则归夺得全部六站冠军的选手所有。因此比赛称为黄金联赛。一般黄金联赛的各项比赛规则仍遵照国际田联原来的规则。

2005赛季国际田联黄金联赛首战将在法国巴黎拉开战幕。此项赛事从1998年开始创建，国际田联提出的宗旨是“best of best”，旨在吸引全世界最高水平的田径选手以及举办最高水平的田径盛会。

除了常规的赛事奖金以外，黄金联赛最吸引人的地方在于参加比赛的选手有机会获得的重达50公斤的黄金。因此，每年的黄金联赛都会令全世界最顶级的男女选手为着荣誉和金钱而走到一起来。顶尖高手和高额奖金使得黄金联赛成为国际田联旗下最挣钱的赛事。

三、田径明星介绍

（一）卡尔·刘易斯

从6岁开始，卡尔·刘易斯就开始从父亲那里得到系统的田径知识培训，并在父亲的陪伴下接受专业训练，杰西·欧文斯是从这时起就成为了卡尔·刘易斯的偶像。有些人的天赋是显而易见的，1973年，年仅12岁的刘易斯就获得了杰西·欧文斯纪念田径比赛该年龄段的跳远冠军，并从此开始了他辉煌的职业生涯。从1982年至今，他共创造了13次室内外世界纪录，获得9枚奥

运会金牌，多次被评为“世界最佳运动员”。1979年18岁的刘易斯在进入大学后曾对自己的教练说：“我想成为一名百万富翁，永远不用担心没工作。”他的人生不是只有田径，不是只有100米的短短跑道，而是一场没有终点的战斗。1997年刘易斯告别了自己奋斗30年的田径舞台，开始向商界和演艺界进军。2004年，刘易斯创立了自己的商标：卡尔·刘易斯。他说：“我又开始了一场新的竞赛。”

（二）尤塞恩·博尔特

尤塞恩·博尔特（1986年8月21日生），牙买加最为著名的运动员，当今男子短跑无可争议的霸主，保持了男子短跑的多项世界纪录，在2008年北京奥运会中一鸣惊人，以无可争议的优势夺得男子100米、200米短跑冠军；2009年世锦赛连续打破男子100米、200米世界纪录；2011年带领牙买加男子田径队在4×100米接力比赛中以打破世界纪录的成绩夺冠；2012年伦敦奥运会在五大高手的挑战下再次夺得男子百米飞人大战冠军，并卫冕男子100米、200米短跑冠军。成为奥运史上第一个卫冕男子100米短跑冠军的运动员，并且保持了奥运赛场“不败金身”。

（三）刘　翔

刘翔，奥运冠军，中国男子田径队110米跨栏一级运动员。中国人民政治协商会议第十一届全国委员会委员。刘翔是中国田径史上里程碑式人物，在2004年雅典奥运会上以12.91秒的成绩平了保持11年的世界纪录； 在瑞士洛桑田径超级大奖赛中，以12秒88打破了保持13年的世界纪录。多次在国际田径赛事中夺冠，是目前男子110米栏最优秀的运动员之一。并且，刘翔积极参与慈善事业，为中国体育事业、公益事业发展作出了很多贡献。2012年8月7日，在伦敦奥运会男子110米栏预赛中，刘翔打栏摔倒在地，最终单腿跳过终点无缘晋级。

四、田径比赛的欣赏

（一）如何欣赏田径比赛

田径是奥运会的第一金牌大户，在世界范围内开展最为普遍。其主要项目类型有田赛、径赛两种。径赛中分短跑、中长跑、马拉松跑、接力跑、跨栏跑、障碍跑和全能项目等。田赛有以高度决定胜负的项目和以远度决定胜负的项目。

1. 走跑项目

（1）短　跨

起跑时运动员蓄势待发，犹如满弓开似满月，箭在弦上；加速跑势如离弦之箭；途中跑欣赏运动员步幅大、频率快、全身上下肢协调配合的良好技术，同时品味运动员脸上的笑容、凝重、难楚；冲刺跑关注运动员冲过终点线的一刹那，以悍牛顶架之势，狂掠而过；接下来就要分享运动员成功后的欢呼、雀跃和失败后的黯然神伤，当然失败者向胜利者友好地祝贺更是动人心弦。

（2）中长跑

如果将短跑形容为在炎炎烈日下痛饮冰水一样畅快淋漓，那么中长跑就可以形容为像细品清茶水一样浑身舒畅。长跑比赛与短跑步幅大、频率快，如狂风骤雨不同，它要求运动员步幅小、节奏明快和持之以恒。在长跑比赛伊始，运动员如万马奔腾一样蜂拥向前；过程中将会分成若干前后拉开的集团，像穿在线上的珍珠一样排列开来。动人场面来自终点，冠军获得了人们祝贺的掌声，最后一个到达终点的永不言败者将会得到比冠军更热烈的欢呼，这体现了奥林匹克真谛。

（3）接力跑

从每一棒接力队员来看，第一棒的快速起跑，第二棒的奋勇争先，第三棒的形式变换，第四棒一决雌雄；在传接棒的时段，应欣赏传接棒的行云流水或掉棒、捡起后的奋起直追；从整个比赛场景来看，一次次传接棒就是一个个狂潮的起始，并且一浪高过一浪，直到最后以冲过终点后全场共鸣结束。

（4）跨栏跑

跨栏跑除具有短跑所具有的魅力之外，还有它独有的迷人之处：从整个场面来看，所有参赛运动员像汹涌澎湃的海浪一样，一波一波地起伏，再加上观众随着运动员比赛进程心中默数或大声喊着“1、2、3……10”时，整个赛场就就会爆发出雷鸣般的欢呼。

（5）竞　走

当比赛开始时，竞走运动员们迅速起动，如万马奔腾，竞相争胜，运动员们身姿协调、矫健给人美的享受，他们拼搏的精神令我们感动。

2. 跳跃项目

跳远：节奏鲜明的助跑，迅速有力的起跳，完美的空中姿势，卓有成效的落地。

三级跳：节奏明快的三次起跳，每次起跳时发出的有力的声音和出乎意料的成绩都是很好的看点。

跳高：起跳时的一跃冲天，过杆时背越式犹如鲤鱼跃龙门和俯卧式灵巧的翻转都会激起人们的兴致，尤其是在两次冲击记录未果，第三次一举成功之时，是观众和运动员最美妙的欢乐时刻。

撑竿跳：节奏鲜明的助跑，准确的插竿，矫健的身影，完美的跃杆。

3. 投掷项目

铁饼运动员螺旋式的旋转，铁饼的平稳飞行，构成了铁饼项目美丽画面；铅球运动员迅猛的滑步，力拔千钧的出手，伴随着声震全场的大吼，铅球像炮弹一样发射而出；标枪运动员出手前身体的满弓和标枪在空中像飞机一样超远距离的飞行都是观众关注的焦点所在；链球运动员螺旋式的旋转，链球拖着长长的“尾巴”飞射而出，吸引会场观众的目光。

（二）了解规则

1．田径比赛通则

（1）比赛的运动员必须佩带号码，否则不得参加比赛。

（2）径赛项目运动员须沿跑道逆时针方向跑进，分道跑的项目应自始至终在各自的分道内跑进。

（3）径赛运动员挤撞或阻挡别人而妨碍别人走或跑进时，应取消其该项比赛资格。

（4）如果一名运动员参加一个径赛项目，又参加一个田赛项目，或者参加一个以上的田赛项目，而这些项目又同时举行比赛时，有关主裁判可以允许运动员只在某一轮次（高度项目以一个高度为一个轮次，一个高度有3次试跳机会；远度项目以所有运动员按顺序试跳或试掷完一次为一个轮次）的比赛中以不同于赛前抽签确定的顺序先进行试跳（试掷）一次。回来后已错过的试跳（试掷）顺序一律不补。

（5）判定名次和成绩相等的方法。径赛项目中，判定运动员到达终点的名次顺序，是以运动员躯干的任何部分（不包括四肢）到达终点线内沿的垂直面的先后为准。以决赛的成绩作为个人的最高成绩，而不以预、次、复赛的成绩判定最后名次。

（6）田赛高度项目比赛成绩相等的录取办法：在出现成绩相等的高度中，试跳次数较少者名次列前。如成绩仍相等，在包括最后跳过的高度在内的全赛中，试跳失败次数较少者名次列前。如成绩仍相等：如涉及第一名时，则令成绩相等的运动员在其造成成绩相等的失败高度中的最低的高度上，每人再试跳一次。如仍不能判定，则横竿应提升或降低，提升和降低的高度，跳高为2厘米，撑竿跳高为5厘米，他们应在每个高度上试跳一次，直到决出名次为止。决定名次的试跳，有关运动员必须参加。如涉及其他名次时，成绩相等的运动员名次并列。

（7）田赛远度项目的比赛如有成绩相等时，应以其次优成绩判定名次。如次优成绩相等，则以第三名成绩判定，以此类推。如仍相等，并涉及第一名时，则令相等的运动员，按原比赛顺序，进行新一轮试跳（试掷），直到决出名次为止。

（8）全能运动比赛如总分相等时，应以单项得分多的项目较多者名次列前。如仍不能判定时，则以任何一个项目单项得分最多者名次列前。

（9）团体总分相等时，应以破纪录项目、次数多者名次列前。再相等，则以第一名多者列前。如仍相等，则以第二名多者名次列前，以此类推。

2. 径赛主要规则

（1）400米及400米以下包括4×100米接力的项目，运动员应采用蹲踞式起跑。起跑时运动员只允许一次起跑犯规而不被取消参赛资格，之后每次起跑犯规的运动员均将被取消该项目的比赛资格，全能运动员两次起跑犯规将被取消比赛资格。

（2）在分道跑项目中，运动员跑出自己的分道，如没有获得利益，也未阻挡他人，一般不应取消比赛资格，否则应取消比赛资格。

（3）在中长跑时，运动员擅自离开跑道后，不得继续比赛。

（4）跨栏跑时，运动员手脚低于栏顶面、跨越他人栏架、有意推或脚碰到栏架，均属犯规。

（5）接力跑时，在接力区外完成接棒、捡棒时阻挡他人或空手跑过终点等均属犯规。

（6）竞走时，两脚同时离地和支撑腿垂直支撑时，膝关节没有伸直为犯规。

（7）如用3只秒表计成绩，应以2只表所示成绩为准；如各不相同，则以中间成绩为准。如用2只表，应以成绩较差者为准。

3. 田赛主要规则

（1）跳高比赛时，运动员必须用单脚起跳。横杆碰掉为试跳失败。在越过横杆之前，运动员身体的任何部位触及立柱以外的地面或落地区，也判试跳失败。在任何高度上，只要运动员连续3次试跳失败，即失去继续比赛的资格。比赛时，运动员可以在规定的起跳高度上的任一高度开始起跳，也可以在以后任何一个高度上决定是否免跳。丈量高度时，木尺需与地面垂直，从地面至横杆上沿的最低处计算高度，以1厘米为最小计量单位。

（2）所有田赛远度项目比赛时，参加比赛的运动员如超过8人，则每人先试跳或试掷3次，成绩最好的前8名运动员再试跳或试掷3次。倘若第8名成绩相等，则成绩相等的运动员可再试跳或试掷3次。如果只有8人或不足8人参加比赛，则每人均可试跳或试掷6次。

（3）跳远比赛时，出现下述情况属试跳失败：助跑中或起跑时，身体任何部分触及起跳线前面的地面或在橡皮泥显示板上留有痕迹；由起跳线或起跳线两端延长线踏过或跑过，或在延长线后面起跳；在落地过程中触及沙坑以外地面，而沙坑外触点较沙坑内最近触点离起跳线近者；完成试跳后，向后走出沙坑等。在起跳板后的起跳，应为有效试跳。

（4）三级跳远比赛时，第一跳是用起跳腿落地，第二跳是用另一条腿继续做跳跃起跳的腿落地，第三跳是用两脚落入沙坑，才算完成试跳。运动员在跳跃中摆动腿触地不应视为试跳失败。其余与跳远规则相同。

（6）推铅球比赛时，运动员应在投掷圈内从静止姿势开始试推。应将铅球抵住或靠近下颌，用单手从肩上推出，不得将铅球移至肩下或肩后抛掷。运动员开始投掷后，身体任何部位触及投掷圈外地面或触及抵趾板和投掷圈上面，或以不符合规定的方式将铅球推出，均判为试推掷失败。运动员在器械落地之后，才能离开投掷圈；离圈时，必须从后半圈走出；铅球必须完全落在落地区角度线以内。否则，均判为试掷失败。

（7）其他投掷项目比赛，除场地、器械和投掷方法与铅球有差异外，比赛规则与铅球基本相同。

第二节　田径运动基本技术

一、短　跑

（一）短跑的基本技术

短跑技术是由起跑、起跑后的加速跑、途中跑和终点冲刺跑四个不可分割的阶段所组成的。影响短跑成绩的主要因素是步频和步长。

1. 起跑技术

起跑的主要任务是获得向前的冲力，使身体摆脱静止状态，为起跑加速创造有利的条件。根据《田径竞赛规则》，400米以下的项目（包括400米、4×100米和4×400米接力的第一棒）必须使用起跑器，并采用蹲踞式起跑。

（1）起跑器的安装（图6-2-1A、B）

使用起跑器的目的在于能形成良好的预备姿势，便于获得较快的起跑速度。一般采用普通式起跑器，其安装方法是：前起跑器距起跑线约一脚半长，后起跑器距起跑线三脚长，前起跑器抵足板角度约45度，后抵足板角度约75度，两起跑器间隔约为15厘米。

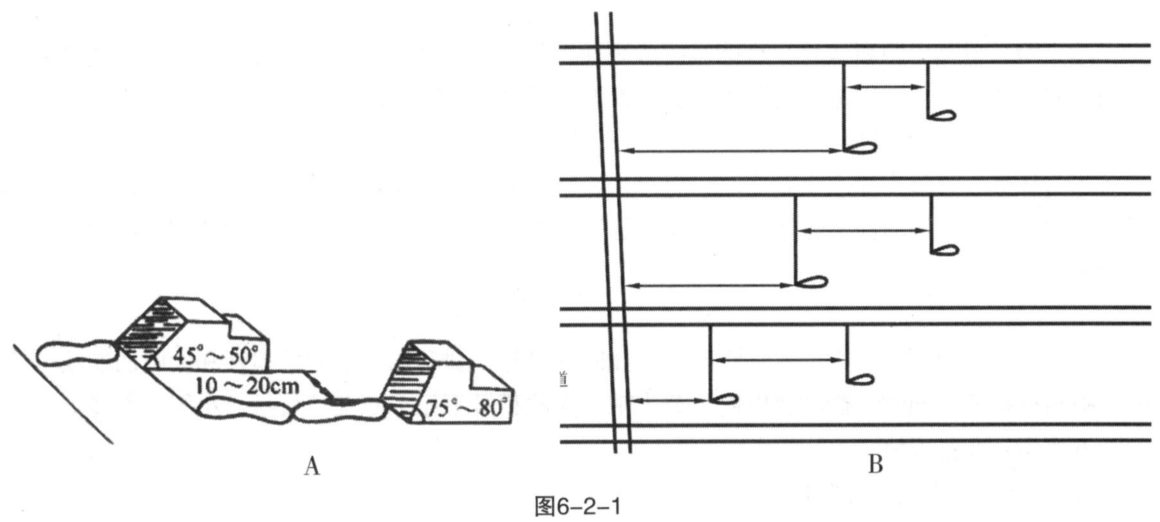

图6-2-1

（2）起　跑

蹲踞式起跑技术由“各就位”、“预备”和“鸣枪”（或启动经批准的发令器材）三个环节组成（图6-2-2）。

图6-2-2　起跑技术

①各就位

当发令员喊“各就位”口令时，做1～2次深呼吸，平静和稳定一下自己的紧张情绪，轻快地站到起跑器前，两脚依次踏在前后起跑器的抵足板上（把有力脚放在前面），两手和一个膝盖应触地，两臂伸直，两手间距离稍比肩宽，四指并拢与大拇指成“八”字形，肩与起跑线齐平，身体重量均衡地落在两手、前脚和后膝关节之间，注意听“预备”口令。

②预　备

当听到“预备”口令时，慢慢地抬起臀部并稍高于肩，同时重心前移，主要落在两臂和前腿上，前腿膝角约90～100度，后腿膝角约110～130度，两脚掌紧贴抵足板。

③鸣　枪

当听到“枪声”或“跑”的口令后，两手迅速离开地面，屈肘并有力地前后摆动，同时两腿迅速蹬起跑器，以膝领先向前摆出，前腿快速有力地蹬伸，把身体向前上方送出。

2. 起跑后的加速跑技术

起跑后要做到三个“逐渐”，即逐渐加速、逐渐抬体、逐渐加大步长。两臂屈肘积极而有力地前后摆动，两腿依次用力蹬地，直到发挥最快速度转入途中跑，加速跑的距离一般约为30米。

3. 途中跑技术

途中跑是短跑中距离最长，且能发挥最高速度的阶段。其任务是继续发挥和保持高速度跑。按跑的周期划分，包括后蹬与前摆、腾空、着地、垂直缓冲等动作阶段。

（1）后蹬与前摆阶段

当身体重心移过支撑点垂直面时，就进入蹬地腿的后蹬与摆动腿的前摆阶段。摆动腿的大小腿折叠并带动同侧髋向前上方摆出，支撑腿迅速伸展髋、膝、踝三个关节。两臂配合两腿有力地前后摆动。

（2）腾空阶段

支撑腿蹬离地面后，则进入腾空阶段。此时支撑腿小腿利用蹬地后的惯性和大腿的摆动迅速向大腿靠拢折叠；同时，摆动腿以髋关节为轴，大腿积极下压，膝关节放松，小腿随大腿下压向前下方摆出，准备着地。

（3）着地与垂直缓冲阶段

在摆动腿的前脚掌着地的瞬间即开始进入着地缓冲阶段，支撑腿快速屈膝缓冲。途中跑时上体保持适当的前倾，两眼平视前方，手成半握拳或自然伸掌。两臂屈肘，大小臂夹角约90度，以肩为轴前后用力摆动。

4. 终点冲刺技术

在离终点线15~20米处时，应尽可能地保持途中跑的高速度并加快两臂摆动的速度和力量。在距离终点线最后一步时，以胸部或肩部撞线并不减速地跑过终点。

此外，弯道跑技术为：200米和400米有一半以上的距离是在弯道上进行的，在跑弯道时，起跑器应安装在跑道的右侧，正对弯道左侧分道线的切点方向，左手撑在起跑线后沿约5~10厘米处。弯道途中跑时，以左脚前脚掌外侧和右脚前脚掌内侧着地，右臂摆幅大于左臂，身体稍向左侧倾斜。

（二）短跑的练习方法

1. 速度练习

速度练习主要有短距离的加速跑、行进间跑、反复跑、斜坡跑、让距追逐跑、让距接力跑等。

2. 力量练习

各种跳跃练习，如立定跳、立定三级跳、立定十级跳、单足跳、蛙跳、杠铃挺举、抓举、半蹲和深蹲、负重沙袋跑或跳等。

3. 专门练习

（1）小步跑

上体稍前倾，膝关节放松，大腿抬起并下压，小腿顺惯性前伸，前脚掌积极着地，脚趾完成最后“扒地”动作，步幅小，频率快，两臂配合两腿前后摆动。其练习方法有：

① 原地做两脚交替提后踵动作。

② 原地并逐步过渡到行进间小步跑。

③ 行进间小步跑逐步过渡到加速跑。

（2）高抬腿跑

上体正直或稍前倾，提高身体重心，然后膝关节积极下压，小腿自然伸开用前脚掌着地，支撑腿踝、膝、髋三个关节充分伸展，两臂配合两腿前后摆动。其练习方法有：

① 原地支撑（如手斜扶栏杆）做高抬腿练习。

② 行进间做高抬腿练习。

③ 行进间高抬腿逐渐过渡到加速跑。

（3）后蹬跑

上体稍前倾，摆动腿屈膝前摆送髋，大腿积极下压，用前脚掌着地，支撑腿踝、膝、髋充分蹬直，两臂配合两腿前后用力摆动。其练习方法有：

① 原地支撑做后蹬跑。

② 行进间做后蹬跑。

③ 行进间后蹬跑逐渐过渡到加速跑。

二、跨栏跑

跨栏跑是一项技术较为复杂的非对称的周期性速度力量性项目。所需的主要身体素质是速度、速度力量、髋关节的力量和柔韧性以及下肢各关节的支撑力量。技术上要求高度的协调性和良好的节奏感。跨栏跑可分为起跑和起跑后到第1栏的加速跑、跨栏步、栏间跑和冲刺跑等几个紧密衔接的技术部分。起跑的过程与短跑基本相同，起跑至第1栏起跨点一般采用8步起跨，起跑时应把起跨脚放在前起跑器上；起跨腿蹬伸要快，摆动腿提膝前攻要猛，上体前倾配合；起跨腿离地后，膝关节外展，屈小腿前收跨过栏架（图6–2–3）。

图6–2–3

三、跳　远

跳远的完整技术，由助跑、起跳、腾空和落地四个部分组成，它们是一个统一体。

（一）助　跑

跳远的助跑，是为了获得较高的水平速度，并为踏板和起跳作好准备。

为了做到准确踏板，必须要有一个相对稳定的助跑距离。对已经确定了的助跑距离，要反复多次地进行全程助跑检查、调整。要总结出外界条件变化（跑道质量、风向、气温、比赛时间等）和自身不同身体状态时，助跑距离变化的规律性。这样才能做到心中有数，比赛时才能对助跑充满信心。要有一个固定的起跑姿势和起动加速方式，保证助跑开始几步的稳定性和准确性。

（二）起　跳

1. 起跳脚的着板

起跳脚着板时，上体正直或保持3～5度的后仰，起跳脚要主动积极向起跳板下落。起跳脚下落瞬间上体应向上抬起，以减轻起跳脚在着地时的负担。优秀运动员着板瞬间形成的落地角为65度左右。

2. 缓　冲

从起跳脚着板到膝关节最大弯曲的这一阶段，叫缓冲。缓冲的作用主要有两个方面：一是减缓起跳的制动性，减少助跑速度的损失；二是积极移动身体，为爆发式的蹬伸创造条件。

3. 蹬　伸

起跳腿膝关节角度由最大弯曲时开始到起跳脚蹬离地面为止，叫蹬伸阶段。蹬伸阶段要充分利用肌肉的弹性，创造最大的起跳爆发功率。蹬伸动作的速度和方向，直接影响腾起初速度的大小和方向。蹬伸动作越快、越充分，腾起初速度和腾起角度越大，跳远成绩就越好。

（三）腾　空

1. 蹲踞式

这是一种简单而又自然的跳远姿势，与日常生活中跨越障碍的方式比较接近，适合初学者。起跳成腾空步后，头部微抬，上体保持正直，摆动腿向前上方摆出，起跳腿一侧的髋部要充分伸展，两臂向前摆动。在接近最高点时，起跳腿开始向胸部提举，逐渐与摆动腿靠拢，形成空中蹲踞式，两臂由前向下、向后摆动，随后完成落地动作（图6–2–4）。

图6–2–4

2. 挺身式

起跳后，保持腾空步的时间比蹲踞式短。腾空开始后，摆动腿的大腿积极下放，小腿向前、向下、向后上方摆。这时，留在身后的起跳腿与向后摆的摆动腿靠拢，在腾空最高点时，身体充分伸展，形成挺胸展髋、两臂上举挺身的跳远姿势，随后完成落地动作（图6-2-5）。挺身式跳远的优点是：能较充分地拉长体前肌群，有利于完成收腹举腿和落地伸腿动作。挺身式的主要缺点是：空中动作的形成和用力特点与助跑起跳的动作不大一致。因此，初学者较难做到助跑起跳和空中动作之间的衔接。

图6-2-5

3. 走步式

走步式跳远空中动作有两步半和三步半两种。起跳腿做腾空步后，摆动腿下落，向后摆动，同时起跳腿屈膝前摆，在空中完成一个自然的换步动作。换步以后，身体成第二次腾空步姿势。这一腾空步时起跳腿在前，摆动腿在后（图6-2-6）。空中换步时，要保持类似跑的动作，下肢以大腿带动小腿，摆动动作幅度要大。空中完成一个换步动作，接着做落地动作的叫两步半走步式；空中完成两次换步动作的叫三步半走步式。

图6-2-6

（四）落　地

落地前，双腿屈膝高抬，成团身姿势。膝部主动地向胸部靠拢而不是上体前倾，腾空过程中，上体前倾会影响腿的前伸，必然要失去一定的距离。

落地前，上体的姿势直接影响大腿举起的高度、双脚伸出的远度和身体能否移过支撑点。着地后要及时屈膝缓冲，髋前移，两臂前摆，使身体迅速移过落点，避免后坐。

二、跳 高

跳高是越过垂直障碍的项目。跳高的姿势按过杆的形式，可分为跨越式、剪式、滚式、俯卧式、背跃式等几种，它们的完整技术都是由助跑、起跳、过杆和落地四部分组成。下面就以背越式为例加以介绍（图6–2–7）。

图6–2–7

（一）助 跑

背越式跳高助跑的前段是直线，最后3～5步助跑转入弧线。背越式跳高的助跑距离一般采用8～12步，直线段的助跑技术与普通加速跑基本相同，身体重心高而平稳，后蹬充分且有弹性，速度逐渐加快。弧线段跑的技术基本与短跑的弯道跑技术相似。弧线段的助跑步数多采用3～5步，随着助跑节奏的加快和弧线的曲率由小变大，身体的内倾程度逐渐加大。在助跑的倒数第二步时，摆动腿积极下压扒地，使身体重心迅速前移，此时身体内倾达到最大限度。

为了使助跑的步点准确，运动员应学会和掌握助跑步点的丈量法。背越式跳高助跑步点的丈量法很多，下面介绍一种比较简单易行的丈量方法——自然走步丈量法。首先确定起跳点，起跳点一般离近侧跳高架立柱约1米，距横杆的投影面约50～80厘米处（图6–2–8）。然后由起跳点沿横杆的水平方向向前走4～5步，再转体沿横杆的垂直方向自然走5～6步。以此点与起跳点相连画一弧线，即为最后3～4步助跑弧线。直线段的丈量法是用所要跑的步数乘以2的自然走步数减去2，然后再反复检查、调整直至跑准（图6–2–9）。

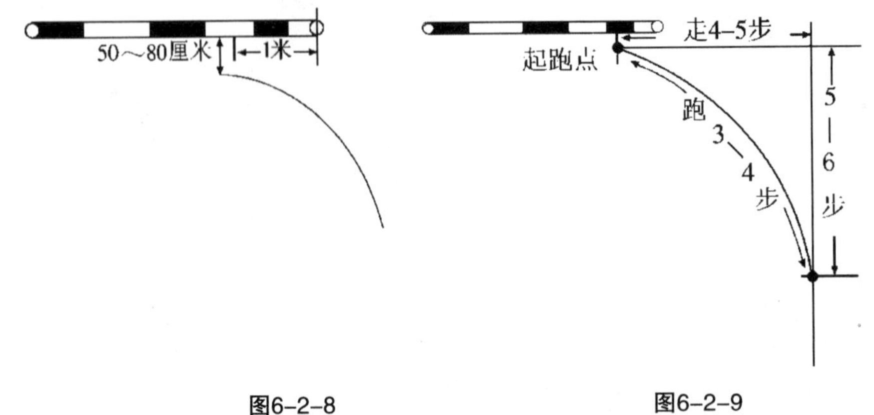

图6–2–8　　图6–2–9

（二）起　跳

最后一步助跑时，摆动腿积极有力地后蹬，使身体重心快速前移，起跳腿迅速迈向起跳点。此时，起跳腿一侧的髋超越摆动腿同侧髋，整个髋部应略超越上体，形成肩轴和髋轴的反向扭紧状态。起跳脚着地时，首先以脚跟外侧触及地面，然后迅速滚动到前脚掌，脚尖朝向弧线的切线方向。由于人体的惯性，迫使起跳腿进行屈膝缓冲，同时身体由内倾开始转为垂直。此时，摆动腿继续上摆，带动同侧髋关节和骨盆扭转，双臂向上摆动，使整个身体向上伸展。同时，起跳腿快速有力地蹬伸，使髋、膝、踝各关节充分蹬直，整个身体在起跳结束时几乎与地面垂直。在起跳过程中，要注意腿和臂的摆动以及与起跳蹬伸的协调配合。背越式跳高的摆腿多采用屈腿摆动方式。当摆动腿完成最后一步蹬地时，以髋发力，带动大腿加速前摆。同时小腿随惯性向后上方自然弯曲与大腿折叠，积极加速上摆。这种屈腿摆动的摆动半径小，因此，摆动速度较快，这与背越式跳高的快速起跳技术要求一致，对跳高起跳效果有重要作用。

摆臂的方法有多种，大多数优秀运动员采用双臂交叉摆动或双臂平行摆动两种方法。双臂交叉摆动的方法是：起跳腿前伸时，同侧臂屈肘后摆，异侧臂前摆，形成双臂前后交叉的姿势。当起跳腿同侧臂屈肘前摆时，异侧臂同时协调配合向前上方摆动。摆动腿同侧臂的摆动幅度大，且高于另一臂，带动躯干伸展。

双臂平行摆动的方法是：起跳腿前伸时，双臂屈肘后摆，然后两臂平行经体侧向前上方摆动。

（三）过杆和落地

当起跳腿蹬离地面结束起跳时，身体应保持伸展的姿势向上腾起。由于起跳时摆动腿带动同侧髋关节向前运动，使身体在向上腾跃时转为背对横杆。当肩部超越横杆后，应及时地仰头、倒肩、展体，身体处于杆上时，要充分展髋，两大腿稍外展，两小腿稍后屈，使身体形成较大的背弓姿势。当身体重心越过横杆的垂直面后，髋部应继续保持伸展的动作，极力避免臀部下落碰杆。当膝关节位于横杆的上方时，运动员应及时低头、含胸、屈髋，并伸直膝关节，使整个身体顺利地越过横杆。

过杆动作要快速、自然、连贯。身体各部位，即头、肩、躯干、髋、大腿、小腿等自上而下依次过杆。身体过杆后，双臂自然置于体侧，以适宜的屈髋姿势下落，背部首先落在海绵包上。

思考题

1. 如何欣赏田径比赛？
2. 请简述短跑的基本技术。
3. 请简述跳远的完整技术。

第七章　篮球运动

第一节　篮球运动基础知识与欣赏

一、篮球运动的起源与发展

现代篮球运动是1891年由美国马萨诸塞州斯普林菲尔德市基督教青年会体育教师詹姆斯·奈史密斯（James Naismith）博士为了解决学生们在寒冷的冬季上体育课的难题而发明的室内集体游戏活动项目。它源于儿童游戏的启示，并借鉴当时已有的足球、长柄曲棍球和玛雅人古老的场地球等运动。后来逐渐发展完善成为世界上影响最大的运动项目之一，深受人们的喜爱。由于主要设备是挂在墙上10英尺（约3.05米）高的篮子（Basket）和需要投中篮子的球（Ball），所以命名为“篮球”（Basketball）。

1904年，美国青年男子篮球队在第3届奥林匹克运动会上进行了篮球表演赛。1908年美国制定了全国统一的篮球规则，并用多种文字出版，在全世界推广发行。这样，篮球运动逐渐传遍美洲、欧洲和亚洲，成为世界性运动项目。1936年第11届奥运会将男子篮球列为正式比赛项目，并统一了世界篮球竞赛规则。到1976年，第21届奥运会将女子篮球也列为了正式比赛项目。

篮球运动于1895年由美国国际基督教协会派往中国的天津基督教青年会介绍传入我国，至今已有一百多年。新中国刚刚成立时，我国就组成了大学生篮球队参加了国际比赛。之后，国家又采取了一系列措施，极大地促进了篮球运动在我国的普及和提高。但在十年动荡的“文化大革命”冲击下，中国篮球运动的发展出现了停滞和倒退，拉大了与世界强队之间的差距。1994年底，我国开始篮球赛制改革，尝试将以前联赛的赛会制改为主客场制，并在1995年初试举办了八强主客场赛，取得了巨大的成功。于是从1995年底开始，中国篮球联赛的赛制改为了跨年度的主客场联赛，即CBA联赛。这一改革举措促使中国的篮球运动又进入了一个新的发展阶段。2001年底，中国女篮也开始效仿男篮，举办了主客场联赛，即WCBA联赛。随着中国大学生篮球联赛（CUBA）和中国大学生篮球超级联赛（CUBS）的开展，群众性篮球活动再度蓬勃发展，这无疑给中国篮球事业带来了新的生机和活力，展现了广阔的前景，中国篮球运动即将进入一个崭新的时代。

二、篮球运动重大赛事简介

（一）美国职业篮球联赛（NBA）

NBA（全称National Basketball Association），美国第一大职业篮球赛事，其中产生了威尔特·张伯伦、奥斯卡·罗伯特森、迈克尔·乔丹、科比·布莱恩特、勒布朗·詹姆斯等篮球巨星。该协会一共拥有30支球队，分属两个联盟：东部联盟和西部联盟；而每个联盟各由三个赛区组成，每个赛区有五支球队。30支球队当中有29支位于美国本土，另外一支来自加拿大的多伦多。

NBA赛季分为季前赛、常规赛和季后赛。NBA正式赛季于每年11月的第一个星期的星期二开始，分为常规赛和季后赛两部分。常规赛为循环赛制，每支球队都要完成82场比赛（1998年和2012年例外，1998年由于老板们希望就联盟的工资帽体系以及球员的薪资上限进行调整，然而球员工会对于老板们的计划坚决反对，导致每支球队只有50场比赛；2012年由于劳资纠纷导致每支球队只有66场比赛），常规赛到次年的4月底结束，东西部联盟的前八名，包括各个赛区的冠军，将有资格进入接下来进行的季后赛。季后赛采用七战四胜赛制，共分四轮；季后赛的最后一轮也称为总决赛，由两个联盟的冠军争夺NBA的最高荣誉——总冠军。其中季后赛前三轮的赛程是采用2–2–1–1–1赛制，总决赛是采用2–3–2赛制（其中常规赛战绩好的球队有主场优势）。

（二）世界篮球锦标赛

世界篮球锦标赛是国际篮球联合会举办的国际性的篮球赛事，男子从1950年开始，女子从1953年开始，男、女比赛分别举行。历届比赛某些情况下间隔时间不同，一般是4年一届。从1986年起，男子和女子的比赛都在同一年进行，也都按照4年一届的时间举行。历届的参加办法不完全相同。2010年男篮世锦赛有24支球队参加，奥运冠军和东道主直接获得参赛名额，然后通过资格赛，欧洲产生6支球队，美洲4支，亚洲和非洲分别产生3支，大洋洲2支，最后再由国际篮联发的外卡中产生最后4支参加球队。

（三）CBA男子篮球甲A联赛及CBA职业篮球联赛

CBA（中国篮球协会）男子篮球甲A联赛，是我国国内最高水平和最大规模的篮球赛事。中国篮球协会于1995年正式推出了与国际接轨的赛事——中国男子篮球甲A联赛。首届1995 ~ 1996赛季，有12支球队参加，采用主客场制，分预、决赛两个阶段。为进一步深化联赛改革，逐步探索和建立具有中国特色的职业联赛制度，中国篮协在2005 ~ 2006赛季推出新的CBA职业篮球联赛。这个新联赛脱胎于有十年历史的甲A联赛，继承了甲A联赛成熟的地方，但与甲A联赛又有明显的区别，它是在推进联赛职业化进程上取得的初步成果，是总结提炼出的一条符合我国实际情况的篮球职业化发展道路。

（四）中国大学生篮球联赛（CUBA）

CUBA联赛是在国家教育部全国大学生体育联合会的领导下，在中国篮球协会指导下进行的赛事活动，该联赛创办于1996年。预选赛于每年9 ~ 11月进行，基层预选赛必须以学校为单位进行，各省市根据不同情况、不同条件，可采取不同的竞赛方法。分区赛于每年的12月进行，分为东南区、西南区、东北区、西北区四个赛区进行角逐。决赛阶段于第二年4 ~ 5月份进行男八强、女四强半决赛。男子四个赛区每区各取前两名，共8支球队，定为CUBA男八强，进行淘汰赛；女子四个赛区各取第一名，共4支球队，定为CUBA女四强，进行淘汰赛。总决赛，男、女组冠亚军总决赛采用主客场赛制，比赛胜场出现1比1，则在第二场结束后进行5分钟的决胜期比赛，直至决出胜负。

三、篮球明星介绍

（一）科比·布莱恩特

科比是一名得分后卫，同时又具有打小前锋位置的能力。他被认为是NBA最全面的球员之一，自从1999年以来每一年都入选NBA最佳阵容，并且在他参加的最近的12届NBA全明星赛（2010赛季全明星赛因伤缺战）中都有不错的表现。体育作家和体育解说员经常将科比与迈克尔·乔丹进行比较，但科比一直都不喜欢这一比较。2007年，ESPN的体育记者投票评选出了史上最伟大的得分后卫，结果科比仅次于乔丹排名第二位。

科比是一名高产的得分手，他的职业生涯场均可以得到25.5分，还有5.3个篮板、4.8次助攻和1.5次抢断（截止到2012 ~ 2013赛季常规赛结束）。他是一名有能力为自己创造得分机会的球员，他还与人分享着NBA单场命中12个3分球的NBA纪录。科比经常被认为是NBA最高产的得分手之一，尽管他职业生涯45.4%的命中率很一般。他利用自己的速度和运动能力来躲开防守球员的防守以完成进攻，几乎没有进攻盲区。科比的最佳动作是他的转身跳投，还有他低位单打的能力以及后仰跳投。《体育画报》NBA作家克里斯·巴拉德（Chris Ballard）形容科比的移动为“使用脚步和停顿”，他把他的非中轴脚向前让防守者放松，然后快速启动甩开对手突入篮下。

除此之外，他还是一个出色的防守者，在最近的12个赛季（2000 ~ 2011年）中有11个赛季入选了NBA最佳防守阵容第一阵容或第二阵容。科比还被认为是NBA关键时刻能力最强的球员之一。科比还连续9个赛季在NBA球队总经理调查问卷中被选为在比赛最后时刻最适合完成最后一投的球员。特纳电视网（TNT）和体育新闻网（Sporting News）都把科比评为2000 ~ 2009年间NBA10年最佳球员。

（二）勒布朗·詹姆斯

勒布朗·詹姆斯，美国职业篮球运动员，司职小前锋，效力于NBA迈阿密热火队。詹姆斯是NBA有史以来最为全能的球员之一，在球场上可以胜任1 ~ 4号位。2009 ~ 2013五年内年赢得4次NBA最有价值球员。2012年，詹姆斯收获了个人第三座NBA最有价值球员，亦于同年季后赛获得了生涯的第一座NBA总冠军和NBA总决赛MVP以及奥运金牌，追平了迈克尔·乔丹在1992年所创的纪录。2013年再度获得NBA总冠军完成二连冠，连续2年他包办了常规赛和总决赛的MVP，这也是迈克尔·乔丹之后，NBA史上的第二人。

（三）姚　明

姚明，1980年生于上海市徐汇区，祖籍江苏省苏州市吴江区。美国NBA及世界篮球巨星，中国篮球史上里程碑式人物。是原中国国家篮球队队员，曾效力于中国篮球职业联赛（CBA）上海大鲨鱼篮球俱乐部和美国国家篮球协会（NBA）休斯敦火箭。姚明是中国最具影响力的人物之一，同时也是世界最著名的华人运动员之一，曾获7次NBA“全明星”，被美国《时代周刊》列入“世界最具影响力100人”。被中国体育总局授予“体育运动荣誉奖章”、“中国篮球杰出贡献奖”。2009年，姚明收购上海男篮，成为上海大鲨鱼篮球俱乐部老板。2011年7月20日，姚明正式宣布退役。2013年姚明当选为第十二届全国政协委员。

四、篮球比赛的欣赏

（一）如何欣赏篮球比赛

篮球运动是一项具有较高观赏性的比赛项目。观看篮球比赛时，不难发现其最鲜明的特点就是比赛中的高强度对抗，这主要体现在整体对抗和运动员的个体对抗两方面。运动员技术动作的高度技巧性，是力量、速度和弹跳等的完美统一，使观众对运动员的精彩动作不断叫好，并为之感叹、为之兴奋，更为运动员获得这样高度技巧的技术动作所付出的艰苦训练而感动，这些都是欣赏篮球比赛的重要看点。运动员在比赛中的突破防守、飞身上篮、急停跳投、大力灌篮、火爆盖帽、奋勇抢断等精彩动作层出不穷，让人应接不暇，尤其是在最后几秒钟内决定胜负的一投和防守，更是让观众随之感到紧张、兴奋与刺激，仿佛自己已经成为比赛中的一员，也在比赛、也在拼搏。在这方面，NBA篮球比赛是主要的代表，它已成为世界篮球球迷欣赏的主要焦点。乔丹、奥尼尔、马龙、加内特、邓肯、科比以及中国的姚明等NBA球星在比赛中领军表演，高招频出，他们的表现往往决定了球队的胜负和战绩。因此，他们的表现也就成了欣赏篮球比赛时的又一个重要看点。

欣赏篮球比赛还要从整体性上观察球队在比赛中各个环节的配合是否默契。例如，进攻中通过后卫的组织和主攻手的跑动完成进攻，以及全队队员巧妙的配合和隐蔽的组织，使对手疲于奔命，顾此失彼，形成无人防守下的投篮和扣篮局面。当看到这样的场景时，不要忘了，前面一连串的环节是多么的严密，这囊括了由守转攻的推进、后卫组织指挥、战术布置、各个球员跑动（路线和时机）、接应等每一个环节。因此，一支球队要想取得好成绩，必须拥有较高的整体性水平。NBA球员无论是身体条件还是基本技术，各个方面都比欧美球队（古巴、克罗地亚、西班牙、德国、俄罗斯、巴西等）要好，可谓是个顶个的棒，个顶个的强，但在奥运会上美国“梦之队”却不能所向披靡。造成美国队败北的原因很多，其中NBA球星组成的“梦之队”由于组队时间短，造成其球队整体水平不能尽如人意是最主要的原因。克罗地亚、西班牙、德国、俄罗斯等高水平的整体性、快速多变的战术体系则是NBA球队所不能及的，这也就是这些球队战胜对手、屡创佳绩的重要法宝。

（二）了解规则

1. 违　例

（1）掷界外球违例：5秒钟内未将球掷出；从裁判员指定地点沿边线移动超过正常的一步；掷界外球球离手后，在球触及场内队员之前掷球队员首先触及球；掷界外球在球触及场上队员前，球触及界线或界外等。

（2）3秒违例：当球进入前场、并且记时钟开启时，进攻队员在对方限制区内停留超过持续3秒时。

（3）5秒违例：掷界外球时，5秒内未将球掷出；持球队员被紧逼防守，在5秒内球未离手时；裁判员将球递交给罚球队员，在5秒内未将球投出时。

（4）8秒违例：进攻队在后场控制球未能在8秒内使球进入前场。

（5）24秒违例：进攻队未能在24秒内完成投篮并使球触及篮圈；出现防守队员犯规重新计算24秒。

（6）球回后场违例：位于前场的进攻队队员，不得再控球回到后场。

（7）运球走步违例：持球队员在投、传、拍或滚球之前，移动了中枢脚。

（8）二次运球违例：持球队员运球开始后，该队员用双手同时触球或使球在手中停留的瞬间，运球完毕，若再运球即为违例。出现下列几种情况不判二次运球违例：同一人连续投篮，但投出的球必须触及篮筐、篮板或其他队员；与其他队员抢球中用挑、拍等手法得到球后运球；抢断得球后运球。

（9）脚踢球违例：故意踢球或用脚的任何部位拦阻球。

（10）跳球时违例：当球在上升阶段时，跳球队员触及球；跳球队员未触及球时，其他队员进入中圈或移动位置；跳球队员直接接住球。

（11）干扰投篮违例：投篮的球在飞行中下落，并完全在篮圈水平面上时，防守队员触球即为违例，判给投篮得分。

2. 犯　规

（1）侵人犯规：场上队员通过手、臂、肩、髋、膝、脚、弯曲身体成不正常姿势或使用粗野动作以拍、阻挡、拉、推、撞、绊等动作来阻碍对方队员，即为侵人犯规。

侵人犯规的罚则：

如被侵犯的队员未做投篮动作，应由被侵犯的队员在犯规的最近点掷边线球或端线球；如犯规队在一节内已累计达4次犯规，则判给被侵犯队员2次罚球。

如被侵犯的队员正在做投篮动作，则投中有效，再判给1次罚球；如果未投中，应判给2次罚球，如果是三分投篮未成功，则应判给3次罚球。

如进攻队员犯规，则由对方队员在犯规的就近处掷边线球或端线球。

（2）违反体育道德的犯规：裁判员认为队员蓄意地对对方队员造成侵人犯规，为违反体育道德的犯规，2 次违反体育道德犯规将被取消比赛资格。

违反体育道德的犯规罚则：

登记犯规队员1次违反体育道德的犯规，判给对方2次罚球，再追加1次中场掷界外球权。如果被犯规队员正在做投篮动作，投中有效，再判给1次罚球和1次掷界外球权；如果投篮不中，则应判给罚球（投 3 分球时罚3次）和1次掷界外球权。罚球时双方队员都应站在罚球线的延长线之后，罚球结束后，掷中场界外球的队员必须两脚骑跨中线，可以将球传给场上任何位置上的队员。

（3）取消比赛资格的犯规：凡属十分恶劣的不道德行为，可判为取消比赛资格的犯规。

取消比赛资格的犯规罚则：

登记犯规队员1次取消比赛资格的犯规，并令其离开比赛场地，余下判罚同违反体育道德的犯规罚则。

（4）技术犯规：运动员出现场上骂人、不服从裁判判决、故意拖延比赛时间等现象要被判技术犯规；教练员技术犯规主要是指不服从裁判员、随意走出球队席区域或在场外干扰比赛正常进行等。

技术犯规罚则：

要进行登记，判给对方队员2次罚球和随后的掷界外球权，对方队长可以指定罚球队员。罚球时，双方队员都应站在罚球线延长线后。罚球后，由对方队员在中场处掷界外球，比赛正常开始。

若在比赛开始前或休息期间，判队员或教练员技术犯规，都应在比赛开始前由对方队员罚球2次后，再由跳球开始比赛。队员的该次技术犯规累计带入下一节全队的犯规累计之中。

第二节　篮球运动基本技术

一、传、接球

传、接球是篮球比赛中队员之间有目的地转移球，是组织进攻配合和实现战术的关键，也是一切组织进攻的基础。

（一）传　球

1. 持　球

正确的持球姿势是一切传球技术动作的前提。持球时，双手自然分开，拇指相对成“八”字形，用指根以上部位握住球两侧的后下方，手心空出，两臂弯曲，肘关节自然下垂，持球于胸前。

2. 双手胸前传球

（1）动作要点：手臂伸向传球方向，后脚蹬地，身体重心前移，两手腕下压、外翻，快速地抖腕、拨指将球传出。出球后，手心和拇指向下，其余手指向前（图7–2–1）。

（2）运用：常用于快速传球推进，阵地进攻时外围队员转移球以及不同距离的传球。双手胸前传球便于同投篮、突破等技术结合运用。

图7-2-1

3. 双手头上传球

（1）动作要点：两手握球于头上，前臂稍前摆，用手腕和手指短促、快速地抖动将球传出。

（2）运用：多用于高个队员转移球给中锋或传给切入篮下的队员。在抢到后场篮板球后，为避免对方封堵，可跳起用双手头上传球（图7-2-2）。

图7-2-2

4. 双手反弹传球

（1）动作要点：与双手胸前传球基本相同，两臂向前下方用力，腕、指快速抖动传球。球击地点和力量大小要以球反弹后接球队员能顺利接到球为宜（图7-2-3）。

（2）运用：多用于向内线传球，突破分球，快攻一传和结束段的传球。

图7-2-3

5. 单手肩上传球

（1）动作要点：以右手传球为例。传球前，左脚向前跨半步，向右转体将球引至右肩侧上方。传球时，上体向左转动并带动肩肘，前臂快速前摆，扣腕，手指用力将球传出（图7-2-4）。

（2）运用：多用于中、远距离传球。在抢到防守篮板球后快攻第一传和接应队员把球传给跑向篮下的队员时，经常运用单手肩上传球。

图7-2-4

6. 单手胸前传球

（1）动作要点：持球方法与双手胸前传球相同。传球时，传球手的前臂快速前伸，手腕急促前扣，手腕、手指用力将球传出（图7-2-5）。

（2）运用：多用于近距离和快速传球。如果与防守队员较近，可以突然将球从防守队员头顶或耳旁传过。单手胸前传球便于和双手胸前投篮、运球突破结合运用。

图7-2-5

7. 单手反弹传球

（1）动作要点：单手反弹向前传球的手法与单手胸前传球基本相同，只是手臂向前下方用力，球击地后，反弹给同伴（图7-2-6）。

（2）运用：它是小个子队员对付高大队员的传球方法。向内线队员和向空切篮下队员传球时，也多用此种传球方式。

图7-2-6

（二）接　球

1. 双手接球

双手接腰部以上的球时，手臂伸出迎球，两拇指相对成“八”字形，虎口相对，手指朝上。手指触球后，迅速收臂将球置于身前或体侧。

2. 单手接球

单手接球时，接球手自然伸出迎球，五指自然分开，手心对球。手指触球后，迅速收臂，将球引至身前，另一只手迅速扶球。

3. 行进间双手胸前传、接球

（1）动作要点：腾空接球时，左（右）脚落地后，右（左）脚上步，同时将球传出。双手接球后，马上收臂后引，然后迅速伸前臂，抖腕出球。

（2）运用：多用于快攻时两人短传推进。

4. 常用的几种接球

（1）向内线接球如图7-2-7a所示。

7-2-7a

（2）向外线接球如图7-2-7b所示。

7-2-6b

（3）跳起转身接球如图7–2–7c所示。

图7–2–7c

（三）传、接球技术动作易犯错误及纠正方法

1. 持球手形不正确，掌心触球，传球无力。

纠正方法：队员观察教练正确持球手形，或看图片、录像。可采用两人持一球互相推传的练习，使队员体会正确的持球和出手用力方法。

2. 双手持球，两肘外张，传球时形成挤球动作。

纠正方法：掌握正确持球手形，肘外张多是手指朝上握球，两臂与肩、手腕、手指紧张造成的。练习时要求队员持球手形正确，上肢各部位肌肉放松。

3. 双手传球时用力不一致，传出的球侧旋。

纠正方法：保持正确的基本站立姿势和持球手法。然后两人一组做持球与不持球的传球模仿练习，体会传球动作的连贯性和上下肢的协调配合。再做由慢到快、由近到远的两人传接球练习，体会两手翻腕、拨指动作。

4. 单手肩上传球时，手指指向衣领部形成推铅球式的传球。

纠正方法：先采用徒手模仿练习，体会蹬地、转体、甩臂、扣腕等协调动作。然后由近到远练习单手传球，体会和提高传球技术。

5. 接球时手形不正确，手臂未伸向来球方向，无缓冲动作。

纠正方法：要求以正确的手形迎球，臂、肘放松，手臂伸向来球方向，接球时顺势后引。两人练习传、接球，掌握接球时机和接球后的缓冲动作。移动中练习接球，提高判断来球方向及速度的能力，加强接球手法与步法的协调配合。

6. 行进间双手胸前传、接球时，手与脚步动作配合不协调，腾空较高，出现交叉步、跳步等。

纠正方法：在走动、慢跑中做行进间模仿练习，练习时要求自然跑动。可采用在慢跑中先接、传固定球的练习，再进行跑动中练习传、接球，体会正确动作，逐渐增加练习难度。

二、投　篮

投篮是在快速移动中完成的。队员多在移动中接球，利用假动作时间差或改变方向或紧贴对手投篮。投篮应与突破、传球等技术相结合，并使投篮的方式多、变化多、出手点高。

（一）原地双手胸前投篮

1. 动作要点：双手持球于胸前，肘关节自然下垂，上体稍前倾，两腿微屈。投篮时，两脚蹬地，腰腹伸展，两臂向前方伸出，手腕同时外翻，最后用拇指、食指和中指将球投出（图7–2–8）。

图7–2–8

2. 运用：此投篮方法能够充分发挥身体和臂部力量，适用于远距离投篮，女生运用较多，罚球中也常用。其特点是握球牢，便于与突破、传球相结合。

（二）原地单手肩上投篮

1. 动作要点：以右手投篮为例。右手五指自然分开，向后屈腕、屈肘，持球于肩上；左手扶球，右脚在前，左脚在后，重心放在两腿之间，上体稍前倾，两腿微屈。投篮时用力蹬地，腰腹伸展从下向上发力，同时提肘且手臂向前上方充分伸展，最后通过食指、中指指端将球投出。球出手后，手腕前屈，手指向下（图7–2–9）。

图7-2-9

2. 运用：适用于中、远距离投篮。其特点是出手点高，变化多，较为灵活。

（三）行进间投篮

1. 行进间高手投篮

动作要点：以右手投篮为例。接球和运球上篮时，在右脚跨出一大步的同时，双手持球；左脚紧接着跨出一小步，用力蹬地起跳。当身体接近最高点时，右手手指向后，掌心向上，托球的下部向球篮的方向伸臂，用食指、中指以柔和力量拨球，最后将球从指端投出（图7-2-10）。

图7-2-10

运用：多在快攻和切入篮下时运用。这种投篮的优点在于出手点高，易用身体保护。

2. 行进间单手低手投篮

动作要点：以右手投篮为例。接球和运球上篮时，在右脚跨出一大步的同时，双手持球；左脚紧接着跨出一小步，用力蹬地起跳，腾空时间要短。当身体接近最高点时，右手手指向前，掌心向上，托球的下部向上伸展。当接近球篮时，用食指、中指、无名指以柔和力量向上拨球，最后将球从指端投出（图7–2–11）。

图7–2–11

运用：在快攻、突破中已经超越对手时，多用低手上篮。它具有伸展距离长，出手点离球篮近的特点。

提示：行进间投篮俗称“三步上篮”，这里的步不是步伐的步而是步骤的步，即行进间投篮有三个步骤：一、跨步持球，二、起跳，三、投篮。

（四）原地跳起单手肩上投篮

1. 动作要点：以右手投篮为例。投篮时屈膝降低重心，两脚掌用力蹬地向上起跳。同时双手举球至肩上，右手托球，左手扶球的左侧方。当身体接近最高点时，左手离球，右臂向前上方伸展，手腕用力前屈，通过食指、中指力量将球投出。球出手后，指、腕自然前屈，落地时，屈膝缓冲（图7–2–12）。

图7–2–12

2. 运用：当防守队员离持球队员较近时，持球队员运用传球、突破等假动作，诱使防守队员失去重心而突然起跳投篮。

（五）急停跳起投篮

1. 动作要点

（1）接球急停跳起投篮：移动中跳起腾空接球后，两腿同时或先后落地，脚尖对篮筐，两膝弯曲，迅速跳起投篮，投篮出手动作同原地跳起单手肩上投篮（图7-2-13）。

图7-2-13

（2）运球急停跳起投篮：运球过程中及时降低重心，用跨步急停或跳步急停，持球屈膝跳起投篮，投篮出手动作同原地跳起单手肩上投篮。

2. 运　用

进攻队员向篮下移动中接球或运球突破时，利用防守队员向后移动防守的惯性，果断运用急停跳投，可达到良好效果。

（六）投篮易犯错误及纠正方法

1. 持球时，掌心触球，手指没有自然分开，影响手腕、手指用力。

纠正方法：清楚手持球的部位，对墙或两人相对，做投篮模仿练习和投篮练习，相互纠正动作，体会正确持球方法和用力动作。

2. 持球时，肘关节外展，投篮出手时，球不是向后旋转而是侧转。

纠正方法：投篮时球向侧旋转是持球的手臂肘关节外展，以及持球手形、握球部位不对和球出手的用力顺序不正确等原因造成的。可先做徒手模仿练习，一人一球自投自接练习，两人一球相互投篮，练习时自己与同伴注意观察持球的姿势，手腕、手指用力方法与全身协调配合，然后过渡到投篮练习。

3. 投篮出手角度小，球飞行的弧线低。

纠正方法：造成此问题的原因在于投篮时手臂向前推而没有向上提肘伸臂动作。在投篮练习时，队员面前站一人，并向上举起双臂，迫使投篮队员改变投篮角度和提高投篮的弧线，同时还可以帮助队员克服投篮时向前冲的毛病。

4. 行进间投篮时步法乱，手脚配合不协调。

纠正方法：同伴站在篮下适当的位置托球，自己先走动后跑动，以正确的步法去拿同伴的球投篮。跑动中自抛自接球做行进间投篮练习，以掌握跑动的节奏、步幅和手脚的协调配合。在此基础上，在跑动中接前、侧、侧后方的传球进行投篮练习。

5. 起跳投篮时身体重心不稳，失去平衡，跳起投篮出手晚，在身体下落时球才出手。

纠正方法：熟悉跳投的3个环节，即起跳（垂直向上）、引球上举（空中短暂停顿）、投篮出手。可做原地持球上一步跳投练习，做拍一次球上步拿球跳投练习。练习时，可运用语言配合，如“跳”“举”“投”，以建立正确概念和掌握跳投的动作顺序。

三、运　球

持球队员在原地或移动中用单手连续按拍和迎引从地面反弹起来的球叫运球。运球是篮球比赛中个人控制球、支配球、突破防守的重要手段，是组织全队进攻配合的桥梁。

（一）高运球

1. 动作要点：抬头，目视前方，上体稍前倾，以肘关节为轴，手按拍球的后上方，球的落点在身体的侧前方，球反弹高度约在腰胸之间（图7-2-14）。

图7-2-14

2. 运用：多用于快速直线推进，如后场向前场推进，快攻接应后的快速推进，摆脱防守接球后加速运球上篮等。

（二）低运球

1. 动作要点：抬头，目视前方，两膝深屈，身体半蹲，重心下降，上体前倾，手按拍球的后上部，球的落点在身体侧面，球的反弹高度在膝部以下（图7-2-15）。

图7–2–15

2. 运用：在防守密集、接近防守队员或防守队员抢球时，可运用低运球。

（三）运球体前变方向

1. 动作要点：运球队员从防守队员右侧变方向时，用右手按拍球的右侧后上方，使球反弹至左手外侧，右脚迅速向左前跨步，向左侧转体探肩，及时换手继续向前运球（图7–2–16）。

图7–2–16

2. 运用：当防守队员堵截运球队员进攻路线时或运球队员运球接近防守队员时，为了摆脱和突破对手，可运用运球体前变方向。

（四）运球背后变方向

1. 动作要点：运球队员从防守队员右侧变方向时，变向前开始运球时，要把球控制于身体右侧后方，左脚前跨，右手按拍球侧后方，球经身后拍到左前方，右脚迅速前跨，换用左手运球继续前进（图7–2–17）。也可用胯下换手运球（图7–2–18）。

图7–2–17

图7–2–18

2. 运用：当防守队员堵截运球队员，而且与运球队员距离较近时，或运球队员为了突破对方而主动靠近对手后，都可以运用运球背后变方向。

（五）运球急停急起

1. 动作要点：快速运球中运用两步急停，同时按拍球的前上方，用臂、身体和腿保护球，目视前方。急起时，后脚（异侧脚）用力蹬地，上体迅速前倾，手按拍球的后上方，快速起动，加速超越对手。

2. 运用：当运球队员被防守得很紧时，可利用运球急停—急起—急停的速度变化，摆脱对手，超越对手。

（六）运球后转身

1. 动作要点：以右手运球为例，右手运球后转身时，把球运到身体后侧，按拍球的右侧前上方，左脚向前跨一步，以左脚的前脚掌为轴，右脚用力蹬地后撤做后转身动作，同时右手向后拉球，然后换左手运球（图7–2–19）。

图7–2–19

2. 运用：当运球队员向防守队员一侧突破被堵截，而且与对手距离较近，又无法改用变方向运球时，可用运球后转身从另一侧突破。当运球队员从防守队员右侧突破时，可先主动靠近防守队员左侧，然后用运球后转身突破。

（七）运球易犯错误及纠正方法

1. 运球时低头，不能观察场上情况，易失去进攻机会。

纠正方法：可采用看固定目标或老师手势的方式进行运球练习。然后可采用甲、乙两人一组，每人一球，甲做各种运球练习，乙观察并跟着甲做各种运球练习。

2. 运球时，用手打球，而不是用手腕、手指的动作按拍球。

纠正方法：老师讲解并示范运球时是以肩关节为轴，用前臂、手腕、手指力量柔和地随球上下按拍的动作要领，然后在老师指导下做原地运球练习，逐步过渡到做行进间运球练习。

3. 运球时，不能合理地用身体保护球，易被对方打掉。

纠正方法：老师讲解并示范运球时的身体姿势、手臂协调配合方法与防守的位置、距离，使同学看清保护球的重要性。可组织同学做边运球、边打对方球的练习，以提高运球中保护球的能力。

4. 在变向、变速运球或运球转身时，形成明显翻腕动作，造成两次运球违例现象。

纠正方法：老师向同学示范并分析产生错误的原因主要在于手触球的部位是在球的下方或侧

方。可组织同学在慢速练习中体会手触球的部位正确与否所产生的结果，然后逐渐在快速练习中进行。

四、防守技术

防守技术是队员在防守时为了阻挡和破坏对手的进攻，达到夺球反攻的目的所采取的各种专门动作的总称。常见的防守方式如图7–2–20所示。

a 基本姿势

b 横跨步

c 交叉步

图7–2–20

（一）防守无球队员（图7–2–21）

1. 站在对手与球篮之间偏向有球一侧，做到“以球为主，人、球、区兼顾”和“内紧、外松，近球紧、远球松，松紧结合”。

2. 不让对手在限制区及其附近范围内接球。

3. 要积极破坏对手接球后的身体平衡，使其不便于做下一个动作。

图7–2–21

（二）防守持球队员

1. 位置和距离的选择

当对手接到球后，必须迅速调整位置和距离，在对手与球篮之间占据有利位置，并与对手保持适当距离。一般来说，对手离篮远则远，离篮近则近，还要根据对手善投、善突等特点以及战术的需要而有所调整。

2. 动作方法

由于持球队员的特点、意图以及与球篮的距离不同，所以防守持球队员有两种方法。

（1）平步防守，即向持球队员平行站立的防守姿势。这种步法防守的面积大，便于左右滑动，对防守突破比较有利（图7-2-22）。

（2）斜步防守，即两脚前后斜步站立的防守姿势。这种步法便于前后移动，对防投篮有利（图7-2-23）。

图7-2-22

图7-2-23

3. 视　野

眼睛主要看进攻队员的腰部，这是重心所处的部位，用眼睛余光观察对手是否投篮。

4. 双手的姿势

防守时，左脚在前，左臂屈肘上举，手指朝上，臂不完全伸直，以免失去重心；右脚在后，右手置于体侧，手指朝下，防止传球和突破运球。

5. 防守姿势

挑球时，要保持良好的防守姿势，掌握好挑球时机，手掌向上，要由下而上挑球，其优点是：（1）不容易失去平衡；（2）不容易犯规。

五、持球突破

持球突破是持球队员运用脚步动作与运球技术相结合快速超越对手的一项攻击性很强的进攻技术。

1. 原地持球交叉步突破技术

以右脚为中枢脚，从防守队员右侧突破。两脚左右开立，两膝微屈，持球于腹前，突破前先做瞄篮或其他假动作。突破时，左脚内侧蹬地，并向右前方迈出一大步，上体右转，左肩向前下压，将球引至右侧，在右脚离地前用右手推拍球于迈出脚的侧前方。同时，右脚用力蹬地，迅速超越对手（图7-2-24）。

图7-2-24

2. 原地持球同侧步突破技术

以左脚为中枢脚，从防守队员左侧突破。准备姿势与原地持球交叉步突破相同。突破时，左脚向内侧蹬地，右脚迅速向防守队员左侧跨出，上体稍右转，同时探肩，重心前移。在左脚离地前，用右手推拍球于右脚的侧前方。同时，左脚用力蹬地，加速超越对手（图7-2-25）。

图7-2-25

3. 跳步急停持球突破技术

跳步持球前，应根据自己与防守队员的位置、同伴的传球方向调整好准备姿势，向前或向侧面跳步急停。接球时，要向来球方向伸臂迎球。同时，用一脚蹬地，向前或向侧跃出，在空中接球（一般使用移动方向异侧脚）。然后两脚前后或平行落地，两腿微屈，重心落在前脚掌上。根据防守队员情况，用交叉步或同侧步超越。

六、抢篮板球

篮球比赛中，抢篮板球是获得控球权的重要手段之一。一个球队对抢篮板球技术掌握的好坏，对在比赛中的主动与被动、胜利与失败起着很重要的作用。抢篮板球应注意以下几点。

1. 当对方或同伴一投篮时，必须想到可能不中，要积极地抢篮板球。

2. 防守时抢篮板球，必须把对手挡在外面。挡人方法有以下两种。

（1）前转身挡人：当对手与你的距离稍远，动作很快时，用前转身挡人，前转身挡人比后转身快，但占据面积小。

（2）后转身挡人：对方离身体较近时，为抢占较大面积，多用后转身挡人。后转身挡人应注意：第一，必须贴紧对方，最好用臀部、腰部顶住对方。第二，挡住人以后，稍停 1秒，再冲到篮下去抢篮板球，因为中距离投篮时，一般球在空中运行1～2秒。第三，要冲到篮下抢占投篮方向的对面，因为球碰到篮圈后，一般有70%的概率球反弹后落在对面。

3. 到篮下立即屈膝，两臂要张开，占据空间面积，腿和腰及全身要用力起跳，技术动作要求力量强，起跳迅速，即使被对方冲撞也不能失去平衡，仍然能跳起来。抢前场篮板球时，只要能挤进一条腿、一只手臂，就要跳起来拼抢。

4. 只要手指触到球，就要用力抓紧、下拉，以便控制住球。在空中要转身观察同伴接应情况，并抓住球，保护好球，将球举到头上，不要拿在胸前。落地同时要向边线一侧后转身，同时观察接应同伴所处位置，以最快的速度做第一传。

5. 一传出手后，借后转身的动作把和自己争抢篮板球的对手挡在后面，立即起动快跑跟进参加快攻。

思考题

1. 请简述原地单手肩上投篮的动作要点。
2. 请简述运球后转身的动作要点。
3. 抢篮板球应注意什么问题？

第八章　足球运动

第一节　足球运动基础知识与欣赏

一、足球运动的起源与发展

古代足球运动起源于中国，现代足球运动的发源地则在英国。1863年10月26日，英国成立了世界上第一个足球协会——英格兰足球协会，人们把这一天作为现代足球的诞生日，并载入史册。从1912年第5届奥运会开始，足球被列为奥运会的正式比赛项目。1904年在法国巴黎成立了“国际足球联合会”，总部设在瑞士的苏黎世。1930年举办了第1届世界足球锦标赛。经过100多年的发展，足球运动成为人们喜爱的体育项目，被誉为“世界第一运动”。世界足球比赛主要有世界杯男子足球赛、奥运会足球赛、世界青年足球锦标赛、世界17岁以下少年足球赛、五人制足球赛以及世界女子足球锦标赛等。

二、足球运动重大赛事简介

（一）世界杯男子足球赛

国际足联世界杯（FIFA World Cup），常称为世界杯足球赛，或仅称世界杯，是一项国家级男子足球队之间的国际比赛，由世界足坛最高管理机构国际足球联合会（FIFA）每四年举办一次，与奥运会交替进行，自1998年法国世界杯起，电视转播观众人数达到40亿人次，远远超过奥运会，成为世界上最受欢迎的体育盛会。世界杯亦是世界足坛规模最大、水平最高的赛事。1930年为世界杯的首届比赛，冠军是乌拉圭队；1942年和1946年因为第二次世界大战而停办。2002年韩日世界杯，中国队历史上首次进入世界杯决赛阶段比赛，但小组赛三战皆负未能取得进球，以失9球积0分的成绩无功而返。

世界杯赛程分为预选赛阶段和决赛阶段两个阶段。世界杯预选赛阶段分为六大赛区进行，分别是欧洲、南美洲、亚洲、非洲、北美洲和大洋洲赛区，每个赛区需要按照本赛区的实际情况制订预选赛规则，而各个已报名参加世界杯的国际足联（FIFA）会员国（地区）代表队，则需要在所在赛区进行预选赛，争夺进入世界杯决赛阶段的名额。

世界杯决赛阶段的名额目前是32个，决赛阶段主办国可以直接获得决赛阶段名额，除主办国外，其他名额由国际足联根据各个预选赛赛区的足球水平进行分配，不同的预选赛赛区会有不同数量的决赛阶段名额（注：国际足联规定：从2006年世界杯预选赛起，卫冕冠军需要参加其所属区域内的世界杯预选赛，从而只有东道主可以入围决赛圈32强的比赛）。

世界杯决赛阶段的主办国必须是国际足联（FIFA）会员国（地区），而且会员国（地区）需要向国际足联提出申请（可以两个会员联合申请承办），然后通过全体国际足联（FIFA）会员国（地区）投票选出。2支球队将会到主办国进行决赛阶段的比赛争夺冠军。决赛阶段32支球队通过抽签被分成8个小组，每个小组4支球队，进行分组积分赛，各个小组的前两名共16支球队将获得出线资格，进入复赛；进入复赛后，16支球队按照既定的规则确定赛程，不再抽签，然后进行单场淘汰赛，直至决出冠军。

（二）世界青年足球锦标赛

1974年，国际足联主席易人后，新任主席阿维兰热就提出举办世界性的青少年比赛。

经两年酝酿，国际足联于1976年向其140个会员国征询，结果87票赞成，16票反对，37票弃权，通过方案，规定每两年举行一次。

为解决经费问题，求助于美国“可口可乐公司”，于是，该赛正式定为“可口可乐杯”世界青年足球赛。

国际足协世界青年足球锦标赛（FIFA World Youth Championship），是由国际足联所举行的国际性的21岁以下男子青年足球锦标赛，经常被称为“世青赛”或“世青杯”。有多位世界足球巨星都是在这项比赛中首先崭露头角的。例如马拉多纳（1979年）、达沃·苏克（1987年）、路易斯·菲戈（1991年）等。首届世青赛于1977年在突尼斯举行，由苏联青年队获得冠军，此后的每个奇数年份，都会举行这项比赛。目前阿根廷以6次冠军次数列冠军总数的首位。

2002年，相类似的世界女子青年足球锦标赛也拉开了帷幕，不过年龄限定为19岁以下。从2006年开始，女子世青赛的年龄限制也将改为20岁。

三、足球明星介绍

（一）罗纳尔多·路易斯·纳扎里奥·达·利马

罗纳尔多·路易斯·纳扎里奥·达·利马（Ronaldo Luiz Nazario De Lima）1976年9月22日出生在巴西里约热内卢郊外贫困的本托·里贝罗区。世界著名的足球运动员，巴西传奇前锋，绰号“外星人”，曾经的世界第一前锋，至今保持者世界杯最高进球记录15球、国家队大满贯，多次荣获“最佳射手”、“最佳球员”等荣誉。2011年2月14日，被伤病折磨的罗纳尔最终宣布了自己退役的决定，终结自己18年的职业生涯。2011年6月7日，巴西国家队与罗马尼亚国家队举行了一场友谊赛。比赛中罗纳尔多以替补身份上场，以最后一场比赛告别为之奋斗10多年的“桑巴军团”。

（二）大卫·罗伯特·约瑟夫·贝克汉姆

大卫·罗伯特·约瑟夫·贝克汉姆（David Robert Joseph Beckham，1975年5月2日—），前任英格兰国家队队长，曾效力于曼联、皇马、AC米兰、洛杉矶银河、巴黎圣日耳曼足球俱乐部等豪门俱乐部。从1999年开始进入人生辉煌时期，逐渐凭借其英俊的外表和精湛的球技成长为一代大众偶像，在全球各地都有极高的影响力与知名度，人称“万人迷”。先后于1999年和2001年夺得世界足球先生亚军，是运动品牌阿迪达斯等多家广告公司的形象代言人。他在球场上司职右前卫或中前卫，右脚长传和定位球技术尤为突出，在职业生涯中都以此贡献了大量助攻和进球。离开美国大联盟后，他加盟法甲新贵巴黎圣日耳曼，身披32号球衣。2013年3月，正式出任中国青少年足球发展及中超联赛形象大使。

北京时间2013年5月16日晚，小贝通过英足总官网发布公告，宣布他将在赛季结束后退出职业足坛。

（三）里奥内尔·安德雷斯·梅西

里奥内尔·安德雷斯·梅西（Lionel Andrés Messi），生于1987年6月24日，是一名阿根廷足球运动员，司职前锋同时可以兼任攻击型中场，现效力于巴塞罗那。2009年12月22日，梅西凭借着08～09赛季带领巴萨取得史无前例的六冠王，荣膺2009年金球奖及世界足球先生。随后梅西在2010年、2011年、2012年连续4年加冕FIFA金球奖。职业生涯获得3次欧冠冠军、5次西甲冠军、2次世界俱乐部杯冠军、世青赛以及奥运会男足冠军。梅西代表阿根廷参加了2006、2010两届世界杯，2007、2011两届美洲杯，以及2008年北京奥运会。

四、足球比赛的欣赏

（一）如何欣赏足球比赛

足球运动能够成为拥有球迷最多的运动项目，重要原因就是足球比赛具有较高的观赏性。在观看足球比赛时，不难发现，其最鲜明的特点就是比赛中的高强度对抗性，这主要体现在整体对抗和运动员的个体对抗。运动员技术动作的高度技巧性，是智慧、力量、速度和弹跳等的完美统一。球星们娴熟的盘带过人突破、腾挪躲闪、时而变速、时而转身、时而变向，技惊四座，使防守者人仰马翻、难于围追阻截；射门时如炮弹般的大力射门、轻推射门、挑射门、带过守门员射空门等让观众在焦急期盼中得到满足；而守门员一夫当关、腾空扑球，犹如老鹰抓小鸡，使得无数的射门无功而返，让观众佩服守门员之勇猛；一环接一环紧紧相扣的整体战术，使一支球队形成全攻全守，最终射门或防守成功，表现出高度的集体性和团队合作精神，成为球队屡创佳绩的重要法宝。

（二）了解规则

1. 点球大战

双方先进行5人对5人的交替罚点球；如未分出胜负，则进行1人对1人的交替罚点球，一方罚进，而另一方未罚进，则比赛结束，否则继续按1人对1人交替罚点球，直至比赛结束。罚点球时，在裁判员鸣哨后，球被踢出前，守门员双脚必须站在球门线上并不得移动。

2. 罚球区的规定

罚球区是球门前的大区（包括球门在内），在该区域内有着较严格的规定。

（1）守门员在本方罚球区内可以用手触球，但本方队员故意用脚回传给守门员的，守门员用手接球则要判罚间接任意球。

（2）防守队员在罚球区内犯规被判罚直接任意球时应罚点球。

（3）在罚点球时，除守门员及主踢队员外，其他队员都不准进入罚球区内。

（4）在踢门球或守方在罚球区内罚任意球时必须把球直接踢出罚球区，比赛方为开始。

（5）在踢门球或守方在罚球区内罚任意球时，攻方队员必须自动退出此区外，并距球9.15米。

（6）在罚球区内，如果守门员用手控制球（接住球）后，又使球重新进入比赛状态，未经对方触及球不能再次用手触球。

3. 越　位

当传球者触击（踢或顶等）球时，同队接球队员的位置处在球的前面，并且该队员与对方端线之间没有对方队员时（不包括对方守门员），即为越位。但该接球队员在本方半场或队员直接抢到门球、角球和界外掷球时则无越位，队员仅仅是处于越位位置，裁判员认为其没有干扰比赛、干扰对方或没有利用越位位置取得利益时也无越位。

4. 任意球

在比赛中队员出现犯规与不正当行为时，根据规则判罚直接任意球、间接任意球两种。

（1）直接任意球：罚球队员直接将球踢进对方球门得分有效，防守队员在本方罚球区内犯规被判罚直接任意球时，则为点球。一般判定直接任意球的情况有：绊摔、拉、推、踢或企图踢对方队员；带有暴力和危险性冲撞对方队员；打或企图打对方队员；守门员外的其他队员用手触球；向对方队员吐唾沫；跳向对方队员等。

（2）间接任意球：罚球队员不能直接射门得分，俗称“两脚球”。一般判定间接任意球的情况有：动作带有危险性；队员不去踢球，故意阻挡对方者；阻挡对方守门员从其手中发球；守门员违例。

5. 黄牌警告

一场比赛中同一队员累计得到两张黄牌，则要被红牌判罚出场。比赛中有下列情况，运动员应被黄牌警告：不服从裁判，抗议或干扰裁判员执行判罚；有对判罚表示不满的手势或举动；煽动、进行粗野的行为；用语言或行动侮辱、威胁对方队员、观众或工作人员；故意延误时间；罚任意球时故意不退出9.15米；未经裁判员许可进入或重新进入比赛场地等。

6. 红　牌

得红牌者要离开比赛场地。比赛中有下列情况，运动员应被裁判员出示红牌：犯有暴力行为；严重犯规；对直接威胁球门的攻方队员实行犯规战术时可判罚红牌；用故意手球破坏对方的进球或明显的进球得分机会；经黄牌警告后犯规，又被第二次黄牌警告者。

第二节　足球运动基本技术

足球的基本技术主要包括：踢球、停球、运球、头顶球、抢截球、假动作、守门员技术和掷界外球等。

一、踢　球

（一）脚内侧踢球

用脚的内侧部位（跖趾关节、舟骨和跟骨所构成的三角部位，即脚弓）击球，其特点是脚与球接触面积大，出球平稳、准确，多用于短距离传球和射门。

1. 动作要领

踢定位球时，直线助跑，支撑脚踏在球的侧方约15厘米处，膝关节微屈，两臂自然张开，在支撑脚着地的同时踢球腿以髋关节为轴由后向前摆动，在前摆过程中屈膝外转，踢球腿的内侧正对出球方向，小腿加速前摆，脚尖稍跷起，脚掌与地面平行，用脚内侧部位击球的后中部。向左（右）侧踢球时，支撑脚踏在球的后方，用右（左）脚脚弓对准出球方向，提起大腿，并用以带动小腿由右（左）向左（右）横摆，同时身体重心向出球的相反方向移动，用推送动作将球踢出。踢空中球时，大腿在踢球前先屈膝抬起并外转，小腿拖在后面，脚弓对准出球方向，以髋关节为轴，利用小腿摆动平敲球的后部（图8-2-1）。

图8-2-1

2. 练习方法

（1）初学者先做踢球腿膝盖外转、前后摆动的模仿动作。

（2）两人一组，距离10米左右，踢定位球。

（3）两人一组，行进间传接球。

（4）踢迎面传来的地滚球，近距离射门。

（5）抢球游戏：3人传2人抢、3人传1人抢、5人传2人抢，规定只准用脚内侧踢球，犯规者出来抢球。

（6）脚内侧踢球射门练习。

3. 易犯错误

（1）脚弓和球接触面不正确，影响了击球的准确性。

（2）踢球脚离地过低，踢在球的底部，易成高球。

（3）动作过度紧张，使用力量不及时，特别是脚击球的一刹那，没有用力，只靠腿的摆动力量踢球。

（二）脚背正面踢球

用脚背的正面部位（楔骨和跖骨的末端）踢球，其特点是踢球腿摆幅大、摆速快、踢球力量大。多用于长距离传球和射门等。

1. 动作要领

踢定位球时，直线助跑，最后一步稍大并积极着地，支撑脚踩在球的侧方12～15厘米处，脚尖正对出球方向，膝关节微屈，两臂自然张开。踢球腿在支撑脚前跨和助跑的最后一步蹬离地面时，顺势向后摆起，膝弯曲，在支撑的同时以髋关节为轴，大腿带动小腿由后向前摆，当膝盖摆至接近球正上方的一刹那，小腿做爆发式的前摆，脚背绷直，脚趾扣紧，以脚背的正面踢球的后中部，踢球腿随球继续前摆（图8–2–2）。

图8–2–2

2. 练习方法

可采用脚内侧踢球的练习方法。

3. 易犯错误

（1）踢球腿膝盖不在球的正上方，脚跟没有提起而将球踢出。

（2）踢球时脚尖没有绷紧，踢球部位不正确，影响了踢球力量。

（3）摆动腿不是前后摆动，而是侧向摆动，容易把球踢偏或踢高。

（三）脚背内侧踢球

用脚背内侧部位几个楔骨、趾骨末端击球，其特点是踢球腿的摆幅大、摆速快、踢球的力量大。由于助跑方向、支撑脚选位灵活性较大，出球方向变化幅度较大，因此可踢出平直球、远距离弧线球等，也便于转体踢球。在比赛中多用于中长距离的传球和射门等。

1. 动作要领

踢定位球时，斜线助跑，助跑方向与出球方向成45度角。支撑脚以脚掌外沿积极着地，踏在球的侧方向20～25厘米处，屈膝，脚尖指向出球方向，身体稍向支撑脚一侧倾斜。在支撑脚着地的同时，踢球腿以髋关节为轴，由大腿带动由后向前摆，在身体转向出球方向，膝盖摆到接近的内侧正上方的瞬间，小腿做爆发式的前摆，脚尖稍外转，脚面绷直，脚趾扣紧，脚尖指向斜下方，以脚背内侧部位击球的后中部（踢高球时，击球的中下部），踢球脚继续前摆（图8-2-3）。

图8-2-3

2. 练习方法

（1）两人一组，相距10～15米对踢，要求踢球力量不要过大，着重体会踢球的部位。

（2）两人一组，加大距离做长传球，要求传球准确。

（3）自己运球到罚球区附近射门，速度由慢到快。

（4）传球射门：一人做向前传球，踢球者快速上前踢球射门。

3. 易犯错误

（1）踢球时上体后仰，易把球踢高。

（2）脚尖外转太多，踢球部位不正确，易把球踢偏。

（3）踢球时，踝关节松弛，往往踢在脚尖或脚内侧上，击球无力。

（四）脚背外侧踢球

与脚背正面踢球的动作基本相同，只是用脚背的外侧触球。在触球的一刹那，脚背要绷直，脚趾用力下扣，脚尖内转，踢球的后中部。

二、停　球

停球是指运动员有目的地用身体的合理部位把运行中的球停挡在所需要的控制范围内。

（一）脚内侧停球

脚内侧接触球的面积大，易将球停稳，并且便于改变方向和结合下一个动作，多用来停地滚球、反弹球和空中球。

1. 停地滚球

支撑脚正对来球，膝关节微屈，停球腿屈膝外转并前迎，脚尖稍跷起，当脚与球接触前的一刹那开始后撤，在后撤过程中用脚内侧接触球，缓冲来球力量，把球控制在衔接下一动作所需要的位置上（图8–2–4）。

图8–2–4

2. 停反弹球

支撑脚踏在球的落点的侧前方，膝关节弯曲，上体稍向前倾并向停球方向微转，同时停球腿提起，踝关节放松，用脚内侧对准来球的反弹路线，当球落地反弹刚离地面时，用脚内侧推球的中上部。

3. 停空中球

停空中球的方法有两种：一种是根据来球的高度，将停球脚抬起前迎，脚内侧对准来球路线，在脚与球接触前的一刹那开始后撤。在后撤过程中用脚内侧触球，缓冲来球力量，把球控制在所需要的位置上。另一种是将脚提起稍高于选择的停球点，在脚与球接触的一刹那开始下切，在下切过程中用脚内侧切球的侧上部，将球停在地上。接空中球时，先提大腿，脚弓正对来球。触球时，小腿放松下撤。

4. 练习方法

（1）两人一组，互踢停球，力量由轻到重。

（2）两人一组，一人踢地滚球，另一人跑上停球。

（3）两人一组，互踢停球，要求停球后快速传球。

5. 易犯错误

停球脚的肌肉太紧张，当球与脚弓接触时未做后撤动作，使球停不到脚下。

（二）脚底停球

脚底接触球面积大，易将球停稳。比赛中多用于停正面来的地滚球和反弹球。

1. 停地滚球

支撑脚站在球的侧后方，膝关节微屈。停球脚提起，膝关节自然弯曲，脚尖跷起高过脚跟（脚跟离地面稍低于球高），踝关节放松，用前脚掌触球的中上部（图8-2-5）。

图8-2-5

2. 停反弹球

支撑脚踏在球落点的侧后方。当球着地的一刹那，用前脚掌对准球的反弹路线，触球的后上部。

3. 练习方法

两人一组，互抛互停。

4. 易犯错误

判断球的落点不准确，停球脚提起过高。

（三）脚背正面停球

这种接球方法适用于接空中下落的球。

1. 动作要领

身体正对来球，接球腿屈膝提起，以脚背对准来球。当球与脚接触的一刹那，小腿和脚腕放松下撤，以缓冲来球力量，使球落在身前。另一种接法是接球腿稍抬起，在球接近地面时，用正脚背触球，随球下撤落地。

2. 练习方法

（1）自抛自停，体会要领。

（2）两人一组，互抛互停。

3. 易犯错误

停球脚接触球时，下撤过早或过晚。

（四）胸部停球

胸部停球面积大、有弹性、位置高，适于停高球和平直球。胸部停球有挺胸停球和收胸停球两种方法。

1. 挺胸停球

挺胸停球一般用于停高于胸部的下落球。身体正对来球，两臂前后开立，重心落在两腿之间，两膝微屈，两臂自然张开，上体稍后仰，收下颌。当球与胸部接触前的一刹那，脚跟提起，向上挺胸，使球弹起，然后落于体前。

2. 收胸停球

收胸停球一般用来停接近胸部高度的水平球。身体正对来球，两脚前后开立，两臂自然张开，挺胸迎球，当球与胸部接触的一刹那迅速收胸、收腹，以缓冲来球力量，把球停在身前。

3. 练习方法

（1）两人一组，约距10米，互抛互停。

（2）两人一组，约距10米，加大来球速度，互抛互停。

4. 易犯错误

缩胸过早或过晚，不能缓和来球力量，易将球弹出。

（五）大腿停球

1. 动作要领

停球时，大腿抬起迎球。当与球接触的一刹那即随球下撤，使球落在体前。也可用大腿上抬垫球，使球平稳弹下。如做转体接球时，以支撑腿为轴向左（右）转体，把球接到身体左侧或右侧。

2. 练习方法

（1）两人一组，约距10米，互抛互停。

（2）自抛自停。

3. 易犯错误

不能正对来球，不能缓冲来球力量（或缓冲过早），不能将球停在自己控制的范围内。

（六）腹部停球

身体正对来球，两脚平行站立。当球从地上弹起时，两臂张开，上体前倾，提气、收腹，缓冲来球力量以将球接在身前。

三、运　球

运球是运动员在跑动中用脚连续推拨球，使球处于自己控制范围内的动作，是完成个人突破与战术配合必不可少的技术。运球的几种常见方式如图8–2–6所示。

脚内侧运球

脚外侧运球

脚背正面运球

图8–2–6

（一）动作要领

跑动时身体自然放松，上体前倾，步幅可大可小。脚背外侧运球时，运球脚提起，脚尖稍内转，以脚背外侧推球前进。脚背内侧运球时，运球脚提起，脚尖稍向外摆，以脚背内侧推球前进。

（二）练习方法

1. 练习时要求步子小，轻松自然，两臂自然摆动。
2. 在走步或慢跑中练习运球，由单脚到双脚，用脚背内、外侧运球。
3. 绕6根标枪曲线运球（相距2米），要求由慢到快（定距测验时间）。
4. 直线运球或绕杆曲线运球，要求少看球，多巡视四周情况。

（三）易犯错误

1. 只是低头看球，而不是随时观察场上情况，以致不能达到及时完成传球或射门的目的。
2. 运球时不是推拨球而是踢球，以致球离人过远而失去控制。

四、头顶球

头顶球是运动员在比赛中为了争取时间和取得空中优势，用头部的前额部位击球的动作，常用来传球、抢截球和射门，是进攻和防守中不可缺少的重要技术之一。头顶球分为前额正面顶球和前额侧面顶球。这两个部位都可以做原地顶球、跑动中顶球、跳起顶球和鱼跃顶球等。

（一）原地前额正面顶球

身体正对来球，两脚前后开立，膝关节微屈，两臂自然张开，上体稍向后仰，眼睛注视来球。当球运行到身体垂直部位前的一刹那，后脚用力蹬地，身体重心由后脚移向前脚的同时，迅速向前摆体，颈部紧张，快速摆头，用前额正面顶球的后中部，接着上体随球继续前摆（图8-2-7）。

图8-2-7

（二）原地前额侧面顶球

两脚前后开立，出球方向的同侧脚在前，两膝微屈，上体和头部稍向出球的相反方向侧屈，身体重心放在后脚上，两臂自然张开，两眼注视来球。当球运行到出球方向同侧肩上方的一刹那，双脚用力蹬地，上体迅速向出球方向扭摆，同时颈部紧张、快速摆头，以前额侧面顶球的后中部。

（三）练习方法

1. 徒手做头顶球模仿练习。
2. 自抛自顶，体会顶球部位。
3. 两人一组，相距5～7米，一人抛球，另一人原地将球顶成高、平、低球。

（四）易犯错误

1. 顶球时没有后仰，没有充分利用腰腹力量。
2. 没有摆头的动作。
3. 顶球时不用眼看球或刻意低头。

五、抢截球

抢截球是防守中的主动行动，是转守为攻的积极手段。抢截球包括抢球和截球两个内容。

（一）正面跨步抢球

面向对手两脚前后开立，两膝微屈，在对手运球脚触球后即将着地或刚着地时，支撑脚立即用力后蹬，抢球脚以脚内侧对着球跨出，膝关节弯曲，上体前倾，身体重心移至抢球脚上，另一脚立即前跨。如双方脚同时触球，则要顺势向上提拉，使球从对方脚背滚过，同时身体重心要迅速跟上，把球控制住。如离球稍远可用脚尖捅抢截。

（二）侧面冲撞抢截

当与对方平行跑动争球时，身体重心要降低，两臂紧贴身体，当对方近侧脚着地时，可用肩和上臂做合理冲撞动作，使对方失去平衡，从而截获其球。侧面冲撞抢截用于抢截者和运球者平行跑动时抢截球。

（三）侧后铲球

防守人追到距运球人侧后1米左右，可用脚掌或脚背外侧进行铲球。当运球人将球拨动时，先蹬腿，抢球腿跨出，以脚掌或脚掌外侧在地面滑行而将球踢出，小腿、大腿、臀部、上体依次着地。侧后铲球适用于对手运球刚越过防守者时。

（四）练习方法

1. 两人并肩走步中练习冲撞，慢跑和快跑中进行冲撞，体会合理冲撞的方法。
2. 一人在慢跑中运球，另一人练习侧面并肩冲撞抢球。
3. 一对一抢截，正面抢截后相互交换，以抢到球为准。
4. 一对一抢截，正面　　、侧面抢截，以触到球为准，相互交换练习。
5. 原地练习铲球，一人站在固定球的后面佯作停球，一人从侧后方跑上来练习铲球倒地动作。
6. 助跑练习铲球，一人带球前进，一人在带球人身后，待球推出时铲球。

（五）易犯错误

1. 抢球时犹豫不决，判断不准，盲目乱跑。
2. 抢球时支撑脚重心不稳，轻易移动，重心落在抢球脚上，容易被撞倒。

六、假动作

假动作必须在距对方适当的距离时使用，假动作慢，真动作快、突然，真假动作的衔接要快速、适当，做到真真假假，使对方防不胜防。

（一）踢球假动作

传球前可假做向左（右）方踢球动作，诱使对方向该方向堵截，待其重心移动后，突然向右（左）方踢球或运球突破。

（二）接球假动作

接球前，如对方上步抢截，可假做向左（右）接球，诱使对方堵截左（右）侧，然后突然改为向右（左）接球。

（三）运球假动作

对方迎面抢截球时，可采用身体虚晃动作，使对方迷惑，从而越过对手。当对手侧面抢截时，可先快速带球前进，诱使对手追赶，这时带球人可突然降低速度或做假停球，使对手也放慢速度，然后又突然加速甩开对手，带球前进。

七、守门员技术

守门员技术的高低、反应的灵敏程度、竞争意识的强弱直接影响全队的士气和最后一道门户的牢固。守门员的有球技术可分为接球、扑接球、拳击球、托球、掷球和抛踢球。

（一）接　球

1. 接地滚球

接地滚球分直立接球和单膝跪立接球两种。直立接球时，两脚要自然并拢不留空隙，脚尖对准来球，上体前屈，两臂自然下垂，手指自然张开，手心向前，两手接球底部，接球后两臂同时弯曲，并互相靠拢，将球提至胸前紧抱。

单膝跪立接球时，两腿向侧前方开立，前腿弯曲，后腿跪立，膝关节接触地面，并靠近前脚跟，不留中空，上体前倾，两臂下垂，掌心对准来球方向，两手接球底部，接球后将球抱至胸前。

2. 接高球

两手自然张开，拇指相对，食指与拇指成“桃形”，当手触球时，手腕和手指适当用力将球接住，同时屈肘、回缩并下引，顺势翻掌将球抱于胸前。要求判断球路与落点要准，跑动、起跳要及时，控制高度要快。

3. 接平球

接球前两臂屈肘置于胸前两侧，在球接触胸前的瞬间，两臂夹紧，收缩两手抱住球的侧上部，迅速置于胸前。

（二）扑接球

扑接球分为侧地、鱼跃扑接地滚球和平高球。这里主要介绍侧地扑接球。

侧地扑接低球时，先向来球跨一步，接着身体以一侧小腿、大腿臀部、上体和小臂依次着地，同时两臂向前伸出，同侧手掌对准来球，另一侧手在球的上方对准来球，触球后手指、手腕用力，屈肘把球收到胸前，然后起立。

（三）拳击球

拳击球可分为单拳击球和双拳击球。单拳击球时，屈肘、握拳于胸前，跳起快速冲拳，以拳面将球击出。双拳击球时，双臂屈肘握拳于胸前，两拳靠拢，当跳起到最高点时，双拳同时快速冲击，以拳面将球击出。

（四）托　球

起跳后身体成背弓，单臂快速上伸，手掌前部和手指用力将球向后上托出。

（五）掷球和抛踢球

掷球有单手、低手和肩上掷球，抛踢球有自抛踢下落球和踢反弹球。

八、掷界外球

掷界外球时要充分发挥蹬地、腰腹和手腕力量，整个动作过程要连贯。

（一）原地掷界外球

手指自然张开，持球的后半部，两脚前后或左右站立，膝微屈，将球举在头后，上体后仰，掷球时两脚蹬地，收腹屈体，两臂快速前摆将球掷出。

（二）助跑掷界外球

助跑时将球持于胸前，在最后一步迈到的同时将球举至头后，蹬地、收腹、向前快速摆臂，并用甩腕力量将球掷出。

思考题

1. 如何欣赏足球比赛?
2. 请简述脚背正面踢球动作要领。
3. 请简述原地前额正面顶球动作要领。

第九章　排球运动

第一节　排球运动基础知识与欣赏

一、排球运动的起源与发展

排球运动始于1895年的美国，创始人是美国马萨诸塞州的霍利沃克城基督教青年会干事威廉·莫根，最初是用篮球胆在室内的网球网上拍来拍去使球不落地的一种游戏。排球运动问世后，由美国的传教士和驻外国的军官和士兵带到了世界各地。1947年国际排球联合会成立后，排球运动就成了一项世界性的体育项目。

目前，国际排联已有200多个会员国。1949年举行了第1届世界男子排球锦标赛。排球运动世界大赛主要有奥运会排球赛、世界锦标赛、世界杯赛、世界沙滩排球锦标赛、残疾人奥运会排球赛等。中国女排夺得2次奥运冠军和5次世界冠军，她们的拼搏精神，对壮国威、振奋民族精神起到了极大的推动作用。

二、排球运动重大赛事简介

（一）世界排球锦标赛

世界锦标赛是最早的、规模最大的世界性排球比赛，受到各国的普遍重视。世界锦标赛不限制各洲参加的队数，各国和地区都可以申请参加，因而参加的队伍越来越多。

首届世界男排锦标赛于1949年在布拉格举行，1952年在莫斯科举行了首届女子世界锦标赛，两届比赛的冠军均为前苏联，世锦赛每4年举办一次。

（二）世界杯排球赛

世界杯排球赛的前身是“三大洲”排球赛，1964年东京奥运会期间召开的国际排联会议上，决定将“三大洲”排球赛改为“世界杯”排球赛。1965年 9 月在波兰举行首届世界杯男子排球赛，冠军为前苏联，亚军为波兰。1973年，首届世界杯女子排球赛举行，冠军为前苏联，亚军为日本，均为 4 年举办一次。1993年国际赛事调整，世界杯赛被移至奥运会前一年举行，成为奥运会资格赛之一。

（三）奥运会排球赛

1964年在日本东京举行的第18届奥运会上，排球正式列入奥运会比赛项目。第1次奥运会排球比赛的男女冠军分别为前苏联和日本。2008年第29届北京奥运会的参赛队均为男女各12支队伍，参加奥运会的比赛队需经过严格的选拔。

三、排球明星介绍

（一）阿奎罗·泰斯马瑞

阿奎罗出生于排球传统强国古巴。2001年时，阿奎罗做为古巴女排的一员随队参加瑞士女排精英赛。在这届比赛上，她的出色表现曾给包括中国队主教练陈忠和在内的各国教练留下了非常深刻的印象。后来，阿奎罗远嫁意大利并随后加入意大利国籍，成为意大利国手。

阿奎罗有极高的排球天赋。她凭借出众的身体素质，具有在女子排球运动员中非常罕见的凶狠的大力跳发球。同时，阿奎罗擅长二号位的高点强攻，势大力沉，堪称彪悍。阿奎罗具有非常好的一传起球能力，防守技术纯熟，是一个综合能力非常突出的运动员。

现在阿奎罗是意大利女排的进攻和防守核心，代表意大利女排先后获得欧洲锦标赛冠军和2002年世界锦标赛冠军以及2007年世界杯冠军。

（二）郎　平

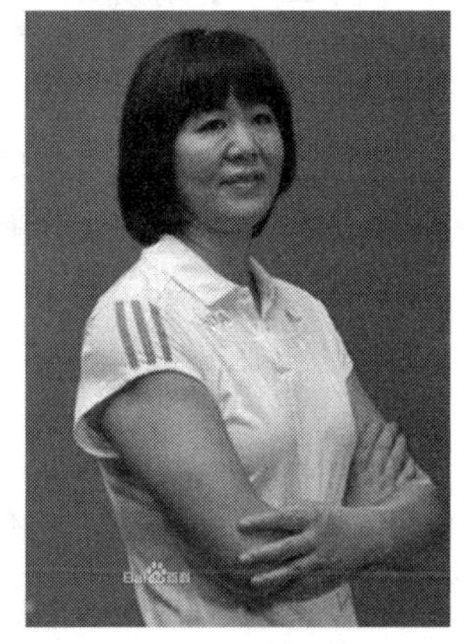

郎平，奥运冠军，原中国排球队著名运动员、教练员，凭借强劲而精确的扣杀赢得“铁榔头”绰号。1978年，郎平参加全国排球甲级联赛，崭露头角，被袁伟民教练看中，进了国家队。经过刻苦磨炼，她成为“世界三大扣球手之一”。出色的高位拦网和落地开花的扣杀技术，让世人为之惊讶。曾入选中国体育劳伦斯奖第2届（1980年）十佳名单。1984年获全国“三八红旗手”。之后进入了她的教练生涯，20多年间曾分别出任过新墨西哥州大学女子排球队、八佰伴全明星队、世界超级明星联队、美国排球协会全美训练中心、中国女子排球队、意大利摩迪纳队、美国国家女子排球队、广东恒大女排等队伍的主教练。2012年3月3日，在2011～2012赛季全国女排联赛决赛中，带领广东恒大女排2：0战胜上海女排夺得冠军。2013年4月25日，郎平正式出任中国女排主教练。

四、排球比赛的欣赏

（一）如何欣赏排球比赛

我们在观看排球比赛时，不难发现，排球比赛最显著的特点就是球队严密的整体性和运动员技术动作的高度技巧性，欣赏排球比赛只要抓住这两个特点，就能很好地理解排球、看懂排球。从整体性上主要是观察运动队在比赛中的各个环节配合是否默契，如进攻中通过二传的组织和进攻队员的跑动进攻来完成。精彩时，常常出现巧妙的配合和二传隐蔽的组织把对手的拦网晃开，形成扣空网或只有单人拦网的局面，在对手还来不及进行补拦时，紧接着就是迅雷不及掩耳的扣杀，球应声落地，观众掌声响起。当我们看到这样的扣球效果时，不要忘了，前面一连串的环节都不能出问题，即接发球或防守起球、二传、跑动路线和时机、扣球、保护等配合。但是也会看到竟然出现二传传球后没有进攻队员进行扣球，看着球落地的现象，让支持的观众干着急，其实这是二传手对攻手的布置与进攻队员的意图或联系不一致造成的，导致配合失误，令人惋惜，由此也可以看出这支球队的整体水平。中国女排运动员在身体条件方面与欧美球队（古巴、美国、德国、俄罗斯、巴西等）相比，没有多少优势，但中国女排高水平的整体性、领先各队的快速多变的战术体系却是其他球队所不能及的，球队的勇于创新和艰苦的训练使之始终保持领先，这也正是中国女排屡创佳绩的重要法宝。

运动员高超的技术动作使观众一再叫好，为之感叹、为之兴奋，更为运动员获得这样高度技巧所付出的训练而感动，这亦成为欣赏排球比赛的重要看点。在排球比赛中这样的精彩表演层出不穷，令人应接不暇：发球时的大力跳发球，看似平常而飘忽不定的（长或冲）飘球，尤其是在胜负关键时刻，发球更让人担心和激动；扣球时的大力扣球突破对手集体拦网，轻吊巧妙得分令人赞叹和刺激；二传狡猾的传球让对手拦网无从选择，令人不得不佩服二传队员的智慧；防守时运动员不畏重扣防起扣球、腾空鱼跃勇救险球、疾跑冲向广告板救球，运动员顽强的拼搏作风令人敬佩。这时，观看比赛的观众也融入到了比赛中，成了比赛中的一员。

（二）了解规则

1. 发球规则

必须在发球区内将球抛起后，在球落地前用一只手或手臂的任何部位将球击出，发球队员不得踏及场区（包括端线和发球区以外地面），鸣哨后在8秒内将球发出；发出的球必须由过网区进入对方场区内。

2. 四次击球犯规

每队最多击球三次（拦网除外），将球从球网上成功击回到对方场区，超过规定次数的击球判为四次击球犯规。无论是主动击球或被动触球，均作为该队击球一次。

3. 持球和连击犯规

没有将球击出，使球产生停滞，为持球犯规。同一人连续击球为连击犯规，但拦网时的连续触球以及全队第一次击球时同一动作击球产生的球连续触及身体部位除外。

4. 过网击球犯规

在对方区场空间触击球为过网击球犯规，但在对方进攻性击球后拦网触球除外。

5. 过中线犯规

比赛进行中队员的一只（两只）脚或一只（两只）手完全越过中线触及对方场区是允许的，但身体的其他任何部位从网下穿越接触对方场区，为过中线犯规。

6. 触网犯规

比赛进行中，队员触及9米以内的球网和标志杆、标志带为触网犯规。但队员未试图进行击球轻微触网和被动触网除外。

7. 拦网犯规

（1）从标志杆外进行拦网并触球。

（2）当对方队员击球前或击球的同时，在对方场区空间拦网触球。

（3）后排队员或后排自由防守队员完成拦网或参加了完成拦网的集体，包括球触及前排队员。

（4）拦对方发球。

（5）拦网出界。

8. 进攻性击球犯规

（1）后排进攻犯规：后排队员在前场区内或踏及进攻线及其延长线，将整体高于球网上沿的球击入对方场区。

（2）过网击球犯规：在对方场区空间内击球。

（3）扣击发球犯规：在前场扣对方发来的、整体高于球网上沿的发球完成进攻性击球。

自由人进攻性击球犯规：队员在高于球网处对同队自由防守队员在前场区用上手传出的球完成进攻性击球，后排自由防守队员完成对高于球网上沿的球的进攻性击球，均为自由人进攻性击球犯规。

第二节　排球运动基本技术

一、传　球

传球是排球运动的基本技术，是进行比赛与组织战术的基础。主要用于衔接防守和进攻。

（一）传球技术的分析与运用

1. 正面双手上手传球

正面双手上手传球是传球中最基本的方法，又是掌握和运用其他传球技术的基础（图9–2–1）。

（1）准备姿势：两脚开立，约与肩同宽，一脚稍前，另一脚脚后跟略抬起，两膝微屈，重心落于两脚之间，上体稍前倾或直立，两肩放松，抬头注视来球，两臂屈肘抬起，手的高度在脸前，两肘自然下垂，手腕稍后仰，两手手指屈，呈半球状。

（2）迎球或击球：当来球接近额前时，开始蹬地、伸膝、伸臂、两手微张从脸前向前上方迎球。击球点在额前上方约一球距离处。

（3）手形：两拇指相对，接近“一”字形，两手间要有一定距离（不超过球的直径）。用拇指内侧、食指全部、中指的二三指节接触球，无名指和小指在球的两侧辅助控制传球方向。

（4）用力：正面传球主要靠伸臂的力量，配合蹬地的力量，通过球压在手上使手腕所产生的反弹力将球传出。

运用正面双手传球，可以传正面一般拉开球、传正面集中球（包括传小夹角球、传大夹角球、传平冲来球、传近网高球、传低球）。

图9–2–1

2. 背　传

二传队员背对传球目标的传球方法叫背传，此方法主要用于组织进攻。

动作要领：传球前背对传球目标，上体保持正直或稍后仰，击球点比正面传球要高，迎球时，微仰头挺胸，在下肢蹬地的同时，上体向后上方伸展，击球时手腕适当后仰，掌心向后上方击球的底部，利用抬臂、送肘的动作和手指、手腕主动向后上方传出。

运用背传可以传拉开球，也可以传近体快球和短平快球。

3. 侧　传

二传队员侧对传球目标，并将球向体侧方向传出的方法叫侧传。

传球前的准备姿势、手形与正面传球相同，迎球时，通过下肢蹬地使身体重心向上伸展，但上体和手臂应向侧上方用力，触球下方，传球方向异侧手臂的动作幅度和用力的距离要大于同侧手臂。

侧传具有隐蔽性的特点，可以传各种快球以增强进攻的效果。

4. 其他姿势的传球

如调整二传和倒地二传，这两种姿势的传球是针对一传不到位而采取的传球办法。晃传、二传伴扣后转移传球主要是传快球，以增大网上的进攻面。

（二）传球的练习方法

1. 徒手模仿正面传球动作。

2. 三人一组三角传球，开始可以一抛一传一接，轮流做；接下来可顺时针或逆时针传球，要求先转身面对传出球的方向然后再传球。

3. 抛、传球练习。

4. 移动中两人对传，一人定位，一人向前、向后或向两侧移动传球。

5. 四人一组沿边线四角传球，不能传对角线，要求先转身面对传球的方向，也可以边传边转体。

（三）传球易犯错误及纠正方法

1. 手形不正确，触球部位离身体太远，大拇指朝前。

纠正方法：（1）自传中观察手形，用传球手接球，然后检查手形或先摆手、后放球来检查；（2）对墙连续近距离轻传。

2. 击球点过高或过低。

纠正方法：（1）击球点偏低，可多练背传、自传、近墙自传反弹球、近网对传等；（2）击球点过高，可多做平传、坐地传、自抛传远球等。

3. 传球时上体后仰。

纠正方法：（1）向前移动中传球；（2）先向前自传一次，再立即跟上传出；（3）传后跟进保护垫球；（4）球出手后，手触地板一次。

二、垫　球

垫球主要用于接发球、接扣球和接拦网球，有时也用来组织进攻。

（一）垫球技术

垫球按动作方法可分为正面双手垫球、跨步垫球、体侧垫球和挡球等。现主要介绍正面双手垫球、体侧垫球和滚翻垫球三种垫球技术。

1. 正面双手垫球

（1）准备姿势：根据球的落点，迅速移动并成半蹲姿势站立。

（2）手形：当球接近腹前时，两手掌根紧靠，两手手指重叠后合掌互握，两拇指平行，手腕下压，两臂外翻形成一个平面（图9–2–2）。

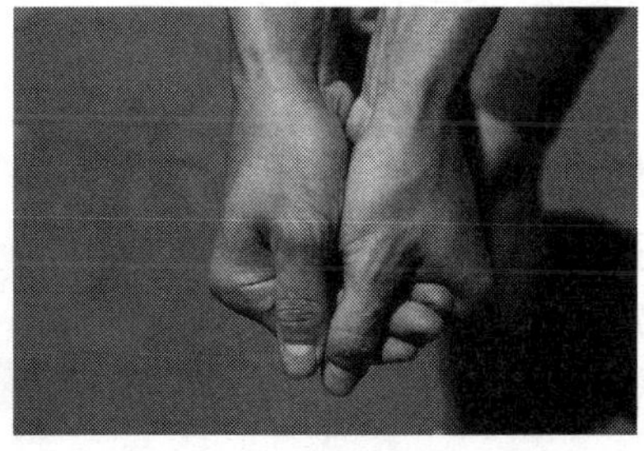

图9–2–2

（3）击球：当球距腹前一臂距离时，两臂夹紧前伸、插到球下，向前上方蹬地，抬臂垫击球的后下部。身体重心随击球的动作前移（图9–2–3）。

（4）用力：主要靠手臂上抬力量增加球的反弹力，同时配合蹬地、跟腰动作，使重心向前上方移动。两个手臂要适当放松，便于灵活控制垫球的方向和力量。

（5）垫球部位：保持腹前击球，触球时用前臂腕关节以上10厘米左右桡骨内侧平面为宜。

（6）手臂角度：根据来球的角度和要垫出的方向，运用入射角与反射角相等的原理，调整手臂与地面的角度和转动左右手臂平面来控制垫球方向。

图9-2-3

图9-2-4

2. 体侧垫球

球向体侧飞来，队员来不及移动去对正来球时，可用双臂体侧垫击。如球向左侧飞来，右脚前脚掌内侧蹬地，左脚向左跨出一步，重心移至左脚上，左臂弯曲夹紧向左侧伸出，右肩微向下倾斜，用向后转腰收腹的动作，配合两臂自左后方向前截住球飞行的路线，用两前臂垫击来球的后下部。切忌随球向左侧摆臂击球，这样会导致球飞向侧方（图9-2-4）。

3. 滚翻垫球

做滚翻垫球时应快速向来球方向移动，最后跨出一大步，重心下降并落在跨出脚上，上体前倾，使胸部贴近大腿，双臂或单臂伸向来球方向，同时两脚继续用力蹬地，使身体向来球的落点方向腾出，用小臂、虎口或手腕部分击球的下部，击球后脚尖内转，以大腿外侧、臂部侧面、背部以及跨出腿的异侧肩部依次着地，然后顺势低头、收腹、团身做单肩后滚翻成半蹲姿势。

（二）垫球的练习方法

1. 徒手模拟。
2. 垫固定球。
3. 配合练习。
4. 自己连续垫球。
5. 转方向垫球。

（三）垫球易犯错误及纠正方法

1. 屈肘两臂并不拢，不会用力。

纠正方法：模仿练习，垫固定球，自垫球练习。

2. 移动慢，对不正球。

纠正方法：移动抢球，双臂夹球移动垫球。

3. 两臂用力不等，动作不协调。

纠正方法：垫固定球，体会用力和协调发力。

三、扣　球

现代排球运动的扣球技术，已打破位置分工的限制，更多地运用各种变步、变向的助跑起跳，充分利用网长和纵深，采用立体进攻。

（一）扣球技术

1. 正面扣球

（1）准备姿势：采用稍蹲姿势，两臂自然下垂，观察来球，做好向各个方向助跑起跳的准备。

（2）助跑：助跑的步数要视球的远近和个人习惯采用一步、二步或三步等不同的步法。扣球助跑可采用并步法起跳和跨跳法起跳。

现以两步助跑右手扣球为例。助跑时左脚先向前迈出一步，接着右脚再迅速跨出一大步，左脚及时并上踏在右脚之前，脚尖稍向右转。第一步小，第二步大，脚跟先着地过渡到全脚掌着地，两腿从弯曲制动的最低点猛力蹬地向上起跳，两臂也配合起跳有力地向上摆动。

（3）空中击球：起跳后挺胸展腹，上体稍向右转，右臂向后上方摆起，身体成反弓形。挥臂时以迅速转体和收腹动作发力，依次带动肩、肘、腕各关节成鞭甩动作向前上方挥击。击球时五指微成勺形，并保持紧张，以全手掌包住球，掌心为击球中心击球的后中部，同时主动用力屈腕，五指向前推压，使扣出的球加速上旋。击球点在起跳的最高点和伸直手臂最高点的前上方。

（4）落地：前脚掌先着地，再过渡到全脚掌着地，顺势屈膝、收腹。

2. 近体快球

近体快球是在二传队员体前或体侧约50 厘米处扣的快球。扣球队员要在二传传球的同时，助跑到网前起跳，助跑角度一般与网成45度角左右。当二传队员传球时，扣球队员应在二传队员前近网处迅速起跳在空中等球。紧接着快速挥臂，将刚刚传出网口的球扣过网去。击球时，利用含胸、收腹动作带动前臂和手腕迅速甩挥，以全手掌击球的后上部。

3. 小抡臂扣球

小抡臂扣球是以肘关节围绕肩关节回旋做加速挥臂击球的一种方法。这种扣球，手臂始终沿圆弧运动。抡臂幅度大，动作连贯，便于发挥手臂的挥动速度。

动作方法：助跑起跳与正面扣球动作相同。引臂时手臂屈肘，以肩关节为轴心，由后下方向前上方做回旋挥臂。当肘关节摆至肩关节侧后方时，整个击球动作与正面扣球相同（图9-2-5）。

图9–2–5

（二）扣球的练习方法

1. 一人一球，对墙自抛自扣。

2. 一人将球举在网上，另一人扣固定球练习。

3. 一人连续抛球，其他人轮流跑、起跳和扣球。

4. 一人连续扣前排3个位置的球。

5. 连续左右扣球，球员在3号位置扣左方或右方来球。

6. 传扣结合，在网前3号位和4号位各站一人，教师在后排给3号位做二传，4号位扣球，随即又抛给4号位做二传，由3号位扣球。

7. 两人一组，相距6～8米，相对站立，练习者用左手持球于左肩的前上方，然后挺胸、拉臂、收腹、挥臂做原地扣球练习，两人交替进行。

8. 降低球网，做原地的自抛自扣练习（将球扣过球网）。

（三）扣球易犯错误及纠正方法

1. 助跑起跳前冲，击球点保持不好。

纠正方法：（1）进一步明确起跳位置；（2）进行限制性练习，如在地上画上线（起跳线），防止前冲；（3）扣固定球或助跑起跳的接球练习。

2. 上步起动时间早、起跳早。

纠正方法：以口令、信号或触动队员身体，使他们体会起动上步时间。

3. 挥臂动作不正确（僵硬、拖肘）。

纠正方法：（1）原地扣球，用中等力量放松鞭甩；（2）掷皮球或小垒球。

4. 击球手法不正确（打不转、未包满球）。

纠正方法：（1）击固定球，练习包满球；（2）手腕用中拳力量推打以使球旋转。

5. 击球点不高（肘关节弯曲）。

纠正方法：用小网原地扣球提高击球点。

6. 扣快球时起跳离网近（出现触网或过中线）。

纠正方法：（1）助跑距离不要过长，前面一步要大；（2）明确二传队员与扣球者关系，确定起跳点。

7. 手臂、手腕鞭甩不正确。

纠正方法：原地扣球练习，注意提肩肘、甩扣。

四、发　球

（一）发球技术（以右手发球为例）

1. 侧面下手发球

这种发球法比较省力，能利用身体的力量，适于初学女生，但攻击性不强。

动作要领：左肩对网，两脚左右开立，与肩同宽。两膝微屈，上体稍前倾，重心落在两脚之间，左手持球于腹前。左手将球平稳抛至胸前约一臂距离，离手约30厘米高。在抛球的同时，右臂摆至右侧下方，接着利用右脚蹬地向左转体的力量，带动右臂向前上方摆动，在腹前用全掌击球的后下方。击球后，立即进场比赛。

2. 正面上手发球

这种发球便于观察对方，发球的准确性大，易控制落点。发球时能利用屈体动作，加大发球的力量和速度，适用于初级水平的练习者。

动作要领：两脚自然开立，左脚在前，左手托球于身前。用抬臂和手掌的平托上送将球平稳地垂直抛于右肩的前上方，高度应适中。在左手抛球的同时，右臂抬起，屈肘后引，肘与肩平，上体稍向右侧转动。挥击时利用蹬地使上体向左转动，同时收腹带动手臂挥动。在右侧肩上方伸直手臂，用全手掌击球的中下部，击球时手指自然伸平与球吻合，手腕要迅速主动做推压动作，使击出的球呈上旋飞行。击球后随着重心前移，迅速进场比赛（图9-2-6）。

图9-2-6

3. 正面下手发球

动作要领：发球前面对球网，两脚前后开立，左脚在前，右脚在后，两膝微屈，上体前倾，左手持球置于腹前，右臂自然下垂，两眼注视球。发球时左手将球在体前右侧抛起约20～30 厘米。在抛球的同时要做好右臂的后摆动作。击球时，右脚踏地，身体重心前移，右臂伸直，以肩为轴由后向前摆动到腹前，用虎口、掌根或手掌击球的后下部。随之重心前移，迅速入场（图9–2–7）。

图9–2–7

（二）发球的练习方法

1. 持球者面对球网反复做抛球练习，使球垂直平稳地起落。
2. 对墙发球或两人一组近距离互相发球，体会抛球和挥臂击球的手法。
3. 近距离发球过网，主要体会发球用力和身体协调动作。
4. 发球区内发球，并练习发球后进场。
5. 发直线、斜线、前场、后场球以及发到指定区域。
6. 用各种不同力量、速度、弧度做发球练习。
7. 结合接发球练习发球技术。
8. 连续发球，巩固技术，逐步学会手形和击球点的变化。

（三）发球易犯错误及纠正方法

1. 正面上手发球抛球不准，击球点太靠后；做不出推后带腕动作；动作不协调，用不上全身的协调力量。

纠正方法：（1）明确动作要领，向固定目标抛球；（2）眼看球，对墙轻发，体会手抛球动作，使球打转；（3）掷实心球，做排球的发球练习。

2. 抛球不正，时高时低；挥臂动作不正确，击球的部位不准。

纠正方法：（1）多做固定目标的抛球和挥臂击球练习；（2）强调手掌根部的击球力量通过球体重心，使球不旋转。

3. 正面下手发球准备姿势和击球位置过高，影响发球的准确性；挥臂击球方向不正确，击球时手臂在肘关节处弯曲过大，击球不准。

纠正方法：（1）明确动作概念，反复进行抛球练习；（2）击固定吊球练习；（3）结合抛球进行挥臂练习。

五、拦　网

（一）拦网技术

1. 单人拦网

（1）准备姿势：队员面对球网，两脚平行站立，约与肩同宽，距网30厘米，两膝稍屈，两臂在胸前，自然屈肘。

（2）移动：运用并步、交叉步或跑步移动。

（3）起跳：起跳时重心降低，两膝弯曲，用力蹬地，使身体垂直起跳，起跳技术要与助跑技术相结合。

（4）空中击球：拦网时，两臂尽力过网伸向对方上空，两手自然张开，屈指、屈腕呈勺形。当手触球时，两手要突然紧张，手腕用力下压盖住球的前上方。

（5）落地：如已将球拦回，可面对对方，屈膝缓冲，双脚落地。如未拦到球，则在下落时就要随球转头，转身面对后场，做下一个动作的准备。

2. 集体拦网

集体拦网有双人拦网和三人拦网两种。集体拦网技术动作除要求具备个人拦网技术外，还应着重注意互相配合。

（二）拦网的练习方法

1. 两人一组隔网站立，一人向网的上沿抛球，一人跳起拦网。

2. 3号位队员移动拦网。教师站在网边，队员隔网站在3号位前排成纵队，根据教师手臂信号，依次轮流做向左右移动的拦网练习。

3. 依次向2、3、4号位移动，进行单人移动拦网。

4. 教师站在高台扣自抛球，队员隔网进行拦网练习。

5. 两人连续扣拦。分为两人一队的扣拦组，由另两人在两边2号或3号位做二传，一人先扣球，另一人拦，接着由后者扣，前者拦。

6. 做向侧跨一步起跳的拦网练习。

7. 两人一组隔网站立，用相同的节奏做向侧跨步同时起跳的拦网练习。

（三）拦网易犯错误及纠正方法

1. 起跳过早。

纠正方法：运用节奏控制和加强信号刺激判断起跳时间。

2. 双手前扑、触网。

纠正方法：徒手模仿或结合矮网原地拦；运用提肩屈腕方法把球拦下。

3. 过中线或碰网。

纠正方法：练习原地起跳，含胸、微收腹。

4. 不看扣球动作，盲目起跳伸臂。

纠正方法：（1）徒手轻跳拦固定球；（2）判断扣球人的路线，快速移动对正慢跳；（3）原地徒手和结合球的扣球练习。

思考题

1. 如何欣赏排球比赛？
2. 请简述正面双手上手传球技术。
3. 请简述正面扣球动作技术。

第十章　羽毛球运动

第一节　羽毛球运动基础知识与欣赏

一、羽毛球运动的起源和发展

1873年，英国公爵鲍弗特在格拉斯哥郡的伯明顿庄园里进行了一次羽毛球游戏表演。从此，羽毛球运动便逐渐开展起来，“Badminton”（伯明顿）也就作为羽毛球的英文名称。1893年世界上第一个羽毛球协会在英国成立，并进一步修订了规则和规定了统一的场地标准，确定了羽毛球的形状和重量。1899年在伦敦举行了全英羽毛球锦标赛。

1934年，由丹麦、英国、法国等10多个国家发起成立了国际羽毛球联合会（简称国际羽联），总部设在伦敦。国际羽联于1948年举办了第1届世界男子团体赛，于1956年举办了第1届世界女子团体赛。1978年2月世界羽毛球联合会在香港成立，同年11月举办了第1届世界羽毛球锦标赛。国际羽联和世界羽联于1981年5月26日宣布合并，统一称为国际羽毛球联合会。1992年羽毛球运动被列为奥运会的正式比赛项目，当今世界羽毛球赛事主要有汤姆斯杯赛、尤伯杯赛、苏迪曼杯赛、世界羽毛球锦标赛、奥运会羽毛球赛。

羽毛球运动是在20世纪初传入我国的。1963年前后，随着华侨中的羽坛名将归国，我国羽毛球运动进入了鼎盛时期。进入20世纪80年代以来，我国选手在世界大赛中屡次取得优异成绩。

二、羽毛球运动重大赛事简介

（一）汤姆斯杯

汤姆斯杯羽毛球赛（Thomas Cup Badminton，中文简称“汤杯”）是世界上最高水平的男子羽毛球团体赛，就是世界男子羽毛球团体锦标赛， 由原国际羽联创办于1948年。每两年举办一次。 1934年国际羽联成立时，英国人乔治·汤姆斯（George Thomas）被选为主席。5年后，汤姆斯在国际羽联会议上提出，组织世界性男子团体比赛的时机已成熟，并表示将为这一比赛捐赠一个奖杯，称为“汤姆斯杯”。

（二）尤伯杯

尤伯杯羽毛球赛（Uber Cup Badminton）实际就是世界女子羽毛球团体锦标赛，是世界上最高水平的女子羽毛球团体赛。尤伯杯赛由国际羽联创办于1956年。每两年举办一届。由于汤姆斯杯赛——世界男子羽毛球团体锦标赛搞得红红火火，曾活跃于三四十年代世界羽坛的尤伯夫人认为，也应该有一个专供女性竞技的大型羽毛球团体赛。尤伯杯赛制同汤姆斯杯赛一样。在1982年以前是每三年举行一次，比赛采用七场四胜制。自1984年开始，改为每两年举行一次，采用五场三胜制。

1981年国际羽联和世界羽联合并为现在的国际羽联时，决定将尤伯杯赛与汤姆斯杯赛在同时同地举行，并相应改为每两年举行一届。在1956年第1届比赛时只有11个国家和地区参加，到1996年已达到了47个国家和地区。

（三）苏迪曼杯

苏迪曼杯，又称世界羽毛球混合团体锦标赛，是印尼羽毛球协会代表本国人民向国际羽毛球联合会捐赠的一座奖杯。采用五场三胜制，由男子单打、女子单打、男子双打、女子双打和混合双打等五个项目组成，是代表羽毛球整体水平的最重要的世界大赛，与汤姆斯杯赛和尤伯杯赛齐名。1986年，在国际羽联召开的理事会上第一次提出了举行混合团体赛的建议。1988年，国际羽联接受并指定了混合团体赛与单向项锦标赛同时举行的事宜，并决定将苏迪曼杯作为混合团体赛的冠军奖杯。1989年，在印度尼西亚同时举行了第1届苏迪曼杯赛和第6届世界羽毛球单项锦标赛，同时规定此项比赛每两年举行一届，逢双数年是汤、尤杯赛，单数年为苏迪曼杯赛。2011年第12届苏迪曼杯在中国青岛举行。2013年第13届苏迪曼杯在马来西亚落下帷幕，中国队成功卫冕实现苏杯五连冠。在苏杯历史上，韩国曾3次夺冠，而中国9次夺冠，包括一个4连冠和一个5连冠。

三、羽毛球明星介绍

（一）林　丹

林丹（1983年10月14日—），福建省龙岩上杭县人，中国羽毛球队单打运动员，世界排名第一（截止2012年9月）。他球风凶悍、个性鲜明，被称“超级丹”。12岁进入福州八一体工队，18岁进入国家队。他赢得2008年和2012年奥运会羽毛球的男单冠军，成为第一位蝉联奥运会羽毛球冠军的男子选手，也是羽毛球史上唯一一位四度夺得世界羽毛球锦标赛男单冠军的运动员。2012年9月23日，与谢杏芳举行婚礼。

（二）陶菲克

陶菲克（1981年8月10日—）男，印度尼西亚运动员，被认为是当今羽坛男子单打项目中的天才选手。他技术全面、在场上充满了创造力和想象力，网前的小球技术及反手“惊世一拍”更

是出神入化。他是世界羽坛男单运动员中第一位也是迄今为止唯一一位集奥运会、亚运会、世锦赛、汤姆斯杯冠军于一身的大满贯球员，也是印度尼西亚公开赛六冠王得主。2013年6月世界羽联超级联赛印度尼西亚公开赛，陶菲克首战出局宣布退役。

（三）李宗伟

李宗伟（1982年10月21日—）拿督，羽毛球男子单打运动员，生于马来西亚霹雳州巴眼色海，祖籍中国福建，被称为“大马羽毛球一哥”。李宗伟的妻子是马来西亚前著名羽毛球运动员黄妙珠。李宗伟赢得了北京奥运会羽毛球男子单打银牌，为马来西亚夺得了历史上第二枚奥运银牌。作为男单运动员，李宗伟在2008年8月成为世界排名第一的球手，是马来西亚第三位世界排名第一的男单球手，也是首位保持第一名时间超过两周的马来西亚球手。

四、羽毛球比赛的欣赏

（一）如何欣赏羽毛球比赛

现代羽毛球运动诞生100多年来，已发展成为全球性的体育项目。它有着无穷的魅力，深受人们的喜爱，是一项参与面广、观赏性强的体育运动。

精彩的羽毛球比赛，能给人以视觉上的享受。它既有乒乓球比赛那种细腻精巧的技术，又有网球比赛的那种以力相搏的角逐；既具有文雅的韵味，又有奋力厮杀的残酷对峙。因此，一场高水平的比赛，会让人激动不已又回味无穷。

欣赏一场羽毛球比赛，除了要懂得比赛规则以外，还要了解运动员的水平和特点。可以从快、准、刁、活等方面来细细品味。

1. “快”指精确的判断能力、敏捷的反应速度和良好的身体素质。高水平选手能根据对手的移动位置、准备姿势和击球瞬间判断出对手的击球意图。据有关科研部门的测试，羽毛球运动员眼手反应速度之快居各项运动之首。尽管羽毛球运动员仅在35平方米的场地“转、站、腾、挪”，但他们要在50～90分钟的比赛中快速移动3000米左右，心率高达180次/分钟，给人带来另类速度美的视觉享受。

2. “准”是羽毛球运动员展示魅力的一个重要方面。羽毛球的一次往返飞行时间仅在一秒之内，在这来回的瞬间，精准地把握球的飞行路线和落点是运动员高超技艺和控制能力的综合表现。运动员的精准技艺常常使人感到赏心悦目。

3. “刁”是指运动员刁钻的球路和技法，反映了运动员的聪明才智。场上那种虚则实，实则虚的变化，劈杀和劈吊的瞬间转换，勾、搓、推这三种刁钻技术的网前变化，都会让对手顾此失彼，让观众雾中看花。

4. “活”是羽毛球比赛的战术特点。对手间旗鼓相当、比赛势均力敌时，战术的灵活运用，打法的不断变换就是克敌制胜的法宝。谁能扬长避短、避实就虚，谁就能战胜对手取得胜利。

羽毛球运动以其特有的魅力受到人们的青睐，因此，它永远属于那些积极参与的人们和真心热爱它的观众。

（二）了解比赛规则

1．计分制度

（1）类似曾经的乒乓球记分方法，采用21分制，即双方分数先达21分者胜，3局2胜。每局双方打到20平后，一方领先2分即算该局获胜；若双方打成29平后，一方领先1分，即算该局取胜。

（2）新制度中每球得分，并且除特殊情况（比如地板湿了，球打坏了），球员不可再提出中断比赛的要求。但是，每局一方以11分领先时，比赛进行1分钟的技术暂停，让比赛双方进行擦汗、喝水等。

（3）得分者方有发球权，如果本方得单数分，从左边发球；得双数分，从右边发球。在第三局或只进行一局的比赛中，当一方分数首先到达11分时，双方交换场区。

2．站位安排

单　打

（1）发球员的分数为0或双数时，双方运动员均应在各自的右发球区发球或接发球。

（2）发球员的分数为单数时，双方运动员均应在各自的左发球区发球或接发球。

（3）如“再赛”，发球员应以该局的总的分数来确定站位。若总分为15分（单数），双方运动员均应再各自的左发球区发球或接发球；若总分为16分（双数），双方运动员均应再各自的右发球区发球或接发球。

（4）球发出后，双方运动员就不再受发球区的限制而自由击到对方场区的任何位置，运动员的站位也可以在自己这方场区的界内或界外。

双　打

（1）一局比赛开始，应从右发球区开始发球。

（2）只有接发球员才能接发球；如果他的同伴去接球或被球触及，发球方得一分。

① 在发球方得分为0或双数时，应该由发球方的站在右侧的运动员发球，接发球方站在右侧的运动员接发球；发球方得分为单数时，则应站在左发球区的运动员发球或接发球。

② 每局开始首先接发球的运动员，在该局本方得分为0或双数时，都必须在右发球区接发球或发球；得分为单数时，则应在左发球区接发球或发球。

③ 上述两条相反形式的站位适用于他们的同伴。

（3）任何一局的本方发球员失去发球权后，同时对手获得一分，接着由他们的对手之一发球，如此传递发球权，注意，此时双方4位运动员都不需要变换站位。

（4）运动员不得有发球错误和接发球的错误，或在同一局比赛中有两次发球。

（5）一局胜方的任一运动员可在下一局先发球，负方中任一运动员可先接发球。

（6）球发出后就不再受发球区的限制了。运动员可在本方场区自由站位和将球击到对方场区的任何位置。

3. 比赛规则

（1）交换场区

① 以下情况运动员应交换场区：

第一局结束。

第三局开始。

第三局中或只进行一局的比赛进行至一方达到11分时。

② 运动员未按以上规则交换场区，一经发现立即交换，已得分数有效。

（2）合法发球

① 发球时任何一方都不允许非法延误发球。

② 发球员和接发球员都必须站在斜对角线发球区内发球和接发球，脚不能触及发球区的界限；两脚必须都有一部分与地面接触，不得移动，直至将球发出。

③ 发球员的球拍必须先击中球托，与此同时整个球必须低于发球员的腰部。

④ 击球瞬间球杆应指向下方，从而使整个球框明显低于发球员的整个握拍手部。

⑤ 发球开始后，发球员的球拍必须连续向前挥动，直至将球发出。

⑥ 发出的球必须向上飞行过网，如果不受拦截，应落入接发球员的发球区。

（3）羽毛球的违例

① 发球不合法违例，或接发球者提前移动。

② 发球员发球时未击中球。

③ 发球时，球过网后挂在网上或停在网顶。

④ 比赛时：

球落在球场边线外。

球从网孔或从网下穿过。

球不过网。

球碰屋顶、天花板或四周墙壁。

球碰到运动员的身体或衣服。

球碰到场地外其他人或物体（由于建筑物的结构问题，必要时地方羽毛球组织可以制定羽毛球触及建筑物的临时规定，但其他组织有否决权）。

⑤ 比赛时，球拍或球的最初接触点不在击球者网的这一方（击球者击球后，球拍可以随球过网）。

⑥ 比赛进行中：

运动员球拍、身体或衣服触及网或网的支持物。

运动员的球拍或身体，以任何程度侵入对方场区。

妨碍对手，如阻挡对方紧靠球网的合法击球。

⑦ 比赛时，运动员故意分散对方注意力的任何举动，如喊叫、故作姿态等。

⑧ 比赛时：

击球时，球夹在或停滞在拍上紧接着又被拖带。

同一运动员两次挥拍连续击中球两次。

同一方两名运动员连续各击中球一次。

球碰球拍继续向后场飞行。

⑨ 运动员违反比赛连续性的规定。

⑩ 运动员行为不端。

（4）重发球

① 与不能预见或意外的情况，应重发球。

② 除发球外，球过网后，球挂在网上或停在网顶，应重发球。

③ 发球时，发球员和接发球员同时违例，应重发球。

④ 发球员在接发球员未做好准备时发球，应重发球。

⑤ 比赛进行中，球托与球的其他部分完全分离，应重发球。

⑥ 司线员未看清球的落点，裁判员也不能做出决定时，应重发球。

⑦ “重发球”时，最后一次发球无效，原发球员重发球。

（5）死　球

① 球撞网并挂在网上，或停在网顶上。

② 球撞网或网柱后开始在击球这一方落向地面。

③ 球触及地面。

④ “违例”或“重发球”。

（6）发球区错误

① 发球顺序错误。

② 从错误的发球区发球。

③ 在错误的发球区准备接发球，且对方球已发出。

（7）发球区错误的裁判方法

① 如果错误在下一次发球击出前发现，应重发球；只有一方错误并输了这一回合，则错误不予纠正。

② 如果错误在下一次发球击出前未被发现，则错误不予纠正。

③ 如果因发球区错误而“重发球”，则该回合无效，纠正错误重发球。

④ 如果发球区错误未被纠正，比赛也应继续进行，并且不改变运动员的新发球区和新发球顺序。

（8）比赛中的出界

单打的边线，是在边界的里面一条。

双打的边线就是最外面一条。

单打的前发球线，就是最前面的一条线。

后发球线就是底线。发球在这两条线之间才有效。

双打的前发球线和单打一样，都是最前面一条。

后发球线是底线前的那一条线。发球在这两条线之间才有效。

第二节 羽毛球运动基本技术

一、握拍法

握拍是打羽毛球的第一个动作，从开始到完成每一个击球动作，握拍的方式都会有所不同。本书以右手执拍为例，介绍两种握拍方法：正手握拍和反手握拍。

（一）正手握拍

左手握住拍杆，使拍框与地面垂直。右手张开，用近似握手的手型，虎口对准拍框，拇指与食指成V字型，然后五指自然贴到拍柄上（图10–2–1）。

（二）反手握拍

左手握住拍杆，使拍框与地面平行。拇指上提，顶贴拍柄的宽拍棱上。食指连同其余四指自然贴靠在拍柄上，留有一定的发力空间（图10–2–2）。

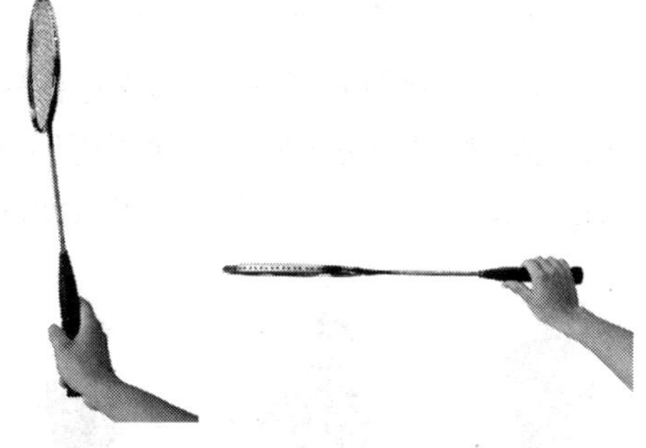

图10–2–1　图10–2–2

二、发球技术

发球不仅是羽毛球技术中一项很重要的基本技术，也是战术的重要组成部分。发球质量的好坏往往直接影响一个比赛回合的主动与被动。羽毛球的发球方法有两种：一种是正手发球，另一种是反手发球。在羽毛球发球中，按照发出球在空中飞行的弧度与落点，可以分为：后场高远球、后场平高球、后场平射球和网前球（图10–2–3）。

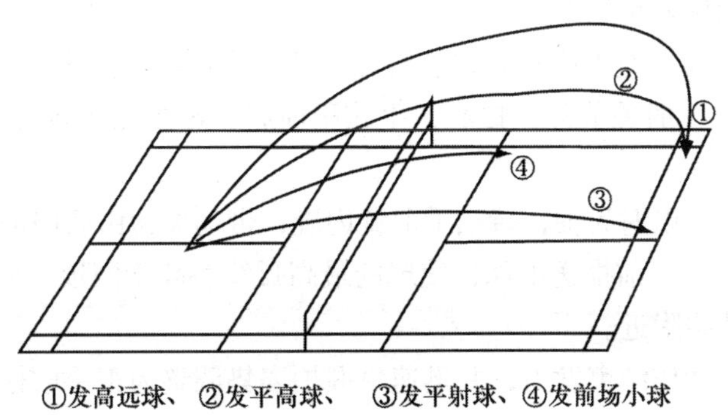

①发高远球、②发平高球、③发平射球、④发前场小球

图10–2–3

（一）正手发球技术

正手发球是以正手发高远球动作为基础的。正手发后场高远球是用正手握拍方法，以正拍面

将球击得又高又远，使球飞行到对方端线上空后突然改变方向，成直线下落至端线附近的一种发球（图10-2-4）。

正手发后场高远球的动作要如下。

1. 准备发高远球的时候，站在离前发球线1米左右，发球场区中线附近，面对球网，左脚在前，右脚在后，两脚之间自然分开。

2. 身体重心放在右脚上面，身体自然地微微向后仰，右手向右后侧举起，肘部稍弯曲，左手拿球（可拿球的球托部位）并自然地在胸前弯曲。

3. 发球的时候，左手把球举在身体的靠右前方并放下，使球自然落下；右手同时由大臂带动小臂，从右后方向前，使左前上方挥动，大臂开始挥动的时候，身体重心由右脚慢慢地移到左脚。

4. 当球落到击球人手臂向下自然伸直能够触到球的部位的一刹那，握紧球拍，并利用甩手腕的力量，向前上方鞭打用力击球，当把球击出的同时，手臂向左上方挥动，击球之后，身体重心也由右脚移至左脚，身体微微前倾。

（二）反手发球

上面谈到的发球法，是用正手握拍方法从右后方向往左上方挥动手臂并发力击球的技术动作，这些称之为正手发球。除了正手发球之外，还有一种反手发球法。由于动作结构、解剖因素和力量等原因，一般只是通过反手来发网前球和平球。反手发球多见于双打比赛当中（图10-2-5）。

图10-2-4　　图10-2-5

反手发网前球的动作要领如下。

1. 站位靠近前发球线，左脚或右脚在前均可，身体重心在前脚掌上，上体前倾后跟提起。右手反握在拍柄稍前部位，肘关节部位提起，手腕稍前屈，球拍低于腰部，斜放在小腹前。左手持球在球拍面前方。

2. 左手放球的同时，以肘为轴，持拍手前臂内旋，带动展腕由后向前做半弧形回环挥动。

3. 击球时，球拍由后向前推送击球，使球的最高弧线略高于网顶，通过拍面的切削动作使球落到对方场区的前发球线附近。

4. 击球后，以制动动作结束发力，并迅速将握拍姿势调整为正手放松握拍。

三、后场击球技术

发球仅是击球的开始，而真正激烈的争夺是在发球后的接发球或发球抢攻以及这之后的对拉击球上。因此，合理、协调、有效的击球将是运动员夺取最后胜利的最基本的保证（图10-2-6）。

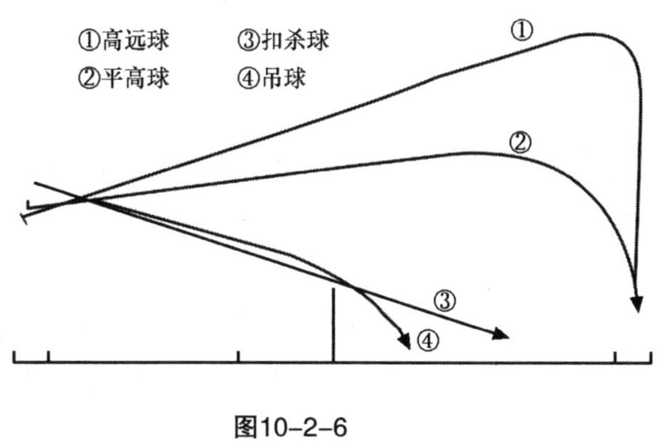

图10-2-6

（一）后场正手击高远球

后场正手击高远球是用正手握拍以正拍面击出击球点在右肩前上方的后场高远球（图10-2-7）。

动作要领如下。

1. 准备姿势以左脚在前，右脚在后，侧身对网。右手正手握拍屈肘于体侧，上前臂夹角为45度左右。左手自然上举，保持平衡，双眼注视来球方向。

2. 当球下落到一定的高度时，躯干转体，手肘上抬，手臂后倒引拍，以肩为轴做回环动作；前臂充分向后下方摆动并外旋充分伸展；左手随转体协调屈臂向身体左下方下降。

3. 击球时前臂急速内旋并带动手腕加速向前上方挥动，手腕收缩，手指屈指发力，用正拍面将球击出。击球点选在右肩的前上方，其高度以持拍手臂自然伸直击球为宜。

4. 击球后，右手随击球后的惯性向左前下方挥动，顺势收回至体前，呈接球前准备姿势。

（二）后场反手击高远球

后场反手击高远球是用反手握拍，以反拍面在后场击高远球（图10-2-8）。

图10-2-7　　　　图10-2-8

动作要领如下。

1. 由中心位置启动后，用后场反手后退步法向来球方向移动，移动到位后右脚在前，身体背向球网，球拍举在胸前，拍面朝上，两眼注视来球。

2. 击球时，下肢是一个由屈到伸的过程；上肢是当球下落至右肩前上方一定高度时，以上臂带动前臂作为初速度，在肘部上抬至与肩平行时，转为前臂带动腕部闪动，在右侧上方伸直手臂向后击球，伴随右腿的蹬力，使击出的球更有力量。

3. 击球后迅速转体面向球网，迈出跟进回位。

（三）后场吊球

吊球是把对方击来的高球，从后场轻击或轻切、轻劈到对方的近网附近。吊球从其动作方法，球的飞行弧线的不同可分为轻吊、拦吊、劈吊（其中每一项都包括正手、头顶、反手等方法）。

1. 劈　吊

劈吊击球前动作和打高远球动作相似。击球时用力较轻，带有劈切动作（落点一般离网较远），当球落到右手臂向上自然伸直的高度时，手腕快速做切削动作，使拍面与球托的右侧或左侧接触而把球击出去就完成了劈吊动作（图10–2–9）。

图10–2–9

2. 拦　吊

拦吊通常是把对方击来的平高球拦截回去。击球时拍面正对来球，当拍面和球接触时，只要轻轻拦切或点击，球即以较平的弧线，较慢的速度越过球网垂直下落。

3. 轻　吊

轻吊击球前动作和打高球相似。击球时，拍面正对来球，在接触球的一刹那，突然减速轻点或轻切来球，使球刚一过网就下落。

（四）扣杀球

扣杀球是把高球用力向前下方重击、重切或重“点”击球，这种球速度快、力量大。比赛中，杀球可以直接得分，也可以使对方处于被动防守地位。这一技术是羽毛球进攻中的主要技术之一（图10–2–10）。

扣杀球以击球总距身体的位置可分为正手扣杀、头顶扣杀和反手扣杀；从击球力量的大小分为重杀、轻杀、劈杀、点杀、追身杀等。

图10–2–10

1. 头顶扣杀直线球

准备姿势同头顶击高球。不同之处是挥拍击球时，靠腰腹带动手臂、手腕的鞭打动作，全力往直线下方击球，拍面和击球用力方向水平面的夹角小于90度。

2. 头顶扣杀对角线球

准备姿势同头顶击高球。不同之处是挥拍击球时，靠腰腹带动手臂、手腕的鞭打动作，全力向对角线下方击球。球拍面和击球方向水平面夹角小于90度。

四、前场击球技术

前场技术包括网前的放、搓、推、勾、扑、挑球等。其中，搓、推、勾、扑属进攻技术，要求击球前期动作具有一致性，击球刹那间产生突变，握拍要灵活，动作细腻，手腕、手指要灵巧，以控制好球的落点。网前球的各种球路（图10-2-11）。

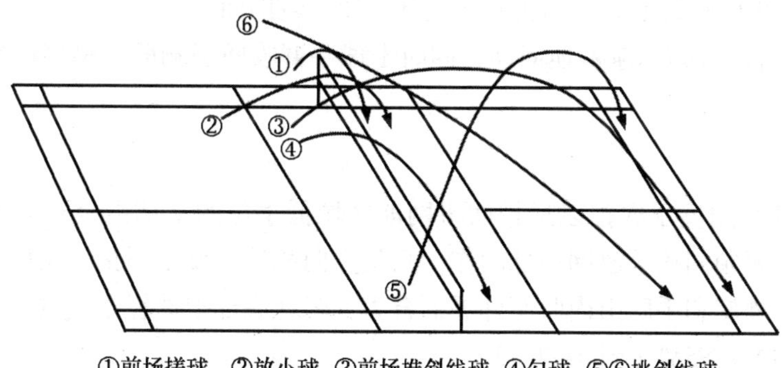

①前场搓球　②放小球　③前场推斜线球　④勾球　⑤⑥挑斜线球

图10-2-11

网前进攻威胁较大，因球飞行距离短，落地快，常使对方措手不及而直接得分。即使不能直接得分，也能迫使对方被动回球，创造下一拍进攻的机会。若网前进攻和中场进攻能紧密地配合起来，则能发挥前后场的连续进攻，掌握主动权。

（一）放网前球

放网前球是将网前区域低手位置的来球击至对方网前区域的前场击球技术。放网前球的来球一般处于低手位，击出的球没用旋转和翻滚，但落点可以比较贴近球网，这样可以创造有利的进攻的形势，营造转机的机会。放网前球可分为正手放网前球和反手放网前球。

1. 正手放网前球

用正手握拍以正拍面将网前区域或低手位置的来球击至对方网前区域，称为正手放网前球（图10-2-12）。

图10-2-12

动作要领：

（1）准备姿势右脚在前、左脚在后，两脚开立与肩同宽，右手执拍自然置于胸前，左手自然置于体侧，身体向前倾斜。

（2）前臂随步法伸向前上方，手腕外旋后导引拍。击球时，握拍放松，拍面几乎成仰平面置于球托下，手指手腕轻轻地向上抬击球托底部，使其越网而过。

（3）击完球后，右脚迅速蹬地回动，同时击球手臂收回至胸前，呈接球准备姿势准备回击下一个来球。

2. 反手放网前球

反手放网前球是用反手握拍以反拍面将网前区域低手位的来球击至对方网前区域位置的回球。击球前的动作要领同正手放网前球动作，只是方向相反。反手握拍，反面迎球，击球时，主要靠小臂的前伸、外旋和手腕由内收至外展的合力，轻托底部把球轻送过网。击球后，整个动作还原成下次击球的准备姿势（图10-2-13）。

图10-2-13

（二）网前搓球

1. 正手网前搓球

正手网前搓球是用正手握拍以正拍面将网前位置的来球运用“搓”、“切”等动作回击到对方网前区域附近的击球方式。

动作要领：击球前，小臂稍外旋，手腕由后伸至稍内收闪动。击球时，在正手放网前球动作基础上，加快挥拍速度，搓切来球的右下部，使球旋转滚过网（图10-2-14）。

图10-2-14

2. 反手网前搓球

反手网前搓球是用反手握拍以反拍面将网前位置的来球运用“搓”“切”等动作回击到对方网前区域附近的击球方式。

动作要领：击球前，小臂前伸外旋，手腕由内收至外展状；搓击球的右侧后底部，使球侧旋滚动过网。另外，还可以小臂稍伸直，手腕由外展到内收，带动球拍向前切送，击球托的后底部，使球下旋滚动过网。

（三）网前勾球

1. 正手勾对角线

勾球一般采用并步加蹬跨步上网的步法。在步法移动的同时，球拍随着前臂往右前上方举起，前臂前伸的同时，稍有外旋，手腕微后伸，这时将拍柄稍向外捻动，使拇指贴在拍柄的宽面上，食指的第二指节贴在与其相对的另一个宽面上，拍柄不触及掌心。击球时，靠前臂稍有内旋往左拉收，手腕由稍后伸至内收，球拍拨击球托的右侧下部，由手腕和手指控制拍面角度，击球后，球拍回收至胸前（图10-2-15）。

图10-2-15

2. 反手勾对角线

随着步法移动的同时，手臂向左侧前方平举（注意手臂不要伸直，稍弯即可）。击球时，随着肘部下沉，前臂回收外旋的同时，食指和拇指协调用力捻动拍柄，使拍面拨击球托的左侧后部，将球沿对角线飞越过网。击球后，球拍回收至胸前，为下次的来球做作积极的准备。

（四）挑　球

1. 正手挑球

准备动作同正手放网动作。击球前前臂充分外旋，手腕尽量后伸。击球时，从右下向右前方至左上方挥拍击球。在此基础上，若球拍向右前上方挥动，挑出的是直线高球；若球拍向左前方挥动，挑出的则是对角高球（图10-2-16）。

2. 反手挑球

准备姿势同反手放网动作。击球前，右臂向后拉抬肘引拍。击球时，前臂充分内旋，手腕由屈至后伸闪动挥拍击球。若球拍由左下向左前上方挥动，则球向直线方向飞行；若球拍由左下向右前上方挥动，则球向对角线方向飞行（图10-2-17）。

图10-2-16　　图10-2-17

五、中场击球技术

羽毛球技术中，除了后场击球技术和前场击球技术之外，还有介于前后场之间的中场击球技术，其中常见的是中场平抽球和中场接杀球技术。由于中场区域是比赛双方攻守转换的主要地带，双方运动员之间的距离比较近，球在空中滞留的时间又比较短。因此，中场击球技术对挥拍击球时球拍的预摆幅度要求相对小一些，突出体现"快"字。

（一）平抽球

平抽球是把位于身体左右两侧，高度在肩部以下、腰部以上位置的球用抽击的动作使球过网，球飞行的线路既平又快，是双打的主要技术之一。

动作要领：站在右场区的中部，两脚平行站立稍宽于肩，重心在两脚间，微屈膝收腹，正手握拍举于有肩前。击球前肘关节前摆，前臂稍往后带外旋，手腕稍外展至后方，引拍至体后。击球时前臂内旋，手腕伸直闪动，手指抓紧拍柄，球拍由右后往右前方高速平扫盖击来球。击球后手臂左摆，左脚往左前方迈一步，右脚跟一步回中心位置（图10-2-18）。

图10-2-18

（二）接杀球

接杀球技术是羽毛球实战中由守转攻的重要环节，掌握较好的接杀球技术，可以从防守反击中得到较好的进攻主动权或直接得分机会。积极有效的接杀球可以化解对手进攻，达到化被动为主动的目的。接杀球技术可分为接杀放网前球、接杀挑后场高球和接杀勾对角球等。每项技术由可分为正手和反手两种击球方法。

动作要领：两脚开立与肩同宽，自然分立于中场位置，膝关节微微弯曲，重心降低、眼视对方击球动作。判断来球落点，采用相应的步法与握拍，控制好拍面以切击或挑球的动作将球击出。击球后迅速回位，并将球拍置于胸前准备回击下个来球。

六、羽毛球步法

步法在羽毛球运动中占有十分重要的地位，步法可称为羽毛球运动技术之母。快速、灵活、合理的步法是打好羽毛球、全面提高羽毛球技术水平的重要环节。

（一）步法的组成

羽毛球步法是由垫步、交叉步、小碎步、并步、蹬转步、蹬跨步、腾跳步等组成。通常情况下，每种步法的移动都是从球场中心开始的。

1. 垫　步

当右（左）脚向前（后）迈出一步后，后脚跟进，紧接着以同一脚向同一方向再边一步，为垫步。垫步一般作为调整步距用。

2. 交叉步

左右脚交替向前、向侧或向后移动为交叉步，经另一脚前面超越的为前交叉步；经另一脚后面超越的为后交叉步。交叉步一般在后退打后场球时后退得较多。

3. 小碎步

以小的交叉步移动的步法称为小碎步。由于步幅小，步频快，一般在起动或回动起始时用。

4. 并　步

右脚向前（或向后）移动一步时，左脚即刻向右脚跟并一步，紧接着右脚再向前（向后）移动一步，称为并步。

5. 蹬转步

以一脚为轴，另一脚做向后或向前蹬转步。

6. 蹬跨步

在移动的最后一步，左脚用力向后蹬的同时，右脚向来球的方向跨出一大步，称为蹬跨步。它多用于上网击球，在后场底线两角移动抽球时也常采用。

7. 腾跳步

起跳腾空击球的步法为腾跳步。它可分为两种，一种是上网扑球或向两侧移动突击杀球时，以领先的脚（或双脚）起跳，作扑球或突击杀球；另一种是对方击来高远球时，用右脚（或双脚）起跳到最高点时杀球。

（二）羽毛球步法的分类

1. 前场上网步法

从中心位置移动到网前击球的步法，称为上网步法。前场上网步法可根据个人习惯采用交叉步、并步、垫步或蹬跨步。

（1）正手上网步法。当来球在右侧距离身体较远时，采用正手三步上网步法。起动后右脚迅速向身体右侧前方迈出第一步，左脚紧接着向前垫第二步并至右脚跟处，同时左脚的前脚掌用力蹬地，右脚再向前跨出第三大步，准备击球（图10–2–19）。

（2）反手上网步法。当来球位置在左侧距离身体较远时，采用反手三步上网步法。起动后右脚迅速向身体左侧前方迈出第一小步，左脚向前交叉迈出第二小步，同时左前脚掌用力蹬地，右脚又向前跨出第三步击球。击球后右脚向中心位置撤回第一步，左脚紧跟退回第二步，两脚再向中心位置迈回最后一小跳步回位（图10–2–20）。

2. 后场后退步法

后场后退步法是指从球场中心位置后退到端线的移动步法。后场步法是羽毛球步法中最常用的，又是难度较大的步法动作，因人的解剖、生理结构所决定，向前总比向后移动容易些，特别是向左场区底线后退，对灵活性和协调性的要求更高。后场后退步法可分为后场正手后退步法、后场头顶后退步法和后场反手后退步法。

（1）后场正手后退步法。来球位置在后场正手位距离身体较远时，采用后场正手后退步法。起动后右脚向来球落点方向后退第一小步，左脚经右脚往后交叉退第二步，右脚再交叉退第三步，身体重心放在右脚上，向右后方向斜步起跳，准备击球（图10–2–21）。

（2）后场头顶后退步法。来球位置在后场反手位距离身体较远时，可以采用后场头顶后退步法。起动后，右脚蹬地，转体，向身体左后侧区域的来球落点方向后退第一小步，左脚后交叉退第二步，右脚再向后交叉退第三步，身体重心在右脚上，交叉步起跳，准备击球（图10–2–22）。

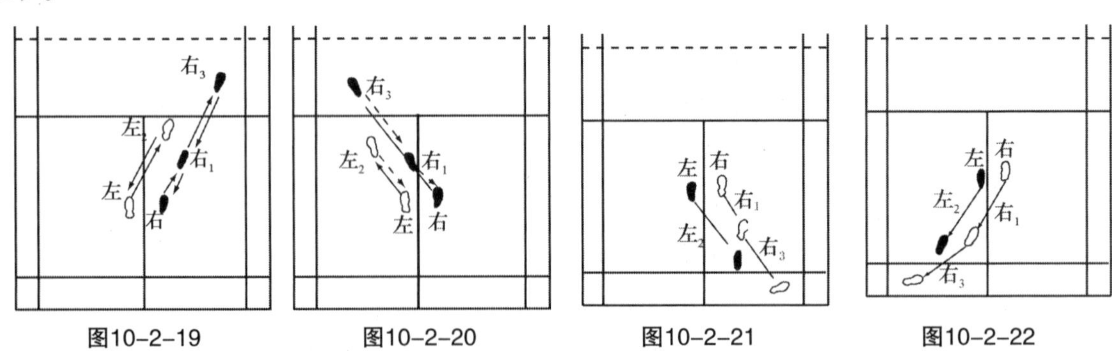

图10–2–19　图10–2–20　图10–2–21　图10–2–22

（3）后场反手后退步法。当来球距离身体位置较远，不能采用头顶后退步法时，则采用反手后退步法。反手后退步法以左脚的前脚掌为轴心，右脚蹬地向身体左后侧来球落点方向转体迈出第一小步，左脚紧接其后向左后侧迈出第二步，右脚再交叉向来球落点方向跨出第三步，准备击球。完成击球后，身体重心在右脚上，迅速蹬地转体向中心位置方向迈出第一小步，左脚随即交叉迈出第二步，右脚再向中心位置迈出第三步，迅速回位（图10–2–23）。

3. 中场步法

左右移动主要是还击中场球时所使用的步法。中场两侧移动步法用于接杀球较多，故此左右移动大致有两种方法：一是向右移动的正手移动步法，二是向左移动的反手移动步法。

（1）中场正手蹬跨步接杀步法。

判断来球后，脚掌触地启动，左脚向身体右侧场区边线蹬地，右脚向来球方向转动的同时向前跨一步接球，右脚触地动作与前场交叉步上网步法相似，接球后右脚迅速向中心蹬跳回位（图10–2–24）。

（2）中场反手蹬跨步接杀步法。

启动后右脚用力向来球方向蹬地，向左侧转髋的同时，左脚向来球方向跨步接球，左脚尖外展，脚跟触地，接球后左脚掌向中心迅速蹬地回位（图10–2–25）。

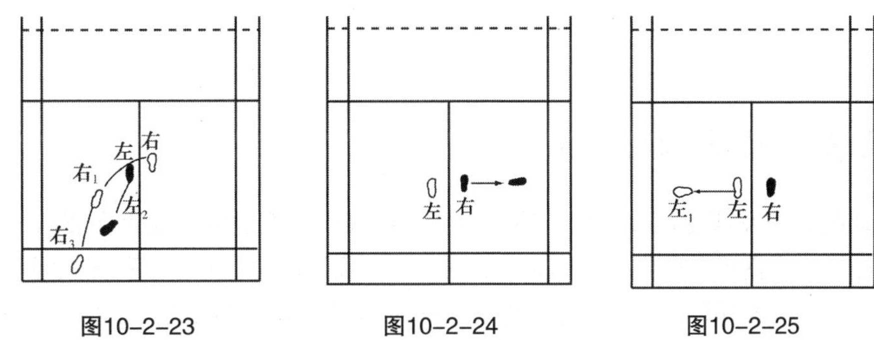

图10–2–23　　图10–2–24　　图10–2–25

总之，羽毛球的步法是很多的，这里介绍的只是其中几种最常见、最主要的步法。根据运动员的技术打法特点和身体及身体素质的实际可灵活采用，也可以总结、创新一些适合自己特点的步法来。

思考题

1. 如何欣赏羽毛球运动？
2. 请简述正手发球技术要领。
3. 请简述平抽球技术要领。

第十一章 网球运动

第一节 网球运动基础知识与欣赏

一、网球运动的起源与发展

网球运动的起源及演变可以用四句话来概括：网球孕育在法国，诞生在英国，开始普及和形成高潮在美国，现盛行全世界，被称为世界第二大球类运动。1873年，英国人温菲尔德改进早期网球打法。他在羽毛球运动的启示下，把古代网球和羽毛球结合起来设计出现代网球运动，并确定了场地、规则和器材。1877年7月，全英网球俱乐部在温布尔顿举办首届草地网球冠军赛，标志着近代网球运动的开始。1896年在希腊雅典举行的第1届奥运会上，网球被列为正式比赛项目。1913年国际网球联合会成立。因国际奥委会同国际网球联合会在“业余运动员”定义上以及参赛资格上发生严重分歧，从第9届奥运会起，取消了网球项目的比赛。在1984年洛杉矶奥运会上，网球作为表演项目重现赛场。在1988年第24届汉城奥运会上，网球又被列为正式比赛项目。

网球运动是在19世纪后期随着西方近代体育的传播而进入我国的。中华人民共和国成立以后，网球运动得到了进一步的发展。1953年成立了中国网球协会，并在天津市举办了新中国的首次全国网球表演赛。新中国网球运动的国际交往是从1956年开始的。1986年中国女子网球队在第10届亚运会的团体赛中夺冠，从此结束了中国在亚运会上无网球金牌的历史。2004年雅典奥运会上，李婷、孙甜甜经过奋勇拼搏，取得了中国体育史上第一个网球双打奥运冠军，为我国网球运动的发展注入了新的活力。

二、网球运动重大赛事介绍

（一）澳大利亚网球公开赛

赛事目前由澳大利亚网球（Tennis Australia）主办。澳大利亚网球公开赛是由澳大利亚网球运动中心管理的，每年澳大利亚网球公开赛是四大公开赛中最早开始的赛事，赛事安排在1～2月份。

澳大利亚网球公开赛是四大公开赛中最迟创建的赛事。第一次比赛是在1905年墨尔本的威尔霍斯曼板球场举行的。其中，男子比赛创建于1905年，女子比赛始于1922年，刚开始举办比赛是使用草地网球场，到1988年才改为硬地网球场。1968年，国际网球职业化后它被列为四大公开赛之一。在1972年，这项赛事为了吸引更多的观众，定在了澳大利亚的大城市墨尔本举行。

在创办后的相当长的一段时间里，公开赛的冠军为本地人获得。从二次大战后的1946年起，到1978年，男、女单打冠军多为澳大利亚选手获得，而进入八十年代后，却又没有一位本地选手有幸获此殊荣。随着比赛规模的不断扩大，知名度的不断提高，比赛场地的设施需要随之进行改进，碎片公园体育场也就应运而生。这个多动能的运动中心在1986年开始动工，1988年1月完工，并同年在此成功的举办了1988年福特澳大利亚网球公开赛。此后这个运动中心又进行了进一步的扩建，在1995年开始了比赛场地的二期工程，并在1997年的比赛中正式使用。1996年1月29日“碎片公园”体育场正式改名为墨尔本公园。

（二）法国网球公开赛

法国网球公开赛（French Open），简称“法网”，是一项在法国巴黎罗兰·加洛斯球场举办的网球大满贯赛事。通常在每年的5月至6月进行，是每年第二个进行的大满贯赛事。这一创办于1891年的网球比赛是唯一一个在红土球场上进行的大满贯比赛，标志着红土赛事中的最高荣誉，同时也标志着每年红土赛季的结束。由于红土场地球速较慢，且男子单打比赛采用五盘三胜制，因此参加比赛的选手需要有着超群的技术和惊人的毅力。

（三）温布尔登网球锦标赛

温布尔登网球锦标赛（Wimbledon Championships，或简称“温网”）是网球运动中最古老和最具声望的赛事。锦标赛通常举办于6月或7月，是每年度网球大满贯的第3项赛事，排在澳大利亚网球公开赛和法国网球公开赛之后，美国网球公开赛之前。整个赛事（大满贯赛事中唯一使用草地球场的）通常历时两周，但会因雨延时。男子单打、女子单打、男子双打、女子双打和男女混合双打比赛在不同场地同时进行。温布尔登还举办有男子单打、女子单打、男子双打、女子双打的青年比赛。此外，温布尔登还为退役球员举办特别邀请赛。

（四）美国网球公开赛

美国网球公开赛（U.S. Open）是每年度第4项也是最后一项网球大满贯赛事，通常在每年8月底至9月初举行，赛事共分为男子单打、女子单打、男子双打、女子双打和男女混合双打五项，并且也有青少年组的比赛。自1978年开始赛事在纽约USTA国家网球中心举行。目前男、女单打的冠军都可获得高达1百万美元以上的奖金。

三、网球明星介绍

（一）桑普拉斯

皮特·桑普拉斯是一代世界球王，温布尔登永远的国王。有史以来最好的草地球员。14个大满贯得主。1990年，桑普拉斯夺得第一个ATP冠军头衔。在19岁生日刚过

28天的时候战胜了阿加西，成为美网历史上最为年轻的男单冠军。此后桑普拉斯便一发不可收拾，在四大满贯的赛事中的三项（温，美，澳）夺得了无数次的冠军奖杯。

（二）罗杰·费德勒

罗杰·费德勒（Roger Federer，1981年8月8日—），瑞士男子职业网球运动员（1998年转为职业）。费德勒拥有ATP排名历史上单打世界排名第一连续周数最长的纪录（237周，2004~2008年）。众多评论家、现役与退役的选手认为费德勒为史上最伟大的选手之一。费德勒拥有17座大满贯男子单打冠军的纪录，现今世界排名第二，2012年上海大师赛结束后，费德勒在ATP世界第一的总周数达到了300周，是公开赛时代以来第一位在世界第一总周数达到300周的男子单打球员，这个纪录将暂时停留在302周。在2013年法国网球公开赛上，费德勒涉险晋级法网男单八强，这是费德勒职业生涯的第900场胜利。

（三）李　娜

李娜，中国著名女子网球运动员，毕业于华中科技大学新闻系。1982年生于湖北武汉，6岁开始练习网球，1999年转为职业选手，从网球低级别赛事一路打到四大满贯。第一个获得巡回赛单打冠军的中国人，2008年北京奥运会第4名。2011年获得法国网球公开赛女单冠军，成为中国乃至亚洲在网球四大满贯赛事上夺得单打冠军的第一人，世界排名追至第4位，追平日本选手伊达公子创造的前亚洲女子网球最高排名。

四、网球比赛的欣赏

（一）如何欣赏网球比赛

网球比赛是古老的球类项目之一，也是当今体坛惟一能够与足球分庭抗礼的大项目。那我们该如何去欣赏网球比赛呢？

1. 看发球。发球分为上旋球、下旋球、侧旋球、前冲以及大力发球等。优秀的选手在发球上都具有自己的绝招，如前世界名将桑普拉斯和伊万尼塞维奇的发球，又刁、又准、又狠，常常让对手难以招架。

2. 看战术的运用。网球战术，具有“快、狠、准、变”的特点，运动员在场上既能满场飞，又能凌空跳跃击球、斜飞鱼跃救球，或者缩前吊后、斜线大力抽打等。正是这些前后左右、真真假假的变化，使得比赛精彩激烈、扣人心弦。

另外，网球运动被看成是高雅的运动。因此它处处注重美感，从场地的设施到器材的使用，以及比赛环境的布置和运动员服装的设计，都很讲究美，美几乎无处不在。

网球运动员在场上的动作更富美感，爱好网球的艺术家们认为网球运动的许多动作与舞蹈是相通的。如网坛名将博格，双手握拍反手抽打底线球时，就表现出东欧民间舞蹈的韵味；网坛女杰辛吉斯快速网前击球和奔跑接球的身姿，仿佛再现了天鹅湖中的白天鹅兴高采烈地扑向王子的舞姿。

总之，一场高水平的网球比赛，除了运动员精湛的技艺之外，再加上那富于美感的舞蹈韵味，会使观众如痴如醉，精神上得到极大的满足。

（二）了解规则

1. 发球规则

（1）发球前的规定

发球员在发球前应先站在端线后、中点和边线的假定延长线之间的区域里，用手将球向空中任何方向抛起，在球接触地面以前，用球拍击球（仅能用一只手的运动员，可用球拍将球抛起）。球拍与球接触时，即算完成球的发送。

（2）发球时的规定

发球员在整个发球动作中，不得通过行走或跑动改变原站的位置，两脚只准站在规定位置，不得触及其他区域。

2. 发球员的位置

（1）每局开始，先从右区端线后发球，得或失一分后，应换到左区发球。

（2）发出的球应从网上越过，落到对角的对方发球区前的方格内，或其周围的线上。

3. 发球失误

未击中球；发出的球，在落地前触及固定物（球网、中心带和网边白布除外）；违反发球站位规定。发球员第一次发球失误后，应在原发位置上进行第二次发球。

4. 发球无效

发球触网后，仍然落到我方发球区内；或对方接球员未作好接球准备。

5. 交换发球

第一局比赛终了，接球员成为发球员，发球成为接球。以后每局终了。均依次互相交换，直至比赛结束。

6. 交换场地

（1）双方应在每盘的第1、3、5等单数局结束后，以及每局结束双方局数之和为单数时，交换场地。

（2）在抢7分比赛中，双方分数相加每6分更换一次场地。

7. 失　分

发生下列任何一种情况，均判失分。

（1）在球第二次着地前，未能还击过网。

（2）还击的球触及对方场区界线以外的地面、固定物或其他物件。

（3）还击空中球失败。

（4）故意用球拍触球超过一次。

（5）运动员的身体、球拍，在发球期间触及球网。

（6）过网击球。

（7）抛拍击球。

（8）发球双失误。

（9）击球时人的身体触网。

8. 压线球

落在线上的球都算界内球。

9. 双打规则

（1）双打发球次序

每盘第一局开始时，由发球方决定由何人首先发球，对方则同样地在第2局开始时，决定由何人首先发球。 第3局由第1局发球方的另一球 员发球。第4局由第2局发球主的另一球员发球。以下各局均按此秩序发球。

（2）双打接球次序

先接球的一方，应在第1局开始时，决定何人先接发球，并在这盘单数局，继续先接发球。双方同样应在第2局开始时，决定何人接发球，并在这盘双数局继续先接发球。他们的同伴应在每局中轮流接发球。

（3）双打还击

接发球后，双方应轮流由其中任何一名队员还击。如运动员在其同队队员击球后，再以球拍触球，则判对方得分。

10. 计分方法

（1）胜一分

遇到下列情况时，判对方胜1分：

① 发球员连续两次发球失误或脚误时。

② 接球员在发来的球没有着地前用球拍击球，或球触及自己的身体及所穿戴的衣物时。

③ 在球第二次落地前未能还击过网时。

④ 还击球触及对方场区界线以外的地面、固定物或其它物件时。

⑤ 还击空中球失败时。

⑥ 在比赛中，击球员故意用球拍拖带或接住球，或故意用球拍触球超过一次时。

⑦ “活球”期间运动员的身体、球拍（不论是否握在手中）或穿戴的其它物件触及球网、网柱、单打支柱、绳或钢丝绳、中心带、网边白布或对方场区以内的场地地面。

⑧ 还击尚未过网的空中球（过网击球）。

⑨ 除握在手中（不论单手或双手）的球拍外，运动员的身体或穿戴的物体触球。

⑩ 抛拍击球时。

（2）胜一局

① 每胜1球得1分，先胜4分者胜1局。

② 双方各得3分时为“平分”，平分后，净胜两分为胜1局。

（3）胜一盘

① 一方先胜6局为胜1盘。

② 双方各胜5局时，一方净胜两局为胜1盘

（4）决胜局计分制

在每盘的局数为6平时，有以下两种计分制。

① 长盘制：一方净胜两局为胜1盘。

② 短盘制（抢七）：决胜盘除外，除非赛前另有规定，一般应按以下办法执行。

先得7分者为胜该局及该盘（若分数为6平时，一方须净两分）。

首先发球员发第1分球，对方发第2、3分球，然后轮流发两分球，直到比赛 结束。

第1分球在右区发，第2分球在左区发，第3分球在右区发。

每6分球和决胜局结束都要交换场地。

③ 短盘制的计分

第1个球（0：0），发球员A发1分球，1分球之后换发球。

第2、3个球（报1：0或0：1，不报15：0或0：15），由B发球，B连发两分球后换发球，先从左区发球。

第4、5个球（报3：0或1：2，2：1，不报40：0或15：30， 30：15），由A发球，A连发两球后换发球后换发球，先从左区发球。

第6、7个球（报3：3或2：4，4：2或1：5，5：1或6：0，0：6），由B发1分球之后交换场地，若比赛未结束，B继续发第7个球。

比分打到5：5，6：6，7：7，8：8……时，需连胜两分才能决定谁为胜方。但在记分表上则统一写为7：6。

决胜局打完之后，双方队员交换场地。

第二节　网球运动基本技术

一、入门与基础

（一）球拍、球与握法

1. 球　拍

现在一般选择碳素石墨材料制成的球拍，这种球拍手感较好。选择球拍要考虑以下几个因素：

（1）重量：球拍的重量分轻（L）、中（M）、重（T）三种。练习者应根据自己的力量选择，重量适中，能用得上力就可以。

（2）面积：分为小拍面（穿弦面积< 548平方厘米），中拍面（穿弦面积554 ~ 612平方厘米），大拍面（穿弦面积> 612平方厘米），初学者一般选用大拍面的球拍。

（3）硬度：球拍的硬度分为10个等级，1 ~ 5级为软性球拍，6 ~ 10级为硬性球拍。使用硬度

较大的球拍容易造成肘关节受伤，即“网球肘”。因此初学者应选用中性偏软的球拍。

（4）拍柄：选择粗细适宜的球拍。过粗不易控制，过细握不住拍柄。

2. 网　球

网球一般为黄绿色。球的弹性为：在2.45米的高度自由下落到混凝土地面的弹起高度为1.35 ~ 1.47米。

3. 握　法

（1）大陆式握拍：“V”形虎口对准3 ~ 4号棱之间（图11-2-1）。这种握拍法还被称为“榔头”式握拍法。因为采用这种握拍时，食指根部压在与拍面水平的那个平面上，拍面的角度几乎与地面垂直，所以仿佛在用拍框的侧面钉钉子一样。大陆式握拍法适合用来击打任何类型的球，但在发球、打截击球、过顶球、削球以及防守球时采用这种握拍效果更好。

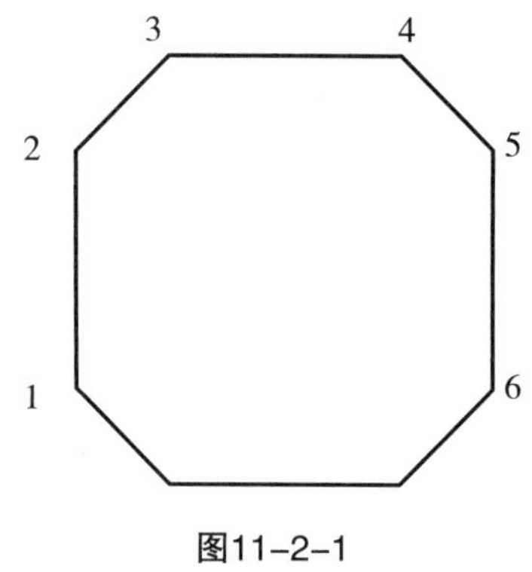

图11-2-1

优势：大陆式握拍法可以使发球或打过顶球时的手臂自然下压，给手臂的压力小。由于在打正手和反手球时不需要调整握拍法，因此大陆式握拍法也是打网前截击球的最佳选择。同时，它还适合于在防守时击打已到达身体侧面或击球点较晚的球。

劣势：用大陆式握拍法很难打出带上旋的击球或削球。这就要求击球点必须要比球网高，由于球在这一点停留的时间非常短暂，所以击球时间就很短。

（2）东方式正手握拍：“V”形虎口对准4 ~ 5号棱之间（图11-2-1）。这里介绍一个正确采用东方式握拍的小窍门，即将手平放在拍弦上，然后下滑到拍柄根部抓握。

优势：东方式正手握拍可以被称为“万能握拍法”。采用这种握拍，拍面可以通过摩擦球的后部击出上旋球，还可以打出有很大力量和很大穿透性的平击球。同时，从东方式握拍法很容易转换到其他握拍方式。

劣势：与大陆式握拍相比，尽管东方式握拍的击球点在身体前部要更高、更远一些，但它仍不适用于打高球。东方式握拍击出的球多是平击球，很难适应多回合的打法。因此东方式握拍不适用那些希望打出更多上旋球的选手。

（3）半西方式正手握拍：“V”形虎口对准5号棱（图11-2-1）。在职业网球巡回赛中，底线力量型选手多采用这种握拍。

优势：相对于东方式握拍，这种握拍法可以让选手打出更多上旋球，使球更容易过网，也更好控制线路，因此，它很适合打上旋高球和小角度的击球。这种握拍在身体前部的击球点比东方式握拍更高、更远，因此更有利于控制高球。

劣势：半西方式握拍不适合回击低球。因为采用这种握拍时，拍面自然地呈关闭状态，这样迫使选手必须打球的下部然后向上挑，于是容易给对手留下进攻机会。

（4）西方式正手握拍：“V”形虎口对准5 ~ 6号棱之间（图11-2-1）。喜欢打强烈上旋的上场选手多采用这种握拍法。

优势：这是一种很“极端”的握拍法，手腕的位置迫使拍面强烈地击打球的后部，从而产生更多的上旋。这种握拍比其他任何一种正手握拍法的击球点都要更高、更远。正是因为西方式握拍法对高球的良好控制，因此许多上场选手和青少年都很青睐这种握拍法。

劣势：回击低球是此种握拍法的致命点。采用此种握拍时，要以更快的挥拍动作来给球加上必要的旋转，以使击出的球有速度，也有深度。

（5）东方式反手握拍："V"形虎口对准2～3号棱（图11-2-1）。

优势：同东方式正手握拍一样，它可以给手腕提供良好的稳定性。使打出的球略带旋转，或直接打出很有穿透力的球。而且，采用这种握拍只要做非常小的调整就能回到大陆式握拍，这样在削球或在网前截击时都会比较轻松。

劣势：尽管这种握拍法能很好地处理低球，但它不适合打高于肩部的上旋回球，因为这种握拍法很难控制这样的回球，所以在多数情况下，选手只能采用防守式的削球将球打回对手场内。

（6）双手反手握拍：使拍面处于大陆式和东方式反手握拍的中间位置，然后用另一只手以东方式正手握拍法放在持拍手的前方。

优势：适用于单手力量不足、或双手具有良好协调性的选手。比起单手反手击球，双手反手借助肩部的转动和小幅度的挥拍来发力。因此采用双手反拍来接发球的成功率比较高。这个握拍法还适合处理低球，而且在回球时力量很足。

劣势：因为是双手握拍，这就限制了跑动。因此在进行大幅度移动击球时都很困难，而且不容易转身挥拍。同时，双手反拍选手过分依赖于上旋球，而要想有效地击出削球，双臂挥出的同时，还要保持前肩的稳定性。对于习惯扭臀转肩的双手反手选手来说，这可并非易事。

以上各种握拍方式所对应的拍柄棱示意如图11-2-1。

（二）基础知识

1. 站位（图11-2-2、图11-2-3）

击球前，运动员所选的站立位置称为"站位"。底线击球一般采用4种站位方式。

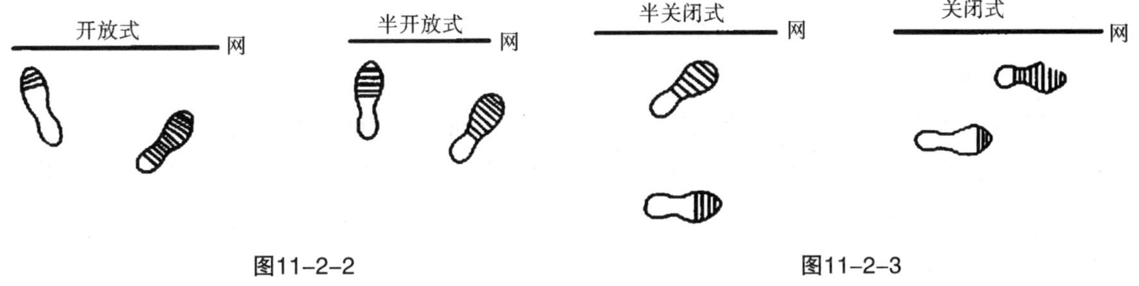

图11-2-2　　　　图11-2-3

2. 击球点

击球时，球拍与球接触瞬间的空间位置称为"击球点"。击球点的空间位置是相对击球者的身体而言，是从距身体的四个方向（前、后、左、右）和高低位置来确定的。最佳击球点在身体侧前方的腰部高度。

3. 击球时期

从对方击球瞬间到己方的球拍触球瞬间之前，球在空中的飞行时段称为"击球时期"。来球从过网点到落点的飞行阶段为空中段，落地后弹起至回落地面前击球前称为反弹段。

4. 击球线路

球从击球点飞行到落点间的线路称为击球线路，基本击球线路有直线和斜线两种。

5. 击球过程的要点

击球过程的要点：

（1）判断：是对来球的方向、球的旋转性质、球的飞行速度和落点进行的综合分析。

（2）移动：根据来球的方向调整站位称为“移动”。移动是在击球之前抢占最佳击球位置。

（3）击球：击球是关键。在确定了对方的来球特点后，决定自己的回击方法，以达到最佳的击球效果。

（4）还原：是指在完成上述动作之后回到击球前的准备状态（基本姿势和基本位置）。

6. 击球技术的要素

（1）引拍：后摆引拍是击球质量和击球力量的先决条件。

（2）挥拍：挥拍的速度、方向直接影响回球的力量和球的飞行路线。

（3）击球：击球瞬间的击球点、击球时期、拍面的角度、击球部位直接决定回球质量。

（4）随挥：随挥动作是为了保证击球的完整性、协调性和稳定性，并影响着动作的还原。

三、基本技术

（一）正手击球

1. 准备姿势（图11-2-4）

面向球网，两脚开立，略宽于肩，稍屈膝，上体稍前倾，重心置于前脚掌。球拍指向正前方，几乎与地面平行。右手握拍（以右手握拍为例，以下同），左手托着拍颈。眼睛始终盯着来球方向。

2. 移动转体引拍（图11-2-5）

当判断球朝正手方向飞来时，双脚迅速右转，肩右转90度，同时转髋，左脚向右前方上步，重心移至右脚，右手自然向后引拍，将球拍引于身体右后。引拍时肘部要自然弯曲下垂，手腕固定，左手前伸保持身体平衡。

3. 挥拍击球（图11-2-6）

将球拍迅速向前挥动，手腕要固定绷紧，握紧球拍，球拍从稍低于腰部处开始，做弧线运动，逐步上升，向前挥动，要迎上去击球，击球时拍面基本垂直于地面，同时将身体重心从右脚移向左脚。击球时身体随之转动，腰部带动大臂击球。

4. 随球跟进（图11-2-7）

当球离开球拍后，击球动作不要停止，应使球拍随出球方向挥一段距离，握拍手臂向前伸展。肘关节向前上跟进，挥至左肩一侧，拍头指向天空。同时身体完全转过来，重新面向球网。在完成一次击球后，应立即回到准备姿势状态，为下一次击球做准备。

图11-2-4　　图11-2-5　　图11-2-6　　图11-2-7

（二）反手削球（单手）

1. 准备姿势（图11-2-8）

向左转髋、转肩，右手持拍，左手托住拍颈，向右后方引拍，同时身体90度角转向左脚使右肩对准来球方向。

2. 前挥送拍（图11-2-9）

完成前挥动作时应保持手腕固定，通过下肢、髋、肩的发力将力量自下而上送上球拍。

3. 挥拍击球（图11-2-10）

击球时，拍面要垂直于地面，对准来球伸直肘部快速挥动，击球的中下部，手臂前挥，路线由低到高。

4. 随球跟进（图11-2-11）

击球后，手臂要保持击球时的动作继续前送，前移重心，充分上扬手臂。

图11-2-8　　图11-2-9　　图11-2-10　　图11-2-11

（三）截击球

截击球是指击打过网后还未落地的空中球。一般在发球后或底线回球质量不高时使用。截击球通常采用大陆式握拍法，初学者可先采用东方式握拍法进行练习。

1. 正手截击

（1）准备姿势：正手截击时跨步、移动重心和后摆球拍几乎同时进行，拍头要始终高于手腕（图11-2-12）。

（2）挥拍击球：正手截击时要保持前臂伸直，手腕固定，发力短促、有力。截击球多采用切击，击球点在身体的右前方（图11-2-13）。

（3）随球跟进：截击球的随挥动作幅度较小，一般不超过中线。截击动作完成后迅速调整姿势，准备迎接下一个来球（图11-2-14）。

图11-2-12　　图11-2-13　　图11-2-14

2. 反手截击

（1）准备姿势：进行反手截击时，身体略向左转，同时重心移至左脚，左手扶住拍颈，向左前跨，右脚对准来球方向（图11-2-15）。

（2）随球跟进：反手截击球的随挥动作很小，一般不超过身体中线，以便快速还原，准备进行下一个动作（图11-2-16）。

（3）反手击球的击球点：反手击球的击球点要在身体的左前方，比正手更靠前。击球时手腕固定，肘部下拉用肩和前臂的力量向下击球（图11-2-17）。

图11-2-15　　图11-2-16　　图11-2-17

（四）挑高球

1. 准备姿势（图11-2-18）

挑高球分正手和反手挑高球两种，其握拍方法和正、反手击球的握拍方法相同。其引拍动作和正、反手击球的引拍基本相同，只是挑高球要求高而深，需要更充分的后摆动作。

2. 挥拍击球（图11-2-19）

向前挥拍时，球拍击打球的下部，向前上方击球。在整个击球过程中，保持手腕绷紧，握紧球拍。挑高球要将球打得高而且深，但稍有偏差就容易出界，因此挑高球的落点应在场地的中间。

3. 随球跟进（图11-2-20）

随挥动作是将球挑到足够高度的关键，因此应加长击球的时间，顺着球的飞行路线向上做随挥动作，球拍尽可能送远，动作在身体前面的高处结束。随挥动作结束后，应立即回到端线后面中间的有利位置。

图11-2-18

图11-2-19

图11-2-20

（五）反弹球

1. 准备姿势（图11-2-21）

采用大陆式握拍法，击球前身体重心与其他击球方式的准备姿势类似，对正来球方向迅速降低拍面位置。

2. 挥拍（图11-2-22）

击反弹球的后摆幅度要小于其他击球方式，底线位置后摆动作稍大一些，中、前场后摆幅度很小，几乎只是磕球过场。

3. 击球（图11-2-23）

与其他击球动作相比，反弹球的击球位置更低，拍面更要保持垂直和平行。击球点尽量在身体的侧前方。

4. 随球跟进（图11-2-24）

随挥的技术要领与正反手击球基本相同，可根据来球速度、位置掌握运用。

图11-2-21

图11-2-22

图11-2-23

图11-2-24

（六）高压球

图11-3-25　　图11-3-26

高压球俗称扣球，是在头上方扣杀的一种击球技术，是有效的得分手段。

1. 准备姿势（图11-2-25）

看到对方挑高球时，应尽快地调整位置，用垫步或后退步、前进步移动到球落点后面，侧身对网，两脚前后开立，左手指向来球，眼睛注视来球。

击球前将球拍提前举到头上，重心放在右脚。

2. 击球与随挥（图11-2-26）

击球时，注意腿部蹬伸、转腰、提重心、顶肘、挥拍、收腹、鞭打击球，同时重心前移，在最高点击球。

随挥路线是从击球后至身体左下方止，重心完全移至前脚。

（七）发　球

发球是比赛得分的重要手段，也是运动员技术水平的重要标志。初学者应认真理解动作要领并认真进行练习。

1. 抛球（图11-2-27）

发球的技术动作要求在身体协调放松的状态下进行，左手伸直在身体的侧前方最高点抛球，保持球在头的前上方垂直下落，抛球后双臂保持反L形。

2. 挥臂（图11-2-28）

当球拍自然下垂到“搔背”状态时，开始向上挥小臂，直至手臂与身体充分伸展。

3. 击球（图11-2-29）

整个挥拍动作与高压球动作技术一样自下而上用力，手臂内旋扣腕击球左侧（初学者可采用击球左后上方的削击发球。

4. 随球跟进（图11-2-30）

击球后，要继续保持球拍自然挥摆至身体的左下方，同时重心前移，使身体迅速调整位置回到准备状态。

图11-2-27

图11-2-28

图11-2-29

图11-2-30

（八）接发球技术

接发球技术在网球比赛中有着非常重要的作用，它是控制对手，争取主动的主要手段。接发球技术要求选手有精准的判断力和良好的控球技术。

1. 准备姿势（图11-2-31）

注意观察对方发球的站位和意图，身体重心比底线击球时更低一些，两眼紧盯对手发球。

2. 移动转身（图11-2-32）

在对方发球后立刻做出判断，迅速移动站好位置并确定回球方式，同时做好转身后摆动作。

3. 接球（图11-2-33）

初学者一般发球速度不快，可用对拉底线的击球方法接球。如果感到对方击球速度较快，应采用交叉上步或侧身击球的方式接球；来球角度较大的则可用削球进行接球。

4. 随球跟进（图11-2-34）

随球跟进动作要充分，还原动作要快，然后迅速移动到中场位置。

图11-2-31　图11-2-32　图11-2-33　图11-2-34

思考题

1. 如何欣赏网球比赛？
2. 了解各种握拍方法。
3. 请简述正手击球动作过程。

第十二章　高尔夫球运动

第一节　高尔夫球运动基础知识与欣赏

一、高尔夫球运动的起源与发展

“高尔夫”是荷兰文kolf的音译，意思是“在绿地和新鲜氧气中的美好生活”。由此可以知道，高尔夫球是一种在优美环境中进行的高尚娱乐活动。因为这种运动设备昂贵，所以在一些国家又叫它“贵族球”。高尔夫球是一种以棒击球入穴的球类运动。如今，高尔夫球运动已经成为贵族运动的代名词，但是它是由一群牧羊人发明的。

“高尔夫”原意为“在绿地和新鲜空气中的美好生活”。这从高尔夫球的英文单词GOLF可以看出来：G—绿色（green）；O—氧气（oxygen）；L—阳光（light）；F—友谊（friendship）。它是一种把享受大自然乐趣、体育锻炼和游戏集于一身的运动。

19世纪，高尔夫球传入美国。1922年，世界上第一次国际性比赛是美国对英国的“沃克杯”高尔夫球对抗赛。高尔夫球于20世纪初引入中国。高尔夫球运动是在室外广阔的草地上进行，设9或18个穴。运动员逐一击球入穴，以击球次数少者为胜。比赛一般分单打和团体两种。

1860年，英格兰举行了最早的高尔夫球公开赛。在这一年中，印度、加拿大、新西兰、美国等国家也相继举办比赛，继而进行国际、洲际乃至世界性的比赛。世界杯、英格兰和美国公开赛这三项比赛，可以说是高尔夫球的最高水平的竞赛。

二、高尔夫球重大赛事简介

（一）英国公开赛

英国公开赛的全称是英国公开锦标赛，始于1860年，是高尔夫四大满贯中历史最悠久的、最古老的赛事，由英国圣安德鲁斯皇家古典高尔夫俱乐部主办，每年7月的第三个周末举办。无论在球员心中还是在球迷心中，英国公开赛都有其独特的不可动摇的历史地位。

英国公开赛开始于1860年，Prestwick 俱乐部发信邀请几个优秀的俱乐部推荐他们的球童参加一个为刚去世的 Allan Robertson 寻找接班人的比赛。而实际上，“公开赛”并不公开，仅有8

人参加，他们是第一批职业选手。比赛的结果，比起 Allan Robertson 曾打出的惊人的79杆，冠军 Willie Park 的36洞174杆成绩相形见绌。

它由于业余球手的抗议，第二年，主办人宣布“比赛将向全世界敞开大门”，真正的公开赛成立了。虽然这一年也只有12人参加，但已包括业余球员。

开始的12届，公开赛固定在 Prestwick 海滨球场举行，之后移师到圣安德鲁斯（St . Andrews）老球场。其后比赛选择不同的球场举行，在这之前，已沿用了10年的冠军奖品——镶嵌银牌的红色皮带，被现今闻名世界的“葡萄壶奖杯”（Claret Jug Trophy）代替。

公开赛早年，老汤姆·墨利斯与小汤姆·墨利斯是公开赛的常胜将军。老汤姆共拿4次冠军，小汤姆则连赢4次（1868、1869、1870、1871、1872停赛），且创下多项纪录。

第一次世界大战后，公开赛由“皇室古典高尔夫俱乐部”（Royal and Ancient Golf Club）主持，直到现在。

（二）美国名人赛

第一届的名人赛是在1934年开打，迄今已有66年的历史，其间仅有1943年~1945年三年未举办，其余的63届皆有冠军产生。整个名人赛（The Master）其实是鲍勃·琼斯（Bob Jones）与克里弗德·罗伯茨（Clifford Roberts）的共同想法，为的是提供高球界一场年度盛事。美国名人赛是四大赛中唯一的纯邀请赛，它并无及格赛；美国名人赛的特殊参赛规定与俱乐部委员会独立自主的邀请决定独显其尊贵。美国名人赛目前是四大赛中总奖金和冠军奖金最高的：1997年总奖金250万美元，冠军奖金48.6万美元，1998年分别是300万和55万美元，可见其身价最高。美国名人赛是四大赛中唯一场地固定的比赛，每年4月均在奥古斯塔高尔夫俱乐部举行，并由其主办。比赛场地固定，从纯运动竞技的角度来看，提供了一个公平竞争的前提条件。奥古斯塔球场被公认为美国和世界上最好的球场，世界一流选手在同样条件下比赛可以真实地检验出水平的高低。赛场不固定，则会出现偶然性，因为即使是高级球员，对不同球场的偏爱与适应程度也各异。

（三）PGA锦标赛

PGA锦标赛（PGA Championship），是在美国举行的每年一度的高尔夫球顶级赛事，其主办方为美国职业高尔夫球协会（Professional Golfers Association of America，简称USPGA）。该项赛事也是世界职业高尔夫球坛四大满贯赛事中之一（其余三项为英国公开赛、美国名人赛和美国公开赛），一般都在每年的8月中旬举行（一般与英国公开赛相隔四周）。由于它是每年四大满贯赛事中最后一项，因此也被戏称为“Glory的最后一击”。这项赛事也是美巡赛、欧巡赛和日巡赛共同认可的比赛，2010年奖金总额达到750万美元。

（四）美国高尔夫公开赛

美国高尔夫球公开赛（United States Open Championship，简称U.S. Open及美国公开赛）是每年一度的高尔夫球四大满贯赛事之一。由美国高尔夫协会（USGA）主办。该赛于每年的6月中旬举办，如果没有恶劣天气影响，最后一轮决赛将于该月第三个星期日（即父亲节）进行。第1届美国高尔夫公开赛于1895年10月4日举办。

美国公开赛并没有固定的比赛场地，而是每年选择美国境内的一个著名球场作为主办地，这是为了避免选手通过研究熟悉场地而产生不公平的竞争。这项赛事以难度大著称，即使是冠军也往往只能取得平杆球略微上下的成绩。选手都很难在美国公开赛中取得辉煌的杆数，甚至许多次冠军的成绩也都高于标准杆数（部分也是因为除了少数特别长的球场外，大部分情况下标准杆被定于70杆）。 大多数公开赛使用的场地都相当长，而且会有一大片宽阔的长草区（因此被美国媒体和球迷称为“公开赛长草区”）、起伏不定的果岭（如2005年公开赛场地Pinehurst2号球场，曾被NBC的Johnny Miller称为“好像在甲壳虫汽车的车顶击球”）以及狭窄的球道（尤其在一些貌似简单的球洞前）一些希望成为美国公开赛比赛用地的球场必须进行改造，以满足上述条件。在这方面最为著名的“球场美容师”就是Rees Jones。与其他职业高尔夫球赛一样，主办方在决定比赛用球场时，也会考虑到球场可容纳的观众人数以及周边的基础设施等因素。

与其他三项著名球赛不同，美国公开赛对于经过4轮比赛后取得相同成绩的球员，并不会直接进入最后决赛。相反，这些选手会在次日（周一）进行第五轮18洞比赛，如果这轮比赛仍无法决出胜负，将进行突然死亡式的决胜局比赛。历史上出现过三次突然死亡决胜局，最近一次出现在2008年，当时泰格·伍兹幸运地击败了Rocco Mediate。

三、高尔夫球明星介绍

（一）泰格·伍兹

泰格-伍兹孩童时就表现出了非凡的高尔夫天赋，他3岁时就击出了9洞48杆的成绩，然后5岁时又上了《高尔夫文摘》杂志。他在18岁时成为了最年轻的美国业余比赛冠军，然后又史无前例的在1994，1995和1996年完成了该赛事的帽子戏法。之后，他在1996年密尔沃基公开赛中转入职业选手行列，最终获得第60名。而此后的8次比赛中，他2次夺魁，另外还有3次进入前10名。在接下来的一年中，年仅21岁3个月15天的他以创纪录的12杆优势称雄美国大师赛，成为了奥格斯塔最年轻的冠军。他获胜的成绩，低于标准杆18杆的270杆，也是一项新纪录。获得4次胜利且9次进入前10名的他，最终在当年排名世界第一，并被选为1997年PGA巡回赛年度最佳球员。1998年，他只获得了一个PGA巡回赛冠军，那就是贝尔南精英赛。

1999年年中，伍兹还没有成为美国最佳球员，但是，到了年末，他成了世界的焦点。他在最后13个比赛中9次夺魁，其中还包括一个大赛，并赚得了760万美元奖金。他在其当年的最后6个PGA巡回赛中5次获胜， 而最后4次胜利，使他成为自霍甘1953年连续4次在巡回赛中夺魁之后，首位实现这一壮举的选手。而他的8个PGA 巡回赛冠军，也让他成了1974年的米勒之后夺冠最多的选手。1999年末时，他排名世界第一，并以21项赛事夺得6616585美元的佳绩荣登PGA巡回赛奖金榜首位。

近几年，伍兹继续所向披靡，将自己在美国公开赛中的战绩提高到6战皆胜。但他的统治最终在2月被终结，他在安德森咨询比洞锦标赛决赛中失手，输给了爱尔兰的克拉克。不过，仅过了3周，在希尔湾邀请赛技压群雄的他，就以其最近16次比赛中的第10次取胜重回胜利者之列。

（二）卢克·唐纳德

自从2001年转为职业球员以来，英国人卢克·唐纳德的星光持续增强，到现在，他的世界排名已经达到第13位。就读于芝加哥西北大学，卢克·唐纳德学习的是文科，然而大学期间他最瞩目的成就还是1999年被命名为NCAA顶级高尔夫球员。也是那一年，卢克·唐纳德作为英国及爱尔兰联队的一员在顶级业余对抗赛沃克杯中战胜了强大的美国队。

转为职业球员之后不久，卢克·唐纳德就在美巡赛上绽放异彩，他于2002年赢得了南方农场精英赛。2003年，英国人在欧巡赛上取得了骄人的成绩，接连赢得了两个大师级的比赛：北欧名人赛和欧洲名人赛。到年底的时候，卢克·唐纳德则令英格兰球迷疯狂不已，他与保罗·卡西搭档为英格兰赢得了阔别已久的世界杯。

2004年卢克·唐纳德参加莱德杯无疑是他职业生涯中的又一大亮点。业余球员时期比洞赛战绩七胜一负，卢克·唐纳德的才具引起了欧洲队队长兰格的注意。最终，卢克·唐纳德获得外卡进入了莱德杯欧洲队阵容。英国小将不辱使命，在所参加的四场比赛中赢得了2.5分，帮助欧洲队战胜夺冠呼声很高的美国队。

（三）贾斯汀·罗斯

贾斯汀·罗斯是个天生的高尔夫好手。南非出生、英国长大，贾斯汀·罗斯在17岁时就在世界舞台崭露头角。他作为业余球手在1998年英国公开赛获得并列第四名。罗斯在2002年的表现可圈可点，先后在由欧巡赛及南非巡回赛共同认可的登喜路锦标赛、以及在南非巡回赛的纳许华名人赛中夺冠。这两场胜役，让罗斯登上了南非巡回赛的积分王宝座。现年32岁的罗斯是全世界最稳定的选手之一，他在美巡赛过去三个赛季上赢得了四场，并已两次代表欧洲参加莱德杯。转为职业球手以来，他已赢得了11场比赛，包括2011年BMW锦标赛上那场难忘的胜利。2012年三月，这位欧巡赛前奖金王赢得了首个世界高尔夫锦标赛奖杯。罗斯很喜欢BMW赞助的赛事。今年五月在BMW欧洲锦标赛上，他与卢克?唐纳德大战落败，与苏格兰选手保罗·劳列获得并列第二名。罗斯以“英国玫瑰”之名著称，他以业余身份在英国公开赛展现亮眼球技之后，即赢得球迷广大的支持与喜爱。他的天份与魅力让他成为众人眼中最受欢迎的高球明星，他积极和专业的态度，也让他在同行中赢得尊重。

四、高尔夫球比赛的欣赏

（一）如何欣赏高尔夫球

1. 关注自己钟爱球手的表现

在众多的观众心目之中都有自己钟爱的球手，整个赛程他们都会跟随着球手，关注他们在每一洞的表现。球手表现出色时，他们会为球手们欢呼，使球手们获得更多比赛的自信。球手们表现失常时，他们会为之惋惜，并以各种方式表达对球手的鼓励，成为球手们比赛成功的坚强后盾。这些观众一般都是对高尔夫球运动文化精髓有着深刻的理解的，他们表现出来的素质能像绅士的球手们一样高雅，他们自身的表现也成为高尔夫球比赛的一个看点。

2. 领略球场美丽的风光

和旅游紧密相连的高尔夫球运动，场地风景如画。知名球场都是由国内外著名设计师精心设计PGA高质量建造而成，不同的建造风格让人们倍感新奇和刺激。

一般英式场地以悠久的传统引人入胜，自然景观是基本格调，山水、沟壑、树木、丛林、沙坑、自然点缀着球场，球场球道基本不加修饰，自然散落着光秃之处，内陆场地与湖泊相映成辉，滨海场地与大海相映成趣，让人陶醉。

世界各地的球场建造风格更多地趋向于高贵、优雅、新奇的美式风格。自1994年至今捆绑了PGA大满贯赛13年的坡伊普湾球场（Poipu Bay Golf Course）可以作为滨海美式场地的代表。它由世界著名的球场设计师罗伯特·琼斯二世设计，是一个宛如仙境般的林克斯风格的球场，风景旖旎，有着许多大陆上看不到的热带花草树木，异常绚丽多姿。球场傍海而建，球场把太平洋和终年青山邀作每个洞的背景，后九洞挨着悬崖而设计，加大了对球手们的考验，置身球道，海景迎面而至，在球场附近海域嬉戏的大鲸鱼也会偶尔过来给球手助兴。不要说球迷，就是非常专注的球手都会因赏景而忘却打球，有的球迷甚至可以随处找到一块草坪悠闲地躺着接受阳光的沐浴。

当然，还有一类以沙漠为背景的场地，这里的球道和果岭就成为了沙漠中的点点绿洲，沙漠中的高大仙人球、灌木丛等植被，遍布球道两侧，成为了球场的特殊景观，也成为了考验球手水平的障碍物。

3. 欣赏球手们的战术思想和技术水平

高尔夫球运动特点、球手们的性格特征和技术水平以及比赛形势等，决定了球手们在比赛中会表现出不同的战术思想和技术风格。

每洞发球时，你会发现标准杆为3杆的洞，球手们都会尽可能地将球送上果岭，当球顺着地势缓缓地滚向球洞或在强烈倒旋的作用下停留在离球洞更加近时，你会情不自禁地为他们喝彩，如果能够一杆进洞（职业球手在比赛中的几率为1/5000），你就不枉观赛一场。在4杆洞和5杆洞，战术思想稳重的球手都是选择安全地将球送上球道，进攻性较强的球手或处于落后的球手则会选择长击打，成功的长击打，可以让球飞跃树丛、湖泊、山丘等障碍，让球尽量接近果岭。无论是一次安全将球送上球道还是一次成功的长击打都将搏得你的掌声。当然，球被击入障碍区，你会为他们感到惋惜，也会崇敬他们敢于冒险的精神。

成功的障碍区内的救球，包括沙坑球、长草球、飞越或穿越树丛的球，都会愉悦你的眼球。尤其是在果岭边，小球轻柔地被送上果岭，缓缓地滚向球洞，碰到旗杆，“当啷”一声入洞，更会让你拍案叫绝。可是，当球莫名其妙地还留在原地或是更坏的条件下时，你也会和球手们表现出同样的不可思议的表情。

果岭上的推杆更让人紧张，球手们有时能让球乖乖地按着诡异的路线从几十英尺以外滚进球洞，有时却让球在三、四英尺内的距离上与球洞擦肩而过。更有甚者，包括伍兹在内，在一个较大的上坡推杆时，球就在洞边停住片刻，而后又缓缓地从伍兹脚边滚过，还竟然停留在更远的果岭之外，这时你也只能向伍兹一样无奈地摇摇头。

4. 学习球手们温文尔雅的绅士风度

所有球手都会用自己的眼神、肢体抑或是面部表情来对自己的每一次击球做出反应。你不用看球，只见球手们长时间用坚定的目光注视球的飞行，顺畅地将球杆从体侧放下，这一定是好球；一旦球手很快地垂下了头，有的球手会在狠狠地挥起球杆砸向地面的瞬间控制住自己的情绪，那么他们一定对这次击球不够满意。在与球洞失之交臂的瞬间，他们有时会情不自禁往下一蹲，而后重新体会自己的推杆动作；结束每一洞时，无论是抓下小鸟球或是老鹰球，还是保平标准杆，抑或是吞下搏击，他们都会绅士地向观众们挥手致谢。如果非常精彩地完成一洞，他们也会握拳一挥，为自己加油。在结束比赛时，更会摘下球帽向观众致意，和对手以及自己的球童握手、拥抱。

（二）了解规则

1. 发球区规则

（1）比赛迟到如果不足5分钟，要加罚两杆（+2杆）。若超过了5分钟，就要被判为失格，即没有资格参赛了。

（2）击球顺序 出发顺序可以按竞赛委员会规定的顺序，也可抽签、猜拳或按年龄大小决定由谁先发球。

（3）比赛指导对大家都知道的事实，如沙坑、旗杆的位置等是可以问的；但若你问同伴使用的是几号杆，则要被判罚两杆；同伴若回答了，同样也要被罚。

（4）球从球座上滑落往球座上放球，球从球座上掉下或是在准备击球时杆头不小心碰到球使球落下，可以把球重新放回球座而不受罚。但如果正式挥杆击球了，而没打到球，不管球是否移动，均应算作一杆。若空挥时使球从球座上落下，也只能在原位打第二杆了。如果你把打落的球重新放在球座上，那么再打就是第三杆了。

（5）球出界。如果球飞出界外，必须向同组比赛者说明，再在上一次击球处打一个暂定球，被判罚一杆。要重新打时，应待大家都打完之后再打。在发球区击球出界，那么补打的这一杆就是第三杆了。发球时，球必须放在发球区以内，再击时仍需球座。

2. 球道规则

（1）击球顺序在球道中，应由距离球洞较远的人先打。错球：比赛中如把别人的球误认为自己的球而打了，要被罚两杆。而自己的球被局外人动了，这不受罚，但必须把球放回原位。

（2）球损坏在确认自己的球时，发现球坏了，可以向同伴说明后换球；如果没有说就换球，则要罚一杆；如果偷偷摸摸地换球，则罚两杆。

（3）无法打球球打到树根旁，没有办法打时，可以向同伴说明罚一杆。把球拿出，在远离球洞的方向，在以两杆为半径的范围内抛球。

球停在道路上或修理地上时，可以在远离球洞的方向，在一杆以内的位置抛球，而不受罚。

（4）临时积水球落在临时水域时，可从水中取出置于无水的地面。如在其中丢失则换一新球，并从尽量靠近临时水域中球位的无水地点击出，不判罚。此规定亦适用于靠近临时水域的球位。

（5）触球比赛时不允许身体任何部位触球。换球时可能触到球，只要不使球位移动，不把球碰下球座就不罚杆。为了辨认是否是自己的球，可将球拾起，但需放回原位。

（6）抛球指球丢失后用暂定球确定球位的方法。根据规则，应让球手自己把球落下。具体做法是：面向球洞方向站立，一只手持球伸向水平方向，与肩等高，然后张开持球之手，使球落地。如果由其他人或其他形式落地又不按规则纠正错误，球手要被判罚一杆。如球落地前后碰到球手或同伴、球童及其器材，则需重新落下球，不罚杆。

（7）移动球球打到高草区时，为了确认是不是自己的球，去摸草是可以的，若移动了球，则罚一杆。

（8）球遗失在5分钟内找不到球，则视为球遗失。重新打一个球时，要回到原位去打，并加罚一杆。

（9）折断树枝在打球时折断树枝或空挥时弄断树枝，都要罚两杆。

（10）击中球车球打在自己的推车或球袋上，要罚两杆。

（11）击中人 比赛中球击中自己、同伴或自己的球童时，要罚两杆。

（12）连击球球杆在击球时，两次碰到球，即为连击，应算两杆。

3. 障碍区规则

（1）球进入沙坑在沙坑中，准备打球时球杆碰到了沙子要罚两杆。

（2）球进入水障碍区此种情形中，要罚一杆，然后在进水切点的水障碍区外面抛球。当然，如果你认为在水中可以打，则不受罚。在发球区将球击入水障碍区时，允许在球座上再放一球重新击球，应算第三杆。

4. 果岭规则

（1）擦拭球球打上果岭，可以把球拿起来擦。但拿起球之前，必须做好标记。如果没有做标记，要罚一杆。

（2）拔旗杆一组选手的球都打上果岭后，才可以拔掉旗杆。

（3）起球在果岭上，谁的球离洞谁先打，其他球特别是妨碍打球人的球，应做上标记，把球拿起。

（4）散置障碍物在果岭上，推击线上有树叶可以拿走，而如果在推击线上有钉鞋的印痕，则不能去整理。

（5）运动中球别人推的球还在动时，而你就做动作打自己的球，算犯规，要罚两杆。

（6）击球入洞 在正规比杆赛中，每一洞都必须击球入洞（即使同伴已经承认你下一杆一定能将球击入洞内也不行），否则即失去了参赛资格。

（7）球碰球从果岭外面打球上果岭时，碰上了本来就停在果岭上的球，要把被碰到的球放回原位（但若两个人的球都在果岭上，打到球的人要被罚两杆）。

（8）误击入洞 比赛时，如误将别人的球击人洞，要被罚两杆，但别人的球不算入洞，需从洞中取出，放回原位。

第二节　高尔夫球运动基本技术

一、挥杆前的准备

如果你拥有一定的基础和一套恰当的击球预备动作，当你站好位后，你挥杆的90%就完成了。由此可见拥有扎实的基础和良好的击球准备是何等重要。

这里我们先对最关键的基础部分作一概述，这对你练成扎实的、可重复的挥杆动作相当重要，后面再作详细解释。需要指出的是，下面的讲述是以右手球手为例的，左手球手在理解时要作相应的调整。

（一）握　杆

我们发现掌握正确握杆最容易的方法是：脚踝处于肩下站立，右手将杆以45度拿在胸前，将杆柄斜放在左手手指根部，合拢左手；然后将右手滑至左手处，直到左手大拇指落在右手的生命线处。此时，左手大拇指被右手拇指根部肉垫压住，右手小拇指重叠在左手的食指和中指之间（图12–2–1）。

图12–2–1　握杆步骤

（二）站　位

恰当的站位宽度有助于建立和保持挥杆时身体平衡。站立时，脚踝应该处于双肩下，身体重量均匀地分配在两脚上，并落在脚跟和脚掌之间，将胯部向后推出，上身从胯部向前倾斜直到胸骨指向球；最后，再将身体向右倾斜一点，从而使得右肩比左肩低（图12–2–2）。

站位正面

站位侧面

图12–2–2

（三）瞄　准

为了正确地将身体对准目标，首先，站在球后看向目标，想象一条由球指向目标的路线，并在该线上离球大约一英尺处选定一个中间目标；然后走到站位处，将杆头放在球后，杆面正对选定的中间目标。在走向站位过程中，要保持眼睛始终看向目标（图12–2–3）。

图12–2–3　想象一条由球指向目标的线

二、握杆要领

握杆在所有基础中处于首要地位，如果没有一个好的握杆，那么挥杆中就要通过补偿动作来弥补这个严重的缺陷。

什么是好的握杆呢？简单说来就是要能让双手协调工作、能产生最佳的力量和准确性，同时也能让高水平的球手打出各式各样的控制球的握法。

正因为正确握杆是如此重要，所以初学者到教练那里上课时，学会正确握杆就是首先要做的事。原因包括两方面：首先，挥杆的一切都始于握杆；其次，握杆不正确的球手在压力下就会不可避免地出现问题。

正因为如此，必须指出的是，这里讲述的是一些通用的指南，用以帮助球手掌握正确的握杆。你的体格、手的大小和其他一些因素决定到底什么样的手位才最适合你的挥杆。我们强烈建议，在运动时你和教练一起合作，掌握最适合你挥杆的握杆方法。

（一）把手放在杆上

注意这里用的是“放”字，这点很重要，因为它的含义是很轻微的动作。如果你自然站立，你就会发现你的手是有点向内转的，因此，你握杆时也应该如此。

（二）用手指握杆

高尔夫球是基于感觉的运动，因此，握杆时要让你拥有最佳的感觉，这就意味着握杆动作是以手指为主。杆的末端压在左手掌的拇指根部肉垫下，左手拇指在杆柄中心的右侧，感觉就像是与球杆“握手”一样。可以这样来检测左手握杆是否正确：仅用左手握杆，慢慢地上挥杆，在上挥杆顶点，左手拇指应该在杆身下面，支持杆的重量。在左手做好正确握杆后，其余的就容易了。将杆垂直地拿在胸前，打开右手，轻微地将其放在左手上边，右手的中间三个手指接触杆柄，然后将右手拇指放到杆柄上，最下边的指节应该在杆身下方，指向目标（图12–2–4）。

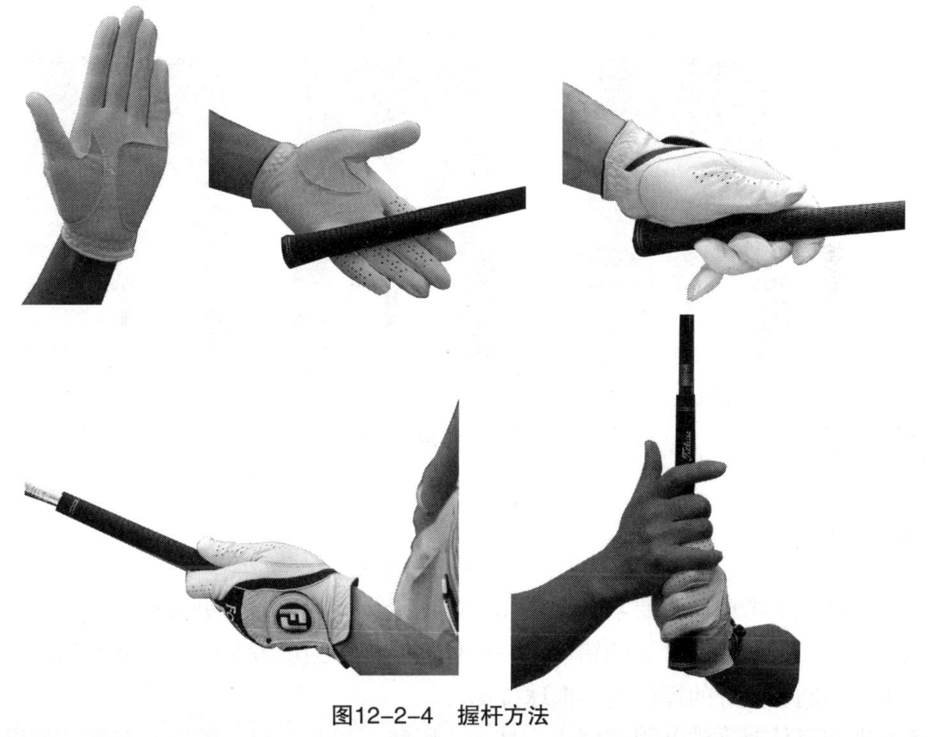

图12–2–4　握杆方法

（三）轻轻的拿住球杆

握杆的力度应该像握住一只小鸟，你不能握得太紧而挤死它，只要不让它飞走的力度就是正好。也可以把握杆想象成拿住一支没盖的牙膏，你不能压得太紧使得牙膏被全部挤出去。需要注意的是，挥杆中握杆的力度会在上挥杆时因为杆的重量和挥杆产生的力量而自然的变紧一些，在下挥杆时又会变松一些。所以，握杆的力度是有些起伏的，我们主张用中等力度握杆。

（四）握杆方法的选择

有三种基本的握杆方式：重叠式、交叉式和十指式，采用哪种方式主要由个人的喜好而定。重叠式是最常见的方式，简单易学，并且双手易于协同工作。以此种方式握杆，右手小拇指重叠放在左手食指和中指之间。手掌较小的人喜欢采用交叉式。以此种方式握杆，右手小拇指夹在左手食指和中指之间，采用这种方式时要注意不要挤压交叉的手指。十指方式不常见，可能比较适合少年或其他球手（图12-2-5）。

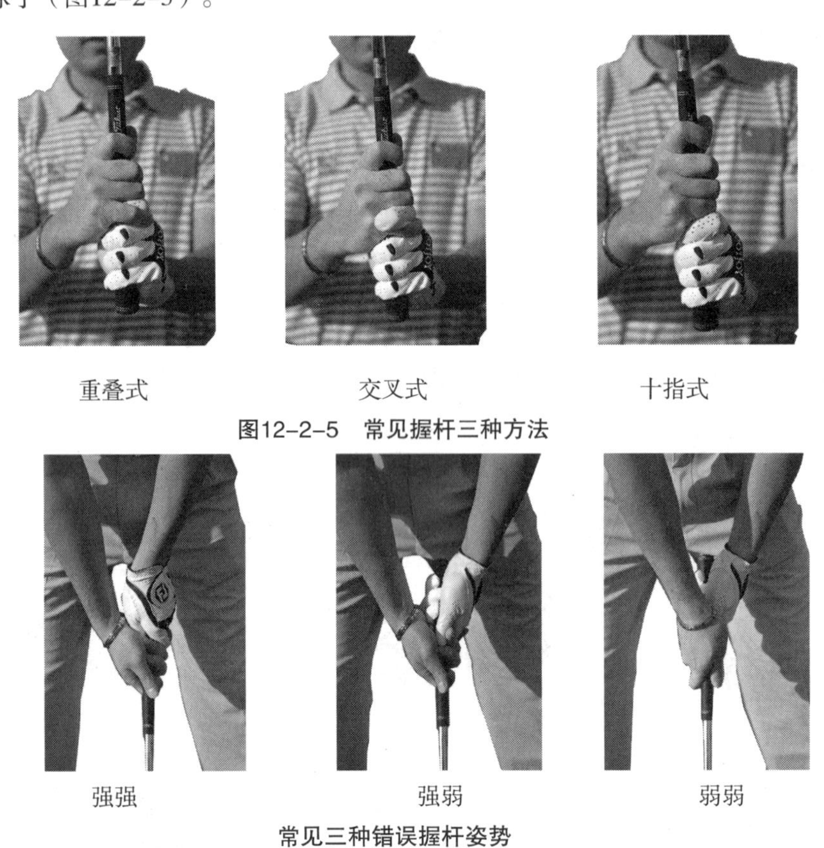

重叠式　　交叉式　　十指式

图12-2-5　常见握杆三种方法

强强　　强弱　　弱弱

常见三种错误握杆姿势

三、正确瞄准

打高尔夫球主要考虑两大要素：距离和方向。毫无疑问，方向更为重要，因为取得好成绩的关键是减少失误。打球中最常见的错误之一是杆面瞄准不当或者是身体对准有问题；杆面瞄准或者身体对准有问题，再好的挥杆也会把球打偏。

杆面瞄准和身体对准涉及很多因素：杆面、眼睛、肩膀、胯、膝盖和双脚；如果某一环节对得不准，那么球手在挥杆中就需要做出相应调整，否则球就会打偏。

要做到正确瞄准，首先要杆面瞄准，然后是身体对准。

在打直飞球时，可以把瞄准线想象成铁轨。铁轨的外侧是杆面和球的位置，杆面瞄准的是目标，而身体的相关部位则处在铁轨的内侧线上，身体对准的其实是与目标平行的点位。

最常见的瞄准错误是打出偏右的球，因为杆面瞄准的是目标的右侧，或者身体对准的是目标的右侧。这是因为球手对瞄准有误解，他们把身体对准了目标，而不是对准与目标平行的左侧，从而打出右飞球。另一个原因是在瞄准时没有正确地使用眼睛，在关注目标时，球手往往下意识地把身体对准了目标。

在身体对准时，首先要将肩膀对准，然后再将胯部、膝盖和双脚对准（图12-2-6）。肩膀对挥杆路径的影响最大。

有一点要注意的是，在身体对准或完成站位后，不要抬头去看目标，而是要转头去看目标。如果抬头去看，右肩往往跟着动，从而导致对准失误。

图12-2-6　想象身体与目标线平行

（一）杆面瞄准

为了正确地瞄准，我们需要一个适当的击球前的准备动作来帮助杆面瞄准和身体对准：面对目标站在球后，想象一下球的飞行路线；从目标回看到球，在目标线上离球一两英尺处选择一个中间目标；从侧面走到球边，将杆头放在球后，确保杆面对准了选定的中间目标；此后再站位和身体对准。这个过程的关键有两点：一是选定中间目标，二是先杆面瞄准后再站位，而不是先站位再去杆面瞄准（图12-2-7）。

图12-2-7　杆面对准选定的中间目标

（二）身体对准

人们的体态各异，视觉也不同。所以身体对准的方式也就不同。有人喜爱站开位，打小右曲球（ fade ）；有人喜爱站闭合位，打小左曲球（draw）。但是，对绝大多数球手，尤其是对初学者而言，平行站位是最理想的。如果这样的站位不太适合你，就要与教练合作，找出最适合你的站位。

（三）球　位

球位包含两个方面的内容：相对于站位的前后和相对于身体的远近。球位的远近主要由身体形态和使用的球杆（想打出的球）决定（图12-2-8）。

我们可以这样来检查球位的距离是否合适：在站好位后，将右手从杆柄拿开，在身体和杆尾之间摆动。如果两者之间的距离刚好能让右手通过，则表明球位的距离是合适的。

对于球位的前后位置有两种做法。有人主张球位固定在与左脚跟相对应的位置上，由于站位宽度因球杆的长短而变化，球位也会随之呈现相对的“变化”。在打1号木时，球位显得靠前；而打短杆时，球位就显得在中间或靠后。现在有更多的人主张球位根据球杆的长短而前后调整。

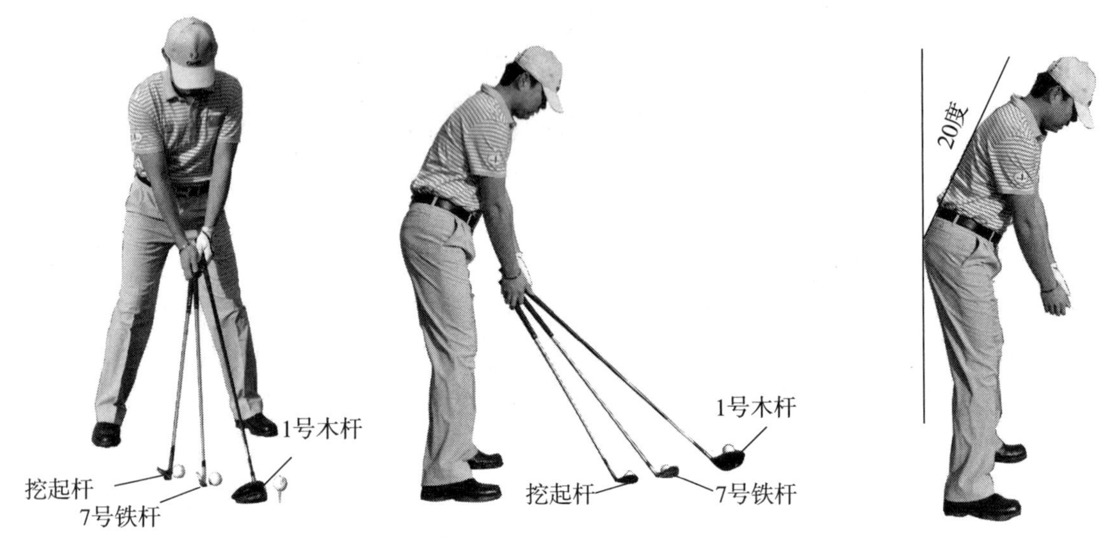

图12-2-8　使用不同的球杆球的摆位示意图

图12-2-9　准备击球

四、预备击球

采取一套有效的击球预备动作对打好高尔夫球至关重要，因为高尔夫球是一项“主动式”的运动而不是“反应式”的运动。

击球的预备动作要做到稳健且有节奏。双膝要舒适弯曲，挥杆过程中要保持同样的弯曲度。如果膝的弯曲度改变，则身体的姿态也会变化，从而导致不稳定的击球。通常击球前，体重应该均匀地分配在两脚上。也有一些专业教练主张在打长杆（尤其是1号木）时，更多的重量要落在后脚上，打短杆时，更多的重量落在前脚上（图12-2-9）。

五、全挥杆过程

前面对全挥杆作了分解，现就其整体过程做一下描述。全挥杆上挥杆时，球手需要将肩部作90度的转动，胯部作450的转动。现实中很多人做不到这一点，因为柔韧性不够好，或者是练习不够多。我们可以通过正确站位和一个简单的挥杆启动动作来实现上半身的完全转动。

（一）上挥杆（图5-2-10）

在开始上挥杆时，将右胯向后拉，这样左肩就会向下转，手臂向后摆（在完成上挥杆时，右胯处在右脚跟上方）。右胯既不滑离目标，也没有什么转动，感觉就像是坐在右边裤袋上，没有重心移动，只是右脚的压力有所增加，头部保持在中间。

在做这个动作时，球杆会从球位直线向后移动18英寸左右。随后，注意上部躯干要开始围绕脊椎转动，以避免摆动，并防止重心反转。重心反转问题是由于上挥杆时将重心移到了前脚上，下挥杆时又将重心移到后脚上，致使击球时身体向后倾斜，从而导致没有力量的击球和错误的飞行方向。

一个很好的站位会得上挥杆更为有效。站位时，双脚、胯部和肩部连线必须与目标线平行。职业球手站位时关注的是目标。大多数人做不到这一点，是因为当他们开始站位时，眼睛看的是他们的脚，或者是球或杆头，而不是目标。这样就使得他们的站位成闭合状态。

大多数人会采取闭合站位却没有意识到：肩部和双脚瞄向目标，甚至瞄向目标的右侧，那么你在自然平面上挥杆的话，球就会飞向目标的右侧。为了应对这个问题，人们下挥杆时就会作一些补偿动作，常常会把右肩“砸向”球，期望能让球杆回到真正的目标线上。这样就不可避免地使得球杆越过目标线，由目标线外侧向目标线内侧挥动。这时如果杆面闭合，就会打出左拉球（pull）或者是左曲球（hook）；而如果杆面打开，就会打出左拉右曲球（pull slice）。

其他限制上身完全转动的站位问题还有：站位时球位太靠前，使得右肩突出，限制上身的转动；站位太窄导致下半身转动太多，影响上半身的正确转动；很多球手站位太直，上半身也不能有良好的转动。站位要点是保持下半身的稳定，让上半身的转动有良好的支撑，从而为下挥杆创造一个强有力的扭动空间。

同时，把注意力集中在目标上，让目标信息传送到大脑，使得身体对目标信息产生本能的反应。

当目标离你很远时往往会产生一个光学的错觉。可以通过想象来帮助你正确站位。在进行站位时，注目球的飞行路线，想象目标左侧有棵大树，一条想象的路线从那棵树延伸到你的双脚/双胯/双肩，这条线与目标线平行。使用短杆时，将双脚/双胯/双肩对准那棵想象的树；在使用中铁杆时，对准的线要向树外偏一点；使用1号木时，就要更向外偏，以纠正光学错觉。

图5-2-10

我们对站位提出五点建议：

1. 站得稍宽一点。使用1号木时，两脚中间的距离要与双肩外侧相等。当使用较短杆。时，站位宽度相应减小，直到脚踝与肩关节相当。

2. 站得闭合一点。相对于前脚，后脚相对目标线向内退一点。如果你没有很好的柔性，这一点就尤其重要，这样会使得你上身转动90度容易一些。

3. 胸骨底部要正对着球。这样右臂就能更好地活动，右臂在上挥杆折曲之前，要保誊在左臂之下。

4. 身体的重量要分配在脚掌和脚跟之间，而不是脚掌与脚尖之间。

5. 要确保膝盖处有一定的弯曲，以便恰当地使用膝关节。有一种胯向后坐的感觉，达到骨架平衡的状态。

（二）下挥杆（图5-2-11）

下挥杆由躯干向目标倾斜启动。左胯向后拉动，重心向前脚转移，双臂向下运动，此时只有左胯是主动的，右胯稍微滞留在后而不转动，此为下挥杆初期，躯干比站位时更向后倾斜。随后，手臂下拉和滞后右胯的转动，右臂继续伸展通过击球区，在击球以后，才完全伸直。

挥杆是线性运动，而不是离心运动。挥杆中过早地转动右胯，就会产生离心力，从而导致过早的释放球杆。这也是造成球手从顶部击球或者是越过目标线“砸杆”的问题。通过在下挥杆初期将右胯滞后，就自然的会“滞后击球”，这样在释放时，就会在击球区产生强有力的动作。

度量挥杆好坏的标准不是其美观与否。挥杆的真正目的是以最大的速度正面击球，使球飞向目标。需要记住最重要的一点，那就是你的最佳挥杆能让你完成一件事：帮助你稳定地打出扎实的球！

1 2 3 4

5　　6　　7　　8

9　　10　　11　　12

图5-2-11

思考题

1. 如何欣赏高尔夫球比赛?
2. 怎样选择握杆方法?
3. 请简述上挥杆动作过程。

第十三章　游泳运动

第一节　游泳运动基础知识与欣赏

一、游泳运动的起源与发展

游泳运动是男女老幼都喜欢的体育项目之一。古代游泳，根据现有史料的考证，国内外较一致的看法是产生于居住在江、河、湖、海一带的古代人。他们为了生存，必然要在水中捕捉水鸟和鱼类作食物，通过观察和模仿鱼类、青蛙等动物在水中游动的动作，逐渐学会了游泳。

我国历史悠久，水域辽阔。记载中的游泳，始于五千年前。但游泳作为一个体育项目得以发展还是近几十年的事。

现代游泳运动起源于英国。17世纪60年代，英国不少地区的游泳活动就开展得相当活跃。

1828年，英国在利物浦乔治码头修造了第一个室内游泳池，这种泳池到19世纪30年代，在英国各大市城相继出现。

1837年，在英国伦敦成立了第一个游泳组织，同时举办了英国最早的游泳比赛。

1869年1月，在伦敦成立了大城市游泳俱乐部联合会（现英国业余游泳协会前身）并把游泳作为一个专门的运动项目正式固定下来。并随之传入各英殖民地，继而传遍全世界。随着游泳运动的发展，游泳被分为实用游泳和竞技游泳两大类。实用游泳又分为侧泳、潜泳、反蛙泳、踩水、救护、武装泅渡；竞技游泳分为蛙泳、爬泳、仰泳、蝶泳。

竞技游泳，从第1届奥运会（1896年）就列入了奥运会正式项目。发展到现在，各种锦标赛、国际大型比赛不断推动着竞技游泳的发展，使它的技术动作更完善，创造了一个又一个优异的成绩。

二、游泳运动重大赛事简介

（一）世界游泳锦标赛

世界游泳锦标赛（FINA World Championships）是大型国际性游泳赛事，主办机构是国际泳联总会。第1届世界游泳锦标赛于1973年举行，地点在贝尔格莱德。2011游泳世锦赛于7月16日至7

月31日在上海举行，世界泳坛顶尖高手会战东方体育中心，争夺游泳、跳水、花样游泳、水球和公开水域游泳5个大项的66枚金牌。

（二）奥运会游泳比赛

从1896年第1届奥运会起，游泳就是奥运会的竞赛项目。奥运会游泳项目：

男子（17项）

50米、100米、200米、400米、1500米自由泳；

100米、200米仰泳；

100米、200米蛙泳；

100米、200米蝶泳；

200米、400米个人混合泳；

4×100米、4×200米自由泳接力，4×100米混合泳接力；

10公里马拉松。

女子（17项）

50米、100米、200米、400米、800米自由泳；

100米、200米仰泳；

100米、200米蛙泳；

100米、200米蝶泳；

200米、400米个人混合泳；

4×100米、4×200米自由泳接力、4×100米混合泳接力；

10公里马拉松

三、游泳明星介绍

（一）菲尔普斯

菲尔普斯是18个奥运冠军得主，罕见的游泳奇才。他已经被一些人视为他所从事的运动历史上最伟大的全能运动员。在2004年的美国选拔赛中，菲尔普斯取得了6个单人游泳项目的雅典奥运会参赛资格。他最终获得了6枚奥运会金牌，2枚铜牌。在2008年北京奥运会上他又破纪录的独揽8枚金牌而震惊世界。2011年7月27日，菲尔普斯夺得上海世锦赛200米蝶泳冠军。2012年伦敦奥运会中获得男子200米蝶泳银牌，并带领美国游泳队获得男子4×200米自由泳接力金牌。2012年8月4日，伦敦奥运会男子100米蝶泳决赛中获得金牌。2012年8月4日，菲尔普斯将在奥运会之后选择退役。

（二）孙　杨

孙杨，生于浙江杭州，浙江大学体育系2010级本科生。中国男子游泳队运动员，奥运会“双料”冠军，主攻中长距离自由泳。2011年上海世锦赛男子800米、1500米自由泳冠军，400米亚军。2012年伦敦奥运会上，男子400米自由泳决赛中，孙杨夺得中国男子游泳奥运会第一枚金牌；男子200米自由泳决赛中，孙杨夺得银牌；男子4×200米自由泳接力决赛中，中国队依靠孙杨最后一棒发力提升了两个名次而夺得铜牌，这是中国男子游泳奥运会接力第一枚奖牌；男子1500米自由泳决赛中，孙杨夺得金牌，打破了由自己保持的原世界纪录，刷新了该项目新的世界纪录。

（三）叶诗文

叶诗文，1996年3月1日生于浙江杭州，中国女子游泳队运动员。2010年，14岁的叶诗文首次参加亚运会就夺得女子200米、400米个人混合泳两项冠军，成为中国游泳队一颗冉冉升起的新星。2011年上海世界游泳锦标赛上夺得200米混合泳冠军，这是“95后”泳坛新星首度登上世界大赛冠军领奖台，也是自1978年来最年轻的世界游泳冠军。2012年伦敦奥运会上，16岁的叶诗文在女子400米混合泳决赛中，以4分28秒43的成绩夺得冠军并打破世界纪录。随后在女子200米混合泳比赛中，两次打破奥运会纪录，以2分07秒57夺冠，创造了中国游泳个人单届获得两项奥运冠军的历史。2012年底，土耳其伊斯坦布尔短池世锦赛比赛夺冠后成为中国泳坛第一个大满贯得主。

四、游泳比赛的欣赏

（一）如何欣赏游泳比赛

有些人认为，游泳比赛枯燥无味、单调、缺乏激烈的竞争。俗话说外行看热闹，内行看门道，随着业余生活的深化，人们对观赏游泳比赛有了新的要求，不但看热闹也要看门道，那么如何观赏游泳比赛呢?

1. 竞技游泳分为四种泳式：自由泳（也叫爬泳）类似爬行；蛙泳模仿青蛙；蝶泳两臂动作像蝴蝶飞舞，躯干和腿的动作像海豚的上下波浪动作，所以也叫海豚泳；仰泳是以身体仰卧在水中的位置而命名。混合泳以仰、蛙、蝶、自组合而成，比赛项目自由泳最多，有50米、100米、200米、400米、800米和1500米。蛙泳、仰泳、蝶泳只有100米和200米。混合泳有200米（每式50米）和400米（每式100米），另外还有3个集体接力项目，4×100米自由泳、4×200米自由泳和4×100混合泳（按仰—蛙—蝶—自的顺序）。

2. 每一个比赛项目都是在标准的50米池内进行。不论什么距离的比赛都可以分成出发段、途中游段、转身段、冲刺段四个部分。出发段是运动员从比赛出发到10米处，在池端的7.5米处为转身段，比赛的最后10米为冲刺段，其他均为途中游段。自、蝶、蛙泳比赛都需在出发台上出发，现代比赛大抓台式出发，洞式或平式入水。而仰泳在水中出发，背向池，两手握住出发台的握手器，采用摆臂腾越出发。

转身段，蛙泳和蝶泳多采用摆动式转身，自由泳和仰泳多采用滚翻式转身比赛的最后冲刺，多采用减少呼吸次数，加快动作频率的技术。有的运动员还改变配合的节奏以提高速度。最后的触边技术也不可忽视，要求积极、主动、快速，运动员之间的百分之一秒的时间就是从中而获。

途中游时要发挥每个运动员的训练水平和技术风格，游泳速度的均匀性、技术的实效性、游进的直线性，两面呼吸观察对手，是当代游泳比赛对技术的科学要求。

接力比赛最为激烈，代表着一个国家的整体实力，往往一些新的纪录就是在接力的第一棒时创造的，接力是要求前者手触池壁，后者的脚才能离台，否则就要判罚抢跳犯规。

3. 随着科学的发展，游泳比赛的自动化程度大大提高。在成绩记录上采用了一整套自动计时系统，裁判员发出“出发”信号后，系统开始运转，池上端的显示大屏幕显示比赛的时间进程，显示每个运动员比赛的分段成绩和最后的比赛成绩，终点还有录相系统判断名次，出发处装有接力出发判断器以判定接力出发是否犯规。泳池15米处上设有召回线，当运动员抢跳时，召回线落入水中拦截抢跳出发的运动员，池端5米处上设有仰泳转身标志线，为运动员准确转身提供方便。池中设有8条或10条泳道，每条泳道宽25米，每个泳道的池底设有深色泳道标志线，给运动员泳进的直线和判定转身距离提供参考。

4. 从运动员的身材、体型可以看到游泳运动对运动员的特殊要求，游泳运动员的健与美，从游泳运动员的衣、帽、眼镜等服饰欣赏游泳运动服装的风格也是一种美的艺术享受。

（二）了解规则

1. 竞技游泳主要采用四种姿势比赛，即自由泳、仰泳、蛙泳和蝶泳。

自由泳俗称“爬泳”，是竞技游泳中速度最快的泳姿，行进时两臂轮流由前向后滑行，动作像爬行。

仰泳俗称“背泳”，游进时，两腿交替上下打水，由大腿发力带动小腿，上踢下压，以提高身体位置，并起推进作用。

蛙泳模仿青蛙游水动作而取名，游进时人体俯卧水面，一次划臂配合一次蹬腿和呼吸，构成一个完整动作。

蝶泳身体俯卧于水面，两腿对称做屈伸的蹬水（或上下打水）动作，两臂同时由前向后下方划水，再提出水面顺身体两侧向前挥摆入水同时吸气。

2. 游泳比赛中，任何一个运动员在出发时如果有抢跳犯规行为都会被取消比赛资格。自由泳、蛙泳、蝶泳及个人混合泳的各项比赛必须从出发台起跳出发，仰泳项目在水中出发。在自由泳和仰泳比赛中，运动员到达终点时可以只用一只手触壁，但在蛙泳和蝶泳比赛中，必须使用双手同时触壁。

所有距离在50米以上的游泳比赛都必须在途中折返。转身时，自由泳和仰泳允许运动员使用身体的任何部分触及池壁，这就允许运动员可以在水下转身后，用脚去蹬池壁。转身的一个例外规则就是在个人混合泳当中，从仰泳转换泳姿到蛙泳时，运动员必须保持仰泳的姿势直到触及池壁。游泳运动员的比赛时间和地点都由一个电子系统自动决定。运动员出发时，出发台上的压力板将记录数据。每条泳道两边的墙上都有触摸板，当运动员触壁时也会被记录。由于触摸板和出发台是互连的，因此赛会官员可以判断参加接力比赛的运动员是否是在其队友触壁以后才入水。接力比赛当中，如果任何一个运动员在其队友触壁0.03秒之前离开出发台，这个队将被自动取消比赛资格。

第二节　游泳运动基本技术

一．蛙泳技术分析

（一）身体姿势

胸部自然伸展，稍收腹，微塌腰，两腿并拢，脚尖伸直，两臂并拢尽量前伸，全身拉伸成一直线（图13-2-1）。

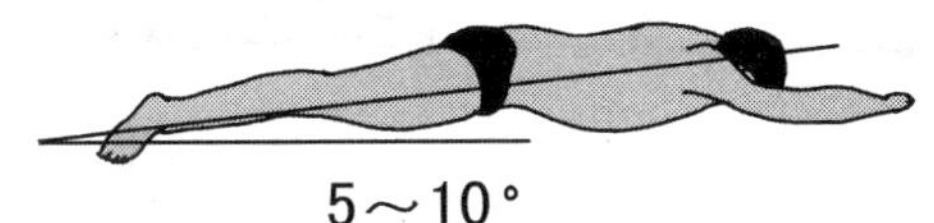

图13-2-1

在游泳过程中，身体位置会按一定节奏上下起伏。在划水和抬头吸气时，上体会向前方抬起，肩和背部的一部分上升露出水面，此时躯干与水面的角度较大。

当两臂前伸，两腿向后蹬夹时，随着低头的动作，肩部又浸入水中，身体恢复平直的流线型姿势向前滑行。

（二）腿部技术

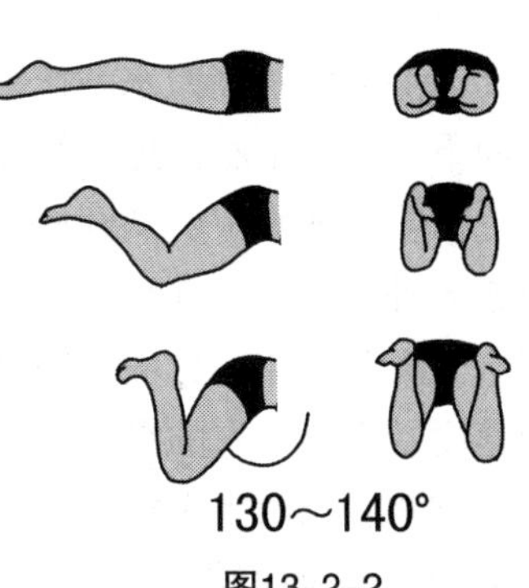

图13-2-2

蛙泳的腿部动作是推动身体前进的一个重要因素。尽管现代蛙泳技术强调以臂为主，但腿部动作的作用不容忽视，对于初学者更是如此。

蛙泳腿的技术可以分为收腿、翻脚、蹬腿、滑行四个紧密相连的动作阶段。

收腿：收腿是为了给翻脚、蹬水创造有利的位置，同时既要减少阻力，又要考虑到手腿配合因素的需要。开始收腿时，两腿随着吸气的动作，自然放下，同时两膝自然逐渐分开，小腿向前回收，回收时两脚放松，脚跟向臀部靠拢，边收边分。收腿时力量要小，两脚和小腿回收时要收在大腿的投影截面内，以减少回收时的阻力（图13-2-2）。

翻脚：在蛙泳腿的技术中，翻脚动作很重要，它直接影响到蹬水的效果。收腿即将结束时，脚仍向臀部靠近，这时膝关节向内扣，同时两脚向外侧翻开，使脚和小腿内侧对好蹬水方向，这样蹬时对水面加大，并为大腿发挥更大力量做好积极准备。 收腿与翻脚、蹬水是一个连续的完整动作过程。正确的翻脚动作，是在收腿未结束前就已开始，在蹬水开始完成。如果翻脚后，腿稍有停滞，则会破坏动作的连贯性并增大阻力（图13-2-3）。

夹腿：夹腿是在翻脚即将完成时开始的。由于翻脚的惯性，脚在后夹的开始阶段继续向外运动，完成充分的翻脚。随后由腰腹和大腿发力，脚后跟引领动作，两脚转为向后向内运动并稍向下压，直至两腿夹直，完成弧形的鞭状蹬夹（图13-2-4）。

提示：蹬夹水的蹬是指脚后跟领先做出的动作。

滑行：蹬夹水结束后，脚处于水平面的最低点，这是身体随着蹬水的动力向前滑行，腰部下压，双脚接近水面，准备做下一个循环动作。

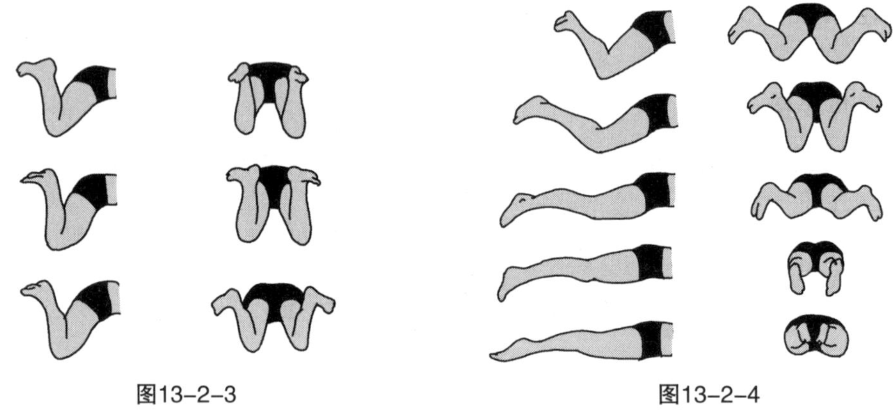

图13-2-3　　图13-2-4

（三）臂部技术

蛙泳手臂划水动作可以产生很大的推动力，掌握合理的手臂划水技术，并且使之与腿和呼吸动作协调配合，能有效的提高游进速度。它的主要动作可分为开始姿势、滑下（也可叫做“抱水”或“抓水”）、划水、收手和向前伸臂几个阶段。这几个阶段也是紧密相连的完整动作。

开始姿势：当蹬水动作结束时，两臂应保持一定的紧张，自然向前伸直，并与水面平行，掌心向下，手指自然并拢，使身体成一条直线，形成较好的流线型。

滑下（抓水）：从开始姿势起，手臂先前伸，并使重心向前，同时肩关节略内旋，两手掌心略转向外斜下方，并稍屈手腕，两手分开向侧斜下方压水，当手掌和前臂感到有压力时，就开始划水。抓水动作一方面能给划水创造有利条件，另一方面还能造成身体上浮和前进的作用。抓水的速度，根据个人的水平不同而不同，水平较高者抓水较快，反之则慢。（图13-2-5）

划水：当两手做好抓水动作、两臂分别成40～45度角时，手腕开始逐渐弯曲，这时两臂两手逐渐积极的做向侧、下、后方的屈臂划水动作。 划水时，手的运动应该分为两个部分，前一部分：手向外—向下—向后运动，水流从大拇指流向小拇指一边。后一部分：手向内—向下—向后运动，水流从小拇指流向大指一边。 在划水中，前臂和上臂弯曲的角度是在不断的变化，其标准是以能发挥出最好的力量为准则。在整个划水过程中肘关节的位置都比手高。手运动的路线，不应到肩的下后方，而应在肩的前下方。其速度是从慢到快，至收手时应达到最快速度（图13-2-6）。

收手：收手是划水阶段的继续。收手时，收的运动方向为向内、向上、向前。手的迎角大致为45度。由于前臂外旋，掌心逐渐转向内。收手动作应有利于做快速向前的伸手动作，并且肘关节要有意识的向内夹的动作。当手收至头前下方时，两手掌心时由后转向内—向上的姿势，这时大臂不应超过两肩的横向延长线。在整个收手动作过程中，手的动作应积极、快速、圆滑，收手结束时，肘关节应低于手，大、小臂的角度小于90度角（图13–2–7）。

向前伸臂：向前伸臂是由伸直肘关节、肩关节来完成的，掌心由开始的向上逐渐转向内，双掌合在一起向前伸出，在最后结束前逐渐转向下方。蛙泳整个臂部的动作路线无论是俯视或仰视都是椭圆形的，并且是一个连贯、力量从小到大、速度从慢到快的完整过程（图13–2–8）。

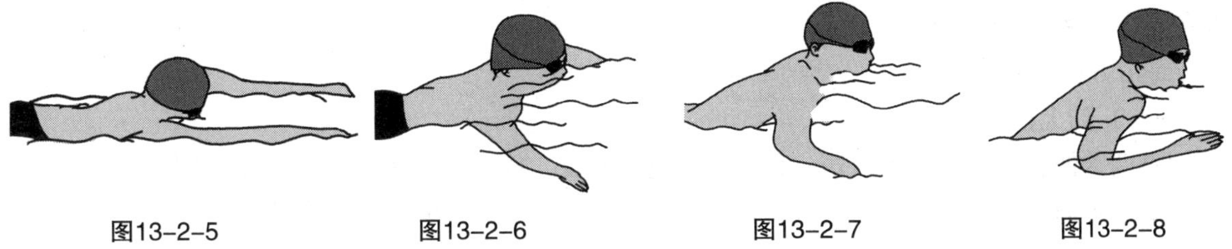

图13–2–5　图13–2–6　图13–2–7　图13–2–8

（四）完整配合技术

蛙泳配合技术通常采用1次腿、1次臂、1次呼吸（1∶1∶1）配合技术。

游蛙泳时，两腿自然伸直，手滑下时开始收腿，收手时抬头吸气，两臂前移时，两脚向后蹬夹水。

（五）蛙泳练习方法

1. 腿部动作练习

动作要领：收腿要慢，翻腿要充分，使脚掌、小腿和大腿内侧形成最好的对水面并向外、向内做弧形蹬夹水动作。

练习方法：

（1）陆上模仿练习

① 坐撑在地上或池边，做收腿、翻腿、蹬夹水、并腿分解练习。

② 按上述动作做完整连贯动作练习。

③ 俯卧在凳子或出发台上做上述动作练习。

（2）水中练习

① 抓池边做蛙泳蹬腿练习。

② 蹬边滑行做蛙泳连续蹬腿练习。

③ 扶打水板做上述练习。

2. 臂部动作练习

动作要领：划水时收手要快，移臂要慢，保持动作节奏，明确划水路线，整个臂部动作应同时对称进行。

练习方法：

（1）陆上模仿练习

① 两脚原地左右开立，上体前倾，做蛙泳臂划水练习。

② 按上述动作配合呼吸进行蛙泳臂划水练习。

（2）水中练习

① 两脚前后开立，上体前倾，做蛙泳臂划水练习，可配合呼吸动作进行练习。

② 由同伴抱住双腿，俯卧水中做上述练习。

③ 双腿夹打水板进行上述练习。

3. 完整动作配合技术练习

动作要领：臂的划水动作先于腿，即先臂后腿，收手抬头吸气、伸臂低头吐气，收腿要慢，蹬夹要快，保证动作节奏。

练习方法：

（1）陆上模仿练习

① 两臂伸直上举，一脚站立，另一脚抬起，做腿、臂、呼吸完整配合模仿技术练习。

② 两脚前后开立，前脚站立，后脚抬起，做蛙泳完整动作配合技术练习。

（2）水中练习

① 蹬边滑行俯卧做蛙泳腿臂连续配合技术练习。

② 按上述动作，逐渐增加呼吸次数，最后，过渡到1：1：1完整动作配合技术。

③ 增加练习距离，熟练和巩固蛙泳技术。

二、自由泳技术分析

（一）身体姿势

自由泳时身体俯卧在水面成流线型，背部和臀部的肌肉保持适当的紧张度，在游进中保持头部平稳，躯干围绕身体纵轴有节奏的自然转动35～45度（图13-2-9）。

图13-2-9

（二）腿部动作

自由泳腿部动作虽有一定的推进力，但主要起平衡作用，保持身体的稳定和协调双臂做有力地划水动作。要求两腿自然并拢，脚稍内旋，踝关节关松，以髋关节为轴，由大腿带动小腿和脚掌，两腿交替做鞭打动作，两脚尖上下最大幅度30～40厘米，膝关节最大屈度160度。

（三）臂部动作（图13-2-10）

自由泳是臂部动作是推动身体前进的主要动力。一个周期分为入水、抱水、划水、出水和空中移臂5个不可分割的阶段。

入水：完成空中移臂后，手在控制下自然放松入水。手的入水点一般在身体纵轴和肩关节的前后延长线之间。入水时手指自然伸直并拢，臂内旋使肘关节抬高处于最高点，手掌斜向外下方，使手指首先触水，然后是小臂，最后是大臂自然插入水中。

图13-2-10

抱水：手臂入水后，在积极向下方插入的过程中，手掌从向斜外下方转向斜内后方并开始屈腕、屈肘，肘高于手，以便能迅速过渡到较好的划水位置。抱水结束，手掌已经接近对水，肘关节屈至150度左右，整个手臂像抱着一个大圆球似的为划水作准备。

划水：划水是发挥最大推进作用的主要阶段，其动作过程可分为拉水和推水两个部分。紧接抱水阶段进入拉水，这时要保持抬肘，并使大臂内旋。同时继续屈肘，使手的动作迅速赶上身体的前进速度，能使水动作造成合理的动作方向呼路线，同时，也使主要肌肉群在良好的工作条件下进入推水动作，拉水至肩的垂直平面后，即进入推水部分，这时肘的屈度约100度。大臂在保持内旋姿势，带动小臂，用力向后推水。同时，使肩部后移，以加长有效的划水路线。向后推水有一个从屈臂到伸臂的加速过程，手掌从内向上，从下向上的动作路线加速划至大腿旁。整个划水动作，手的轨迹始于肩前，继之到腹下，最后到大腿旁，呈S形。

出水：划水结束时，掌心转向大腿，出水时小指向上，手臂放松，微屈肘。由上臂带动，肘部向外上方提拉带前臂和手出水面，掌心转向后上方。出水动作必须迅速而不停顿，同时应该柔和、放松。

空中移臂：紧接出水不停顿地进入空中移臂，移臂时，肘高于手两臂配合；自由泳时两臂划水发生的交叉位置有前交叉、中交叉和后交叉三种类型。前交叉是指一臂入水时，另一臂已前摆至肩前方与平面成30度左右。前交叉有利于初学者掌握自由泳动作和呼吸。中交叉是一臂入水时，另一臂处在向内划水阶段与水平面成90度。后交叉是指一臂入水时，另一臂划至腹下，手与水平面成150度左右。

（四）臂、腿、呼吸和配合技术

自由泳时，一般是在两臂各划水一次的过程中进行一次呼吸，以向右边吸气为例：右手入水后，嘴和鼻开始慢慢呼气。右臂划水至肩下，开始向右侧转头和增大呼气量。右臂推水即将结束，则用力呼气。右臂出水时，张嘴吸气，至空中移臂的前半部为止，并开始转头还原。然后，直至臂入水结束，有一个短暂的闭气过程，脸部转向前下。头部稳定时，右臂入水，再开始下一慢慢呼气的过程。

自由泳的呼吸与臂、腿配合，初学者一般者采6：2：1的方法，即腿打6次、臂划2次、呼吸1次这种配合方法易保持平衡和协调掌握自由泳技术。

（五）自由泳练习方法

1. 呼吸练习

自由泳在做换气练习时，头部入水不能太深，应始终保持入水深度在发际处。吸气时不将头抬出水面，而是将头向体侧旋转，嘴往同侧肩上靠，当嘴侧转出水之后，立即张嘴吸气，此时眼睛应看侧后方，嘴贴近自己同侧肩，然后象蛙泳一样在水中吐气。如此反复练习，每次应连贯换气50～100次。

2. 自由泳臂的陆上模仿练习：自由泳划水路线近似“S”型

（1）单臂分5拍做自由泳臂陆上分解练习：两腿分开稍宽于肩站立，上体前俯，单臂微屈肘位于肩前上部，掌心稍斜向外开始。手臂沿肩的延长线前伸入水（掌心斜向外）—屈腕屈肘（掌心转向向后）抱水—屈肘划水（掌心保持向后）—提肘出水—以肩为轴，保持高肘空中向前移臂。如此循环练习，每只手臂做4×8次。

（2）单臂逐渐连贯做划臂动作，每只手臂做4×8次。注意推水时，大拇指贴着大腿往后划水。

（3）两臂交替做连贯划臂动作50～100次。

配合呼吸做划臂练习，每划两次手（两手各划一次）做一次侧转头呼吸。吸气时机：以向右转头呼吸为例，当右臂划水至肩下时开始向右转头，右臂出水时，张口吸气，移臂至体侧时，吸气结束，并开始转头复原。做50～100次。

3. 自由泳打腿陆上模仿练习

相对来说自由泳打腿陆上模仿练习比较简单，坐在地上，上体后仰，两手体后撑地，伸直并拢两腿（脚尖绷直），以大腿带动小腿发力，两腿上下交替打腿（直腿），注意打腿幅度要大。每次连续打腿100次，做3—5组，速度由慢到快。

三、 仰泳技术分析

仰泳技术的产生和发展有较长的历史，1794年就有了关于仰泳技术的记载，但是直到19世纪初，游仰泳时仍采用两臂同时向后划水，两腿做蛙泳的蹬水动作，即现在的“反蛙泳”。自1902年出现爬泳技术后，由于爬泳技术合理和速度快，就开始有人采用类似爬泳的两臂轮流向后划水的游法。但是直到1921年才初步形成了现在的仰泳技术。仰泳技术由于头部露出水面，呼吸方便；躺在水面上，比较省力，因此深受中老年人和体质较弱者喜爱。

（一）身体姿势

在仰泳过程中，头部和髋部的位置关系非常重要。头的位置在很大程度上决定了整个身体的位置，起着“舵”的作用。头部应与身体在一条直线上，水面约位于头顶中部。头部过于后仰，容易使髋部抬高，脚和腿露出水面，影响打水效果并容易造成鼻子进水。反之，如果害怕呛水而抬高头的位置，髋和腿就会下沉，身体容易“坐”在水中，增大身体前进的阻力。（图13-2-11）

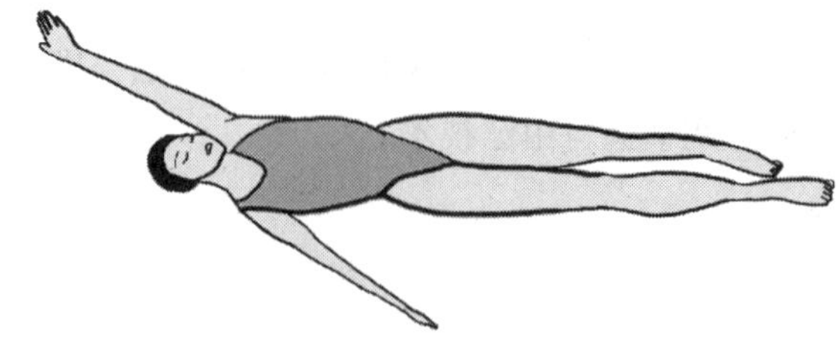

图13-2-11

（二）手臂姿势（图13-2-12）

入水：臂入水时，应借助于移臂动作的惯性，臂部自然放松，入水点应在身体纵轴与肩的延长线之间，或在肩的延长线上。过宽和过窄都会影响速度。臂入水时应保持直臂，肘部不要弯曲，入水时小指向下，拇指向上，掌心向侧后方。手掌与小臂成150～160度。

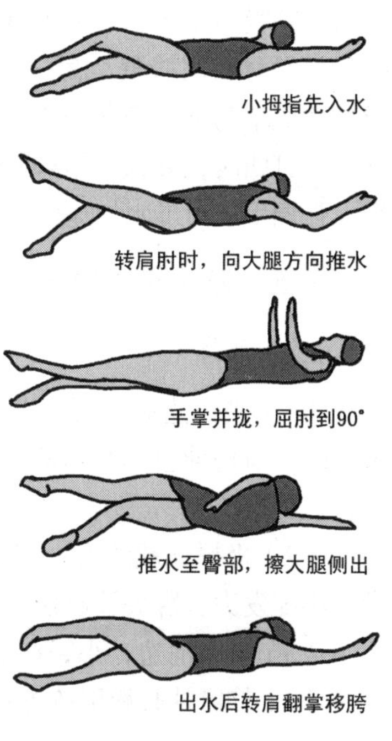

图13-2-12

抱水：抱水是为划推水创造有利的条件。臂入水后要利用移臂时所产生的动量积极下滑到一定的深度，手掌向下、向侧移动，通过伸肩、屈肘、上臂内旋和屈腕的动作，配合身体的滚动，使手掌和前臂对准水并有压力的感觉。当完成抱水动作时，肘部微屈成150～160度，手掌距水面30～40厘米，肩保持较高的位置。手的运动方向为向后—向下—向外的三个分运动，水流由小指尖流向第一掌骨底，紧接着通过前臂外旋，改变掌心朝向，由向外—向下—向后变为向后—向上—向外侧的方向。

推水：在手臂划过肩侧时开始，这时肘关节和大臂应逐渐向身体靠近，同时用力向脚的方向推水。当推水即将结束时，小臂内旋做加速转腕下压的动作，掌心游向后转向向下。推水时，手的运动由向内—向下—向后的运动，逐渐转变为向内—向下—向前的运动。水流从小指流向大拇指一边。推水结束时，手臂要伸直，手掌在大腿侧下方。

出水：推水结束后，借助于手掌压水的反弹力迅速提臂出水。出水时手形有多种：其一，手背先出水；其二，大拇指先出水；其三，小拇指先出水。这三种手型各有利弊，相对来说最后一种较好。无论采用那种手型出水，都要注意使手臂自然、放松、迅速，并且要先压水后提肩，肩部露出水面后，由肩带动大臂、小臂和手依次出水。

空中移臂提臂出水后，手应迅速从大腿外侧垂直于水面移至肩前。当手臂移至肩上方时，手掌要内旋，使掌心向外翻转（采用小拇指先出水技术的无此动作）。空中移臂时，必要伸直放松，移臂的后阶段要注意肩关节充分伸展，为入水和划水做好准备。

（三）腿部姿势（图13-2-13）

仰泳腿部动作是大腿带小腿，腿部不是完全绷直，小腿上下打水要有自然弯曲。两腿打水时，以髋关节为支点，由大腿发力，带动小腿和脚向后上方踢水。向上踢水时，膝关节微屈，约成135度，踝关节伸展，脚向内转，动作要加速有力，向下打水时，膝关节自然伸直，两脚跟上下距离40～45厘米，这个动作通常称为“上踢下压”，即“屈膝上踢，支腿下压”。

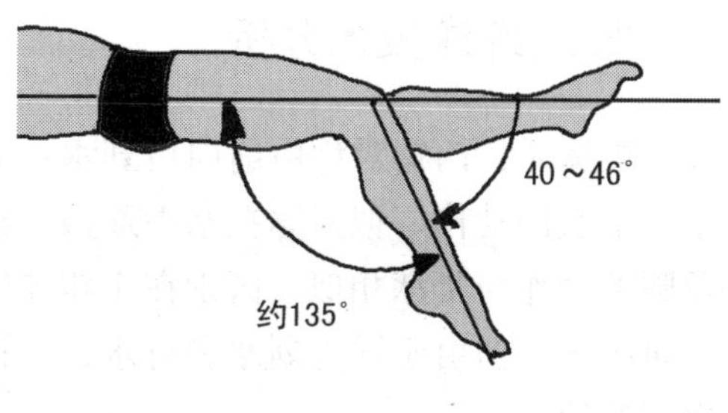

图13-2-13

（四）仰泳完整配合

仰泳较常见的完整配合是6次打水、2次划臂、1次呼吸的配合技术。游仰泳时口鼻始终露出水面，呼吸不受限制。为了避免由于吸气不充分造成动作紊乱，最好保持一定的呼吸节奏。常见的是一臂移臂时吸气，另一臂移臂时呼气。仰泳中，头过分后仰易使鼻子呛水；收下颌过度易导致髋关节弯曲，身体下沉。仰泳中要睁眼看天，这样易摆平头的姿势，提高身体位置，避免下沉。打腿时，要强调用脚面向上踢水，打腿的幅度不可过大。划臂时，对划水动作不要抠得过细，强调手掌对准水加速向后划即可。

（五）仰泳练习方法

1. 腿部练习

（1）坐撑直腿练习：坐在池边，上体稍后仰，双手在身体侧后支撑，双腿绷直，即膝关节、踝关节均伸直，双脚稍内扣，以髋关节为支点，进行仰泳腿的练习。此练习重点体会大腿用力，直腿下压。

（2）坐撑屈腿练习：在上面练习的基础上，进行直腿下压，屈腿上踢的练习。注意移大腿带动小腿发力，踝关节放松，重点体会上踢的“鞭状”动作。

（3）坐在池边，小腿在水中分别进行直腿、屈腿的练习。

（4）仰卧扶板踢腿练习：双手扶板，头枕在扶板的后缘上进行踢腿练习。

2. 手臂动作

（1）站立模仿：两脚稍分开站立，先从单臂直臂划水，过渡到双臂轮流划水；再做单臂屈臂划水过渡到双臂屈臂划水。要求在做双臂划水时，身体要绕纵轴滚动。

（2）仰卧模仿：同上练习，仰卧在池台（或其他地方）进行双臂的屈臂划水练习。

（3）单臂练习：一手臂扶住支撑物（池边、同伴或水线），另一臂进行从直臂到屈臂的划水练习。

（4）双臂练习：把腿置于水线上或由同伴抱住，进行双臂的划水练习。

3. 完整配合练习

（1）水上仰卧踢腿，一臂置于体侧，另一臂划水。注意不要局限于踢腿的次数，随意自然。

（2）双臂练习：从双臂置于体侧踢腿开始，一臂做划水，另一臂在体侧做压水的动作，反之亦然。每个动作做完都可以做稍微的停顿休息，但腿始终在做踢水的动作。

（3）缩短手臂在踢侧停留的时间进行练习，逐渐加长游进的距离。

四、 蝶泳技术分析

蝶泳时，两臂对称由前向后划水；双臂出水面经空中前摆，动作的外形犹如彩蝶飞舞；躯干和下肢的动作好似海豚在水中逐浪，给人以既刚健又潇洒的美感。从动作外形看，蝶泳手臂及腿的动作与爬泳相似，区别在于爬泳轮流打水和划臂，而蝶泳是同时用力。尽管蝶泳划水时力量很大，但由于同时划水和打水，推进力不平衡，身体前进速度也不均匀，因此蝶泳的速度慢于爬泳。

蝶泳的强度大、易疲劳、节奏感强，需要较强的上肢和腰腹部力量以及较好的协调能力。因此，蝶泳是较难掌握的一种姿势。建议在掌握其他泳姿之后再学习蝶泳技术。

（一）身体姿势（图13-2-14）

蝶泳的每一个动作从开始至结束，都是俯卧水中，臂、腿伸直并拢。游蝶泳时，身体各部分由于波浪动作而上下起伏，没有固定的身体位置，两臂和两腿的动作在同一水平面内同时进行。躯干的波浪动作有利于保持较高的身体位置和较好的流线型，也有利于臂、腿、呼吸的协调配合。

蝶泳是以蛙泳为基础演变而来的一种游泳姿势，最初的腿部动作模仿蛙泳的蹬夹水，后来才又模仿海豚的波浪式摆动动作。

（二）臂部姿势

入水（图13-2-15）：蝶泳正确的入水位置应该在两肩的延长线或略窄于肩的延长线上，两手的入水点太宽易使划水路线缩短，太窄不利于入水后划水和抱水。入水应以拇指领先，两手掌同时对称地斜插入水，然后前臂和上臂依次入水。入水时肘关节略微弯曲，掌心朝向外下方，手掌与水面约成40度角。

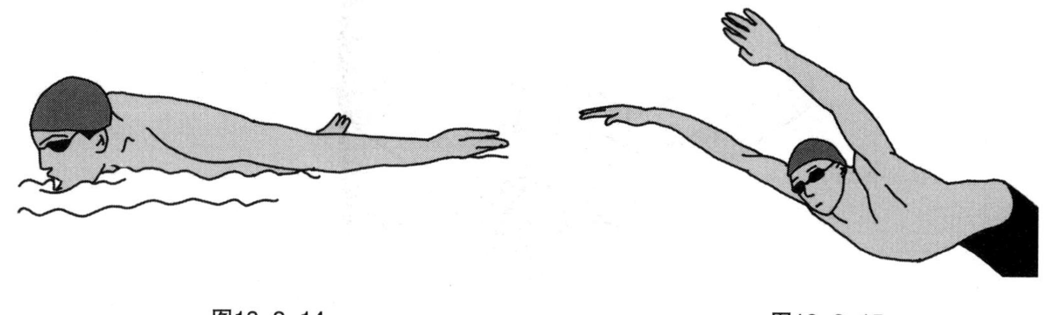

图13-2-14　　　　图13-2-15

抱水（图13-2-16）：臂入水后，尽可能沿水面向前伸肩和伸臂，两手和前臂内旋并外分，向外向后划水。当两手外划至超过肩宽时，屈腕，使手掌由向外、向后变为向外、向下和向后，同时屈肘完成抱水动作。抱水动作过程就像是用手臂去抱一个大圆球，在头前形成高肘的姿势，这样可以使背阔肌、大圆肌等大肌肉群预先拉长，为划水的主要阶段做好准备。

图13-2-16

划水（图13-2-17）：做好抱水的动作之后，手臂继续屈肘，并保持高肘姿势，手的运动方向从向下、向外、向后转为向内、向上和向后。随手向着内上方的划动，屈肘程度逐渐加大，当手臂划至肩的下方时，肘关节弯曲成90度～100度，两手之间的距离最近。然后手臂内旋，从原来的向内、向上、向后方转为向外、向上和向后方的划动，这时的划水要逐渐伸肘、伸腕，使前臂和手尽量保持对水。当手划到大腿两侧时，划水动作结束，转入出水。

图13-2-17

出水（图13-2-18）：在手划水尚未结束时，肘已经开始离开水面。当两手划到大腿两侧，利用划水的惯性，肩带动手臂提肘出水。 出水时，掌心向内，朝向大腿的内侧，小指领先，以较小的截面出水，减小出水的阻力。 蝶泳的划臂虽然和爬泳相似，但也有不同。爬泳的推水是向后、向上、向外在大腿旁出水，而蝶泳双手划到腹下便向外、向后、向上推水，在髋旁出水。推水和出水是一个很圆滑的动作，如果手划得太后就会觉得出水很困难并影响移臂。

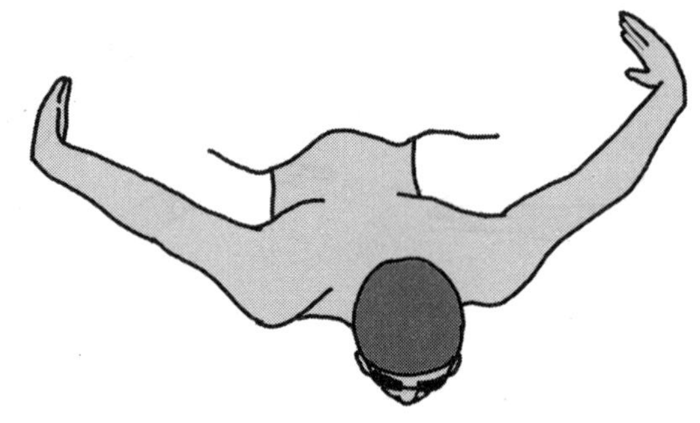

图13-2-18

空中移臂（图13-2-19）：手臂出水后，在肩的带动下在身体两侧沿低平的抛物线经空中向前摆动到头前，准备做下一个周期动作的入水动作。在移臂过程中，肩应该露出水面，手臂自然伸直，前臂和手腕自然放松，拇指朝下，由上臂带动前臂前摆。由于蝶泳两臂同时向前移动，故采用低平的自然直臂姿势从两侧向前甩臂比较好 。

图13-2-19

（三）腿部动作（图13-2-20）

蝶泳的打腿动作是由躯干发力，经过髋、膝、踝关节的动量传递，各部分协调配合形成波浪式的动作，它对于保持良好的身体姿势以及推进身体前进有十分重要的作用。蝶泳打水时，两腿自然并拢，两脚稍内旋成内八字，两腿的动作应同时进行，否则即为犯规。

蝶泳腿由向上打水和向下打水两部分组成。当两腿前一次向下打水动作结束时，两脚处于最低点，膝关节伸直，臀部上升至水面，髋关节屈成约160度角。接着两腿伸直向上摆动，髋关节逐渐展开，当大腿上升到与躯干成一直线时，腰腹和臀部开始下沉，大腿开始下压。在大腿下压时，两脚和小腿由于惯性的作用继续向上，膝关节形成自然弯曲。随着大腿继续加速向下，屈膝程度增加，直到脚升至接近水面，在水下4～5厘米处，此时臀部下沉至最低点，膝关节屈成110～130度，这时向上打水结束。

随着大腿加速下压，脚和小腿在大腿的带动下加速向后下方下打，直至小腿和脚向下打水到膝关节完全伸直，脚处于最低点。向下打水是伸膝的过程，小腿和脚加速向后下方打水，就像鞭子向池底甩去。向下打水时踝关节跖屈脚掌内旋，踝关节的柔韧性和灵活性对打水效果起重要作用。向下打水是产生推进力的主要阶段，要加速完成。向下打水结束，又进入下一个打水的周期动作。向上打水和向下打水是没有明显界线的，当小腿和脚向上打水动作还未结束时，大腿已经开始向下打水；在小腿和脚向下打水动作还未结束时，大腿已经开始上摆，进入向上打水。躯干与腿部动作连贯才能形成波浪的动作。

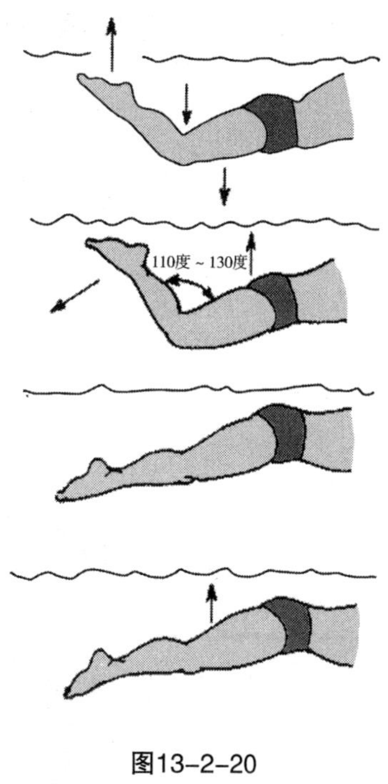

图13-2-20

（四）蝶泳完整配合（图13-2-21）

由于躯干的波浪动作的介入，蝶泳的完整配合要求精细、准确，而且动作特征要求运动员有较强的肩背部、腰腹部力量和良好的柔韧性。

臂腿的配合方式是每划水一次，打水两次。手入水时开始第一次下打，抓水过程中结束下打。在继续抓水和内划时上打，上划时第二次下打，空中移臂时腿再次上打。臂腿的配合一定要准确协调，否则就会破坏动作内在的节奏，使推进力减弱。

臂腿的配合有不同的方式，有的运动员第一次腿轻，第二次腿重，有的正好相反，还有的采用两次均匀打水。

（五）蝶泳练习方法

1. 陆上划水练习

腰部略前屈，将两手放在两膝上。将手臂上移，使手背朝内。两臂同时向外分开约两倍的肩宽。略屈肘，手内旋，手臂向后划水并越过髋关节。手臂继续向后划到伸直为止，掌心向上，此时两手之间的距离越近越好。开始移臂时先放松腕关节并转动手臂，使腕部领先移臂动作，大拇指朝向后方。保持肘关节伸直和手臂平直的姿势向前移臂到肩前为止，结束一个动作周期。

2. 陆上蝶泳腿打水练习

站在池边，手扶髋部。要确保在整个动作中正确的背部姿势，避免拱背拱肩，始终目视前方。在保持背部和腿伸直的情况下，髋部向后移，胸部向前移（正确的姿势是感觉站在水龙头前探身准备喝水）。在保持身体平衡的前提下将髋部尽量向后移。髋部回到开始的直立姿势，再向前移，略屈膝，并使背部略微反弓，再回到直立姿势。当熟悉并适应这些动作后，将各个动作流畅地连接起来。髋部的移动要尽量保持最大的幅度。

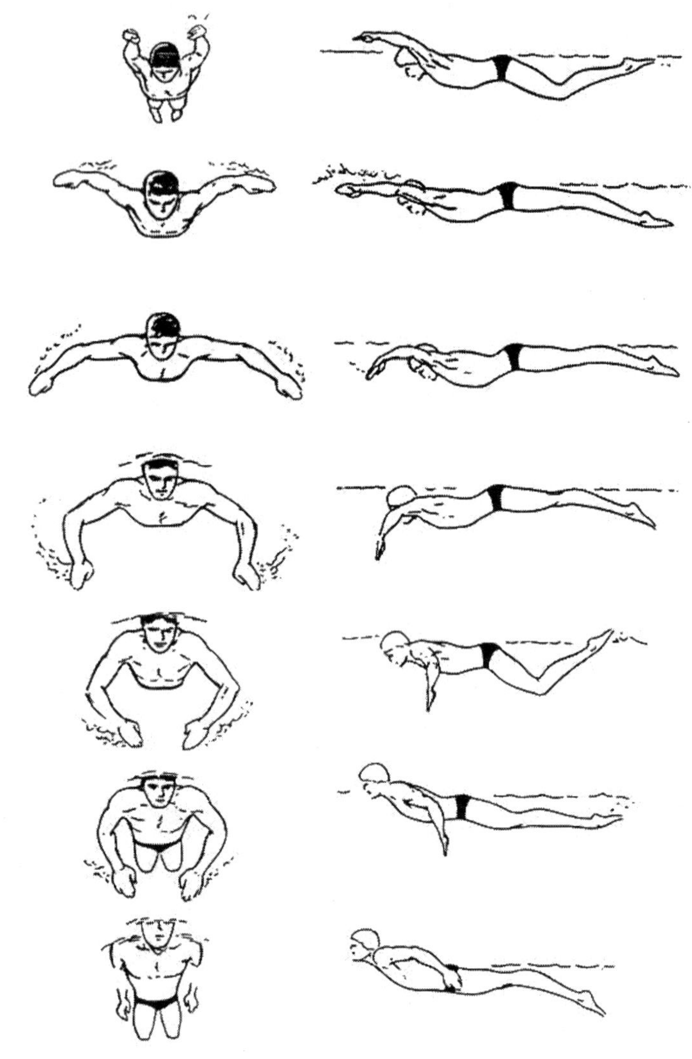

思考题

1. 如何欣赏游泳比赛？
2. 请简述蛙泳技术运动。
3. 请简述蹀泳技术动作。

第十四章　击剑运动

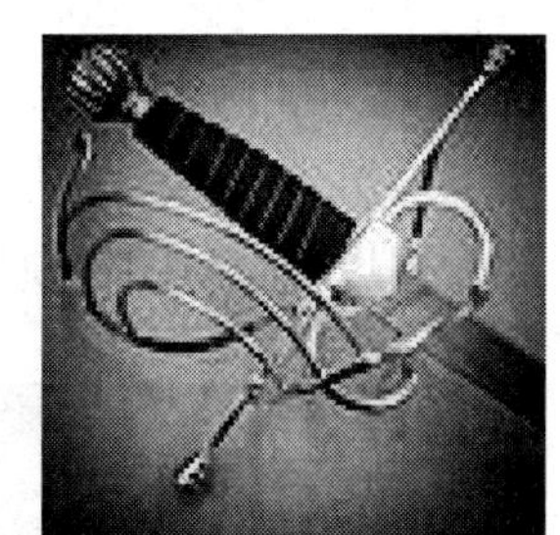

剑拥有优美的外观和完美的功能，既让人惊叹也让人战栗。剑在某种意义上是战争的象征，在军事史上剑有着非同一般的意义，它还为各种文化交流搭起了桥梁。古代神话和传说为我们带来了挥剑的英雄，击剑被艺术家和作家美化成了适合君主们的一项运动。在冒险故事和流行电影中，新一代剑客们挑战着自己的勇气。剑，象征着与邪恶的斗争。难怪大多数社会都要赞美完美之剑。

19世纪后期，广告界开始用剑来作广告，范围之广，让人难以置信。好莱坞认为，剑是公海上决斗的最佳选择。1935年拍摄的影片《铁血船长》首次诠释了这一理念。

第一节　击剑运动基础知识与欣赏

一、击剑运动基础知识

（一）简　史

剑——本是古代普遍使用的一种兵器，其形状在各国各地区都有所不同，并随着历史的发展不断变化。击剑起源于中世纪的欧洲，14世纪在西班牙、法国和意大利出现了一个令人炫目的骑士阶层，他们以精湛的剑术纵横天下，博得了广泛的美誉。此后各国贵族纷纷效仿，一时间成为上流社会趋之若骛的时尚，以致于发展到贵族之间解决纠纷，动辄拔剑相向，一剑定生死。为了提高剑术，欧洲各国还出现许多传授击剑术的行会和学校。1776年法国击剑家拉·布埃西叶尔发明了护面，从此击剑有了防护装备，逐渐远离了流血和决斗。

到19世纪后期，击剑成为一项竞技性体育运动，1882年法国成立世界上第一个击剑协会，1893年美国业余击剑协会成立。1896年首届奥运会就有击剑项目，并且是惟一允许职业选手参赛的项目，设有男子职业和业余花剑、佩剑的个人赛。1900年第2届时又增加了男子重剑比赛。

1924年第8届奥运会上首次出现女子花剑个人赛。1989年开始举行女子重剑比赛。电动裁判器是1913年在重剑比赛中首先开始使用，花剑在1955年比赛中开始使用，佩剑则在1989年开始。击剑比赛是在一个约2米宽、14米长，两端各有2米延伸带的金属赛道上进行的，赛道上画有中线、开始线、警戒线和端线，剑手只能前进或后退，不能向左右移动。除重剑以外，剑手须穿戴覆盖有效部位的金属衣和面罩，当有效部位被刺中时，电动裁判器会自动显示红灯或绿灯，刺中无效部位则亮白灯。

中国现代击剑运动是由贾玉瑞留日带回的。贾玉瑞最早在日本东京青年会学习击剑技术，1944年回国，在北京大学利用业余时间教学生击剑，这是我国最早的击剑运动。经过努力，我国击剑运动水平有了长足的进步。1984年栾菊杰获得第23届洛杉矶奥运会女子花剑金牌，这是中国击剑历史的突破。2002年里斯本世界击剑锦标赛上，女子佩剑运动员谭雪一举登上了世界冠军的宝座。2006年都灵世界击剑锦标赛上，中国女队获得重剑团体冠军；王磊获得男子重剑冠军，这是中国男子项目的历史突破。2008年北京奥运会上，仲满获得男子佩剑金牌。目前，我国在男花和女佩以及女重团体项目上也具有一定的优势。

栾菊杰

王海滨

仲　满

（二）击剑运动的特点

击剑是用剑进行一对一的对抗格斗项目。击剑技术性强，手上动作变化复杂，步法移动快而频繁，攻防转换快。运动员要在快速、复杂多变的激烈对抗格斗中，完成一系列的攻防动作。而这些动作是以力量、速度、柔韧、协调和耐力等各种运动素质为基础的。

击剑又是一项智者的运动。为了战胜对手，必须不断分析对手，在盘根错节的赛场上，通过观察判断，排除假象，辨别真伪，捕其本质，以迅速准确的结论指导自己的行动。击剑比赛既要斗勇，又要斗智；势均力敌的对抗中，后者是取胜的关键。

击剑比赛紧张激烈，对抗性强，持续时间长，运动员要具备勇敢、果断、顽强和克服一切困难的意志品质。由于击剑运动的这些特点，它能培养人的多种运动素质，锻炼敏捷灵活的思维，随机应变的能力和战胜困难的各种心理素质。同时击剑，可以让运动员学会拳击手的灵活，跳高运动员的腿法和棋手的专注。

（三）击剑运动分类

1．佩剑（SABRE）

佩剑又称军刀剑，系意大利人拉达那利（G.Radaelli）于19世纪末从匈牙利骑兵使用的一种弯曲佩剑发展而来。剑条为钢制，有刃与背，剑尖为圆形，没有弹簧头。佩剑既可刺又可劈，这是与花剑、重剑最大的区别。腰部以上包括上肢（除后脑）均为有效部位。每刺中或劈中对方有效部位时裁判器显示彩色灯，而刺、劈中无效部位则无任何信号显示。奥运会设男子项目，有个人赛（1896年列入）、团体赛（1908年列入）两项。2004年雅典奥运会首设女子项目。

2. 花剑（FOIL）

花剑又称轻剑。17世纪为了满足人们的决斗热而又不至于伤人，于是法国宫廷设计出一种轻巧、剑身呈四棱状的剑，即是花剑的前身。花剑的出现真正开启了击剑运动。剑条用弹性钢材制作，只准刺，不得劈打，有效部位为躯干。1955年起使用电动裁判器。奥运会有男子个人赛（1896年列入）、男子团体赛（1904年列入），女子个人赛（1924年列入）、女子团体赛（1960年列入）4个比赛项目。

3. 重剑 （EPEE）

重剑又称决斗剑。出现于19世纪中叶，起初主要用于格斗。剑条为钢制，三菱形，只准刺，不得劈打。有效部位为全身，手臂、腿、脚是主要攻击目标。1931年起使用电动裁判器。奥运会有男子个人赛（1900年列入）、男子团体赛（1908年列入），女子个人赛（1996年列入）、女子团体赛（1996年列入）4个比赛项目。

（四）场地与器材

1．金属剑道（图14-1-1）

金属道的作用是运动员有意无意刺在比赛场地上无信号显示。标准的剑道端线之间距离为14米，宽1.5～2.0米，剑道中线向两侧各两米为开始线。

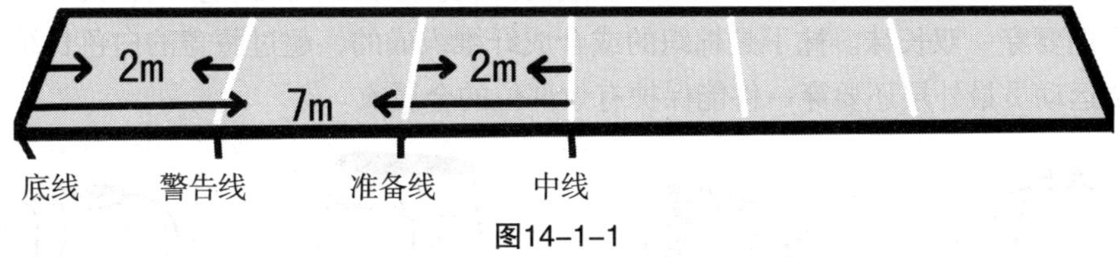

图14-1-1

2. 剑

（1）佩剑（图14-1-2）总长105厘米，剑身长88厘米，重量不超过500克，剑身横断面为梯形，护手盘为月牙盘。

（2）花剑（图14-1-3）总长不超过110厘米，重量不超过500克，剑头有效压力为500以上。剑身横断面为长方形，剑身与剑柄间有直径12厘米的圆形护手盘。

（3）重剑（图14-1-4）总长不超过110厘米，重量不超过770克，剑头有效压力为750以上。剑身横断面为三棱形，剑身与剑柄间有直径13厘米的圆形护手盘。

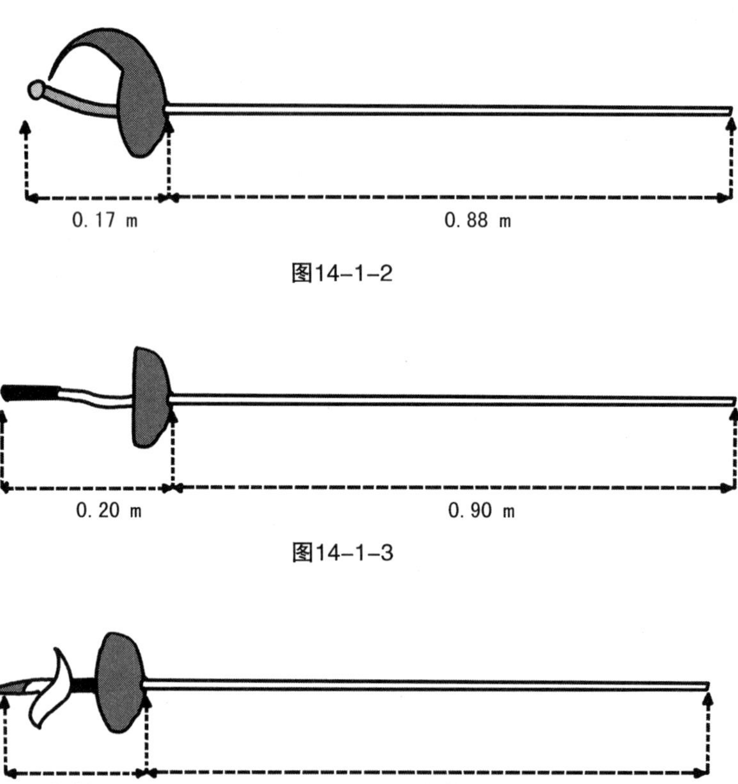

图14-1-2

图14-1-3

图14-1-4

3. 比赛服（图14-1-5）

比赛服起保护作用，击剑服为白色三剑套（上衣、裤子、防护背心）均由防弹材料制成保证安全。它可以抗80公斤的冲击力，其强度足以抵挡剑的刺、劈。运动员还要穿上防保内衣，女子在上衣内还要穿一件由金属或其它硬质材料制成的护胸。短击剑裤必须长及膝盖以下，并被紧紧固定，而且还要穿一双长袜。袜子是棉织的或合成纤维织成的，超过膝盖的白色长统袜。此外，花剑和佩剑运动员最外层还要穿一件能保护有效部位的金属衣。

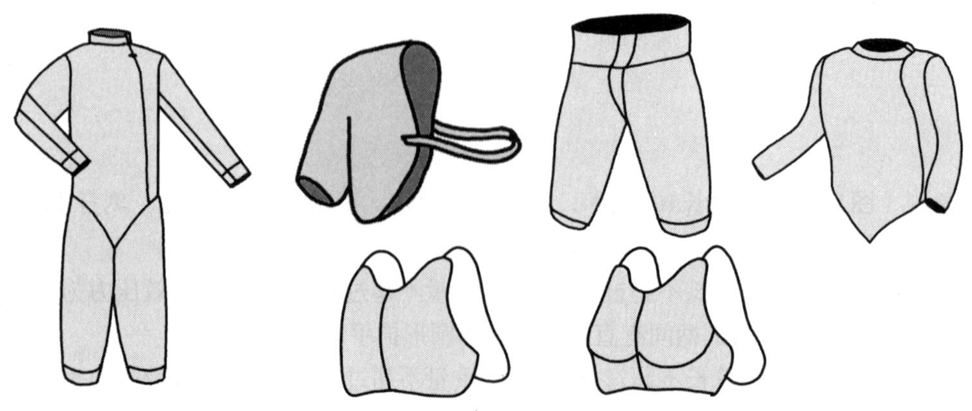

图14-1-5

4. 护面（图14-1-6）

由钢架和金属网制成，分佩剑和花、重剑两种。佩剑护面呈银白色不绝缘，导电；花、重剑护面呈黑色绝缘，不导电。护面是保障训练和比赛安全的必要器材。

5. 手套（图14-1-7）

持剑手必须带手套。即使在初学时也应戴手套。它起保护作用。平时不戴手套比赛时戴手套会不习惯。手套是用很柔软的皮革制成，能使手自由动作。皮革中有填充物、能减轻击中手指时的力量。击剑运动员的手套是专用的，不同于民用手套或滑雪手套。

6. 鞋子（图14-1-8）

击剑鞋是侧边加厚的专用鞋，适合在金属场地上使用。击剑比赛是使用金属场地，鞋的磨损较快。击剑鞋较贵，可到体育用品商店买。用网球鞋代替也可，鞋轻，价格便宜，但不太坚固。

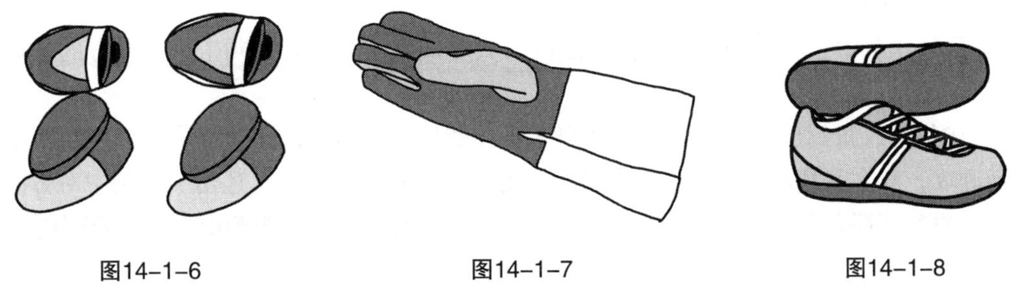

图14-1-6　　图14-1-7　　图14-1-8

7. 裁判器、连线、拖线盘

比赛时，双方运动员比赛服内有手线并与拖线盘内的电线和裁判器相连，并形成一个环行电路。当一方击中有效部位，并且剑尖达到有效压力时，裁判器的灯就会显示击中信号。这套装置可以帮助裁判员进行分析判决。

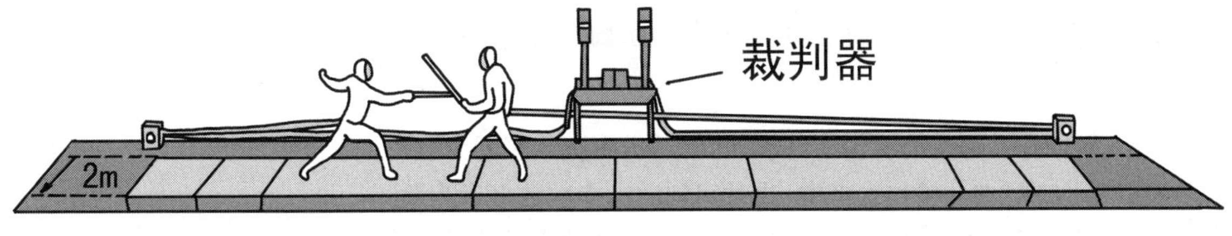

图14-1-9

二、击剑比赛的欣赏

（一）如何观赏击剑比赛

击剑是一个对电视转播水准要求很高的项目。优先权的判定，观众要通过慢镜头重放才可能看得清楚。如果是现场看的话，每一分都看清楚是不可能的。每一次交锋过后裁判都会有相应的手势，从专业的角度对刚才交锋过程的一种解读，对理解比赛是有帮助的。

1. 个人赛

首先分成若干个小组，在小组内打循环赛，每场4分钟，谁先刺中对手5剑，谁就取胜。接着将所有运动员按参加小组循环赛的成绩排队，淘汰20%～30%。然后进入下一轮直接淘汰赛。每场三局，每局3分钟，两局之间休息1分钟。谁先刺中对方15剑谁就赢，一直打到决出冠军。在直接淘汰赛中，输一场就失去比赛机会了。

2. 团体赛

每队四名队员，三人参加团体对抗，一名队员作为替补。每场4分钟打5剑，共打9场，哪一队先打到45剑得45分，哪一队就赢。如果有的运动员在规定的4分钟内没有刺中对方5剑，这一队的下一名运动员接着这个比赛往下打，可以打到他那场应该打到的分数，即第一场到5分，第二场到10分，第三场到15分……，一直打到取得45分，结束比赛。

3. 观看击剑比赛是否得分，即有效击中，有两条标准

（1）重剑比赛中，在主裁判叫“停”之前，只要裁判器亮彩灯则判击中。双方的彩灯都亮则判为相互击中，双方都得分。

（2）在花剑、佩剑比赛中，双方彩灯都亮要看谁是主动进攻，谁就得分；如果判断不出哪一方主动进攻，双方就都不得分。一方先进攻，另一方击打对方的剑（还击）并刺中对方的有效部位，虽然两个灯都亮了，则判还击的一方得分。如果亮起白灯，表明刺中的是无效部位。

（二）了解规则

1. 进　攻

进攻是一个攻击动作，首先伸出手臂，在完成弓步或冲刺动作之前，剑尖连续威胁对手的有效部位。

2. 反　攻

反攻是在对手攻击时，做出的攻击动作或防御性的攻击动作。

3. 记分规则

（1）循环赛：4分钟5次击中 或时间到后击中次数多者为胜。

（2）淘汰赛：9分钟15次击中 或时间到后击中次数多者为胜。

（3）团体赛：累计45次击中 或时间到后击中次数多者为胜。

4. 加时赛规则

如果双方在规定时间内打成平手，将加赛一分钟，并使用突然死亡法。为防止过分防守，加时赛前会抽签决定，如果加时赛双方均未得分，谁将是胜者。

第二节　击剑运动基本技术

一、基本姿势

（一）佩剑握剑法（图14-2-1）

【动作要领】大拇指和食指第一关节捏住剑柄；拇指腹自然贴在剑柄宽面背上并略弯曲，食指离护手盘软垫约一指宽与拇指对合用力；其余手指自然勾住剑柄侧面，小指和无名指最后关节握住剑柄后部，掌心空出，不接触剑柄，便于灵活操纵剑身，手腕向上外展，便于手腕与手指相互配合。

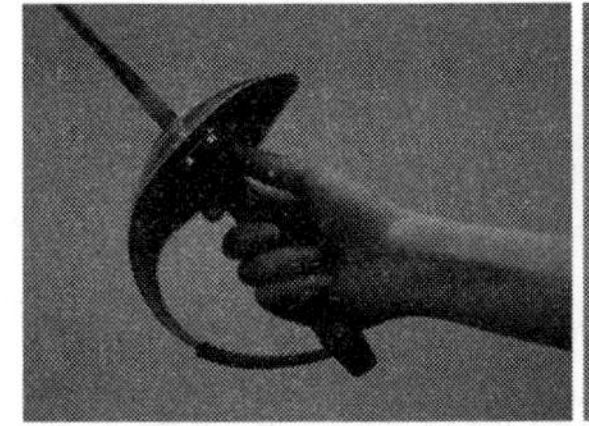
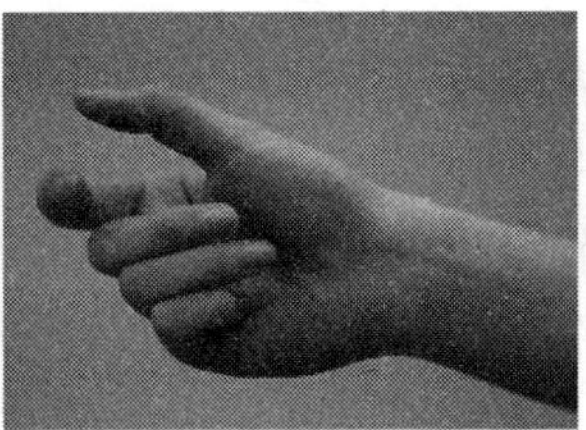

图14-2-1

【易犯错误】

（1）拇指没有自然贴在剑柄的宽面上。

（2）手心不空，掌心与剑柄直接接触。

（3）满手握死剑柄，造成手指无法灵活地控制和操纵剑身。

（二）立正与敬礼

1. 立　正

立正与普通队列立正相同，面向对手，持剑手自然下垂，剑尖向下置于体侧（图14-2-2）。

2. 敬　礼

敬礼身体左传90度，脚跟并拢并互相垂直。护手盘位于下颚处，手心向内，剑尖向上，然后依次向裁判、对手、观众伸臂做致敬动作（图14-2-3）。

图14-2-2

图14-2-3

3. 实战姿势（12-2-4）

实战姿势是击剑运动所特有的姿势，是击剑者开始准备进行战斗的姿势。一切击剑活动都是在这样一个特定姿势下进行的。

（1）脚的位置：右脚在前，脚尖向前；左脚在后，其脚跟垂直于右脚跟的延长线上，脚尖向内。两脚成直角，两脚间的距离为一脚半，约与肩同宽。

（2）腿的位置：两膝弯曲成半蹲状，膝关节与脚尖在同一方向；前腿膝盖在前足背的垂直线上，后腿膝盖在后脚尖的垂直线上；体重平均分配在两条腿上。

（3）持剑臂的位置：持剑臂向前自然弯曲，上臂、肘部靠近体侧与身体保持一拳距离，前臂与地面平行，手腕不高于肘，并背屈手腕，使手心向内与水平略成45度，护手盘月牙朝向前偏外以保护手的外侧和下面，剑尖指向对手头部及其正中线位置。

（4）非持剑臂的位置：不持剑手叉腰或在体侧自然放松下垂，保持身体平衡。

（5）头与躯干的位置：躯干正直略含胸，两肩自然放松，头颈正直，转向持剑肩的方向，面对对手，两眼平视。

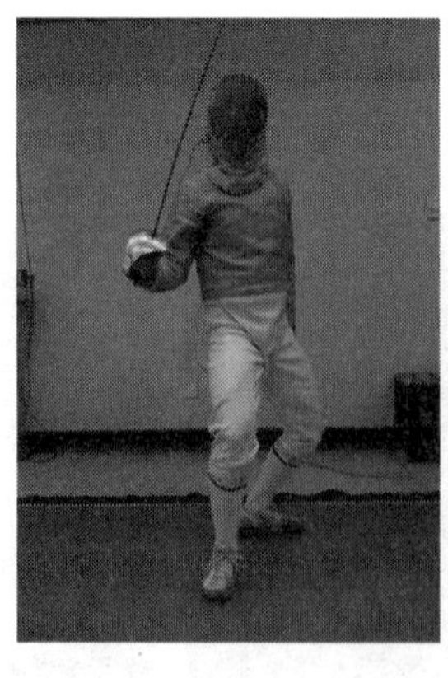  

图14-2-4

二、基本步法

（一）向前一步（图14–2–5）

【动作要领】

（1）前脚：前脚尖略抬起，再贴近地面随小腿向前迈出约一脚掌距离，然后脚跟先着地过渡到全脚掌。

（2）后脚：随前脚向前迈出，后脚以脚内侧蹬离地面，前移与前脚掌同时落地，移动距离与前脚相同。

（3）重心：躯干随前脚迈出而前移，重心保持在两脚间。

图14–2–5

【易犯错误】

（1）抬前脚尖时重心后移。

（2）小腿不是向前摆动。

（3）重心上下波动。

（4）两脚距离过大，脚尖方向不对。

（二）向后一步（图14–2–6）

【动作要领】

（1）后脚：稍提起脚跟，沿地面向后移一脚再全脚掌着地。

（2）前脚：随后脚后移时，前脚以全脚掌向前蹬地，后移一脚距离，再全脚掌着地。

（3）重心：同躯干随前脚的全脚掌蹬地后移而后移。

图14-2-6

【易犯错误】

（1）前脚蹬离地面后，小腿回收不及时。

（2）前脚落地时脚尖先着地。

（3）上下波动。

（4）两脚间距过小。

（三）弓步（14-2-7）

【动作要领】

（1）先伸持剑臂，再抬前脚尖，同时以膝关节为轴，足跟紧贴地面，小腿向前摆出，重心随大腿前伸。

（2）后脚以全脚掌后蹬送髋，在前脚跟落地前，后腿充分伸展，但脚掌不得离地。

（3）前脚跟先着地，再过渡到全脚掌，并随着重心前移使小腿与地面垂直，同时后手向后下挥摆，以保持平衡。

图14-2-7

【易犯错误】

（1）小腿前摆不够，造成膝关节前冲。

（2）后腿没有完全伸直，不是全脚着地。

（3）小腿向上摆动，腾空过大。

（4）脚尖偏离正前方，身体过分前倾。

（四）弓步还原成实战姿势（14-2-8）

【动作要领】

（1）前脚全脚掌蹬地伸脚尖，过渡到足跟用力前蹬并伸直膝关节，将身体向后上方推动。

（2）在前脚蹬地的同时，后腿膝关节迅速屈曲，这是还原动作的关键，靠双腿工作使躯干后移，最后还原成实战姿势。

图14-2-8

【易犯错误】

（1）前脚蹬离地面时小腿回收过慢。

（2）后腿屈膝时臀部向后坐。

（3）上体有多余的向后仰动作。

（五）向前跃步（14-2-9）

比向前一步快，缩短步法连接间的时间。

【动作要领】

（1）起动时与向前一步相同，后脚蹬地和前小腿前迈下摆同时进行，后蹬力量要大一些才能蹬离地面。

（2）前小腿向下摆出后要积极回收，两脚全脚掌落地成实战姿势。

图14-2-9

【易犯错误】

（1）两脚落地时依次落地，两脚间距或大或小，重心偏前或偏后。

（2）腾空过高，重心上下起伏。

（六）向后跃步（14-2-10）

后退快速，距离大。

【动作要领】

（1）前腿以前脚掌向前蹬离地面，身体重心迅速后移，后退随前脚蹬地的同时向后摆（两腿不要伸直）两脚同时落地。

（2）前脚蹬地后要快速回收。

（3）腾空时保持重心水平位移。

图14-2-10

【易犯错误】

（1）前脚蹬地与后腿后摆不一致。

（2）身体后仰或前倾。

（3）腾空时间过长。

三、学习进攻技术

（一）劈头（第五位）（14-2-11）

【动作要领】

（1）从实战姿势开始，以剑的前端带动剑身和手臂平稳前伸的过程中，向内转动护手盘，剑刃指向对方面罩顶部。

（2）剑身接近目标时，运用拇指和食指相对用力，其余手指配合快速用力紧扣剑柄下部，带动手腕快而脆地劈目标。

（3）劈时，持剑臂保持适度的弯曲，手腕外展，剑尖对准面罩顶部，完成直接劈头。

图14-2-11

（4）击中目标时振荡反弹，手臂放松。

【易犯错误】

（1）剑刃与护手盘月牙未对准目标。

（2）手臂过分前伸，肘关节和手臂过分紧张。

（3）剑前端太低，抬臂。

（二）劈左脸和胸腹部（第四位）（14-2-12）

【动作要领】

（1）从实战姿势开始，手臂向前逐渐前伸并外旋，剑刃指向目标。

（2）剑前端高于护手盘，剑身接近目标时，运用拇指和食指相对用力，其余手指配合快速用力紧扣剑柄下部，带动手腕快而脆地劈目标。

（3）击中目标时振荡反弹，手臂放松。

图14-2-12

【易犯错误】

（1）前臂回收。

（2）动作僵硬。

（3）手腕过分外展，剑前端低于护手盘。

（三）劈右脸和外侧（肋部）（第三位）（14-2-13）

【动作要领】

（1）从实战姿势开始，手臂前伸的同时内旋，用手控制月牙和剑刃方向。

（2）剑尖略高于护手盘，剑刃指向对手右脸或外侧（肋部）目标，快速向前劈出，动作连贯放松。

（3）对手右脸位置较高，右侧肋部位置较低，因此劈右脸时剑尖稍高，向内移动角度较小，而劈右侧肋部时，剑尖稍低，向内移动角度较大。

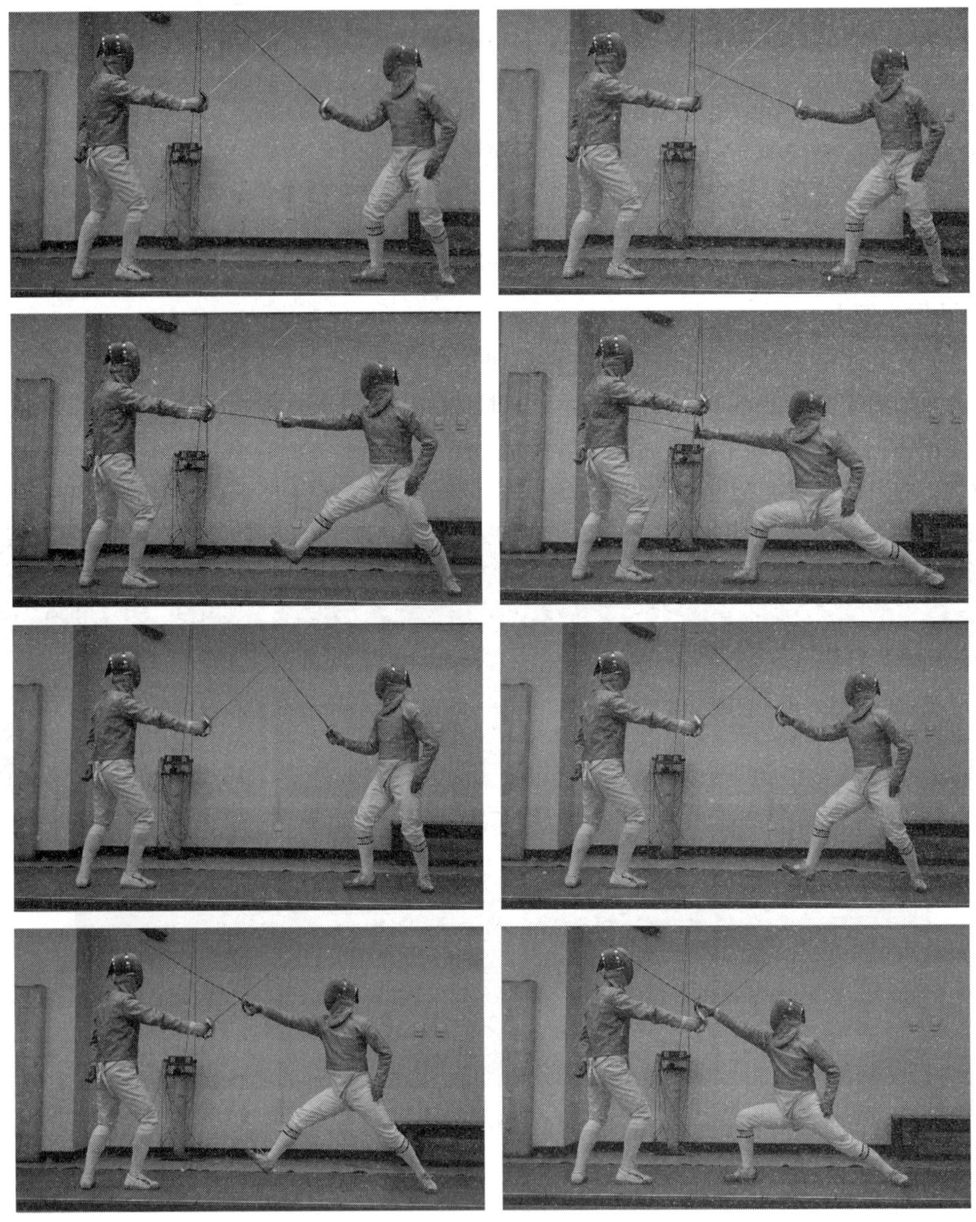

图14–2–13

【易犯错误】

（1）手指、手臂、肩关节过分紧张，动作僵硬，剑刃没有对准目标。

（2）前臂回收，肘关节外展。

（3）剑前端低于护手盘。

（四）向前一步劈（14–2–14）

【动作要领】

先出手，持剑臂自然前伸，待接近伸直时向前一步直接劈。击中后还原成实战姿势。向前移动时，注意保持身体平衡。

图14-2-14

【易犯错误】

（1）手脚动作同时向前。

（2）先上步，后出手。

（五）弓步劈（14-2-15）

图14-2-15

【动作要领】

（1）先出手后出脚，伸臂并转动护手盘月牙，剑刃对准头部，前脚脚尖伸（背屈），脚跟着地面，向前伸小腿，身体重心前移，前腿加速前摆，后腿膝关节与踝关节配合后脚快速蹬地，持剑臂加速劈出。

（2）击中后前脚跟先落地过渡到全脚掌落地成弓步。

（3）弓步还原成实战姿势。在持剑臂逐渐回收的同时，后腿屈膝，身体重心后移，同时前脚向后蹬地，身体向后移动，还原成实战姿势。在持剑臂逐步回收时，手与剑要以最小的幅度移动，剑身向前倾斜，上抬剑尖。

【易犯错误】

（1）先出弓步后出手 。

（2）手脚配合不协调，在注意劈的动作时，却忽视了弓步的完成；在注意腿上动作时，却又忽视了劈的动作的完成。

（3）没有加速度，劈击无力。

（4）距离估计失误。

（六）向前一步或跃步接弓步劈（14-2-16）

【动作要领】

（1）从实战姿势开始，在完成动作时，注意以两个节拍完成，注意两个节拍的衔接连贯及加速度。

（2）第一个节拍时应当及时伸臂向前，剑刃对准目标，连续威胁对方有效部位并做向前一步或跃步。

（3）第二节拍完成动作时，衔接弓步加速劈击，要求前脚着地先击中目标劈。其技术方法同弓步劈。

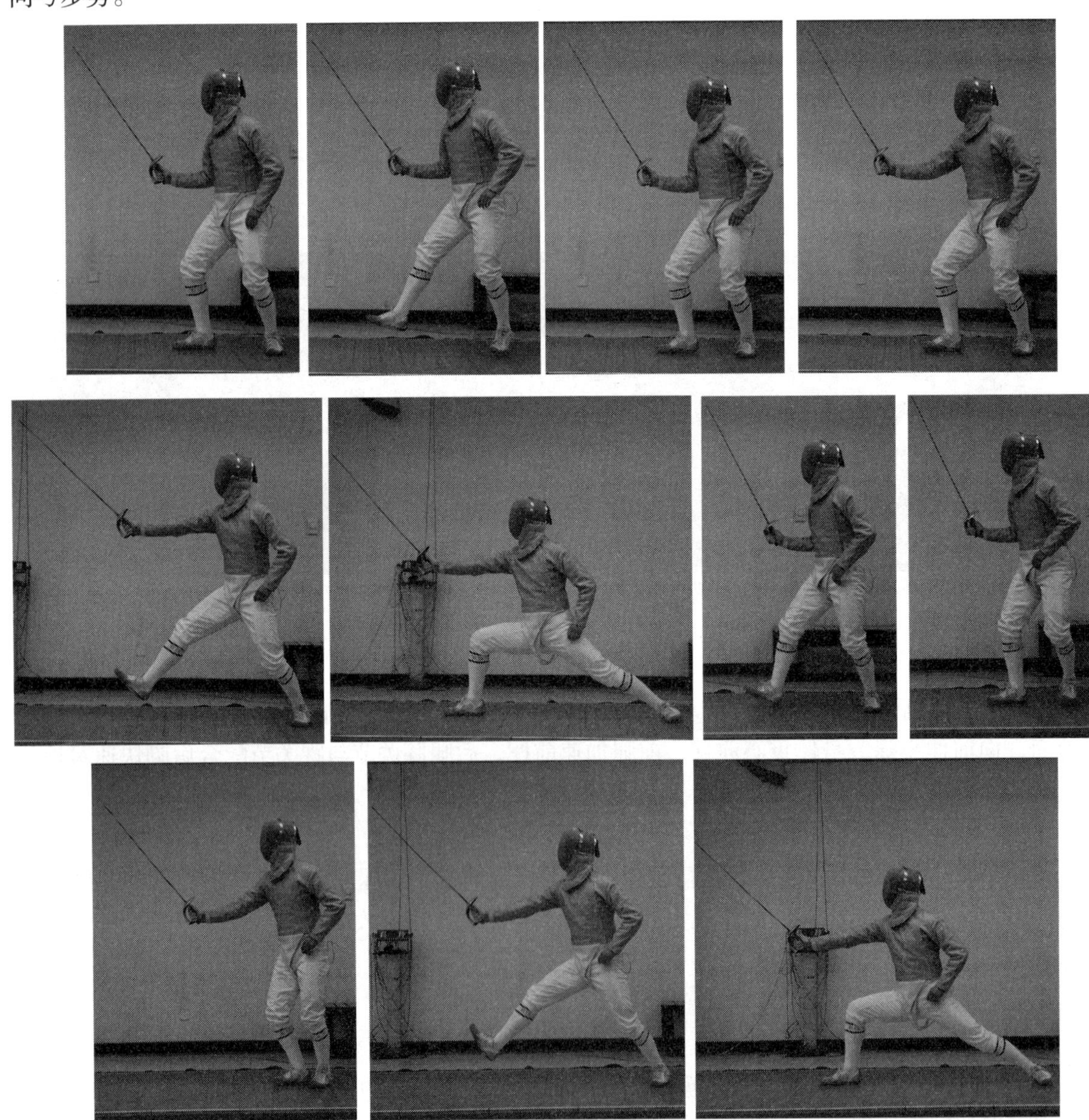

图14-2-16

【易犯错误】

（1）两个节拍的动作衔接不连贯，有停顿或无向前加速。

（2）手上技术有停顿或回收，抬臂。

（3）向前一步或跃步动作过大，后脚跟上不及时，影响接弓步的连贯衔接。

（4）距离估计错误，动作配合失误，延误了及时击中目标，给对手反攻机会。

（5）完成动作后，姿势过分紧张，影响动作转换。

（6）在劈的技术动作中所谈及的易犯错误部分，均应引起重视。

四、学习防守还击技术

1. 第三姿势防守还击（14-2-17）

【动作要领】

（1）实战姿势，手持剑在第三部位，手臂弯曲，肘关节离腰约一拳。

（2）上臂自然下垂，前臂与地面平行，大拇指向上，手腕稍向外，月牙稍偏外，剑尖斜向前内上方。

（3）用护手盘和剑身强部封闭第三部位，直接还击头，亦可以还击第三部位；还击第四部位。

【易犯错误】

（1）作第三姿势防守时，不能及时以剑刃与月牙对准来剑方向，防守无力。

（2）移动手臂时，肘关节不稳，肘外露造成防守不良。

（3）剑与手的夹角过大，剑尖过于前倾，易被对手击打。

（4）防守位置不稳定、不到位或防守后停顿时间太长，还击不及时。

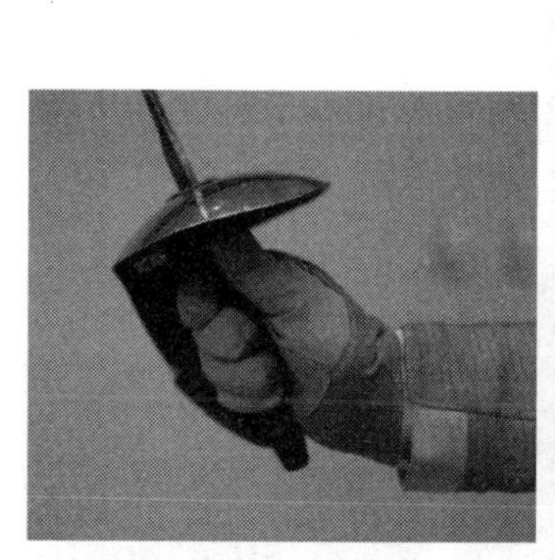
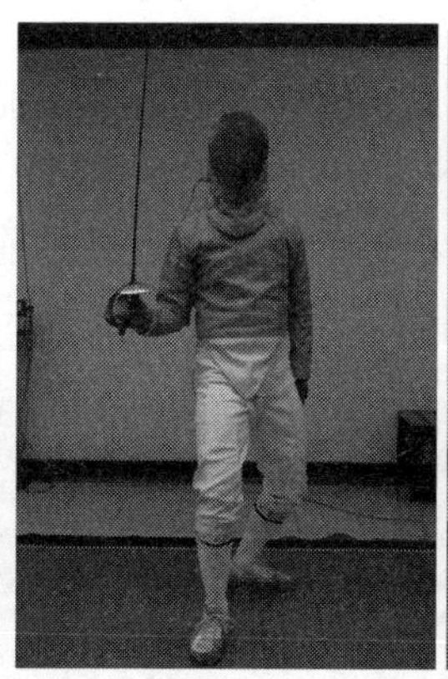

图14-2-17

2. 第四姿势防守还击（图14-2-18）

动作要领：

（1）从第三姿势防守开始，月牙和剑刃向内旋转至内斜前方，同时持剑手向内作弧形移动至第四部位。

（2）手臂屈，上臂下垂，前臂与地面平行，大拇指向上，剑尖向上偏内稍前，剑刃对准来剑方向。

（3）用护手盘和剑身强部封闭第四部位，并作还击劈头或还击第四部位，或还击左脸。

易犯错误：

（1）作第四姿势防守时，不能及时以剑刃与月牙对准来剑方，剑尖向内向前不够，防守无力。

（2）移动手臂时，肘部外展，防守位置偏离，暴露有效部位。

（3）剑与手夹角过大，剑尖过于前倾，保护不良。

（4）防守不到位，还击缺乏速度和准确性。

（5）没有发挥护手盘和剑身强部的防守作用。

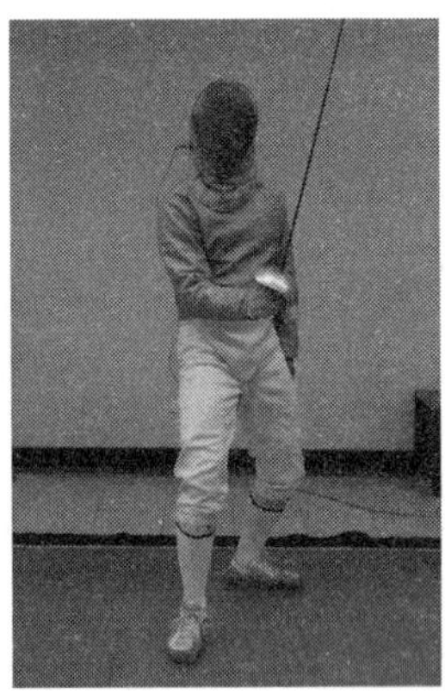

图14-2-18

3. 第五姿势防守还击（图14-2-19）

动作要领：

（1）从实战姿势开始，手腕外展，同时前臂内旋，控制月牙向前至斜上方。

（2）同时剑直接向上移动至第五姿势防守部位。

（3）大拇指向内，剑尖向内稍前上，上臂与地面平行，前臂稍前举，剑身高于头。

（4）可以转腕直接劈头，劈左侧，劈左侧。

图14-2-19

4. 其他防守姿势介绍（图14-2-20）

佩剑防守共有六个姿势，我们只学习常用的三个姿势。下图自左至右为完整的一至六个防守姿势。

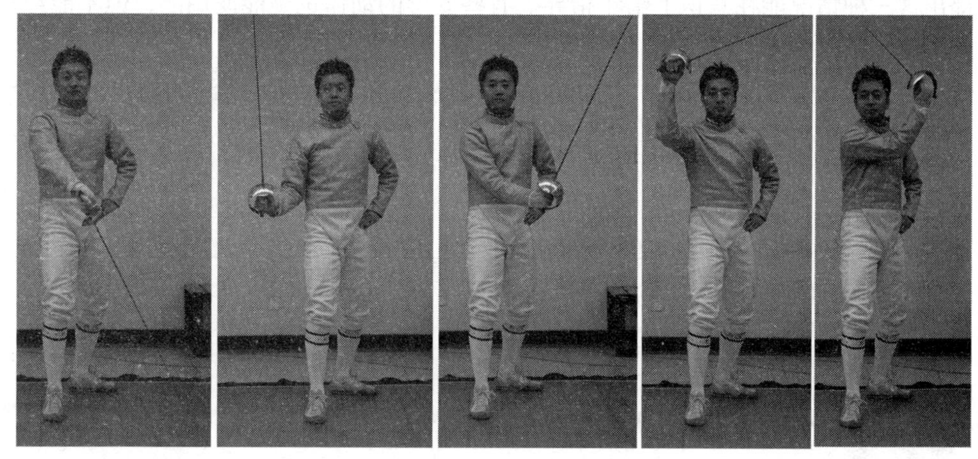

图14-2-20

五、战例解读

通过比赛让我们根据A与B两运动员的动作进行一些技术性解释。

（一）A作进攻，B有二种应答方法

1. 根据规则要求，去防掉A的进攻。

2. 执行错误动作——反攻，B必须避开A的进攻，反攻才有效。只要被A击中，B的反攻击中都将被取消。这个回合交锋可能很少持续。

（二）B要是防掉A的进攻，A就有二种应答方法

1. 根据规则要求对B的还击进行防守反还击。

2. 做错误动作：在进攻的同一条线或另一条线上伸直手臂延续进攻或重新进攻。这种攻击击中只能在B还击没有击中A的情况下才被承认。

（三）有几种情况，A进攻时，B不防守也能获优先裁判权

1. 在A发动进攻之前，B伸直手臂用剑尖威胁A有效部位。这称为“击剑线”，具有优先裁判权。A的进攻必须打开B击剑线，才能获优先裁判权。B为避免被A打到剑，保持直臂状态，称为“摆脱”。A没有打到B的剑而发起进攻，B获优先裁判权。

2. A做复杂进攻动作，B在A复杂进攻最后动做出手前先击中A，被称为“及时反攻”。获优先裁判权。

B捕捉住A一个击剑时间，击剑时间是一个既模糊又明确的事物。明确的是运动员使用它很清楚、在平时能“感觉到”，模糊的是因为主要根据各剑种裁判员的认识来决定。

可用反攻或抢攻去捕捉进攻击剑时间，也可以用延续进攻去捕捉复杂还击或过于迟缓还击的击剑时间。捕捉击剑时间要快速，还要使对手在意图上失策。A进攻，B防守没有立即还击，因此A作第二次进攻，称为“连续进攻”。B要获优先裁判权应该再次防守还击。

提出这三种情况能在意识上给予指导。有些变形的动作也是能使用的，但不能经常使用。要慎重，不要滥用。

佩剑是有优先裁判权的剑种，技术上保留着法国和意大利人传统的规定。经常反复练习熟练，就能成功。

思考题

1. 如何欣赏击剑比赛?
2. 请简述佩剑握剑动作要领。
3. 请简述弓步动作要领。

第十五章 跆拳道运动

第一节 跆拳道运动基础知识与欣赏

一、跆拳道运动的起源与发展

跆拳道是朝鲜半岛较普遍流行的一项技击术，是一项运用手脚技术进行格斗的朝鲜民族的体育项目。它由品势（特尔）、对抗、击破、特技等部分内容组成。跆拳道是创新与发展起来的一门独特武术，具有较高的防身自卫及强壮体魄的实用价值。它通过竞技、品势和功力检测等运动形式，使练习者增强体质，掌握技术，并培养坚韧不拔的意志品质。主要分为世界跆拳道联盟（WTF）和国际跆拳道联盟（ITF）两大组织及其他民间的跆拳道组织。

1955年以前，韩国是没有跆拳道一词的，韩国的武术也以空手道、唐手道和民间少数的跆跟等为主，1910～1945年日本殖民统治韩国期间，大量韩国青年学生赴日留学，在日本接受了系统的松涛馆空手道训练，并取得相应段位，回国后他们开始创立道馆教授学生。1945年8月15日，日本战败后，韩国获得民族独立，民间禁武政策得以废除，大批空手道、唐手道道馆兴起，这一期间，为摆脱日本三十余年的殖民统治带来的消极影响、重新塑造民族精神，韩国早期空手道传播者们将民族传统武术跆肩与空手道相结合，称为唐手道。并出现了最早的一批韩国道馆，这就是后来的九大道馆。

“跆拳道”一词，是1955年由韩国的崔泓熙将军命名。崔泓熙将军早年在留学日本时，学习了日本松涛馆流空手道，并将其与韩国传统武技跆肩、手搏等技术融入到跆拳道中去，因此在跆拳道的套路中，可以看到少数松涛馆流的手部招式。总之现代的跆拳道是结合当代东亚武技之长的发源于韩国的武术运动之一。

二、跆拳道运动重大赛事简介

（一）世界跆拳道锦标赛

世界跆拳道锦标赛是由世界跆拳道联合会（WTF）主办的世界最高水平的跆拳道赛事。第1届世锦赛于1973年在韩国首都首尔举办，此后每两年举办一届世锦赛。前7届世界跆拳道锦标赛只有男子项目，从第8届开始设立女子项目。

截止2013年，世界跆拳道锦标赛总共举办了20届。现行世界跆拳道锦标赛的比赛项目共16项，设男女各8个级别。

（二）奥运会跆拳道比赛

1988年跆拳道在首尔奥运会亮相。2000年成为奥运会的正式比赛项目，奥运会跆拳道比赛设男女各4个级别。奥运会比赛重量级别划分：

男　子	女　子
58公斤以下	49公斤以下
58公斤～68公斤	49公斤～57公斤
68公斤～80公斤	57公斤～67公斤
80公斤以上	67公斤以上

三、跆拳道明星介绍

（一）陈　中

陈中学习跆拳道前在焦作市篮球业余体校打了四年篮球，1995年开始练习跆拳道，1997年入选国家集训队。2000年从北体竞技体校毕业，进入北京体育大学运动系。几年来她把全国锦标赛、亚锦赛和世锦赛的金牌都收入囊中，悉尼奥运会时，她又为中国赢得宝贵的一枚金牌，2004年在雅典奥运会上蝉联该项目金牌。陈中的特点是身体素质好，速度快，头脑灵活，打法简洁实用，是目前这个项目上世界最具实力的选手之一。

（二）吴静钰

吴静钰，中国女子跆拳道队运动员，先后就读于苏州大学、天津理工大学。2006年吴静钰夺得了中国亚运会历史上第一块跆拳道金牌，2007年又成为世锦赛冠军，吴静钰顶了亚洲冠军和世界冠军两顶帽子，作为跆拳道界家喻户晓的人物，她成为了对手竞相研究的对象。2011年5月2日，吴静钰在世锦赛49公斤级争夺中，以两次关键的“踢头”攻势连克两位劲敌，个人第二次夺得世锦赛冠军，也帮助中国队在此次韩国庆州世锦赛上摘得首金。2012年8月9日，在伦敦奥运会跆拳道女子49公斤级决赛中，吴静钰夺得金牌。

四、跆拳道比赛的欣赏

（一）如何欣赏跆拳道比赛

首先，跆拳道是一项注重礼仪的对抗性运动项目，主要从以下几方面欣赏跆拳道比赛：

1. 从发声气势来判断。跆拳道项目在训练时会要求运动员在腿部发力的同时发声，发声与力量成正比，运动员在比赛时一般都会在气势上先压倒对手。

2. 从步法转换来判断。好的运动员的步法变化快、不凌乱、不易察觉，用步法迷惑对手致使对手先进攻从而进行有效躲闪反击得分取胜。

3. 从有效得分腿来判断。跆拳道项目比赛时，有些腿法（例如推踢、侧踢）是不得分的阻挡技术。优秀运动员懂得抓点（即进行对抗时出现的得分机会）进攻或反击得分，出腿得分率高。

4. 从腿法难度来判断。跆拳道项目有前踢（不常用）、横踢、双飞等技术（有效击打得1分），有360旋风踢、后踢、后旋踢等难度旋转技术（旋转技术分数在基础分上+1分），下劈等高位技术（击中头部基础分为3分，旋转击头4分）。敢于运用高难度技术的运动员一般技术都比较优秀。

5. 从犯规次数来判断。出界、消极、抓、搂、抱等均属被“警告”范围，两个“警告”即给对手+1分（8次警告出局），倒地击打、拳击打头部、谩骂等均属被“扣分”范围，一次“扣分”扣该运动员1分。高水平跆拳道比赛时“警告”“扣分”情况都很少出现，故可依次判断。

（二）了解规则

跆拳道比赛时，双方运动员都要穿道服和护具，戴头盔，用脚或直拳击打对手的合法部位。即只能击打对手被护具包裹的锁骨以下、髋骨以上的躯干部位和头部（禁止用拳击打对手头部）。

1. 行　礼

比赛开始前，双方运动员互相敬礼以表示尊重。场上裁判发出“准备（Joon-bi）”和“开始（Shi-jak）”后，比赛正式开始。

2. 比赛时间

跆拳道比赛分为3局，每局2分钟，局间休息1分钟。蓝方和红方选手使用规则允许的技术动作努力击败对手。比赛结果根据双方运动员三局的得分总和来计算，得分多者为胜者。

3. 允许攻击的部位

跆拳道竞赛规则允许攻击的部位只有两个，一是头部，二是躯干。在对抗中，允许使用拳和脚的技术攻击躯干被护具包裹的部分，但禁止攻击后背脊柱。允许使用脚的技术攻击对手头部，但不能攻击对手的后脑部位，即可以用脚踢击对手头部和被护甲包裹的躯干部位，但不能用脚踢击对方后脑部分，同时禁止用拳击打头部。运动员可以使用拳的技术击打被护甲包裹的躯干的前面和侧面部位。

4. 得　分

在比赛中，用脚踢击对手躯干部位一次只能得1分，而用脚击打对手头部则可以得2分；如果击倒对手，裁判员读秒后再加1分。因此，虽然用脚踢技术击打对手头部的难度比较大，但许多运动员在比赛中也还是千方百计的使用脚击打头部的技术以尽可能地多得分。比赛由一名主裁判员在场上主持，其他四名边裁判员根据运动员的技术使用情况负责评判并打分。

5. 如何判断得分

在比赛中，判断一名运动员是否得分，关键要看运动员的技术是否准确、被允许、有力及有效。跆拳道赛场上加油声、呐喊声总是不断，判断一方运动员是否得分，可以看双方运动员的进攻和反击时的动作，并随时看一下计分板；一个运动员如果得分了，在1秒钟内裁判员会按压手中的采分器，该运动员的得分也就及时公布在计分板上了。

6. 警告和扣分

现在的跆拳道规则对运动员倒地的判罚比较严厉。一般来说，运动员故意倒地就有可能被裁判员判罚一个警告。但如果是意外滑倒和被对手重击倒地或是技术性倒地（即在使用动作时无法控制身体平衡而倒地）则不被判罚。如果一名运动员被对方合理技术击中而身体摇晃或摔倒（一般是被击中头部），裁判员要数秒数到八。如果数到八时，该运动员站起来表示能继续比赛，则比赛继续进行；如果运动员没有站起来，则另一方赢得比赛。

在比赛中，如果一方采用搂抱、推拉对手、消极逃避比赛，用肘、膝顶击对手，摔倒对手、故意用拳攻击对手面部等犯规动作则会被判罚警告或扣分（一个扣分为1分）。

场上的教练员打断比赛进程或使用过激言语、行为，严重违犯体育道德也会被主裁判警告或扣分。如果一名运动员累计被扣掉4分，则要被判“犯规败”，也就意味着输掉了这场比赛。

7. 加时赛

在一场比赛中，如果双方打满3局而出现平分的情况时，要进行加时赛。加时赛实行“突然死亡法”，即先得到1分的一方获胜。比赛结束后，运动员在比赛区域内相对而站，听到裁判员的口令后互相行礼，等候裁判员的判定。裁判员举起哪一侧的手臂，就说明哪一侧的运动员获胜。

第二节　跆拳道运动基本技术

一、跆拳道使用的部位

（一）跆拳道的基本拳法

拳是跆拳道主要的攻击和防守工具，拳法在竞技跆拳道中主要有正拳（直拳），在品势中则有正拳、里拳、铁锤拳、平拳、指节拳等五种。

1. 正　拳

（1）使用部位：正拳在跆拳道中是最基本的拳式。正拳是用拳头的正面击打对方。在实战技击中，根据实际情况可变化为直拳、横拳、勾拳等拳法。其着力点是食指和中指之间（图15-2-1）。

（2）动作方法：伸开手掌，四指并拢握紧，拇指压在食指和中指的第二指节上。

（1）要点：拳握紧，拳面平，直腕。

2. 里　拳

先握正拳，然后使用食指和中指关节根部的突出部位为击打的着力点，一般用于勾拳（图

15–2–2）。

3. 铁锤拳

先握正拳，然后使用拳轮（即小指侧及掌缘的肌肉部位）为击打的着力点。在实战技击时，一般从外向里或从上向下劈击最为有效（图15–2–3）。

图15–2–1

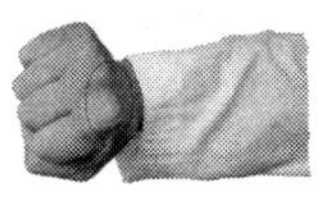

图15–2–2

图15–2–3

4. 平　拳

平拳主要使用中指的第二关节部位作为攻击的主要着力点，以食指与无名指作为攻击的辅助着力点（图15–2–4）。

5. 指节拳

指节拳主要使用正拳中凸出的中指或食指为攻击的着力点，分为中指拳（图15–2–5）和食指拳（图15–2–6）等。

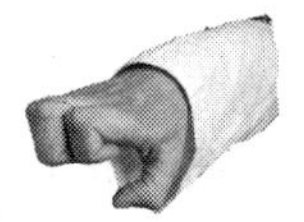

图15–2–4

图15–2–5

图15–2–6

（二）掌、指的使用部位

掌、指也是跆拳道实战技击中主要的攻击和防守工具，分为手刀、背刀、熊掌、底掌、二指贯手等。

1. 手　刀

手刀又称空手刀，四指伸直并拢，拇指稍屈于虎口处靠近食指，常用小指侧掌外沿部位作为砍击的着力点（图15–2–7）。

2. 背　刀

四指微屈并拢，拇指稍屈于虎口处靠近食指，掌心微凹，使用食指侧作为攻击的着力点（图15–2–8）。

3. 熊　掌

将掌指的第二关节全部弯曲扣紧，拇指的第二关节可稍放开，如同熊掌形状，主要用第三指关节前的各指作为抓面、扒面的着力点（图15–2–9）。

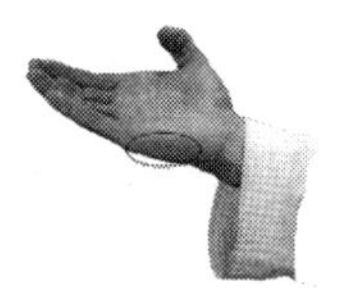

图15-2-7

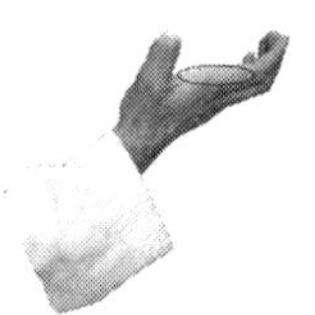
图15-2-8

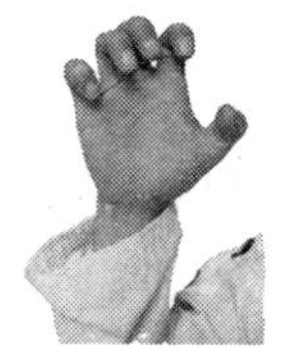
图15-2-9

4. 底　掌

将五指伸直并拢，拇指稍屈扣于虎口处，其余四指第一、二关节弯曲、手腕后仰，主要用掌根部位作为攻击的着力点（图15-2-10）。

5. 二指贯手

伸展食指与中指，两指略微分开，拇指压于无名指的第二关节处，如同中国武术中的二指禅。使用食指和中指的前端戳刺对方的眼、喉、胸等人体的要害部位（图15-2-11）。

（三）手臂的使用部位

1. 手　腕

腕关节的四周部位，主要用于格挡防守（图15-2-12）。

2. 肘关节

肘关节弯曲，用坚硬的肘尖向上下左右近距离攻击（图15-2-13）。只局限于品势中使用。

图15-2-10

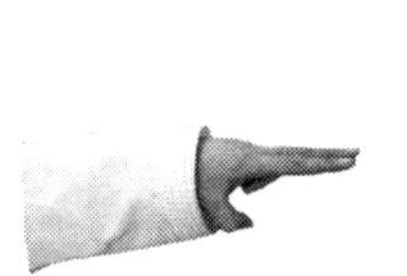
图15-2-11

图15-2-12

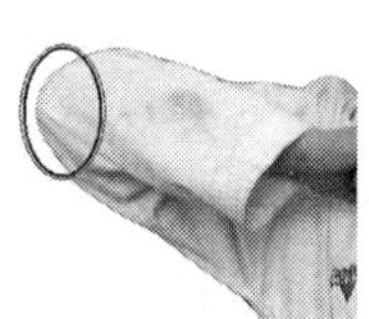
图15-2-13

（四）腿脚的使用部位

1. 脚　背

用脚背正面部位攻击对方，主要用于踢击对方髋关节以上、锁骨以下被护具保护的部位和头部的侧前剖面（图15-2-14）。

2. 足　刀

足刀又称脚刀，脚趾端并拢，踝关节内扣，用脚外侧攻击对方，一般用于侧踢（图15-2-15）。

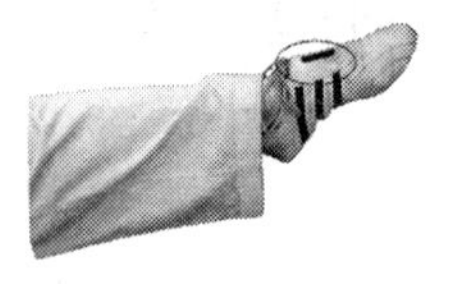
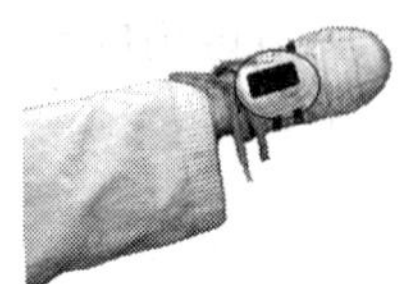
图15-2-14

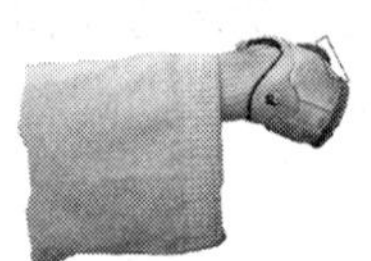
图15-2-15

3. 脚　跟

用脚后跟部位攻击对方，多用于蹬踢、后踢等腿法（图15–2–16）。

4. 脚前掌

用脚趾以下，脚心以上的部位攻击对方，多用于前踢、旋踢等（图15–2–17）。

5. 膝关节

腿弯曲，用膝盖顶、撞击对方（图15–2–18）。只局限于品势中使用。

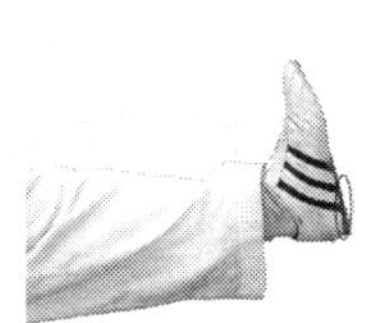

图15–2–16

图15–2–17

图15–2–18

二、跆拳道的基本姿势

（一）实战资势（实战格斗势）

以左势实战姿势为例。两脚前后开立，两脚尖朝前侧方约35度，两脚间距约为本人的两个脚掌宽，胯和两膝稍内收。两手握拳，左拳在前，拳与鼻高，右拳在后，拳眼均朝斜上；左肘关节夹角在80～100度；右肘关节夹角小于80度，大小臂靠近右侧肋部。身体侧立，下颌微收，闭嘴合齿，面部和左肩、左拳正对对手，目视对手胸部或眼部（图15–2–19）。左脚在前称左势，右脚在前称右势。实战中根据不同的对手、战术、距离等实际情况又可以分为高位实战姿势和低位实战姿势。

图17–3–19

要点：实战姿势是实战时的预备姿势，其重心控制在两脚之间，要求紧腰、收腹、含胸，两手紧护躯干以上部分，达到防守严密、移动方便、进攻灵活的目的。

（二）与对手相关的站位

1. 开式站位：指与对方体前相对应的站位，包括左势对右势和右势对左势两种站位形式。

2. 闭式站位：指与对方的体前侧不相对应的站位，包括左势对左势和右势对右势两种站位形式。

三、跆拳道的基本步法

跆拳道是一种以腿法为主的武技，实战中步法的灵活运用对保证充分发挥腿的威力，取得实战的胜利具有极其重要的意义。脚法使用时多以后腿进攻为主，因此跆拳道的步法具有鲜明的特点，即重心落在两脚之间或偏于前腿，而且身体姿势大都是侧向站位，以便保护身体正面的要害部位，有利于后腿通过拧腰转髋发力，增加击打的力量和速度。

跆拳道的步法在实战中具有极其重要的意义：

首先，步法是连接技术动作的关键环节。跆拳道实战中，不论是进攻、防守，还是防守反击动作，绝大多数是在运动中完成的，因此需要灵活、快速、敏捷、多变的步法连接技术，以保证后面技术动作的完成和发挥，否则就会处于被动挨打的局面。

其次，通过灵活多变的步法移动，使对方的进攻或防守落空，同时自己抢占有利的攻击或防守位置，为反击创造条件。

第三，灵活多变的步法可以保持身体姿势的平衡。因为身体只有在相对平衡的状态下，才能更有力、更有效地攻击对方，达到攻击的目的。跆拳道的实战是在运动中进行的，没有正确、灵活、多变的步法就难以取得实战的胜利。

第四，灵活机智地运用多种步法，可以给对方造成心理压力，使对方产生无所适从的感觉，为战胜对方创造条件。

实战中常用的基本步法包括以下几种。

（一）前滑步

1. 动作规格

由左势实战姿势开始，后脚掌蹬地，前脚轻擦地面向前滑行10～20厘米，后脚随即跟上相同的距离（图15-2-20）。

2. 注意事项

（1）两脚前滑要有加速度、突发性，滑步后保持身体平衡，处于一种弹性状态。

（2）身体重心自然向前，不应有起伏。

3. 易犯错误

（1）两脚离地跳动向前，易失去平衡。

（2）滑步时动作僵硬，两脚踩死，没有弹性。

（3）动作散漫，没有警戒心理。

（二）上　步

1. 动作规格

由左势实战姿势开始，以左脚掌为轴，右脚沿直线离地2～3厘米向左脚前方迈上一步，左脚掌自然转动180度左右，成为右势实战姿势（图15-2-21）。可根据实战需要左右变化，调整与对方的相对距离，准备进行攻击或反击。

2. 注意事项

上步时身体各部位要协调一致，右膝关节内侧贴近左大腿内侧，走直线，不拖地。

3. 易犯错误

（1）左脚全脚掌转动，增大了与地面的摩擦力。

（2）上步的距离过大或过小，易失去平衡，丢失战机。

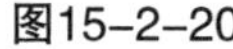

图15-2-20

图15-2-21

（三）后撤步

1. 动作规格

由左势实战姿势开始，以后脚前脚掌为轴，前脚蹬地向后撤一步，形成和原来相反的实战姿势（图15-2-22）。后撤步也可根据实战需要左右变化，调整与对方的相对距离，准备进行攻击或反击。

2. 注意事项

后撤时沿直线撤一步，利用前脚蹬地的反弹力迅速完成转体动作。

3. 易犯错误

（1）脚后撤时有预动，易被对手发现。

（2）撤步的力度控制不好，易失去平衡，不利于攻击或反击。

（四）后滑步

1. 动作规格

由左势实战姿势开始，前脚掌用力蹬地，后脚沿地向后滑行一步（10～20厘米），前脚随即向后滑行同样距离，两脚以及身体仍保持原来姿势（图15-2-23）。这种步法可以拉开跟对手的距离，避开对方的进攻，准备做反击动作。

图15-2-22

图15-2-23

2. 注意事项

（1）后滑要有加速度、突发性，滑步后仍保持平衡，处于实战姿势。

（2）两脚滑动的距离一致。

3. 易犯错误

（1）左右脚离地时跳动。

（2）滑步时全身僵硬，缺乏弹性。

（3）滑步动作太匀速，没有突发性。

（五）侧移步

1. 动作规格

由左势实战姿势开始，两脚前脚掌同时向左（右）侧蹬地，使身体向右（左）侧移动，离开原来的位置。向左移叫左移步（图15-2-24），向右移叫右移步（图15-2-25）。侧移步的作用是避开对方有力的攻击，移动到对方的侧面，准备进行反击。

2. 注意事项

（1）移动过程中重心要稳定。

（2）向哪个方向移动就先动哪只脚。

（3）一般是将身体重心移向前脚，以利于后腿攻击。

3. 易犯错误

（1）左右移动时，身体易产生晃动。

（2）移动时重心控制不好，不利于技术动作的衔接。

图15-2-24

图15-2-25

（六）跳换步

1. 动作规格

由左势实战姿势开始，两脚同时蹬地，使身体腾空，两脚在空中前后交换，同时转体；落地时成右势实战姿势（图15-2-26）。

2. 注意事项

（1）跳换步的腾空不宜高，略离地即可。

（2）换步时要拧腰转髋，迅速敏捷，其目的是干扰对方的攻防思路，选择适宜自己进攻的方位和转换自己身体的得分部位，使对方不能得分，同时争取反击的空间和时间，马上转入进攻。

3. 易犯错误

（1）跳换步时腾空太高，动作缓慢，不利于技术动作的衔接。

（2）没有拧腰转髋。

（七）垫 步

1. 动作规格

由左势实战姿势开始，后脚向前脚内侧上步（或并拢）的同时，前脚蹬地抬腿向前迈步，仍成左势实战姿势（图15–2–27）。

2. 注意事项

（1）做垫步时后脚向前要迅速，不等后脚落定，前脚就要蹬地抬腿向前移动；前脚移动的距离要适当，既能照顾与对方的位置关系，又便于自己后面的连接动作。垫步动作要迅速、轻捷、连贯。

（2）后面的连接动作，无论是进攻还是防守，都要快速，可在垫步过程中做动作，不给对方任何机会。

3. 易犯错误

（1）左膝上提时身体失去平衡，致使左腿的攻击能力丧失或被攻击。

（2）支撑腿过直或过屈，影响前腿的攻击力度。

图15–2–26　　图15–2–27

（八）前冲步

1. 动作规格

由左势实战姿势开始，后脚向前迈一步，同时身体转正，随即前脚向前冲一步仍成左势实战姿势（图15–2–28）。可连续冲几步后成实战姿势。

图17–3–28

2. 注意事项

（1）前冲步时两腿动作要连贯、快速，类似加速冲刺。步幅要小，频率要快，灵活多变，是主动追击对方的有效步法。

（2）连续动作要轻捷、快速，给对方造成慌乱，亦可采用向后退的类似方法避守。

3. 易犯错误

（1）两腿动作不连贯，没有加速度。

（2）步幅太大，导致衔接技术动作较慢，影响攻击、防守或反击。

（九）组合步

组合步是指各种步法之间的不同组合。实际上，跆拳道技术在实战运用的过程中，主要是通过各种步法的运用和变化而得到实施，而且使用的步法都是有意或无意地组合起来综合运用的。运用步法的目的是为了调整距离，使自己的动作更加快速灵活，进而达到进退自如、控制节奏、有效攻击和有效防守的目的。步法的组合应根据实际情况的变化而改变，把攻击和反击的技术与步法紧密结合起来，做到在移动中进攻，在移动中防守，在移动中反击，使步法的运用和拳法、腿法融为一体，成为进攻、防守、反击的有机连接技术，从而达到取得实战胜利的目的。

四、跆拳道的基本腿法

（一）前　踢

1. 动作规格

由右势实战势开始。左脚蹬地，身体重心前移至右脚；左脚蹬地顺势屈膝提起，右脚以前脚掌为轴外旋约90度，同时，左腿迅速以膝关节为轴伸膝、送髋、顶髋，小腿快速向前踢出，用脚面击打目标。踢击目标后迅速放松弹回，落地成左势实战姿势（图15-2-29）。

图15-2-29

2. 注意事项

（1）膝关节上提时大小腿折叠，膝关节夹紧，小腿和踝关节放松，有弹性。

（2）踢击时顺势往前送髋；高踢时往上送髋。

3. 易犯错误

（1）直腿上撩，大小腿没有折叠，膝关节不夹紧。

（2）上体后仰过大，失去平衡。

（3）踢击目标时向前用力，与推踢动作混淆。

4. 进攻部位

腹部、肋部、胸部、下颌部。

（二）横　踢

1. 动作规格

由右势实战姿势开始。左脚蹬地，重心移到右脚，左腿屈膝上提，两拳置于胸前；右前脚掌碾地内旋，髋关节右转，右膝内扣；随即右脚掌继续内旋转180度，左腿膝关节向前抬至水平位置，小腿快速向右前弹击；击打目标后迅速收回小腿。左脚落回成实战姿势（图15-2-30）。

图15-2-30

2. 注意事项

（1）膝关节夹紧，向前提膝，尽量走直线；髋关节往前送，身体与大小腿成直线，击打的力点为正脚背；踝关节放松，击打的瞬间要发力。

（2）支撑脚外旋180度。

3. 易犯错误

（1）大小腿折叠不够，膝关节没有夹紧。

（2）外摆的弧度太大。

（3）上身太直，重心往下落。

（4）踝关节没有放松，用脚内侧击打。

4. 进攻部位

头部、胸部、腹部和肋部。

（三）后　踢

1. 动作规格

由右势实战姿势开始。右脚掌为轴外旋同时，上身旋转，重心移到右脚，随之屈左膝收腿直线踢出（向后蹬），重心前移落下，成左势实战姿势（图15-2-31）。

图15-2-31

2. 注意事项

（1）起腿后上身与小腿折叠成一团。

（2）动作用力延伸。

（3）转身、提膝、出腿一次性完成，不能停顿。

（4）击打目标在正前方稍偏右。

3. 易犯错误

（1）上身、大小腿不折叠，直腿往上撩。

（2）转身、踢腿有停顿，不连贯。

（3）击打成弧线，旋转发力，应直线发力。

（4）身体旋转过大，容易被反击。

4. 进攻部位

腹部、肋部、胸部。

（四）劈腿（下劈）

1. 动作规格

由右势实战姿势开始。左脚蹬地，重心前移至右脚。同时，左腿以髋关节为轴屈膝上提，两手握拳置于胸前；随即充分送髋，左小腿以膝关节为轴向上伸直，将左腿直举于体前，尽量贴近胸部，左脚过头。然后快速下压，以左脚后跟（或脚掌）为力点劈击；劈击后放松收回成左势实战姿势（图15-2-32）。

图15-2-32

2. 注意事项

（1）起腿要快速、果断，重心抬高，向上送髋，腿尽量往高、往头后举。

（2）脚放松往前落，落地要有控制。

3. 易犯错误

（1）起腿不够高，不够充分，重心不往高起。

（2）踝关节紧张，往下压太用力，导致动作僵硬。

（3）重心和腿控制不好，落地太重。

（4）上身后仰太多，应随重心一起前移，保持直立。

4. 进攻部位

头颈、脸部和锁骨。

（五）侧　踢

1. 动作规格

由右势实战姿势开始。转身，左脚蹬地以髋关节为轴屈膝提起，两手握拳置于胸前，随即右脚以前脚掌为轴内旋约180度，髋关节向右旋转，左小腿以膝关节为轴向前蹬伸，左脚快速向左前上方直线踢出，力点在脚跟。发力后沿起腿路线收腿、放松，重心落下，成左势实战姿势（图15-2-33）。

图15-2-33

2. 注意事项

（1）起腿时大小腿、膝关节夹紧。

（2）踢出发力时头、肩、髋、膝、腿和踝成一直线。

（3）大小腿直线踢出，原路线收回。

3. 易犯错误

（1）击打对方时，髋关节没有展开，导致击打力度不够。

（2）大小腿折叠不够，或蹬出的速度不快。

4. 进攻部位

肋部、胸部和头面部等。

（六）后旋踢

1. 动作规格

由右势实战姿势开始。转身，左脚蹬地重心前移，左腿以髋关节为轴屈膝上提，两手握拳置于体侧；右脚以前脚掌为轴外旋约180度，左腿以膝关节为轴继续向前上方伸直，并顺势用力向左侧屈膝鞭打，再顺势上体左转，左腿屈膝收回，左脚落地成右势实战姿势（图15-2-34）。

图15-2-34

2. 注意事项

（1）左腿提膝、伸出、屈膝鞭打动作要连贯，击打点在体前偏左侧，以脚掌为击打点。

（2）右脚旋转支撑要保持平衡，踢击后迅速将腿收回。

3. 易犯错误

（1）提膝和屈膝勾摆不连贯。

（2）蹬地旋转不充分，造成击打无力。

（3）重心和腿控制不好，摆勾结束后，身体不到位，易被反击。

4. 进攻部位

头面部和胸腹部。

（七）旋风踢

1. 动作规格

由右势实战姿势开始。两脚以脚掌为轴旋转约180度，身体随之右转约90度，两拳置于胸前。右脚蹬地以髋关节为轴向后上直腿摆起，右腿继续向右后旋摆鞭打，同时上体向右转，带动右腿弧形摆置身体右侧，左腿屈膝回收，落地成左势实战姿势（图15-2-35）。

图15-2-35

2. 注意事项

（1）转身、旋转、踢腿要连贯，一气呵成；屈膝提腿的旋转速度要快；身体在原地（或腾空）旋转360度。

（2）击打点在正前方，呈水平弧线。

3. 易犯错误

（1）转身不到位致使击打力点偏离目标。

（2）不能很好利用蹬地和转体的力量，导致击打无力。

（3）重心和腿控制不好，旋摆结束时，易被反击。

4. 进攻部位

头面部和胸部。

五、跆拳道的基本防守技术

在跆拳道实战中，防守的基本形式是格挡防守，几乎很少采用躲闪防守，因此格挡防守技术就显得非常重要。一个跆拳道爱好者或运动员，如果只注重进攻技术，而忽视防守技术，他就很难成为高水平的优秀跆拳道实战家。实战中防守技术的实施是根据临场实际情况而定的，影响防守技术实施的原因包括对方的技术程度、力量、速度以及和对方相持的距离等，只有在适当的时机并用适当的防守技术，才能达到防守的目的，否则就会失去防守的意义。高质量的防守是反击对方的转换时机和条件。只有在有效完成防守技术的同时，才能尽快转入反击，变被动为主动，为战胜对手创造有利条件。

跆拳道实战中最基本的防守技术，根据身体姿势和防守位置可分为上段防守、中段防守和下段防守。上、中、下的区分是以锁骨和髋关节为界限，锁骨以上称为上段，锁骨至髋骨之间称为中段，髋关节以下称为下段。

（一）上段防守

保护头颈部不受打击的技术方法。

1. 单臂格挡法

实战姿势开始，当对方的拳或脚攻向自己的头部时，左（右）手拳（刀）自内向外做格挡动作，将来拳或来脚挡在左（右）前臂外面（图15-2-36）。这个防守动作可根据对方来拳或脚的方向选择左手防守还是右手防守；可向左格挡，亦可向右格挡。手臂要用力，但动作幅度要小。防守动作完成后要迅速反击或回到实战姿势。

2. 单臂上架法

实战姿势开始，当对方的上劈拳或劈腿自上而下击向自己的头顶时，可用左（右）手臂屈肘自下而上横架于头顶之上，阻挡来拳或来脚的攻击（图15-2-37）。单臂上架防守两臂都可进行，根据对方来拳或来脚的方位决定用左或右臂上架。

3. 双臂交叉上架法

实战姿势开始，当对方劈拳或劈腿自上而下大力下劈时，迅速前弓左腿，两臂交叉自下而上架挡来拳或来腿（图15-2-38）。

图15-2-36

图15-2-37

图15-2-38

（二）中段防守

保护锁骨以下至髋关节部位的技术方法。

1. 单臂格档法

实战姿势开始，当对方的拳或脚攻向自己中段部位时，用左臂（刀）向内格挡（图15-2-39）或向外格挡（图15-2-40）对方的来拳或来脚。根据来拳或脚攻击的方位，选择用左手臂格挡还是用右手臂格挡。

2. 按掌格档法

实战姿势开始，左拳变掌屈肘向内向下快速下按，阻挡对方的拳攻或脚攻（图15-2-41）。可根据来拳或来腿的方位，选择左手掌或右手掌做下按阻挡防守动作。

图15-2-39

图15-2-40

图15-2-41

（三）下段防守

保护髋关节以下的技术方法。

1. 单臂下挡法

实战姿势开始，右脚向后成左弓步，同时左臂由屈到伸向斜下外截，用手腕格挡；右拳置于腰间（图15-2-42）。此动作亦可用手刀向斜下外截。可根据具体情况使用左手或手臂（刀）完成动作。

2. 两臂交叉格挡法

实战姿势开始，左脚前迈落成左弓步，同时两臂体前屈肘交叉，手心向内推击，阻挡对方的低腿进攻（图15-2-43）。格挡时身体下沉，以增加下截的力量。

图15-2-42

图15-2-43

思考题

1. 如何欣赏跆拳比赛？
2. 跆拳道的基本步法有哪些？
3. 跆拳道的基本腿法有哪些？

第十六章　热力街舞教程

第一节　热力街舞简介

热力健身舞简称热力舞，是新编创的一种健身类舞蹈，英文名称为“Hot Power Dance”。“Hot”有热辣、性感、时尚、激动、兴趣浓厚等含义；“Power”有体能、力量、影响力、感染力、动力等含义。

热力舞是一种性感而有力量的舞蹈，人们在舞蹈中能感受或经历的是刚柔相济的风格。此种舞蹈编排内容选择范围宽泛，使得练习者有更大自由发挥的空间，以此激发与提高人们对舞蹈的兴趣度并融入个人风格以调动情绪来丰富整个舞蹈的完成过程。热力舞不仅增强身体的体能与动感，使人情绪饱满，热情四溢，同时又具备相当的时尚度与易掌握度，整个舞蹈过程的健身效果突出，富有创造力与感染力，特别适合现代青年男女共同练习。

一、街舞的起源与作用

街舞，通常简称Hip-hop，“Hip”指臀部，“Hop”指单脚跳，非常形象地勾勒出街舞的大致状态，即跟随节奏音乐欢快自由地扭动臀部进行跳跃舞动。美国的黑人可以说是街舞的主要传播者，此类舞种起源于美国街头舞者（主要以黑人和墨西哥人为主）的即兴舞蹈动作。早年在美国纽约的布鲁克林区，总是聚集着外来移民的黑人或是墨西哥人的孩子，他们很贫穷，没有去舞场或俱乐部消费的能力，只能在街头以跳舞为乐，以舞会友，也以跳舞来宣泄处于底层的一种挣扎、叛逆以及乐观的情绪。他们通过交流与斗舞不断推动着这种狂放、自由的舞蹈动作的复杂性与难度级别，由此也拉帮结派形成各种派系，同时顺其自然地在这些舞蹈中发展出不一样的动作的路线与风格。于是，街舞这种轻松随意、发挥自由个性以及表达反叛精神的舞蹈方式理所当然地被越来越多的年轻人推崇与拥戴。

1992年初期，出现了一种原地性的Hip-hop，动作幅度偏小，脚下移动也比较少，更没有B-boy中那些在地上类似自由体操的高难度动作。主要风格在于注重身体的协调性，重视身体上半身的律动并增加了许多头部、手部的动作。所以，这种舞蹈的另一种叫法是Street Funk。跟随这种街舞的发展趋势，很多健身人士提炼出街舞中能够强身健体与快乐身心的部分，编创了适合健身场所传播的健身街舞，由此，时尚欢快、运动强度适中，更易掌握的街舞也被转化为健身的形式在健身房流传开来。并且在专业健美操运动员的日常训练中，常用这种Hip-hop来训练运动员的协调性、活跃性、表现力等综合素质，同时也成为一种庆祝场合调节气氛的表演形式受到广泛欢迎。健身街舞在动作的选择上更注重安全性、锻炼价值、健康向上的情绪及个性表现力与感染力，所以练习者在消耗脂肪的同时，也释放了精神压力，感到更加快乐，青春焕发。本章节的热力街舞就是在健身街舞的基础上编创出来的更加适合高校青年男女练习的一套健身性舞蹈。

英国心理学家理查德·怀斯曼（Richard Wiseman）所著的《正能量》一书中曾经研究：韩国庆北国立大学的金胜武召集了300个学生志愿者，将学生分为四组，第一组进行一小时的有氧运动，第二组做身体调节活动，第三组做Hip-hop训练，第四组滑冰。众所周知，体育运动可以让人快乐，因此所有的实验参与者都会感到更快乐。然而，最终的试验结果表明，跳Hip-hop的一组人在所有参与实验者中快乐指数更高。此外，英国的“舞蹈博士”赫特福德郡大学矿业学院的彼得·罗维特博士对更多的舞蹈进行研究，发现跳舞是提升正能量最有效的方法，人们会更容易感到快乐，尤其那些简单易学的舞步对提高快乐指数格外有效。因此，热力街舞课程是很容易让人们开心活跃，青春勃发的课程。

二、街舞的类别

街舞的类别比较复杂，时代的变迁、相互间的穿插、交融与影响都在改变着街舞类别的划分，大致可分为以下几种类别。

（一）Hip-hop

Hiphop是人们最常接触的一种街舞形式，也是街舞的通称。我们在这里所说的是新时期演变而来的Hip-hop，是一种类似“原地性完成的Hip-hop”。这种舞蹈摈弃了很多大幅度，发泄劲爆的动作以及大范围的移动舞步，更取消了Old School时期为配合Breaking（霹雳舞）中的地面类似体操的动作。Hip-hop的独有风格在于更注重身体各环节的律动以及协调配合，尤其是上半身的律动，其中增加了许多手臂部的动作。早在上世纪80年代，当Michael Jackson的一首Remember the Time MTV出现时，大家首次看到的就是Hip-hop，从此被广泛推动到世界各地。于是，这种比较容易学习、舞步稍显简单、身体律动漂亮，跳起来相当好看的舞蹈很受世界各地青年人的喜爱，也是街舞中最被广泛流传的舞种。

（二）Popping

Popping通常被简称“机械舞”，它最初的基本形式是借由各部位肌肉迅速地收缩与放松的技巧，使舞者的身体产生震动的感觉，这种技巧称作Pop，原因是最早的创始人在跳Popping时嘴中会发出“Pop”的声音。舞者会以多种不同的动作和姿势来配合歌曲的节奏进行舞蹈，肩膀、胸部、手臂、腿部等部位均有动作表现，即肌肉的收紧与放松所产生出的震动，身体控制收放自由并不僵硬。同时，Popping也可泛指一些与Popping相关的舞蹈风格及技巧，这些舞风与技巧时常融合在Popping中，将舞蹈展现出更多的变化。通常较多看到的Wave（电流舞）、Robot（机器人舞）、Slide（滑步舞）、Kingtut（埃及手舞）等内容，这些都常常被Popping舞者加入自己的舞蹈当中，而这些内容又都属于各自独立的风格，并不属于在Popping中。

（三）Breaking

最早传入中国时被称作霹雳舞，男Breaking舞者称为“B-boy”，女Breaking舞者被称作“B-girl”。这是一种难度很高的技巧性舞蹈形式，国内有不少以前习练体操的男孩在大力的推动中国Breaking的发展，而在美国街头的孩子们仅靠热爱与良好的先天素质就能玩出让人眼花缭乱的Breaking技巧舞蹈动作，令人惊叹。Breaking大体上可以分为两种类型：一种是用手、头、身体在地上旋转，称为大地板；另一种是用肢体在地上踩出复杂变化的脚步动作，加上刁钻的倒立，称为小地板。同时，在跳Breaking的过程中也可随意去发挥符合节拍的其他舞蹈动作。

（四）Free Style

Free Style是一种出神入化的舞步，它将各种类型的舞蹈混合在一起，随心所欲地表现，没有舞蹈风格的限定，脱离一般舞蹈的规范，可以说是一种个性化的街舞。Free Style这种舞蹈的发挥空间很大，有点舞蹈基础者就可以在各种舞蹈形式以及音乐风格中穿行，游刃有余。在美国的一些舞蹈电影或舞蹈竞赛中在不断地尝试将芭蕾与街舞，现代舞与街舞，摇滚乐与街舞，古典乐与街舞等等融合在一起，创造出了很多令人赏心悦目的Free Style，有的舞者甚至用抒情音乐结合Free Style跳出对情人的眷恋，非常令人感动。

（五）House

House是20世纪80年代末兴起于美国纽约俱乐部里的舞蹈，一帮舞蹈俱乐部里的单纯想跳舞而并不想对抗打斗的年轻人开始运用House的音乐来跳舞。当时House音乐很像是20世纪70年代的Disco音乐，被各个不同种族，不同职业的人所喜爱，导致丰富多元的文化元素融入到House俱乐部之中，于是House的舞蹈应运而生。俱乐部中，来自非洲的人跳非洲舞蹈，巴西人则跳Capoeira（一种非裔巴西人的舞蹈），再加上盛行的B-boy、Hip-hop、Jazz等舞者们共同发展创造了纽约的House舞蹈。我们看到的这种舞蹈伴随着House音乐，会运用复杂而多变的舞蹈步伐，有时会加上拉丁舞的扭腰、武术中的空翻、踢踏舞的基本步以及类似芭蕾的转圈动作等等。总之，House舞跳起来时而优雅，时而狂野，舞者对身体的操控能力也非常全面。

（六）Jazz

爵士舞的动作本质是一种自由而纯朴的表现，直接把内心的感受用身体的颠、抖、扭表达出来，就像我们听到喜欢的音乐，能从内心自然的流露出感情，身体就不由自主地随着音乐节奏而活动，如弹响手指，摆首顿足，时而兴奋激烈，时而缓慢优柔的融入音乐之中。由于起源与发展过程的复杂，Jazz的种类繁多，不同种类的爵士舞特点也不一样。爵士的分类有很多种，比如：Power Jazz，Ballet Jazz，Funky Jazz， Street Jazz ，Raggae，New Jazz。

1. 力量爵士（Power Jazz）是一种力量型的爵士舞，非常重视力点的爆发与控制，跳起来非常的劲爆，很有表现力与感染力，健身效果很突出。

2. 芭蕾爵士舞（Ballet Jazz）是由芭蕾舞蹈演变而来的，因此显得非常优雅。然而爵士的力点爆发性，又演化出很多芭蕾没有的动作。

3. 放克爵士（Funky Jazz）有些类似力量爵士，区别在于更注重发力点和过程的结合运用，因此跳起来有些相似于Hip-hop中的Funky。

4. 街头爵士（Street Jazz）结合了Power Jazz、Funky Jazz、Hip-hop的特点，观赏性非常强，是一种很受欢迎的舞蹈。

5. 雷鬼（Raggae）在女性舞者中非常很风靡，因为这种舞蹈跳起来非常的性感火爆，跳这种舞蹈会使身体曲线展现的淋漓尽致。

6. 新爵士（New Jazz）是结合Jazz和Hip-hop而形成的一个舞种，是追求愉快、活泼、有生气的一种舞蹈。它的随意性较其他Jazz舞种更强，舞者可以根据不同的音乐跳出不同的舞步，例如，配合爵士音乐充分的表现舞者感情，很多跳舞的人正是被这点吸引喜欢上New Jazz。此外，它也不是无的放矢，会有规律的借助或仿效其他舞蹈技巧，例如，在步法和动作上，应用芭蕾舞的动作位置和原则，踢踏舞技巧的灵敏性，现代舞躯体的收缩与放松，拉丁舞的舞步与摆臀以及东方舞蹈上半身的挪动位置的技巧等等。

三、热力街舞的特点

热力街舞是热力舞系列课程的初级内容，被作为北京电影学院的体育必修课程教授，由于其健身效果显著，变化丰富，节奏明快以及易掌握的特点得到广大男女学生的喜爱。

热力街舞的动作内容主要以街舞组合的形式体现，其在街舞动作轨迹的基础上，将动作的幅度加大，例如，手臂展开的幅度加大，腿部伸直，身体展开与起伏幅度加大等等，以此汲取了街舞中多变的身体活动形式，相对减少类似健美操的那种对称性动作，以增强舞蹈整体的现代感与变化感，令整个舞蹈内容饱满，富于变化，这些改变更吸引学生的眼球并激发学习舞蹈的热情。同时，热力街舞的编排潜藏着对身体特别的健身意义，因此也在一定程度上对塑造身体线条起到显著的作用。总之，这套舞蹈可以说是扬长避短，将街舞与健美操或健美舞的优点都在很大程度上凸显出来，又适当避开了街舞的身体形态中颓废、叛逆的特点，以及健美操相对呆板与重复性强的滞后时代感。经对热力街舞的调查问卷结果反馈，大多数本课堂上的学生们普遍反应在最初观看这套舞蹈时感觉舞蹈动作漂亮但有难度，但是经学习后认为难度适中，健身效果突出。

北京电影学院艺术特长生的很多学生们的乐感都很强，部分学生曾有习练舞蹈的经历，尤其是表演学院的学生，有的同学甚至有8～10年的舞蹈练习基础。然而，热力街舞课程是由各个不同专业的学生选课组成的必修班级，在班上学生的水平总是参差不齐，这种情况对教师的教学水平是一个考验。这套热力街舞是我思考创编了很长时间的一套舞蹈，教学内容很有意思，经过几年的教学反馈与动作改动后，学生们发现即使舞蹈基础很好的人学起来都不感觉很容易，而没有任何舞蹈基础的人学起来也不会感觉很难。这套热力街舞很适合艺术专业的男女学生们用于体育必修课程的学习，当他们经历了这个课程后，如果有兴趣可以进入中级与高级的热力舞任选课程的学习。

第二节　热力街舞教学内容

一、准备活动

热力街舞的准备活动是主要针对要进入主体教学内容的身体部分、身体感觉的活动。准备活动在体操、舞蹈、健美操等活动中都非常重要，很多学生往往喜欢直接进入主体部分舞蹈动作的学习，对准备活动会显得比较冷淡。因此，在动作的选择上要实用，紧紧围绕后面要进行的舞蹈部分的身体活动以及身体感觉进行练习，同时在音乐的选择上要符合由慢入快，节奏鲜明等特点，以调动学生的身体和情绪都进入热身状态，避免后面教学内容中的更剧烈、多环节运动构成与运动负荷以及注意力不够集中给身体造成的运动损伤状况发生。

1. 头部活动（图16-2-1）

图16-2-1

第1个动作：头部分别向前、向后、向左、向右，注意2拍1换。

第2个动作：头部分别向前、向后、向左、向右，注意1拍1动，2拍向同一个方向。

第3个动作：头部从左前方经后侧，以逆时针方向旋转，注意旋转要充分。

第4个动作：头部从右前方经后侧，以顺时针方向旋转，注意多重复几轮8拍。

2. 肩部活动（图16-2-2）

图16-2-2

第5个动作：（1，2）右肩起（3，4）右肩落，（5，6）左肩起（7，8）左肩落。

第6个动作：（1，2，5，6）双肩起，（3，4，7，8）双肩落。

第7个动作：（1，2）右肩向前，向上旋转提起，（3，4）再向后旋转落下，（5，6）左肩同右肩前旋提起，（7，8）左肩后旋落下。

第8个动作：（1，2）肩部平移向右，（3，4）再向左，依次几个8拍后，1拍1动。

3. 胸廓运动（图16-2-3）

图16-2-3

第9个动作：胸廓分别向前、向后、向左、向右，注意先2拍1动，然后1拍1动。

第10个动作：将前、后、左、右4个点连成一个圆形，先以逆时针方向4拍1圈，绕2～4个8拍后，换成以顺时针方向4拍1圈，绕2～4个8拍。

4. 髋部运动（图16-2-4）

图16-2-4

第11个动作：髋部分别向前、向后、向左、向右，注意先2拍1动，然后1拍1动。

第12个动作：将前、后、左、右4个点连成一个圆形，先以逆时针方向4拍1圈，绕2～4个8拍后，换成以顺时针方向4拍1圈，绕2～4个8拍，最后换1拍1圈，快速绕圈。

5. 吸腿运动（图16-2-5）

第13个动作：（1）收腹，吸右腿，（2）落腿，双腿弯曲，（3）收腹，吸左腿，（4）再落腿。以此类推，逐渐过渡到1拍完成吸腿和落腿，1拍1动。

（1，5）　（3，7）　（2，4，6，8）

图16-2-5

6. 伸腿运动（图16-2-6）

（1，2）　（3，4）　（5，6）　（7，8）

图16-2-6

第14个动作：（1）身体右侧倾，左腿向斜后方伸出，含胸，双臂微屈，手臂收紧，（2）收腿，（3）同前，身体左侧倾，右腿向斜后方伸出，（4）收回，（5）身体向右后倾斜，双臂侧打开，展胸，髋部前送，伸右腿，（6）收回，（7）同前，身体向左后倾斜，伸左腿，（8）收回。逐渐加快1拍1动。

二、热力街舞内容

热力街舞的教学内容分为5个小节，共26个8拍。热力街舞的5节教学内容难度在整个教学过程中呈现出一个递进的状态。当学生开始学习第一节的前半节时候会感觉简单、有趣，第一节课下来，绝大部分的人即使没有任何舞蹈基础的人也会学会跳舞，这一切将吸引学生进行下一步的学习。但是，进入第一节的后半节，他们就会感到遭遇真正的动作难度。

在此套舞蹈的5节内容当中的每一节都会有重点难度动作，这些动作也是这一节的核心所在，教师在授课时，可以针对学生平均水平来调整教学手段与方法。例如，如果学生的平均水平比较低，就可以先避开重点难度动作，把比较简单的动作先教给学生们，让他们先热身，跳起来，有学习的兴趣，在进入状态后再教难度动作；如果学生的平均水平比较高，就可以在教完第一节内容后，从第二节开始就直接进入每一节难度动作的授课，如此让他们感觉到所学的内容有挑战性，将更兴奋的完成课程内容。

当然，根据课堂学生的平均水平，在选择音乐的时候也要特别注意。平均水平太低的学生，一开始需要更安静的环境，来更细化地教给他们每一个动作的细节；水平一般的同学，需要节奏突出但速率较慢的音乐来提示动作要点，同时也需要多重复，以他们自己能完成的动作为基础多让他们练习，增强对跳舞的自信与兴趣；水平相对较高的同学，需要音乐有变换，节奏由慢及快，节奏鲜明，在熟悉动作的基础上需要更换音乐来一次次的刺激学生们重复练习所学动作的欲望。

前面说过，此套舞蹈中每一节的难度实际上是递进的，很多时候有些学生会感觉越到学习的后半部分，他们越会感觉自己学动作的所需时间越少，往往会误以为舞蹈动作越发容易，实际上是由于学生们的身体活动能力已经被逐渐锻炼出来，当然就会感觉动作变简单了。5节初级热力舞跳下来的运动量是很大的，尤其是在音乐节奏逐渐增快的基础上，而且跟随节奏的增快、动作的熟练，学生在完成舞蹈动作的过程中也会感觉到跳舞的快乐与身体的活力，练习次数比较多的学生，会更明显地感受到热力舞的瘦身效果，尤其是腰腹、臀部与手臂、大腿位置会有很明显的变化，身体线条也更漂亮。

注意，以下动作所描述的点位是以人体面对正前方为正12点，正身后为6点，正右侧为3点，正左侧为9点，即以人体所站立位置为钟表圆心，从正前经右侧到后，经左侧的顺时针方向来分别描述动作与身体朝向的方位。

图中标识出数字为8拍的每一拍动作，而“x”为跟随此拍的半拍动作。

（一）第一节（6个8拍）

第1个8拍（图16-2-7）

图16-2-7

（1）双腿微屈，重心略向右侧下沉，前迈右腿，右手向旁侧打响指；

（2）身体略向左侧倾斜，双腿并拢，右手收回；

（3）同（1），（4）同（2）；
（5）右脚跟向右侧外移；
（5x）右脚掌向右侧外移，（6）同（5）；
（7）左腿向斜后方4点位置撤步；
（7x）右腿向同方向后撤小半步；
（8）左腿向10点位置前迈一大步。

第2个8拍（图16-2-8）

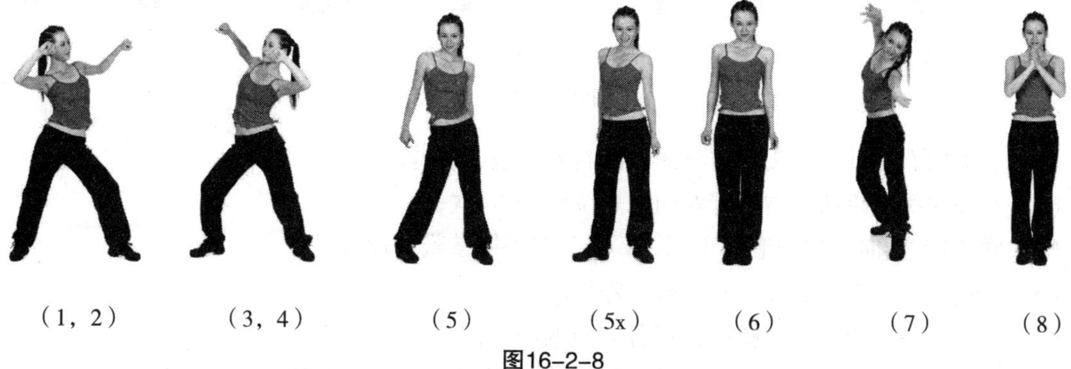

（1，2）（3，4）（5）（5x）（6）（7）（8）

图16-2-8

（1，2）身体向10点位置，双臂打开，扩胸两次；
（3，4）身体向2点位置，双臂打开，扩胸两次；
（5）回收右脚前掌，（5x）回收右脚跟，
（6）双腿并拢，右脚跟悬起；
（7）身体向正后方，右腿向6点方向后滑步，左腿伸直脚掌擦地，双臂向12点方向伸直；
（8）双腿并拢，双膝微屈，双手击掌。

第3个8拍（图16-2-9）

（1）（2）（3）（4）（5）（6）（7）（8）

图16-2-9

（1）身体向左侧平移，开左腿，左脚勾起，提右肩；
（2）右腿后交叉，提左肩；（3）同（1）
（4）双腿并拢，双手击掌；
（5）开左腿，双臂伸直；
（6）身体平转到面朝6点方向，双臂伸直；

（7）身体转回到12点，双腿打开，双臂伸直；（8）双腿并拢，双手击掌。

第4个8拍（图16-2-10）

图16-2-10

（1）右腿向右侧外开，头部与身体做向右侧波浪，左臂外推；

（2）双腿并拢，跳跃，右手握拳向12点位置敲击1次；

（3）同（1）做向左侧波浪，（4）同（2）左手握拳敲击1次；

（5）双腿打开，双手交叉，右手腕压左手腕；

（6）跳跃，右脚交叉在左脚前，双臂向两侧伸直；

（7）右脚脚跟旋转，左脚脚掌旋转，身体转向6点方向，双臂收拢；

（8）右脚脚掌旋转，左脚脚跟旋转，身体转回12点，跳跃，双腿并拢，双手击掌。

第5个8拍（重点节拍）（图16-2-11）

图16-2-11

（1）身体向右后方侧倾，右腿向10点位置勾脚侧踢；

（2）身体向左侧方倾斜，右腿向3点位置勾脚侧踢；

（3）右脚落在左斜后方7点位置；（3x）左腿向斜后方8点位置后撤；

（4）右腿向3点位置前迈步（注：手臂自然摆动）；

（5）右腿再次向8点位置后撤；（5x）左腿向9点位置后撤；
（6）右脚跟在原地旋转，脚尖从9点转到12点，身体同转；
（7）3点位置提右肩，顶左胯；（7x）8点位置提左肩，顶右胯；
（8）12点位置提右肩，下巴微抬，顶右胯。

第6个8拍（图16-2-12）

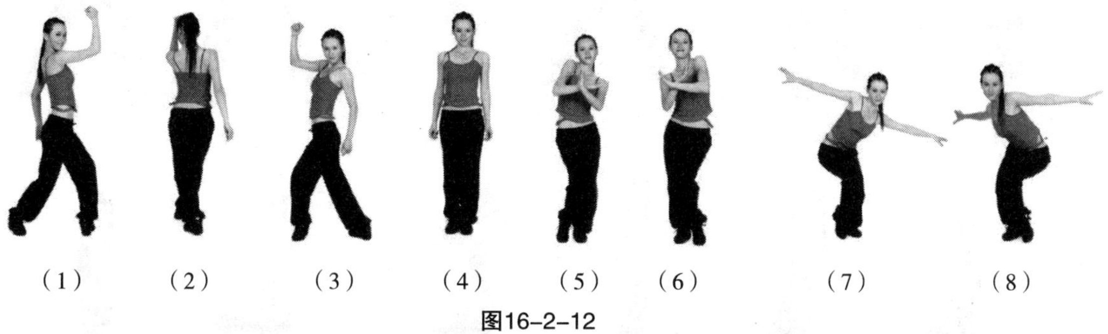

图16-2-12

（1）左腿向9点位置迈步；（2）右腿向6点位置迈步；（3）左腿向3点位置迈步；
（4）回到最初位置，面朝12点方向（注：初学时是走步，熟练后变成跳跃迈步）；
（5）身体略向左侧倒，重心落在左腿上，双腿弯曲，右手腕压左手腕；
（6）同（5）方向相反（注：右手腕压左手腕）；
（7）身体左倾斜，双腿加大弯曲程度，双膝向两侧打开，双臂打开，五指展开；
（8）同（7）方向相反。

（二）第二节（4个8拍）

第7个8拍（图16-2-13）

图16-2-13

（1）同（3）向左侧抬左腿迈步，双臂向右侧，右臂伸直，左臂弯曲，双手半握拳；
（2）同（4）（6）双腿并拢，双手臂弯曲置于体前（注：身体跟随倾斜度不尽相同）；
（5）同（7）向右侧抬右腿迈步，双臂向左侧，左臂伸直，右臂弯曲，双手半握拳；
（8）双腿并拢，双手恢复置于体侧。

第8个8拍（重点节拍）（图16-2-14）

图16-2-14

（1）右腿向前做弹踢腿，双臂向前伸直；（1x）两腿打开，落左臂，右手置于胸前；
（2）右手臂向右侧伸直，同时右耳贴右臂，右手打响指；
（3）双腿保持不动，手臂向前，食指伸出，俯身向前，按逆时针方向像画大海螺一样；
（3x）到胸前画小海螺，胸廓跟随按逆时针绕环；
（4）右手在胸前保持不动；
（5）右腿弯曲，左腿伸直，右脚前掌旋转至9点方向，右手臂经下方从3点划至9点方向；
（5x）身体面对9点方向，重心在右腿上，双臂伸直，手心向下；
（6）向9点方向牵拉起身体，像被动拉起一样，双腿并拢；
（7）弹踢右腿，双臂向前，半握拳；
（7x）右腿落，吸起左腿，双拳在腋下由内向外画圆；
（8）左腿落地，双腿并拢，双手落于身体两侧。

第9个8拍（图16-2-17）

（6） （7） （7x） （8）

图16-2-17

（1）向9点方向迈出左腿，右臂伸直经前方以顺时针画大圆（注：熟练后变成跳步）；
（2）身体转向12点方向，身体下移，右腿后交叉，右手半握拳向下做下压动作；
（3）右腿向3点方向做右侧滑步，左腿伸直，左脚掌擦地，右手屈肘向右侧推动；
（4）双腿微屈，双手击掌；
（5）向左侧迈步，提右肩；（5x）身体逐渐左移，提左肩；
（6）右腿后交叉，提右肩；
（7）向右侧迈步，提左肩；（7x）身体逐渐右移，提右肩；
（8）左腿后交叉，提左肩。

第10个8拍（图16-2-18）

（1，3） （2，4） （5） （6） （7） （8）

图16-2-18

（1，3）小跳，向右侧开腿，脚尖绷直，展开食指、中指，向右旁侧指；
（2，4）小跳，向左侧开腿，脚尖绷直，展开食指、中指，向左旁侧指；
（5）身体向10点方向，右腿迈出；
（6）身体向2点方向，左腿迈出；
（7）向6点方向后退，做后滑步，左腿伸直，左脚掌擦地，左臂向12点方向伸直；
（8）双腿并拢微屈，双手击掌。

（三）第三节（6个8拍）

第11个8拍（图16-2-19）

（1） （2） （3） （4） （5） （6） （7） （8）

图16-2-19

（1）右腿向10点方向伸出，左腿弯曲，身体斜后倾斜，左手在前，右手在后；
（2）右脚向后斜7点方向，双腿弯曲；
（3）身体向右侧，3点位置做右侧滑步，双手臂打开，右臂向斜上方，左臂向左侧；
（4）双腿微屈合拢，双手击掌。
（5）同（1），（6）同（2），（7）同（3），方向相反。（8）同（4）。

第12个8拍（图16-2-20）

（1） （1x） （2） （3） （3x） （4）

（5） （6） （7） （8）

图16-2-20

（1）双腿并拢微屈，提右肩；（1x）逐渐向左侧转动躯干，提左肩；
（2）提右肩，肩头在12点位置，微抬下巴；
（3）提左肩；（3x）逐渐向右侧转动躯干，提右肩；
（4）提左肩，肩头在12点位置，微抬下巴；
（5）左脚掌向前点地，右臂伸直将腋下打开，五指打开，右手心向前，左手心向后；
（6）双腿弯曲，下沉重心，屈肘半握拳，胸前扩胸；
（7）同（5），（8）同（6）方向相反（注：5与7拍在熟练后加入点地后勾脚再收腿）。

第13个8拍（图16-2-21）

图16-2-21

（1）左侧迈步，躯干向斜1点方向，上举右手臂，手臂尽量伸直，手握拳；
（2）右腿后交叉，手臂下落在肩头上方由外向内转圈，下落手臂，头朝向左侧，视线下移；
（3）同（1）躯干向斜11点方向，上举左手臂；（4）同（2）左腿后交叉，头朝向右侧；
（5）双腿跳跃打开，右手呈90度弯曲，肘与肩在一平面；
（5x）右腿在前，左腿在后，下落右臂；（6）同（5），
（7）（7x）双腿打开，向右侧打两次响指；（8）收腿，收手，恢复站立。

第14个8拍（图16-2-22）

（1）（1x）（2）（3）（3x）（4）（5，6）（7，8）

图16-2-22

（1）右脚向后退半步；（1x）左脚再后退半步；
（2）右脚向前迈一步，双手握拳在双肩上方，像双手把握横杆；
（3）与（3x）双臂屈肘分别经由头前—头后—后背—两胯，做出向前的波浪，或穿杆动作；
（4）双腿并拢，重心下沉，双手半握拳置于在身体两侧；
（5，6）双脚并拢，脚跟脚掌依次交替落地向左侧平移3次，双臂屈肘平举于胸前；
（7，8）同（5，6）身体向右侧平移3次。

第15个8拍（重点节拍）（16-2-23）

（1）（2）（3）（4）（5，5x）（6）
（7）（7x）（8）

图16-2-23

（1）向左侧迈左腿，右手向下画半圆；（2）双腿并拢，重心下沉，右手在右肩处握拳；

（3）向右侧迈右腿，左手向下画半圆；（4）双腿并拢，重心下沉，左手在左肩处握拳；
（5，5x）经小跳，右脚在斜10点位置先落脚跟，脚尖朝右，再扣脚掌，脚跟朝右；
（6）向左侧再次移动脚跟，脚尖朝右；
（7）右脚尖向右侧3点位置点地；（7x）右脚在左腿后交叉，7点位置点地；
（8）双腿打开，挺胸抬头，躯干立直。

第16个8拍（重点节拍）（图16-2-24）

图 16-2-24

（1）双手手臂伸直，五手指伸直并拢，身体前屈；
（2）双腿并拢，双臂屈肘，肩肘齐平，五指并拢，中指相触；
（3）右手指尖冲下，右手腕弯曲呈90度，左手指尖冲上，左手掌按压右手背；
（3x）保留（3）动作，向右侧倒头；
（4）身体下蹲，躯干向2点位置，左手下冲拳；
（5）右腿向斜后8点方向撤步；
（6）左腿悬空向左侧以逆时针画左半圆，左脚交叉落脚在右脚侧方，即3点位置；
（7）直接向右侧开右腿，将右脚落在3点位置；
（8）将重心移至右腿，躯干向右侧移，视线下移。

（四）第四节（6个8拍）

第17个8拍（图16-2-25）

（1，1x） （2） （3） （3x） （4） （5） （6，7x） （7，8）

图16-2-25

（1，1x）重心在右侧，身体倾斜，右手擦动左肩2次，做拍掉肩头雨水的动作；

（2）右手臂伸直向右斜上方打响指1次，头部朝向9点位置，视线下移；

（3）右腿前交叉，右手五指展开放在左肩上，（3x）右脚脚跟，左脚脚掌，转动到6点；

（4）左脚脚跟，右脚前掌转动成左脚前交叉，手的位置不变；

（5）右脚跟悬空，右膝打开，右臂向斜上方打开做响指；

（6）右膝内扣，回收右臂；

（7，8）同（5）（6）做连续打两次响指，同时配合加快做两次开膝动作。

第18个8拍（图16-2-26）

（1） （2） （3） （4） （5，6） （7，8）

图16-2-26

（1）预动拍做收右脚经双脚并拢后，向左打开左腿，躯干经由2点转向10点位置，双臂顺应躯干做类似鞭打动作甩动到9点位置；

（2）经双脚并拢后，打开右腿，重心右移，双手由胸前弯曲上举，外翻腕关节，手心向上，做类似埃及手的动作；

（3）双腿并拢，微屈膝，重心下沉，双臂屈肘，双手半握拳，做扩胸动作；

（4）打开双腿，双臂向下伸直，五指打开；

（5，6）向左平移肩部，双臂伸直；（7，8）向右平移肩部，双臂伸直。

第19个8拍（图16-2-27）

图16-2-27

（1，5）左腿向斜方向10点位置迈腿，右手臂斜上举，左手屈肘，双手握拳；

（2，4，6）双腿弯曲，双手屈肘于胸前，拳心相对；

（3，7）右腿向斜方向2点位置迈腿，左手臂斜上举，右手屈肘，双手握拳；

（8）身体转向10点位置，双腿微屈，双手落下。

第20个8拍（重点节拍）（图16-2-28）

图16-2-28

（1，2）左腿伸直，勾脚，脚跟落地，右手臂屈肘，右手握拳，拳眼冲下敲击2次；

（1x）提起左腿，屈膝勾脚，右手握拳，拳眼冲前；

（3，3x）左腿向11点位置做前滑步，右手拳眼向前敲击，身体跟随做前波浪；

（4）双腿弯曲，下蹲，双臂下落；

（5）跳步，换左脚在前，身体转向8点方向，

（6）右脚在前，身体转向6点方向；
（7）左脚在前，身体转向3点方向，注意身体始终不要抬高，同时收腹；
（8）回收右脚，身体转回12点方向，双腿并拢，双手臂回落于身体两侧。

第21个8拍（重点节拍）（图16-2-29）

（1，3，4）　（2）　（5）　（6）　（7）　（8）

图16-2-29

（1，3，4）重心前落在右脚上，右脚前掌外转内旋，膝关节外开内扣，双腿交叉像麻花；
（2）重心后移，右脚后交叉，外开膝盖，右脚前掌外转；
（5）右脚后交叉点地1次；
（6）身体向右侧3点位置移动，做侧滑步，右手臂斜上举，左手臂伸直在斜下方；
（7）左脚后交叉，右手腕压左手腕，打响指1次；
（8）双腿打开，躯干立直，双臂打开于身体两侧斜下方。

第22个8拍（图16-2-30）

（1）　（1x）　（2）　（2x）　（3，3x）　（4）
（5）　（5x）　（6）　（7，7x）　（8）

图16-2-30

（1）右腿前交叉，右手腕压左手腕，打响指；（1x）双腿打开，双臂打开，打响指；
（2）左腿前交叉，左手腕压右手腕，打响指；（2x）双腿打开，双臂打开，打响指；
（3，3x）重心逐渐倒向左侧，耸肩2次；（4）身体再次下沉下压，耸肩1次；
（5）双腿并拢，右手拍打右脚外侧；（5x）右手拍打右脚内侧；（6）（8）落腿，微屈腿；
（7，7x）右腿向后侧6点位置，做后滑步，左腿伸直，左臂伸直，右手握拳向前敲击2次。

（五）第5节（4个8拍）

第23个8拍（重点节拍）（16–2–31）

图16–2–31

（1）身体略向左侧倾斜，提膝收右腿，腹部收紧，双手握拳向内侧画圆；
（1x）身体略向右倾斜，落右腿；
（2）同（1）方向相反；（2x）同（1x）身体略向左倾斜，落左腿；
（3）重心在左腿，左膝弯曲打开右腿，双手握拳经逆时针画圆向右，右臂伸直左臂弯曲；
（4）重心在右腿，右膝弯曲打开左腿，双手握拳经顺时针画圆向左，左臂伸直右臂弯曲；
（5）收回左腿，开右腿重心在中间，经由胸前上举手臂，屈肘屈腕，五指并拢手心向下；
（5x）双手交叉落在双肩上，左手腕压在右手腕上；
（6）双手置于前胯部；（7）双腿伸直，双手握拳右手在外，由外向内画圆约2圈半；
（8）双腿并拢，双手击掌。

第24个8拍（图16-2-32）

图16-2-32

（1）身体稍右移，右臂向右侧伸，打响指1次；
（2）双腿并拢跳起，再次向右侧打响指1次；
（3）右腿向左斜10点方向伸腿，左臂在前，右臂在后；
（4）右腿向右斜4点方向伸腿，右臂在前，左臂在后；
（5）向斜前11点方向迈右腿；
（6）上步，向10点方向直踢左腿，脚尖绷直；
（7，7x）落右腿前交叉，右脚跟左脚掌向左后转，转至5点位置，变成双脚跟旋转；
（8）双腿并拢，身体立直，面对12点方向。

第25个8拍（图16-2-33）

（6） （7） （7x） （8）

图16-2-33

（1）左腿向斜后方8点方向做后侧滑步，右腿伸直，右臂伸直，打1次响指，右耳贴右臂；
（2）右腿后交叉，身体正对前方，头部回正，右手向下打1次响指；
（3）右腿向斜后方4点方向做后侧滑步，左腿伸直，左臂伸直，打1次响指，左耳贴左臂；
（4）左腿后交叉，身体正对前方，头部回正，左手向下打1次响指；
（5，5x）双手交叉扶肩，左手腕压右手腕，转换成右手扶右肩，左手扶左肩，勾手腕；
（6）向左侧开左腿，勾左脚，脚跟落地，双手臂向下置于身体旁侧，双手手腕向外勾起；
（7，7x）逐渐向左移动重心，提右肩，再提左肩；
（8）右腿做后交叉，提右肩在12点位置，下巴微抬。

第26个8拍（重点节拍）（图16-2-34）

（1） （1x） （2） （3） （3x） （4）
（5） （6） （7） （8）

图16-2-34

（1）向右侧开右腿，双臂伸直，双手握拳从左侧以顺时针方向开始画圆；
（1x）重心逐渐右移，左腿向右侧靠拢，双臂像平推磨般向右侧平面画圆；

（2）双腿并拢，双手屈肘在胸前，肘关节与肩部齐平；

（3）胯部向左顶，双手五指并拢，指尖相触，靠近左耳，手心朝向左侧面部；

（3x）胯部向右顶，双手从头后部绕过，靠近右耳，手心朝向右侧面部；

（4）左腿向5点方向后撤小半步，双手绕至左胸前，双手心朝向躯干，绕到右胯部；

（5）右腿向7点方向后撤小半步，双手移至左胯部；

（6）向9点方向，打开左腿；

（7）躯干朝向10点位置，双腿下蹲，下压右膝，左腿半弓步，右手扶右膝；

（8）躯干朝向2点位置，交替换腿，左腿下压，左膝触地，右腿下蹲，头部朝12点位。

三、放松活动

热力街舞后的放松主要针对跳舞所活动的部位进行放松，这对于身体线条美化非常重要。

深吸气，双臂上举，深呼气，下落双臂，双腿弯曲，还原（图16–2–35）。

右臂伸直，举至左侧，左臂弯曲拉伸右臂，再做另一侧（图16–2–36）。

右臂在头后方，左臂按压肘部，拉伸肩部与外臂，再做另一侧（图16–2–37）。

图16–2–35　　图16–2–36　　图16–2–37

双臂交叉上举，拉伸整个躯干，双臂交叉后侧拉伸，展开胸廓（图16–2–38）。

勾起脚，展开胸廓，挺直背部，下压身体，拉伸腿部后侧（图16–2–39）。

弯曲右腿搭在左大腿上，双手轻放在膝部与踝部，保持平衡后双臂下落触摸地面，拉伸臀部与腿部侧面，同时降低重心（图16–2–40）。

图16–2–38　　图16–2–39　　图16–2–40

四、形体基础练习

形体基础练习是热力街舞课作为体育必修课的教学内容，这部分的作用在于提升学生的身体姿态与各部位的柔韧性与控制力，对于学习和完成舞蹈内容起到良好的辅助作用。

1. 脚位练习（图16-2-41）

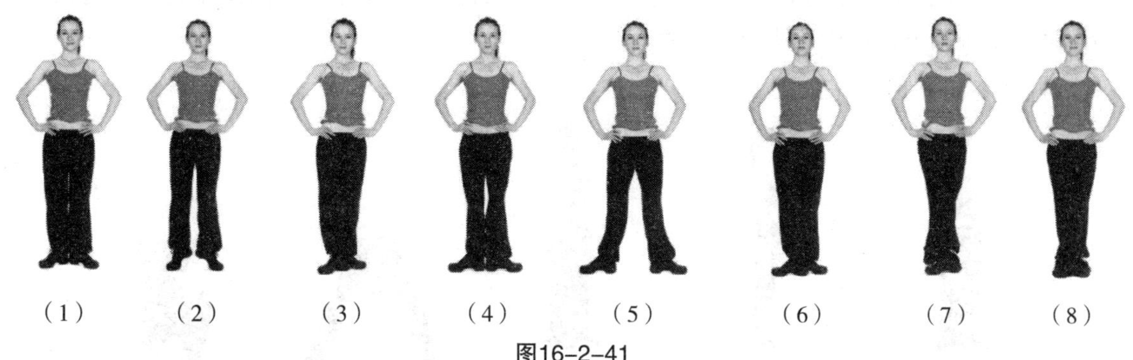

（1）（2）（3）（4）（5）（6）（7）（8）

图16-2-41

（1）八字脚：两脚跟靠拢，脚尖开至45度方向。

（2）八字开立：八字脚站位，双脚跟提起。

（3）丁字脚：右脚跟放至左脚心中间，形成丁字。

（4）一位脚：两脚跟靠拢，两脚尖开至180度方向，膝关节伸直并拢。

（5）二位脚：两脚跟分开，中间能放一只脚，两脚尖开至180度方向，膝关节伸直。

（6）三位脚：一只脚放至另一只脚的前面脚心中间，两脚尖开至180度方向，膝关节伸直并拢。

（7）四位脚：一只脚放至另一只脚的前面，中间空出能放一只脚的位置，前后的脚尖和脚跟对齐，两脚尖开至180度方向，膝关节伸直并拢。

（8）五位脚：一只脚放至另一只脚的前面重叠，两脚尖开至180度方向，膝关节伸直并拢。

2. 手位练习（图16-2-42）

（1）（2）（3）（4）（5）（6）（7）

图16-2-42

（1）一位手：基本姿势站立，两手臂稍弯放至腹前，眼睛平视前方。

（2）二位手：基本姿势站立，两手臂稍弯至前平举，稍低于肩部，眼睛平视前方。

（3）三位手：基本姿势站立，两手臂稍弯至上举，在额前上方，眼睛平视前方。

（4）四位手：基本姿势站立，两手臂稍弯，左手下至前平举，眼睛平视前方。

（5）五位手：基本姿势站立，两手臂稍弯，左手打开至侧平举，眼睛跟手的方向延伸看过去后返回并平视前方。

（6）六位手：基本姿势站立，两手臂稍弯，右手下至前平举，眼睛平视前方。

（7）七位手：基本姿势站立，两手臂稍弯，右手打开至侧平举，眼睛跟手的方向延伸看过去后返回并平视前方，最后还原成一位手。

3. 把杆姿态（图16-2-43）

（1）　（2）　（3）　（4）　（5）

图16-2-43

（1）双腿八字脚站立于把杆前面，双手扶把杆，臀部收紧，胸廓打开，双肩下沉；

（2）双腿八字脚站立于把杆侧面，左手或右手轻扶把杆，臀部收紧，挺胸收腹，双肩下沉；

（3）双腿八字脚背对把杆，双手扶把杆，臀部收紧，展胸收腹，双肩下沉；

（4）双腿打开，双臂扶把杆，下压躯干，胸廓与腋下打开，上下振动；

（5）单腿弓步，后腿伸展，脚面平放于地面，下压胯部，展胸，脊柱向上与后延伸。

4. 把杆压腿（图16-2-44）

（1）　（2）　（3）　（4）　（5）

图16-2-44

（1）把杆正压腿（右腿）：右腿正放或侧放在把杆上，脚尖绷直并外开，胯部要正对右腿伸展的方向，左脚脚尖冲前或外开小于30度，右手或双手举至三位，双肩下沉，脖颈向上延伸；

（2）向下做右腿压腿，在下压时左腿伸直，腹部与胸部依次贴靠腿部，最后是头面部；

（3）把杆侧压腿（右腿）：右腿正侧方向放在把杆上，胯部完全展开，左腿伸直，脚尖冲前或外开小于30度，左手举至三位，右手在一位，脖颈向上延伸；

（4）向旁侧压右侧腿，侧压时左腿伸直，身体不能向前或向后倒，胸部与胯部向上拧转，视线通过大臂内侧看天花板；

（5）把杆后压腿（右腿）：左腿在把杆内侧，右腿从外侧搭在杆上，双腿伸直，胯部摆正，右手上举至三位，左腿先下蹲，熟练后尝试将躯干向后倒。

5. 把杆踢腿（图16-2-45）

图16-2-45

（1）（2）正踢腿（右腿）：右腿向后，脚尖绷直，脚面冲外，右手经二位打开到五位；

（3）胯部正对前方，躯干立直，脚尖绷直，用胯带动发力向前上方踢腿，有控制的落腿；

（4）（5）侧踢腿（右腿）：双手扶把杆，右脚尖绷直，右腿旁开，胯部展开，右腿移至左腿斜后侧；

（6）胯部完全展开，从侧胯部发力向右旁侧踢腿，膝盖伸直，脚尖绷直，有控制的落腿；

（7）后踢腿（右腿）：双手扶把杆，躯干立直，胯部正对前方，右腿置于正前侧，脚面冲外，脚尖绷直；

（8）身体略微下沉，从胯部发力向后踢右腿，左腿伸直，右膝伸直，有控制的落腿。

第三节　热力街舞的损伤与防护

热力街舞由于涉及街舞中的身体运动方式，需要面对运动损伤的问题。尽管热力街舞的动作幅度适中，动作简单易学，但是由于学生的身体条件存在差别，在教学中也要注意学生的可能存在的损伤问题。根据最新的研究发现，初学者进行街舞运动时，由于体力不支发生损伤占致伤因素的第一位；而习练场地不合格，发滑或过硬都会影响舞蹈动作的正常发挥，从而造成运动损伤。另外，舞蹈的训练方法和技术的不完善，学习者对动作完成的不规范也是一个不可忽视的原因。本课堂上就曾经出现过一位本院动画学院男同学由于学习心态着急，跳舞过于用力，发力方式不正确，在跳步转身开膝这一连贯动作中导致右膝受伤，最后导致只能去医院急救的状况。

下面介绍几种热力街舞课堂中有可能出现的状况与解决方法：

1. 肌肉痉挛（抽筋）：没有做好准备活动，身体各部位的肌肉关节就容易发生肌肉痉挛，通常是小腿腓肠肌发生抽筋。

解决方法：适度伸展牵引痉挛的肌肉，几分钟后即可缓解。例如，当小腿后群肌肉痉挛时，可以采取平坐或仰卧，伸直膝关节，双手握住足部，勾脚，利用身体前倾的力量使患足缓慢伸直，或者可以由他人帮助推压脚底板来帮助伸直腿部，同时再进行局部肌肉按摩。

2. 肌肉拉伤：肌肉拉伤主要是由于运动过度或准备活动不足造成肌纤维撕裂所致的损伤。

解决方法：马上在痛处敷上冰块或冷毛巾，保持30分钟，切忌搓揉及热敷，时间过72小时后可以进行热敷。如果只是轻微酸痛，可能是因为乳酸堆积导致，通常采取热水浴或持续按摩即可减轻症状。

3. 关节扭伤：在跳舞过程中会经常出现关节扭伤，练习中过猛的扭转动作，可使附着踝关节或膝关节及腰部关节上的韧带和肌腱发生扭伤。例如，跳舞的步伐中如果冲击力过大，或急速扭转以及地面过滑就会导致的突发性踝关节扭伤，而膝关节与腰部的扭伤与挫伤也经常出现在练习舞蹈的过程中。

解决方法：首先，受伤后立即平躺，抬高受伤关节部位，以加快血液、淋巴液回流，不至于使血液瘀积于血管损伤处，并且切忌当时在伤痛部位做按摩。其次，对于症状轻者，可在伤后立刻用冷水或冷毛巾外敷，使血管收缩，减轻局部充血，降低组织温度，这样可以起到止血、消肿、镇痛的作用。倘若关节部位扭伤已超过72小时，则应改用热敷疗法，改善血液和淋巴液循环，有利于伤处淤血和渗出液的吸收。如果扭伤部位肿胀、皮肤青紫和疼痛，可将半斤陈醋加热后用毛巾蘸敷伤处，每日2～3次，每次10分钟，也可以服用些活血化瘀类药物，以促进损伤组织的修复。扭伤严重特别疼痛者务必速到医院拍X线检查，防止隐匿骨折与肌肉撕裂，患者常需拍摄X线片先排除骨折，最好能做核磁共振能清楚地显示软骨、跟腱韧带和滑膜的损伤，最后请医生结合病史和体检，给予全面相应的治疗。

总之，无论完成何种运动都会面临有可能的运动损伤，关键在于运动前充分做好准备活动，运动中谨慎防范才有可能躲过无处不在的运动损伤。

思考题

1. 街舞的类别有哪些？

2. 请简述执力舞觉运动操损伤的处理方法。

第十七章　健美运动

第一节　健美运动的鉴赏

一、健美的标准

早在古希腊时代的运动健将就用举重物来锻炼身体，并得到强壮健美的体型，这些健美的运动员，被雕塑家“记录”下来并保留至今。古希腊著名雕塑家米隆的代表作《掷铁饼者》就很好地诠释了古希腊时期男子的健美标准。在现代，男子的健美标准是身材强壮，肩宽臂圆，肌肉发达、线条感强；女子健美标准是体型匀称、姿态优雅、胸部丰满、肩圆腰细。

二、健美运动和健身运动的区别

健美运动（body building）通过动作练习，使人体各部位的肌肉发达匀称，体格健壮，且具有雕塑感的艺术美。

健身运动（keep fitness）通过动作练习，使人身体健康，体质增强，有充沛的体力生活、工作。

健美和健身是两个不同的概念，两者既有联系，又有区别。健身是以徒手为主，器械为辅，重复次数多，负荷轻为训练原则；健美是以器械为主，徒手为辅，重复次数少，负荷重为训练原则。健身是健美的初级阶段，要求简单，身体健康，身姿端正，动作协调就可以了，健身大多数人都能做到；而健美、不仅要达到健身的目的，还需要具有超常的毅力来进行训练，以使身体各部位肌肉群的肌肉饱满、形状美观、肌肉线条清晰、全身匀称。

三、了解人体肌肉

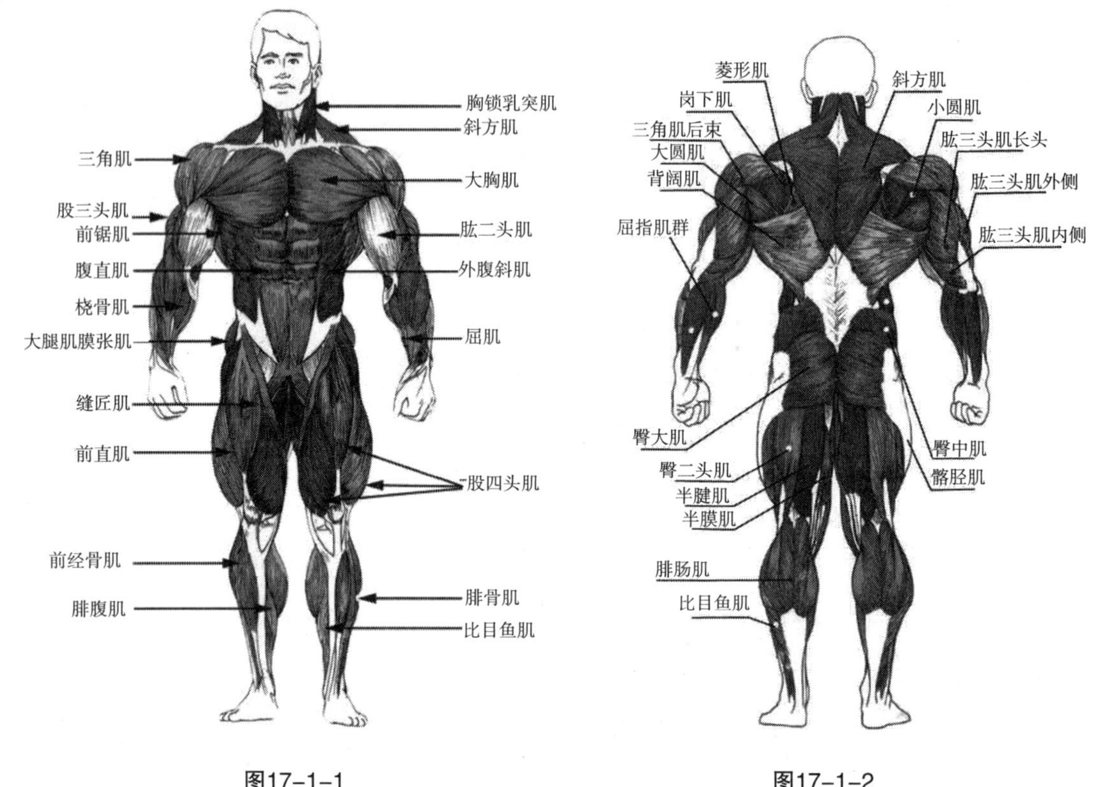

图17–1–1　　图17–1–2

四、人体显示健美身材的主要肌肉群

1. 肱二头肌，上臂前面凸起的肌肉，负责肘屈曲，肩屈曲，前臂旋后。

2. 肱三头肌，上臂后面凸起的肌肉，负责肘伸展，肩伸展。

3. 胸大肌，胸部大块肌肉，负责肩水平内收，肩内旋。

4. 三角肌，肩膀上的肌肉，分前束、中束、后束。负责肩关节外展，其前部肌纤维收缩可使肩关节前屈并略旋内；后部肌纤维收缩可使肩关节后伸并略旋外。

5. 背阔肌，胸背下部和腰区浅层较宽大的扁肌，上提或下降肩胛骨，两侧同时收缩时可使头后仰。

6. 大腿肌，分股后肌群、股四头肌、股二头肌，大腿内收肌主要是使下肢靠近中线。

7. 腹肌，腹肌包括腹直肌、腹外斜肌、腹内斜肌和腹横肌。当它们收缩时，可以使躯干弯曲及旋转。

8. 小腿肌，分前群、外侧群、后群，负责伸踝关节（足背屈），足内翻，伸趾，足外翻。后群作用主要是屈小腿和上提足跟。

五、健美运动的几个原则

（一）负荷重量

RM是健美运动中表示某个负荷量能连续做的最高重复次数的单位。例如，8RM表示练习者对某个练习重量只能连续举起8次。采用不同数值的RM练习，所达到的效果是不同的。例如，1～5RM的负荷训练能使肌肉增粗，发展力量和速度；6～10RM的负荷训练能使肌肉粗大，力量速度提高，但耐力增长不明显；10～15RM的负荷训练肌纤维增粗不明显，但力量、速度、耐力均有长进；30RM的负荷训练肌肉内毛细血管增多，耐久力提高，但力量、速度提高不明显。

（二）有效组数

根据肌肉锻炼的需要，合理掌握RM的负荷才能充分刺激肌肉。有效的练习组数使肌肉练习达到饱和状态是肌肉生长的基础。练习要一直做到肌肉饱和为止，练习者要做到感觉所练肌肉酸、胀、发麻、坚实、饱满、扩张，以及肌肉外形上的明显粗壮等。

（三）动作位移

练习中，肌肉的工作距离要长，要充分拉伸肌肉，在肌肉收缩或拉伸最充分时，把握“停顿”状态。例如，练习划船、卧推、弯举等练习时，都要首先把哑铃放得尽量低，以充分拉伸肌肉。

（四）动作速率

练习动作做得慢，对肌肉的刺激更深。特别是在放下哑铃时，要控制好速度，做退让性练习，能够充分刺激肌肉。

（五）练习密度

“练习密度”指的是两组之间的休息时间，只休息1分钟或更少时间称为高密度。要使肌肉块迅速增大，可采用提高练习密度，频繁地刺激肌肉的方法。

（六）念动一致

练习中注意力集中到所练肌肉上，让更多的肌纤维参与到肌肉工作中。做练习时，练习者的意念和动作保持一致，练什么动作就想什么肌肉在工作。例如，练立式弯举，就要低头用双眼注视自己的双臂，看肱二头肌在慢慢地收缩。

（七）顶峰收缩

练习动作做到肌肉收缩最紧张的位置时，保持一下这种收缩最紧张的状态。在感觉肌肉最紧张时，停顿数秒后，然后慢慢回复到动作的开始位置。

（八）持续紧张

练习中注意保持肌肉持续紧张，不论在动作的开始还是结束，都不要让肌肉松弛，总是保持紧张状态，直至彻底力竭。

（九）组间放松

每完成一组动作后要伸展放松。这样能增加肌肉的血流量，有助于排除沉积在肌肉里的代谢物，加快肌肉的恢复，迅速补充营养。

（十）多练大肌群

在大肌肉群的练习中，采用硬拉、卧推、引体向上等复合动作，不仅能使大肌肉群生长，还能促进其他部位肌肉的生长。

（十一）蛋白补充

根据肌肉生长生理特点，在肌肉练习后的30～90分钟里，蛋白质的需求达高峰期，此时补充蛋白质效果最佳。

（十二）休息充分

练习后的肌肉需要足够的时间休息，以利于肌纤维的修复、再生。局部肌肉练习一次后，需要休息48～72小时才能再次练习。如果大肌肉群进行高强度力量练习，那两次练习的间隔时间要超过72小时。腹肌练习的要求不一样，必须经常对其进行刺激，每星期至少要练4次，每次约15分钟，均做到力竭；每组间隔时间要短，不要超过1分钟。

（十三）注重质量

健美练习的效果不仅仅取决于负重的重量和动作次数，而且还要看所练肌肉是否正确受力和受刺激的程度。如果动作变形或不到位，要练的肌肉没有或只是部分受力，练习效果就不大，甚至出偏差。宁可用正确的动作举起比较轻的重量，也不要用不正确的动作举起较重的重量。

六、健美运动的营养补充

健美练习者需要专门的营养搭配以满足肌肉的高水平修复与增长。一般说来，健美练习者需要比身高相同的平常人更多的热量来维持练习和肌肉增长所需的能量，维持蛋白质的合成。比赛准备期的食物能量水平会略低于正常维持生理的能量水平，并结合有氧训练达到减脂的目的。

健美运动的五大营养原则：

1. 补充足够的热能：肌肉生长是要消耗能量的，没有足够的热量，就不可能保证肌肉的正常生长。

2. 补充足够的碳水化合物：健美练习时能量主要由糖原提供，摄入的碳水化合物可以补充糖原，供给能量，并防止训练造成的肌肉分解。

3. 补充优质蛋白原料：蛋白质是肌肉构成的基石，也是肌肉生长的基础，因此每天必须摄入足量的优质蛋白质以构建肌肉。

4. 促进合成、减少分解：当肌肉的合成大于分解时，肌肉增长，反之则缩小。因此健美人群要注意抗肌肉分解，促进蛋白合成。

5. 保持适宜激素水平：人体内的生长激素、胰岛素和睾丸酮对肌肉蛋白的合成至关重要。通过饮食与营养补充品可调控激素水平，刺激肌肉的生长。

第二节　哑铃练习方法

一、哑铃的锻炼价值

哑铃，一种最简单、最经济实惠的健身器械。练习哑铃，不受场地限制，而且简单易学。坚持长期的哑铃锻炼，可以练就完美肌肉线条，增加肌肉耐力。经常做重量偏大的哑铃练习，可以使肌肉结实，强壮肌纤维，增加肌肉力量，达到健美的效果。

二、挑选哑铃的要领

通常情况下，哑铃适用于一般练习者，在选取哑铃时不宜过轻或过重。男生一般可以选取可调节式的哑铃杆，根据自身能力额外购买多片不同重量的铃片。因为对于男生来讲，练习哑铃的目的是增强肌肉。相对而言，女生选取哑铃就要轻许多，重量在3千克/只左右就可以了（最好是从1千克开始再慢慢增加）。因为女生练习的目的是减脂，修饰肌肉，让身材更苗条、诱人。

三、练习哑铃的要领

练习前还要先选择好合适重量的哑铃。如果练习哑铃的目的是为了增肌，基本动作组最好选择65%～85%负荷的哑铃。当你每次能举起的最大重量是10千克时，就应选择重量为6.5～8.5千克的哑铃进行锻炼。练习时每个动作5～8组，每组动作8～12次，动作速度不宜过快，每组间隔1～2分钟。

四、哑铃练习方法

（一）肱二头肌的练习方法

1. 哑铃坐姿弯举（图17-2-1）

主要作用：练肱二头肌，分离肱二头肌。

动作要领：坐在凳端或垂直靠背凳上，单手持哑铃垂于体侧，掌心相对，两肘贴靠身体两侧。以肘关节为支点，向上弯举，同时前臂外旋掌心朝上，举至最高点收紧肱二头肌，稍停。然后控制性还原。接着另一臂做相同动作。前臂和腕外旋是为了充分收缩肱二头肌和锻炼肱二头肌内侧头，更好地分离肱二头肌。此动作也可站立做。

图17-2-1

2. 哑铃斜卧弯举（图17-2-2）

主要作用：练肱肌和前臂肌。

动作要领：仰卧在斜凳上，双手持哑铃垂于体侧，两膝弯曲，双脚放地上，上臂紧贴身体两侧。弯举哑铃，收缩肱二头肌至极限，然后缓慢还原。可双手同时练习，也可单手交替练习。

图17-2-1

（二）三角肌的练习方法

1. 推举（图17-2-3）

主要作用：练三角肌前束、中束和后束。

动作要领：坐姿，两手持哑铃于体侧，两肘外展，掌心朝前，以弧线推哑铃至最高点，稍停，缓慢控制哑铃按原路线（弧线）还原。

提示：亦可站姿做，双臂同时做，也可单臂轮换做。

2. 侧平举（图17-2-4）

主要作用：练三角肌中束。

动作要领：两手持哑铃垂于腿前，身体稍前倾，双肘微屈，向两侧举起

哑铃至肩高，使三角肌处于“顶峰收缩”位，稍停，然后肩肌控制缓慢还原。也可单臂做，两臂轮换。

3. 耸肩（图17-2-5）

主要作用：练三角肌、斜方肌。

动作要领：两手持哑铃垂于体侧，膝盖微屈，上体微前倾，双肩充分上提，试用肩峰触耳垂，稍停，然后缓慢控制还原。

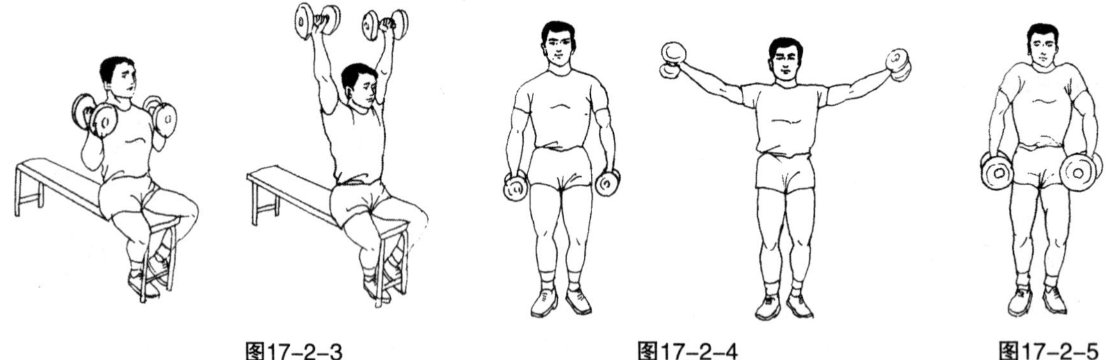

图17-2-3　　图17-2-4　　图17-2-5

（三）肱三头肌的练习方法（图17-2-6）

仰卧臂屈伸的动作要领：仰卧长凳上，两手握哑铃，全臂伸直，使哑铃重心处在肩关节的垂直线上。两臂保持平行状，固定住肩和肘关节，并使两肘内夹紧，使哑铃向头顶处慢慢落下至额前或接近头顶处。然后，以肱三头肌的收缩力，持铃举起至全臂伸直，使肱三头肌处于“顶峰收缩”位，稍停。

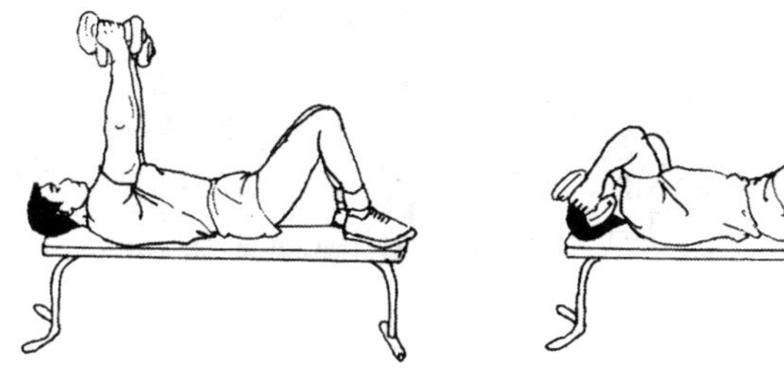

图17-2-6

（四）胸大肌的练习方法

1. 平卧推举（图17-2-7）

主要作用：练胸大肌的厚度和胸沟。

动作要领：两手持哑铃仰卧凳上，哑铃置于肩部，掌心朝上，上推哑铃至臂伸直，稍停，然后缓慢还原。提示：上推和下降呈弧线，使胸大肌得到充分收缩和彻底伸展。

2. 平卧飞鸟（图17-2-8）

主要作用：练胸部肌肉。

动作要领：仰卧凳上，两手持哑铃，掌心相对，两臂自然伸直于胸部上方，两臂微屈肘向两侧弧形下放哑铃至最低点，胸肌充分伸展，胸肌用力收缩将两臂弧形上举还原。

3. 仰卧直臂上拉（图17-2-9）

主要作用：扩展胸腔，练胸大肌、前锯肌的最佳动作。

动作要领：肩部仰卧横凳上，两脚着地，双手握紧哑铃一端于胸部上方，以肩为轴将哑铃缓慢放至（下降）头后方（感觉胸肌和胸廓伸展），放到极限时再提拉哑铃还原。注意：为防止损伤，下放过程速度不宜太快。

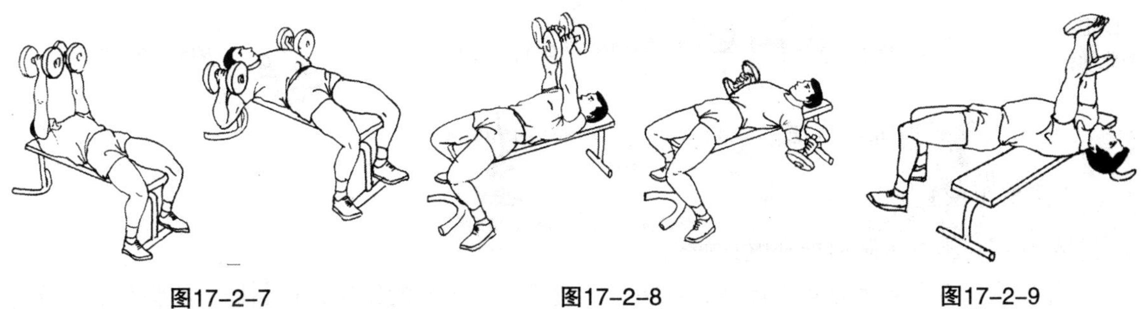

图17-2-7　　图17-2-8　　图17-2-9

（五）背部肌肉的练习方法

1. 俯身双臂划船（图17-2-10）

主要作用：锻炼背阔肌

动作要领：俯身微屈膝，两手各持哑铃，垂于体前下方，以背阔肌的收缩力提拉哑铃至肘与肩高或略高于肩的位置，稍停，然后以背阔肌的张紧力控制哑铃缓慢还原。注意：划船时主要是背阔肌收缩伸展，上体不宜上抬，避免借力。

2. 直腿硬拉（图17-2-11）

主要作用：练下背、臀大肌和股二头肌。

动作要领：双手各持哑铃垂于体前，两脚自然开立，与肩同宽，直腿，腰背挺直，身体前屈，抬头，直到上体约与地面平行。然后下背肌收缩用力使上体还原。注意：为保持张紧力，身体前屈时哑铃不要触及地面，动作不宜太快。

（六）腹肌的练习方法

1. 哑铃侧屈伸（图17-2-12）

主要作用：练两侧腹肌。

动作要领：双脚开立与肩同宽，一手扶腰或抱头，一手提哑铃，呼气，同时收缩腹肌，身体向一侧弯曲至极限，稍停，慢慢还原。

2. 枕握哑铃俯卧撑（图17-2-13）

主要作用：锻炼练上、中腹肌。

动作要领：双手握住哑铃置颈后，如同枕头一般。双脚搭在高台上。上身慢慢起来，以胸部贴近大腿，停留数秒后，慢慢还原。

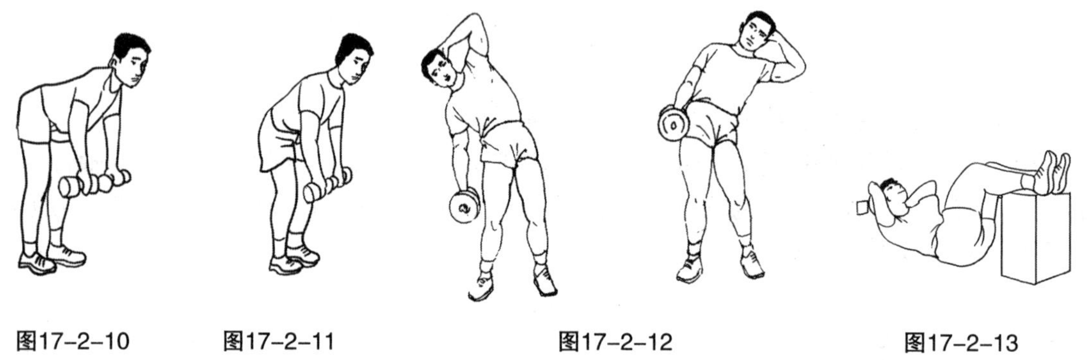

图17-2-10　图17-2-11　图17-2-12　图17-2-13

（七）大腿肌肉练习方法

1. 深蹲（图17-2-14）

主要作用：锻炼大腿肌群和臀大肌。

动作要领：双手各持哑铃于体侧，或将哑铃置于稍高于肩的位置，控制稳，两脚自然开立约于肩宽，脚微呈八字形，挺胸，腰背收紧。屈膝下蹲至最低位，然后大腿用力收缩蹲起还原。

2. 箭步蹲（图17-2-15）

主要作用：锻炼臀大肌、股二头肌和股四头肌。

动作要领：两手持铃，两脚自然开立，右脚向前跨出一步，屈膝，后腿膝盖几乎接近地面，成箭步蹲。一腿完成规定次数后换另腿前跨做。

3. 垂直跨步（图17-2-16）

主要作用：锻炼大腿肌群和臀大肌。

动作要领：握一对哑铃置于肩上。面朝平凳一侧站立，然后左腿上跨步，置左脚于上。左腿用力下蹬，带动身体至凳上直至双脚平踏凳面。接着左腿下跨步，使身体回到起始位置。然后左腿上跨步，再重复，双腿交替进行。

图17-2-14　　图17-2-15　　图17-2-16

（八）小腿肌肉练习方法

1. 站立提踵（图17-2-17）

主要作用：锻炼腓肠肌、比目鱼肌。

动作要领：双手持哑铃，置于体侧。两脚分开，与肩同宽。提踵使脚跟离开地面，小腿肌用力收缩提起脚跟至最高点，稍停，然后缓慢还原。此动作也可单手持铃，一手扶支撑物单腿交替做。

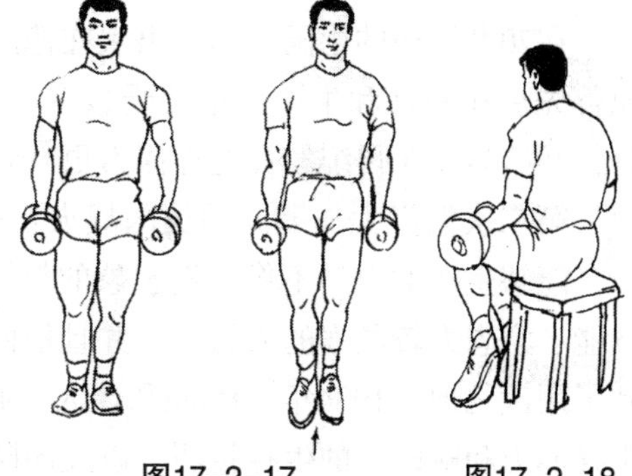

图17-2-17　　图17-2-18

2. 坐式提踵（图17-2-17）

主要作用：锻炼腓肠肌、胫骨前肌。

动作要领：上身挺直双腿分开坐在凳上，前脚掌踩在踏板上，脚跟悬空，尽量下放，小腿垂直于地面，双手各握一哑铃，将哑铃垂直放置在大腿靠近膝部的位置。

思考题

1. 健美运动锻炼的原则有哪些?
2. 挑选哑铃的要领是什么?
3. 怎样练习背部肌肉?

第十八章　拓展与野外生存

第一节　拓展训练

一、拓展训练概述

在20世纪初的德国，一位出生在德国中产阶级的伟大的教育学家Kurt Hahn（1886～1974），他曾先后在柏林和牛津大学接受教育，他深感当时的学校教育不能很好地为学生提供成长的机会，开始尝试在传统教育之外探索更有效的学习模式。

第二次世界大战期间的英国战火飘摇。许多海员葬身于大西洋海底，Hahn等人通过调查发现：能够生还的海员不像人们想象的年轻力壮的青年人，而是年龄偏大的有着丰富的求生经验和技能、意志力较顽强的人居多，并且他们很少独自生还，大都以团队的形式生还。Hahn在这里找到了用武之地。1934年，Hahn和他人一起创办了Gordonstoun School，用来训练年轻海员在海上的生存能力和触礁后的生存技巧，以及团队精神，明显提高了海员的生存率。

由于战争原因，Gordonstoun School被迫迁移到威尔士的中部，后来又因课程时间跨度较长、赞助资金短缺面临关闭。这时当地一位商人Lawrence Holt资助了Hahn，于1941年在威尔士的Aberdovey重新建校，并在他的建议下适当缩减课程的时间，将教育的目的有训练海员转向社会各行各业，并在Lawrence他的极力坚持下Hahn采用了Outwad Bound的教育名称，一直延续到现在。

战争结束后，这种体验式训练的独特创意和训练方式逐渐被推广开来，被大量的教育学家、心理学家、社会学家、管理学家所推崇，训练对象也由海员扩大到军人、学生、工商界人士、党政机关等群体。训练目标也由单纯的体能训练、生存训练扩展到心理训练、人格训练、管理训练等。

1962年，Outwad Bound引入美国。直到1971年，Outward Bound 才与学校教育学家真正结合，诞生了Project Adventure，即是学校心理拓展训练。这位教育家就是当时的马萨诸塞州密尔顿韦恩哈姆高中的校长Jerry Pieh，他的父亲是Minnesota Bound Outward School的创立者。Jerry Pieh在父亲的影响下，一直想着怎样将Outward Bound活动应用到学校教育的实践中去。但是Outward Bound的课程过于严格，而且时间跨度较长、经费较多、很难组织广大青少年参加。因此，Jerry Pieh考虑将Outward Bound与学校制度结合将原来只在户外实施的冒险性活动，如攀岩、泛舟、登山、露营等活动，简化、改良成可在学校内进行的活动课程，只需简单的教具，或甚至不用教具都可操作。而且由原来只强调体能活动的取向，转为培养个人成长与团队动力、团队效能的学习与探讨取向（Prouty，1990）。在美国Project Adventure1972年进入学校，并在随后心理拓展训练计划被全美教育普及网络评选为“全美优秀教学大纲”。

随后Project Adventure在B.Rentz和Karl Rohnke等人的推动与发扬下，此课程在全世界推广开来，他们的宗旨是“Bring the Adventure Home”。在此课程的基础上于1974年发展出另一学派Adventure Based Counseling。直到今天，它已成为全世界较有影响力的教育机构。

而这种全新的教育方式是1995年进入我国内地的，由于它被一家培训公司注册为“拓展训练”，因此大家习惯于叫它拓展训练这个称呼。由于，拓展训练从国外引进的较晚，因此引进过来的项目是Outward Bound 、Project Adventure和Adventure Based Counseling的综合体，很多项目都掺杂在一起被运用到不同的领域

二、拓展训练实践

（一）团队项目

1. 信任背摔

项目类型：个人挑战与团队配合项目

场地：一块平整的场地

器材：

（1）背摔台一个，约150厘米高。

（2）捆手绳1条，约60厘米长。

（3）体操垫一块。

人员要求：11～20人

项目目标：

（1）克服心理恐惧。

（2）活跃集体气氛、增加团队凝聚力。

（3）增强信任感和责任感。

项目时间：小组学生为15人时，项目操作60分钟，讨论30分钟。

项目布置：

（1）集合学生，介绍项目名称和活动台要求。

（2）说明活动要求学生轮流站于台上，双臂前举，双手外旋，十指交叉紧握，内旋然后贴紧胸前，肘关节贴紧身体，下颌内收，然后教师用绳子捆住学生双手，直立向台下倒下，台下由全体学生保护其安全。

（3）挑选10～12名下方保护人员，摆成保护姿势。要求1对1的面对面排列，双臂向前半举，掌心向上，双手伸到对面学生右侧肩膀上，形成人的手臂垫，手臂垫要在同一水平面。头部后仰，用眼睛余光看台上学生倒下的方向。腿要成弓剑步，左腿在后，右腿在前，与搭档膝盖内侧相抵。台上学生倒下去时注意手臂用力，头看着倒下的队员。将倒下学生接住后，用“放腿抬肩法”将学生平稳放下。开始之前，教师应先用身体下压学生手臂，让学生感受到重量并表现出

足够的托力。

（4）说明上下口令

台上学生大声问下面："准备好了没有？"

台下学生齐声回答："准备好了! 1、2、3! "

台上学生直挺身体向后倒下。

（5）教师站在台上，用捆手绳将学生的手捆住后，让学生站在与台下手臂中间相对应的位置，手臂伸直在台上学生的两侧，以防台上学生突然倒下或倒偏，等到学生倒下时，迅速蹲下抓住倒下学生的脚踝，防止其挣扎时踢到台下学生。

注意事项：

（1）要求全体学生摘去手表、钥匙、发卡、眼镜、手机等可能造成伤害的物品；

（2）有心脏病、脑血管病、高血压及严重腰伤者不能参加；

（3）背摔台的四脚应稳固结实，要注意台面木板是否结实；

（4）大家要对准备背摔的同学进行"充电"，全体将其围在中间，手搭在其肩膀上，全体高呼队训。

（5）第一位背摔者可由学生自报，但要确定一位体重较轻的人进行第一次背摔，体重大的人应放在中间做，并可适当增加保护人数；

（6）防止台上学生倒下时将教师同时拉下；

（7）教师在台上时注意防止学生和自身的安全位置；

（8）教师要检查背摔者身上是否有硬物等危险物品，并随时注意台下的安全隐患，如保护的手型、眼镜等；

（9）未经上下口令呼应时不得操作；

（10）下方保护学生接住上方学生后不得将其抛起；

（11）禁止将接住的学生顺势平放在地上；

引导讨论：

（1）谈谈突破心理障碍瞬间的感受和挑战自我的意义；

（2）通过对比"看"和"做"之间的心理差别，体会相互理解和换位思考的重要意义；

（3）体会相互信任的重要性；

（4）理解按要求进行挑战是最安全的；

（5）有些事情未能做或未能做好，并不是能力不行而是心理不行，心理素质是可以通过锻炼加强的；

（6）心理保护层厚的人，现有的能力也很难发挥，不断突破心理保护层是成功的关键；

2. 电　网

项目类型：团队配合项目

场地：在相对开阔的地带，选择两棵主干高2米以上的树，或有同样高度的其他支撑物。

器材：一张4米宽、1. 6米高的绳网（网洞数量比人数多两三个，大小不一，最小的"洞"可勉强通过比较瘦小的学生），体操垫一个，标志绳若干。

人员要求：10～20人为合适

项目时间：项目操作50分钟，讨论30分钟

项目目标：

（1）增强相互合作的团队精神。

（2）体会计划和精心操作的重要性。

（3）认识每个人在团队中的角色及其作用。

项目布置：

（1）将电网挂在两棵树之间。

（2）将学生集中于“电网”一侧，介绍项目名称和活动的要求。

（3）说明活动要求后，全队学生开始从“电网”的一侧，不触动“电网”的情况下穿越“电网”到另一侧，穿越必须在规定的时间内完成。

（4）要求每个“网洞”只能1人通过，如触网则须返回，另选取其他“网洞”通过，触网的“洞”作废（拴上标志绳）。

（5）全队学生只能由“电网”中的“网洞”中通过，方为有效，从其他地方通过无效。未通过的和已通过的学生，不得返回至另一侧帮忙。

注意事项：

（1）此项目可锻炼学生的决策和操作能力。为避免学生开始时盲目的匆匆通过，应在布置完任务后提醒学生此活动并不简单，也许会涉及到管理中的一些重要环节；

（2）根据学生人数给出1～2个富余“网洞”，若人数太多时，可规定若干的“网洞”可以通过两次；

（3）教师在判罚时可采取“大洞严，小洞宽”的原则，根据实际情况进行；

（4）如在夏季可提醒学生穿着越少越好，女生不要穿裙子；

（5）如在天冷季节可作适当的放宽要求；

（6）详细观察每个人的表现、作用、决策和协调过程，以便进行指导；

（7）需要将队员托起通过时，应提醒保护学生，注意平稳起放，以保证、安全；抬女生时要求正面向上；

（8）在活动进行过程中，学生如有导致危险的举动，教师要及时地予以制止；

引导讨论：

（1）团队在集体完成任务时，确定决策人是迈向成功的第一步；

（2）确立方案、明确分工、注意安全保障等是团队成功的关键；

（3）确立有效的团队纪律是团队成功的保障；

（4）有效的利用资源是团队成功的思路；

（5）相互协调和精心操作才能使计划得以顺利地实施；

（6）正确对待不同意见和挫折，增强团队的凝聚力；

（7）摆正个人在团队中的位置，是团队成功的基础；

3. 沼泽地

项目类型：团队协作项目

场地：约25米长的空地

器材：大汽油桶3只，分别涂色，长3. 5米、宽0. 3米、厚0. 07米松木板两块，工作手套若干。

课程时间：操作40分钟，讨论30分钟

人员要求：一组10 ~ 15人，余者分组进行。

项目目标：

（1）团结一致，密切合作，克服困难的团队精神；

（2）培养周密计划，组织协调和队员之间良好沟通的能力；

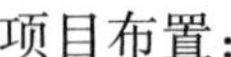

项目布置：

（1）把两块板平放在3个桶上，板头分别压在桶的二分之一处；

（2）召集学生至场地，不超过14人站到放在铁桶上的木板上，并宣布此项目名称；

（3）要求大家在40分钟的时间里，在人不落地的情况下，把3个桶和两块板向其延长线的方向移动两块板的距离；

（4）宣布从现在起任何人不能下地，直至到达目标地；

（5）可以利用的器材为2块木板，3个铁桶；

（6）规则：人不许下地，板不许落地，桶不许倒地，犯规一次罚10分。下面的人不能帮助，时间为40分钟，超时1分钟罚1分，不可总超时20分钟；

（7）中途可增加适当难度，如抽掉一块木板。

注意事项：

（1）摆放器材时，木板头至少压在铁桶一半位置；

（2）木板伸出桶准备站人时，木板不能超过总长度的1/3；

（3）队员搬木板的时候，提醒他们防止木板压手（戴上工作手套）；

（4）要随时保护木板上学生的安全，如有危险，教师要及时制止。

引导讨论：

（1）要完成如此困难的任务，应该有一个从策划到决策的过程，同时这个策划—决策的过程，就是集体学习的过程，执行过程中要根据实际操作情况随时调整；

（2）分工明确，发挥每个人的长处，并听取每个人的意见，注意是否发挥了监督员的作用；

（3）意见分歧时的解决方式和遇到挫折时的态度；

（4）注意完美、时间、效果和安全几者之间的关系；

（5）了解倾听在沟通中的重要性；

（6）兴奋的心情，可能导致最终的失败；冷静可能是成功的决定因素。

4. 盲人方阵

项目类型：团队合作项目

场地：一块平整的场地

器材：25米长的绳子一根，眼罩若干（每人一个眼罩）。

人员要求：20人左右

课程时间：操作40分钟，讨论30分钟

项目目标：培养非正常状态下的沟通和决策能力

项目布置：在学生蒙上眼睛后，让每位学生原地转3圈，再向前走5步。然后老师将一捆绳子交给队中的一位队员，要求团队在40分钟之内利用这捆绳子组成一个最大的正方形；队中所有成员相对均匀的分布在四条边上；在项目没有完成之前不许解开眼罩。

注意事项：提醒并防止队员的相互碰撞

引导讨论：

（1）大家觉得这个项目中最困难的环节在哪里?

（2）为什么有些人始终在沉默?

（3）作为领导者，你更关注任务完成的过程呢，还是结果?

5. 雷　阵

项目类型：团队合作项目

场地：一块平整的场地

器材：地面雷阵图，手中布置好的雷区图一张，笔一支。

人员要求：10人以上

课程时间：操作40分钟，讨论30分钟

项目目标：

（1）提高组织纪律性；

（2）学习合理利用工具的方法；

（3）突破思维定势，进行创新；

（4）学会认真倾听；

项目布置：

（1）老师在布置项目之前，首先要提示学生："只说两遍你们要完成的任务。布置完任务后活动就开始，学生要认真倾听，规则讲完后，老师不回答任何提问。"

（2）老师开始布置任务：我们这个团队在执行完任务返回的途中遇到一个雷阵，而且这条路是我们的必经之路，要求我们在40分钟的时间里迅速找到一条安全通道通过这个雷区，"IN"的一行为入口、“OUT”一行为出口；

（3）要求：每次雷区里只能有一个人探雷，而且只能走相邻的格子，不能隔格跨越，不能踏线，不能试探。如果没有触雷教师就说“安全”，探雷者可继续探雷，如果触雷教师就说“有雷”，请按原路返回，回来后站到排尾，下一个人继续探雷。100分为满分，每重复触雷一次扣一分，没按原路返回扣一分，踏线扣一分，每超时两分钟扣一分。老师手里有一张雷区图，上面标明雷的分布，阴影的部分为有雷，两个大的空格区中，先进入的是沼泽，后进入的是安全区，（不要告诉学生，只有他们被逼得走投无路的时候才会尝试这两个区域，只有通过安全区，才能找到安全的通道）。通过这张图老师标出他们走过的路线以及违例扣分情况，最后统计他们的得分；

（4）探雷次数：每人两次，第一次双脚行走，第二次单脚跳跃；

（5）设置雷区难度应根据学生人数来定；

注意事项：

（1）提醒学生要认真倾听不要反问，认真记录触雷的情况及走过的路线；

（2）每走一步必须听教师的指令；

（3）雷区的左右两边是悬崖峭壁，无法通过。

雷阵图

OUT

109	110	111	112	113	114	115	116	117	118	119	120
97	98	99	100	101	102	103	104	105	106	107	108
85	86	87	88	89	90	91	92	93	94	95	96
73	74	75	76	77	78	79	81	81	82	83	84
			67	68	69	70	71	72			
			61	62	63	64	65	66			
			55	56	57	58	59	66			
			49	50	51	52	53	54			
37	38	39	40	41	42	43	44	45	46	47	48
25	26	27	28	29	30	31	32	33	34	35	36
13	14	15	16	17	18	19	20	21	22	23	24
01	02	03	04	05	06	07	08	09	10	11	12

IN

引导讨论：

（1）我们在进行集体操作的时候，约束力可能是衡量团队绩效的重要指标；如果在这个问题上有出入，领导者应负主要责任。

（2）项目一开始的时候，我要求大家仔细听规则，就是要求我们要善于顷听，把所需要的信息收集全，这才有利于下一步的操作，如果我们没有认真地倾听规则，犯错误肯定是在所难免的。

（3）我们用了很好的方法来完成这项任务，做记录，在地上做标记，分人记忆等。这些都是成功的要点。当我们的目标明确之后，寻找方法就是首要大事。“团队学习”是现代“学习理论”的重要议题，“1+1 >2”“1+1< 2”的现象都会有出现。

（4）有一个很值得注意的现象，我们都能够主动利用身边的工具，很快地找到解决问题的捷径。俗话说“好记性不如烂笔头”，准确地记录会给大家的决策提供极大的帮助。

（5）“红区”，我们最终还是被逼到里面，这可能是成功关键的一步。在工作和生活中，每个人都会有“思维定式”，许多东西是在我们意识深处是“理所当然”的。这两片红区在形式上是与其他格子不同，但我们的规则没有就不准进人，有个例子：几个部门经理被总经理召来开会，一个问：“我可以做什么？”，一个问“我不能做什么？”。让我们看看哪个人更适合做领导呢?突破思维定式还表现在其他方面，比如：相邻的小格子的理解，是否可以斜走，后一个人走新路线等等。富于创新精神是突破思维定式的最突出的表现。

6. 毕业墙

项目类型：团队合作项目

场地：一面高3. 8～4. 2米的求生墙，墙面光滑，上方有可站人的平台，侧面又可上下的梯子

器材：海绵垫1. 5×2米2个。

人员要求： 10人以上，一半以上为男生

项目时间：项目操作40分钟，讨论30分钟

项目目标：

（1）培养团结一致、密切合作、克服困难的团队精神；

（2）培养计划、组织、协调能力；

（3）个人英雄主义与团队合作的统一，体会团结就是力量的意义；

（4）发挥每个人的优势，“团队无弱者”，认同差别，发现优点；

（5）资源配置——策划和决策的过程。

项目布置：召集学生至场地，宣布项目名称。宣布要求：我们这个团队所在的船只半夜失火，再有40分钟大火就要烧到船舱，我们在40分钟的时间里翻过面前的障碍到甲板上去逃生。过程中我们不许脱下衣服和腰带使用，不许将海绵垫立起或叠起，已上墙的人不许再回到下面帮忙。

评分标准：每剩一人扣10分。

注意事项：

（1）绵垫要靠墙，两块之间不要留空隙；

（2）要求全体学生摘去手表、钥匙、发卡、眼镜、手机等可能造成伤害的物品；

（3）操作过程中的安全动作。搭人梯时，要踩下面人的大腿及肩膀内侧，禁止踩脖子和头部；上面拉人时应与下方的人互拉手腕，且方向垂直向上；地面其他人应做好保护动作（在人梯附近，双手举起），以防止上面的人突然掉落。

（4）最后一人可让上面悬挂一人帮忙上去，这时上面的人要注意保护两个人的安全。

（5）女生和近视眼达500度以上的人不能倒挂；

引导讨论：

（1）在开始做之前是否做了计划；

（2）刚开始操作时感觉很容易，但到最后一个时才感觉很困难；

（3）当设想方案和尝试失败时，立即作出调整很重要；

（4）团结协作，合理分工，相互鼓励，坚持到底的团队精神很关键。

点睛故事："木桶原理"，木桶贮水量的大小，不在于最长或最高的那一块木板，而是取决于它最短或最矮的那一块木板。

（二）个人挑战项目

1．空中断桥

项目类型：个人心理挑战项目

场地：基地综合训练架

器材：10. 5毫米主绳1条（长1. 5米左右）、静力绳1条（长度大于训练架高度），滑轮1枚，钢锁5枚，快挂1枚，上升器1枚，全身安全衣2套，安全帽4顶，长扁带2条（雨天大毛巾1条）。

人员要求：12～17人

课程时间：操作50分钟，讨论30分钟

项目目标：

（1）克服心理障碍，增强自我控制能力；

（2）建立自信心，增强判断力；

（3）学习换位思考。

项目布置：

（1）召学员至场地宣布项目名称和进行方式，要求学员敢于自我挑战。

（2）讲解器材的使用：安全带、安全帽、上升器。

（3）要求全体完成，跃出前要将起跳脚探出脚尖，再将保护绳向前滑动，然后跃出。

（4）学员到桥上先站稳，然后由老师为其先扣上保护绳铁锁，再摘去上升器铁锁。

（5）下方设2个安全员，对穿上安全带的同学进行检查，教练在桥上监督。

注意事项：

（1）由于教练在桥上，故必须安排一名以上学员检查安全带穿戴情况；

（2）必须使用安全帽和上升器；

（3）不可先摘上升器再扣保护绳；

（4）如学员极度恐惧不敢跃出，教师可靠近学员，增加学员信心，甚至以手拉扶学员，但学员返回时一定要求学员自己完成；

（5）学员下降前，先扣上上升器，再松开安全绳的扣；

引导讨论：

（1）对比看别人做与自己站在桥上的感受。

（2）突破心理障碍瞬间的感受和过程。

（3）突破心理障碍与发挥自身能力甚至潜能，与抓住机遇，获得成功之间的关系，相互理解和鼓励的重要性。

2. 空中单杠

项目类型：个人心理挑战项目

场地：基地综合训练架

器材：10. 5毫米主绳2条（长度大于训练架的两倍高度）、钢锁4枚、半身安全衣2套、全身安全衣2套、八字环2枚、安全帽4顶、手套4双。

人员要求：12～17人

项目目标：

（1）克服心理障碍，建立自信心，增强自我控制能力

（2）建立自信心，增强判断力。

（3）通过相互鼓励、相互保护的活动，亲身体验相互信任、相互负责的团队精神。

（4）学习换位思考。

项目布置：

（1）召集学员到场地，宣布项目名称和活动方式，要求每人都要做。

（2）讲解器材的使用（安全带和安全帽）。

（3）向参与保护的学员讲解安全要求及规范的动作，要求学员与保护者之间用口令呼应。

（4）要求学员准备好安全措施，教师检查完毕，爬到跳台，屈膝，准备好以后，奋力跃出，双手抓向单杠。

（5）调整单杠远近。

注意事项：

（1）设备使用安全细则：保护绳及上保护点绳套是否完好无损。检查安全带、安全帽有无损坏。

（2）学员操作细则：每根主绳的保护者应为3人。训练开始后，训练架下场地，学员不得停留或走动；上下未经口令呼应时不得操作。

（3）教师保护：

① 教师应及时注意纠正参与保护学员的不规范的举动；

② 注意检查安全带的种类及相应的使用方法是否正确；

③ 学员做完后，应匀速将其放下，以免由于剧烈摆动误撞训练架；

④ 防止学员在没有安全保护的情况下，攀上训练架；

引导讨论：

（1）做完该项目，自己最直接的感受；

（2）做好该项目的心理要点是什么；

（3）通过对比看和做的心理差别，体会换位思维，相互理解的重要意义；

（4）不敢做是能力问题还是心理问题；

（5）注意表扬第一名尝试者；

（6）不是不能做，是不敢做，不是能力问题，是心理问题。心理保护层厚的人不能发挥现有能力甚至潜能；

（7）自信是现代人的必备素质，自信是人发展的动力。

3. 速　降

项目类型：个人挑战项目

场地：基地人工速降壁

器材：10. 5毫米以上主绳一条，半身安全带3套，钢索5枚，八字环2枚（做下降器1套），安全帽至少2顶，手套3副，扁带2根。

人员要求：12 ~ 17人

项目目标：

（1）活动放松身心、超越自我；

（2）体验惊险刺激、培养团队合作精神；

（3）掌握速降技术；

项目布置：

（1）说明此活动为个人挑战项目，是一种融娱乐休闲与拓展训练于一体的非常有意义的休闲项目。

（2）讲解下降时的方法。双腿微屈，双脚分开成“八”字蹬踏墙壁，右手拉住主绳制动端贴在腰后，左手轻扶主绳上端，臀部成坐姿。全身重量及下降都控制在右手，右手微微松动就可以慢慢下降（教师边示范边讲解）；

（3）分工：安全检查两人（检查安全带、帽子、手套），下方保护一人，若遇见突发情况，拉紧绳子底端；

（4）教师先用扁带给学生做预备保护，然后用“8”字环将学生和主绳连接好，让学生摆成速降的准备姿势，摘掉扁带，全队人员鼓励，开始速降。

注意事项：

（1）每个学员必须学会速降的控制方法；

（2）每个人速降前要安全员及教师检查安全带及保护者的准备情况；

（3）每三人操作后应检查主绳外皮是否有损坏；

（4）下方保护者一定要拽好绳并掌握好方向。

引导讨论：

（1）遇事镇静的重要性；

（2）艰难过后的成功；

（3）个人胆量与集体的鼓励。

第二节　野外生存

一、野外宿营用品

（一）帐　篷

1. 帐篷分类

帐篷可以为你在野外建立一个临时的“家”，尤其是在雨雪天气里，帐篷的作用更是不可替代的（图18-2-1~图18-2-5）。

2. 选择帐篷时需考虑的问题

（1）野外地区属于哪种气候类型？如果是多雨的地区，你所要配备的帐篷首先要有良好的防水性。防水性好的帐篷应该有较好的防水涂层，在缝合线处要有压胶处理；外帐下裙应该是稍微长一点的，底部的材料应该同样是防水的材料。

（2）你选择的帐篷是用来探险、登山，还是偶尔去野外露营？如果是前者，它必须要非常结实，把选中的帐篷支起来，从不同的方向推推看，确定它不会轻易倒塌或折弯。试试帐篷面料的拉力，再把它拆装一遍，看看它是否容易搭建，因为在探险时的恶劣气候下，有时你不得不在瞬间就完成帐篷的搭建工作。

（3）颜色：绿色和土黄色帐篷适合隐蔽；红、橙色帐篷适合登山（方便你返回时找到宿营地）；白色和浅色系列帐篷有反光作用，适合炎热的地区。如果你的经济条件允许，最好选择双层帐篷。

图18-2-1

图18-2-2

图18-2-3

图18-2-4

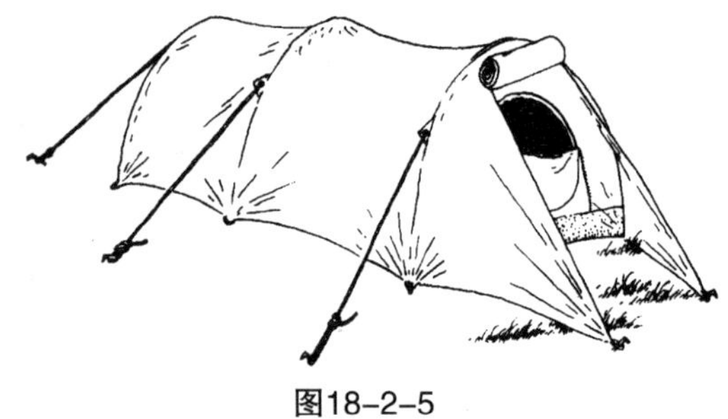
图18-2-5

（二）睡　袋

如果说帐篷是遮风避雨的，睡袋的作用主要是保暖。睡袋是把被和褥结合在一起的寝具。在睡袋的一侧有一个带拉链的入口（有的设计成松紧的），人钻进去后，把拉链拉好，仅在头部留一个通气的通道，看上去就像婴儿的襁褓一样（图18-2-6）。

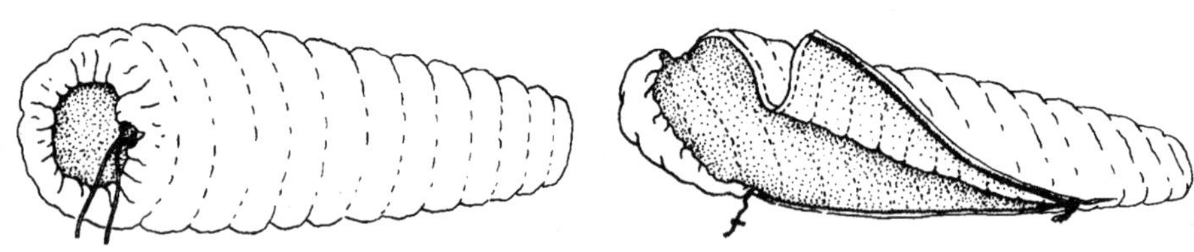
图18-2-6　两种睡袋

（三）防潮垫

到目前为止，还没有关于防潮垫的固定模式和行业标准。一般来讲，凡是能在野外宿营时起到防潮隔凉作用的天然或人造制品都可以用做防潮垫的材料，但是轻便和便于携带是同样重要的指标。

（四）炉　具

除非是一个驾车探险者，或者是由大队人马组成的考察、探险队，否则不可能在旅途时带上锅、碗、瓢、盆。对于参加野外生存训练的人来说，最奢侈的炊具就是一只有折叠把手的饭盒了。

如果去的地方很难找到生火的材料或者是不能点篝火，应该考虑带上些固体或气体燃料和一个小炉具（图18-2-7）。

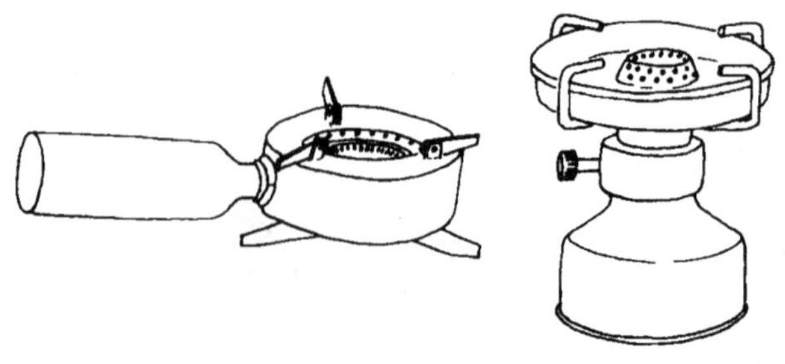
图18-2-7

（五）其他装备

1. GPS：全球卫星定位系统，用于野外辨别方向和方位。

2. 移动电话：在野外生存过程中，与外界保持联络是非常重要的。因此，在去往野外活动地区前，应向有关电信部门咨询移动电话网络覆盖和信号情况，避免移动电话网络覆盖不到。

3. 绳索：应准备直径不小于8毫米、长50米的主绳和直径不小于6毫米、长50米的辅绳若干条；主绳用于人身保护，特别是攀岩和岩降时使用，辅绳用于捆扎物品。

4. 放大镜：利用放大镜把太阳光聚焦在易燃物上使其点燃。

5. 望远镜、瑞士军刀、当地地图、岩石锤、升降器、救生衣等专用技术设备。

6. 其他较小的常备物品：指北针、打火机、火柴、蜡烛、塑料袋、铅笔、缝纫包、抗生素药片、高锰酸钾、创可贴、钢锯等。

二、野外生存基本技能

（一）营地的选择

营地是野外休息和集结供应地点。营地的选择必须遵循安全、方便、舒适性的原则，在此基础上还要根据人数、活动性质、装备量等进行综合的考察。营地的选择一般应注意以下几点：

1. 营地要在接近水源的地方，但又要与水源保持一定距离，防避喝水的野兽；

2. 不能在容易落石、滑坡等危险地方扎营；

3. 营地要选择在背风，保持一定日照的地方；

4. 不要在野兽容易出没的地方扎营；

5. 营地要选择在平整的地方。

（二）野外饮食

野外饮食主要包括准备野外食品、野外饮水、野外搭灶、野外做饭和野外烧烤等技能。通过这些技能的实践操作，可以培养野外活动者的生活自理能力、团队合作能力。

1. 野外食品

一般野外食品必须具备三个条件：不易腐坏、方便食用、富含营养。如果准备的野外食品不但营养丰富，而且重量轻、体积小、简单易做，那么不但能减轻野外活动者的负担量，保持活动过程中具备充沛的精力，还会大大增强野外活动的乐趣。

2. 野外饮水

（1）鉴别水质的方法

看：纯净的水在水层浅时无色透明，水层深时呈浅蓝色。还可用玻璃杯或白瓷碗盛水观察，一般水越清水质越好，水越浑则说明水里含的杂质较多。

闻：一般清洁的水是无味的，而被污染的水则常有一些异味。为了准确地辨别水的气味，可用一只干净的小瓶，装半瓶水，摇荡几下，或把盛水的瓶子放在60摄氏度左右的热水中，打开瓶塞后立即闻，若闻到水里有异味就有不能饮用。

辩：还可用水迹来鉴别水质，用一张白纸，将水滴在上面晾干后观察水迹。清洁的水是无斑迹的，若白纸上有斑迹由说明水中的杂质多，水质差，不能饮用。

（2）野外饮用水的净化方法

① 渗透法

当寻找到的水源里有飘浮的异物或水质混浊不清时，可以在离水源3～5米之处向下挖一个大约50～80厘米深、直径约1米的坑，让水从砂、石、土的缝隙中自然渗出，然后轻轻地将已渗出的水取出，放入盒或壶等存水容器中，在取水时不要搅起坑底的泥沙，要保持水的清洁干净。

② 过滤法

当找到的水源泥沙混浊，有异物飘浮且有微生物或蠕虫及水蛭幼虫等，水源周围的环境又不适宜挖坑时，可找一个塑料袋（质量好，不容易破的）将底部刺些小眼，或者用棉制单手套、手帕、袜子、衣袖、裤腿等。也可用一个可乐瓶，去掉瓶底后倒置，再用小刀把瓶盖扎出几个小孔，然后自下向上依次填入2～4厘米厚的无土质干净的细砂5～7层，压紧按实、将不清洁的水慢慢地倒入自制的简易过滤器中，等到过滤器下面有水溢出时，即可用盒或水壶将过滤后的干净水收集起来。如果对过滤后的水质不满意，可将过滤后的水再次进行过滤，直到满意为止。

③ 沉淀法

将所找到的水收集到盒或壶等存水容器中放入少量的明矾或木棉枝叶（捣烂）、仙人掌（捣烂）、核桃仁（捣烂）搅拌匀后沉淀30分钟，轻轻舀起上层的清水，不要搅起已沉淀的浊物，这样，便能得到较为干净的水了。

（3）饮用水的消毒处理

一般说来，除泉水和井水（地下深水井）可直接饮用外，不管是河水、湖水、溪水、雪水、雨水、露水等，还是通过渗透、过滤、沉淀而得到的水，最好都应进行消毒处理后再饮用。

将净水药片放入存水容器中，搅拌摇晃，静置几分钟，即可饮用，多余可灌入壶中存储备用。一般情况下，一片净水药片可对1升的水进行消毒，如果遇到水质较混浊可用2片。军队在野外都采用此法对水进行消毒。如果没有净水药片，可以用随身携带的医用碘酒代替净水药片对水进行消毒。在已净化过的水中，每一升水滴入三四滴碘酒，如果水质混浊，碘酒要加倍。搅拌摇晃后，静置的时间也应长一些，20～30分钟后，即可饮用或备用。

3. 野外生火

（1）密林篝火

横放一根较粗的圆木，上面斜搭几根较细的干木头，一面烧一面挪动。适用于冬季无遮棚的露营。

（2）星形篝火

把5～10根圆木的一头，并拢如星形，从中心点燃，然后一面烧一面把圆木向里推。这种篝火热量很大，甚至几个人可围绕着它在雪地上睡觉。

（3）长条形篝火

用两段约为人体长的圆木顺风叠放，边上打入湿木锲，防止圆木滑落。两木之间加撑子，留出空隙，以利燃烧。这种篝火燃烧时间较长，几乎无需调整，适于冬季露营时取暖。

（4）圣殿火

如果地面潮湿松软或积雪深厚，则需要搭建一个高出地面，悬在空中的平台，这就是所谓的圣殿。这种炉台由一个高出地面的平台（由刚看法的新鲜木材建造）构成。四根木桩竖直，叉点上横担着木棍，在上面放置一层圆木棍，再覆盖几层土或石头，才可在上面生火。成对角线的两根最长的直木上，横担一根木棍，用来悬挂锅等器皿。

（5）风中生火

如果风力强劲，可以挖一处壕沟生火。也可用一下方式：用岩石块将火堆围住，以使热量散失减慢，保存燃料。岩石上可放置器皿烧煮食物，另外，岩石散发的热量同样可以用来取暖。还可以用岩石垒成炕。

注意：火堆边不可放置潮湿或带孔隙的岩石或石头，尤其是曾经浸泡在水中的岩石更要小心——它们在受热时可能爆炸。还要避免使用板岩和较软的岩石——通过岩时间彼此猛烈撞击就可以检 验出来。一切有裂隙、高度中空或表面易剥落的岩石都不可使用。如果它们含有水分，则膨胀速度 更快，极易爆裂，迸溅出致命的碎片.

（三）野外方向辨别

1. 利用指北针测方向

将指北针水平放置，并使水平气泡居中，待磁针静止后，标有“N”的黑色端指的方向就是北方。在具体测定某一方位时，可将指北针上的零刻度对准目标，使目标、零刻度和磁针中点在同一直线上。当指北针水平静止后，“N”端所指的刻度便是测量点至目标的方位，为了准确使用指北针，应尽量使它保持水平，且不要靠近磁性物质。

2. 利用北极星判定

在天气晴朗的夜间，可以根据北极星的位置来确定方位。北极星是正北天空的一颗较亮的恒星，位于小熊星座的尾端。大熊星座（即北斗七星）由7颗明亮的星组成，形状像一把勺子；将勺底端两星的连线向勺子口的方向延长约两星间隔的五倍距离处有一颗比较大且较明亮的星，就是北极星。仙后星座由几颗明亮的星组成，形状像一个“W”。大熊星座和仙后星座分别位于北极星的两侧。因此，也可以根据仙后星座来判定方向。

3. 利用地物特征判定

有些地物的特征与方向有关。独立大树，通常是朝南方的枝叶茂密、树皮光滑，朝北的则相反。独立树被砍伐后，树桩上的年轮通常朝北方间隔小，朝南方间隔大。山坡朝南方干燥、青草茂密，冬季积雪融化比较快；朝北方潮湿，易生青苔，冬季积雪比较快，冬雪融化比较慢。

4. 利用太阳判定

选择一块平整的地面，在地面上立一根细直的长杆，在太阳的照射下，地面上就会出现长杆的影子，将影子标示在地面上；等待片刻，再标示出此时的影子；然后过两个影子的端点连一直线，此直线就是概略的东西方向线。如何判别东西方向呢?由于太阳东出西落，其影子则沿相反方向移动，所以第一个影子偏西，第二个影子偏东。

（四）野外迷路后采取的办法

其实，在发现迷路的时候，自己高原有的路径一般不超过20分钟。这时不要着急，更不能乱喊乱跑，应冷静下来，仔细口忆一下刚才走过的泉水、已石、大树、水流、洞穴、山峰、岔路口等参照物，然后凭着自己的记忆寻找自己的足迹，退回到原来的路线上。有一种可行的办法就是立刻分析山势走向和地理地貌的环境，然后判断出是否有野生动物并寻找到其走过的痕迹，沿着"兽道"走出险境，但必须非常警觉，以免遭到野兽的袭击或狩猎者设下的套、夹的伤害。一般来说山鞍或山脊会有兽道。

不论是在林木遮蔽的山林中，还是在丛草盖地的山坡上，低头近看，根本找不出路迹采，只有远看，看到几十米以外，才能隐约地看出一条草枝微斜、草叶微倾、叶背微翻的痕迹，然后再由远而近、由近再远、远近比较之后，就能分辨出路来了。争取回到原来有旅游山路的那座山上去。即使你已经下到谷底，而且已经很累，也要咬牙爬上去。不要偷懒，也不要心存侥幸去试别的路。如果已经找不到原来有旅游山径的那座山了，争取找到一条小溪，顺着溪流走。一般情况下溪流迟早会把你引出去。遇到瀑布也要想办法绕过瀑布继续沿着溪流前进。如果山里没有溪流，你应该做的，仍然是想办法登上一座较高的山岗。根据太阳或远方的参照物（如村庄、水库、公路）辨别好大致的方向和方位，在这个方向上选定一个距离合适、也容易辨认的目标山岗，向目标山岗前进。

人多的话，可以考虑把人员分成两组。一组留在原地山顶，另一组人则下山，向另一选好方向的山岗前进。下山的人要时常回头，征询山顶留守者对自己前进方向的意见。若偏离了正确方向，山顶的人要用声音或手势提醒他们纠正错误。当下山者登上另一个山岗时，他们再指挥原来留守山顶的人下山前进。这样，用“接力指挥”的方式交*前进，就不会在山谷里原地打转了。如果登山者只有一个人，那么他唯一可做的，就在是辨别好方位下山时，要不断抬头看着自己原来选定好的目标山岗前进，只要你沉着冷静地去想办法，就一定会走出大山，脱离险境的。

三、动物的伤害预防与处理方法

（一）水蛭叮咬（图18-2-8①）

体长30～60毫米，宽4～8毫米；背腹扁，体色背黑褐，腹黄褐；整体密生环纹；体前后各有一个吸盘，前吸盘中有口；口腔内有三个颚，可以割皮肤。在吸血的同时，唾液腺能分泌抗凝血酶和血管扩张素，使寄主伤口流血不止。

水蛭广泛分布于我国各地的河流、湖泊、池塘、水田、水库等水域。涉水时应该注意。

处理方法：

1. 被水蛭叮咬时，不要用手直接拽下，那样会增加伤口的流血量，还可能在伤口上有动物残留物。可以用手或其他扁平物拍打，或用烟头或打火机烤，水蛭会自行蜷缩落下。

2. 如果没有消毒水，可用盐水或清水冲洗伤口。然后，手压法止血10分钟以上，或者加压法包扎。

3. 向医生咨询。

（二）旱蛭叮咬（图18-2-8②）

形态与水蛭类似，体色比水蛭浅，为黄褐色，个别种类多少有些偏绿色。旱蛭为陆生，属于外寄生虫，常栖息在山林的草丛和灌木中。我国南方分布较广。旱蛭的化学感应器比较发达，对寄主的气味比较敏感，对经过的人可以迅速作出反应。而且食量惊人，吸血后体重可以增加5倍。

处理方法：同水蛭。

（三）蝎子蜇刺

蝎子属蛛形纲，蝎目。白天常隐藏在缝隙、石块、落叶下，夜间活动。蝎子尾端有一个发达的尾刺，具有毒腺，能分泌神经性毒素。人被蝎子蜇刺后，疼痛难忍，并伴随局部或全身中毒，多处被蜇刺甚至有性命之忧（图18-2-9）。

中毒症状：

1. 伤口剧痛，局部红肿、水泡、血泡、组织坏死。
2. 2小时内，烦躁、出汗、流口水、气喘、恶心，甚至呕吐。
3. 多处蛰刺者可出现呼吸困难、昏迷，严重者呼吸麻痹而死亡。

处理方法：

1. 3%的氨水泡洗患处。
2. 拔出毒刺，用肥皂清洗伤口。
3. 结扎肢体，防止毒素扩散。
4. 蛇药溶解涂抹患处。
5. 大青叶、半边莲捣烂外敷。
6. 去医院。

①水蛭 ②旱蛭 ③等待寄主

图18-2-8

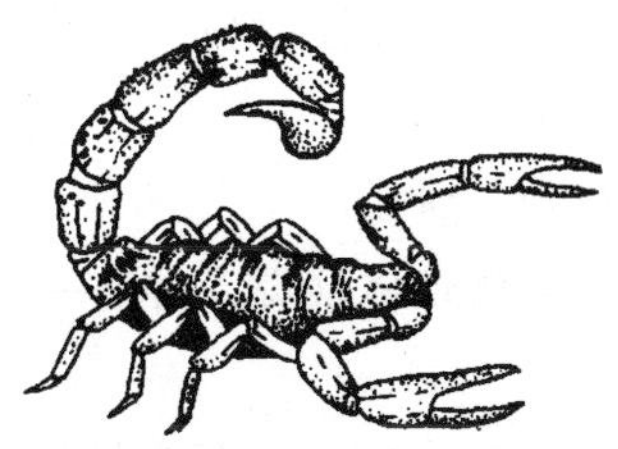

图18-2-9

（四）蜈蚣咬伤

蜈蚣属多足纲，夜行性动物；附肢较多，每体节有一对足；背腹扁；第一对附肢特化为颚足。颚足的基部愈合，末端为毒爪，内有毒腺。毒腺虽然不能致命，但被蜇刺后疼痛难忍（图18-2-10）。

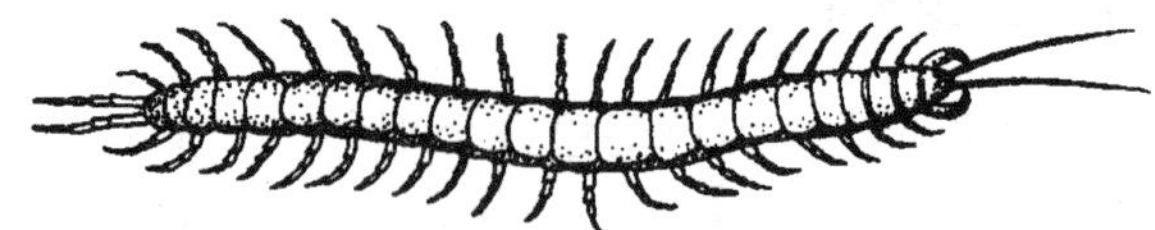

图18-2-10 蜈 蚣

中毒症状：

1. 局部红肿、疼痛。

2. 严重者出现眩晕、恶心、呕吐、发热等。

3. 治疗不及时可发生局部组织坏死。

处理方法：

1. 蜈蚣的毒素属于酸性，可以用一切碱性液体中和，肥皂、石灰水、氨水都可以涂抹患处。

2. 明矾调匀涂于患处。

3. 蛇舌草捣烂外敷。

4. 蛇药片溶化外敷。

（五）跳蚤咬伤

跳蚤属昆虫纲，蚤目。深褐色；体小，通常以毫米计；胸部附肢适于跳跃，不易捕捉，为体外寄生虫（图18-2-11）。叮咬人体后，可引起皮肤丘状红肿，且丘肿常常连片，奇痒无比。

处理方法：

1. 碱性液体涂抹叮咬处，止痒处理。

2. 龙葵捣烂涂抹可消肿。

（六）全沟蜱咬伤

全沟蜱属蛛形纲，蜱螨目。体长3～5毫米；褐色；头、胸、腹愈合呈卵圆形。脚须在体前并拢，外观似头部，称为“假头”（图18-2-12）。森林中比较常见，尤其是落叶松林。全沟蜱（俗名：草爬子）属于体外寄生虫，以动物血液为食物。侵害人类时，其假头常常钻入皮下。人们发现后，用手拽下时，往往会将“假头”遗留在皮肤内，造成局部溃疡。

受害症状：

1. 皮肤局部红肿、溃疡。

2. 全沟蜱可以传播森林脑炎，并有一定潜伏期。

处理方法：

1. 发现被全沟蜱叮咬后，不要直接拽下。应该先在全沟蜱身上轻轻拍打，待其有准备后，以拇指和食指捏住，向前轻轻提起。如发现皮肤中有残留物，应及时取出。

2. 用手在叮咬伤口处挤出一些血。

3. 向医生咨询，注射疫苗。

（七）蜂类蜇刺

蜂类（胡蜂科、蜜蜂科）属于昆虫纲，膜翅目。并不是所有的膜翅目都能蜇刺。蜂类中有一部分是蜇人的，而且是雌性。蜂类的蜇刺是雌性的产卵管特化而形成，基部往往具有毒腺，是蜂类重要的防御器官（图18–2–13）。

比较凶悍的属于胡蜂科，马蜂就是胡蜂科中的一种。蜜蜂科的许多种类也有蜇刺，但是没有胡蜂科恐怖。

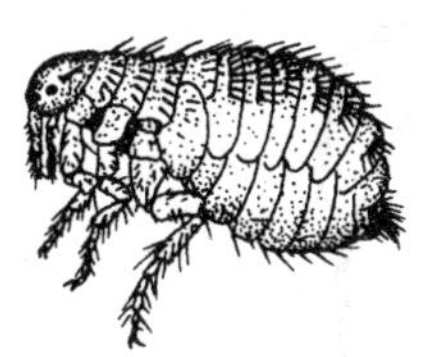

图18–2–11 跳蚤

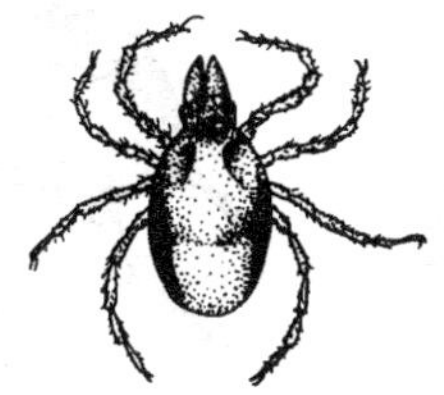

图18–2–12 全沟蜱

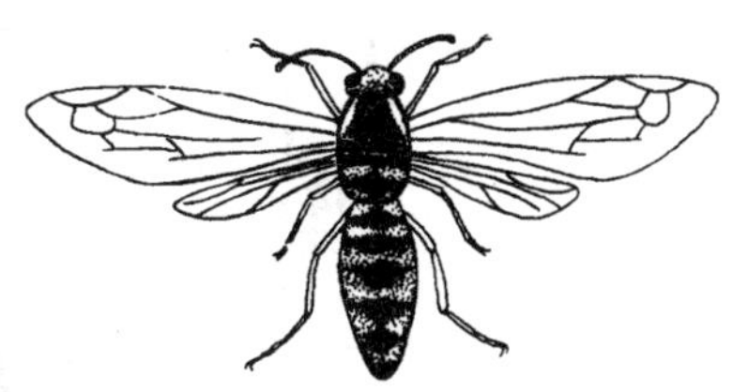

图18–2–13

蜇刺症状：

1. 局部有红肿、发热、剧痛等症状，5 ~ 7天后逐渐消退。

2. 严重者出现头晕、眼花、气喘等症状。

3. 多处、大面积蜇刺可引起过敏性休克，并导致死亡。

处理方法：

1. 千万不要挤压伤口，以免毒液扩散。

2. 认真检查，看看是否有蜇刺留在皮肤内。如果有，应及时用小刀或针挑出。伤口流血可任其自然。

3. 大多数蜂毒属于碱性，不要用肥皂去清洗。可以用酸性液体冲洗，如3%的硼酸、1%的醋酸，也可以直接用醋清洗。

4. 最好能判断是被什么蜂蜇刺的，因为蜜蜂的毒液是酸性的，恰恰应该用肥皂等碱性液体冲洗。

5. 如果情况严重，应该送医院。

（八）毛虫蜇刺

有毒毛虫大多是鳞翅目的幼虫。毛虫体表长有毒毛，刺入人体后，毒毛随即脱落，放出毒素。

受害症状：

1. 引起局部皮肤发痒、刺痛、红肿。

2. 引起全身过敏反应。

3. 大面积刺伤不仅伴随疼痛，而且可以引发荨麻疹、关节炎。

处理方法：

1. 用粘胶带或医用橡皮膏粘在被刺部位，然后拉下，这样可以很大程度拔出毒毛。如果没有胶带可以用饭团代替。

2. 在亮光处，找视力好的人一一拔出。

3. 用塑料袋装水，刺一个小孔，挤压塑料袋形成急水流也可以冲掉毒毛。

4. 有过敏现象，可以口服扑尔敏、苯海拉明等抗过敏药物。

5. 切忌用手乱搽。

（九）蜘蛛咬伤

蜘蛛属蛛形纲，蜘蛛目（图18-2-14）。蜘蛛的螯肢中有毒腺，这是它们用来杀死猎物的武器。被蜘蛛咬伤一般都会有反应，只是程度不同。

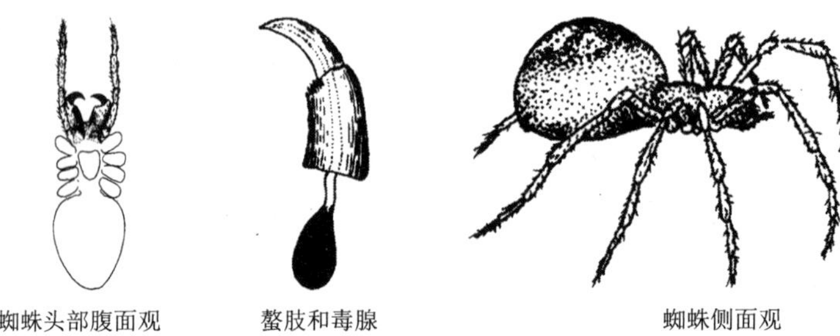

图18-2-14

受害症状：

1. 微毒蜘蛛咬伤可引起局部红肿，有少量血迹。
2. 毒蜘蛛咬伤出现局部皮肤变形，逐渐坏死。
3. 剧毒蜘蛛咬伤除局部症状外，可以引发全身症状，如发烧、寒战、呕吐、皮肤过敏等。非洲和澳大利亚有能毒死人的蜘蛛。

处理方法：

1. 局部消炎处理。
2. 根据情况口服或注射解毒消炎药物。

（十）毒蛇咬伤

蛇类属爬行纲，蛇目。世界上的蛇类有2 000多种，约有200种左右有毒。我国的蛇类约有160多种，其中毒蛇有约50种，剧毒蛇约十几种。毒蛇排出的毒液主要有三种：金环蛇、银环蛇、海蛇等排出的是神经性毒素；蝰蛇、尖吻蝮蛇、竹叶青、烙铁头等排出的是血液毒素；眼镜蛇、眼镜王蛇、蝮蛇等排出的是混合毒素。

在野外，被毒蛇咬伤而死亡的概率在动物伤害的死亡率中是最高的。所以，对于野外工作者和野外活动爱好者来说，学习有关毒蛇方面的知识非常重要。

首先要学会鉴别毒蛇与无毒蛇（表18-2-1），如果一旦被咬到，先通过头形和咬痕（图18-2-15）判断前来攻击的是毒蛇还是无毒蛇，然后再进行处理。

表18-2-1 毒蛇与无毒蛇的区别

鉴别项目	毒　蛇	无毒蛇
头形	三角形、心型	近圆形
吻形	吻尖、吻端上翘	吻端圆、不上翘
尾形	突然变细	逐渐变细
体色	鲜艳、常具纹、斑	暗淡、斑纹不显著
颈部	可以竖立、有变化	不竖立、无变化
攻击性	攻击性较强	攻击性差

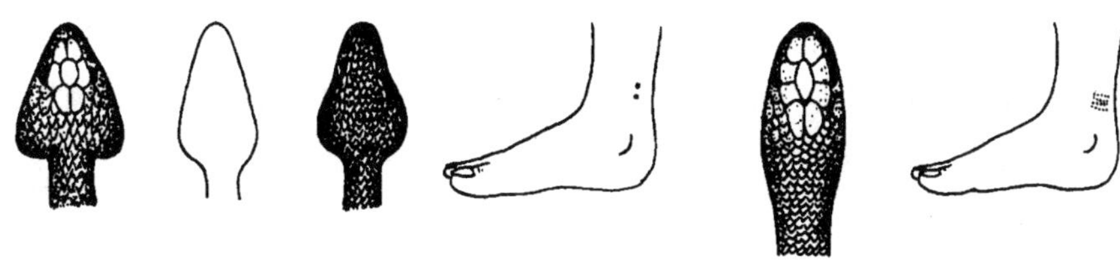
毒蛇头型与咬痕　　无毒蛇头型与咬痕

图18-2-15

中毒症状：

1. 毒蛇咬伤的普遍症状一般表现为：局部充血、水肿，时间稍长伤口逐渐变黑。伤口胀痛，附近淋巴结肿大。

2. 如果是被神经毒液的毒蛇咬伤，一般表现为：伤口无红肿迹象，稍感疼痛，主要反应是麻木。但很快就出现头晕、发汗、胸闷、视觉模糊、低血压、昏迷，最后因呼吸麻痹而死亡。

3. 被血液毒素的毒蛇咬伤，一般表现为：伤口剧烈疼痛，有灼烧感，并伴有局部肿胀、水泡、发热、流鼻血、尿血、吐血等症状，最后休克、循环衰竭导致死亡。

4. 如果是混合毒液的毒蛇咬伤，两方面的症状都可能出现，最后注意力多会下降。

处理方法：

1. 判断：被咬后，首先确定是否是毒蛇咬伤。如果可以确定是毒蛇咬伤，马上让受伤者安静下来，过多的活动会导致毒液迅速扩散。

2. 结扎：结扎伤口近心脏方向的一端，阻止毒液扩散。一般情况下，被咬伤的部位多为手、脚、小腿等部位。结扎部位一般为：

手指：结扎手指根；

手掌：结扎手腕；

小臂：结扎肘关节附近；

足部：结扎脚腕；

小腿：结扎膝关节。

结扎的原则是，阻止淋巴液回流，因为蛇毒在淋巴液的扩散是快速的、致命的。结扎的时间可以持续8～10个小时，并且要每30分钟放松1～2分钟以防止肢体坏死。

如果在这段时间里不能到达医院，要根据具体情况适当放松结扎部位，以防止肢体坏死。在这个问题上，专家的意见也是不统一的。有人认为应该丢卒保车，宁可肢体坏死也不能让毒液扩散；有人认为，一般的毒蛇咬伤可以治愈，大可不必牺牲肢体。

3. 冲洗伤口：用清水反复冲洗伤口，任凭血液外流。

4. 排除毒素：想办法尽可能地排出毒液，可以在伤口处作“十”字切开使毒液流出。如果手上有罐头瓶或水杯，可以用“拔火罐”的方法，加快毒液的排出。

另一种方法是用燃烧的木炭灼烧伤口，因为高温可以使毒液变性，降低毒性。

有人建议可以用嘴来吮吸毒液。这不是好的方法，因为这样很容易使吮吸者中毒，尤其是口腔中有溃疡面或牙龈有破损者更是十分危险。

5. 药物：主动去野外工作或探险的人一般都会带上些蛇药。现在市场上有专门的蛇药出售，例如：广州产的“蛇药散”，上海产的“蛇药片”，南通产的“季德胜蛇药”等等，有内服、外敷的，药品包装上有详细的说明。另外，如果有草药的知识也可以临时救急。例如，半边莲捣碎外敷，煎汤内服，就有一定疗效。

6. 送医院

（十一）野猪袭击

与家猪很相近，但比家猪头形大、口裂深、耳朵小，有发达的犬齿，并外突形成獠牙。野猪身高1米左右，体长1. 5 ~ 1. 8米（图18-2-16）。野猪非常凶悍，在森林中，大型食肉动物也要让其三分。但野猪一般不会主动攻击人类，只有在下列情况下是例外的：被人类逼得无退路；进食、饮水时受到干扰和惊吓；和幼崽在一起。野猪进攻的主要方式是用獠牙挑刺对手，其上下颌的力量可以咬断人类的腿骨。在野外与野猪相遇，如果我们躲开，它肯定是求之不得的。所以，在野外只要人类不去骚扰它，一般是没有麻烦的，但这并不代表不用回避它们。

图18-2-16 野 猪

思考题

1. 请简述拓展训练的起源。
2. 野外生存选择帐篷时需考虑的问题是什么？
3. 野外生存怎样鉴别水质？

第十九章　瑜伽运动

第一节　瑜伽运动简介

一、瑜伽的含义

瑜伽（Yoga）是印度哲学六大正统体系之一，起源于5000年前的古印度，是一门完善的生命科学。

Yoga的构词来自梵语Yuj，“意为联合与束缚，即把人的注意力集中起来加以引导，运用和实施”。第一位缔造了瑜伽系统与实践的印度古圣贤帕坦伽利在编著《瑜伽经》给瑜伽下的定义是：“瑜伽是思维波动的止息。”瑜伽也是将小我与宇宙间的大我结合在一起的一种身心修炼过程，从而获得身、心、灵三者的升华，并享受和平与喜悦的境界。

二、瑜伽的历史

瑜伽存在的考古学证据来自印度河流域的河谷挖掘出来的约公元前3000年练习瑜伽体位的石印图像。瑜伽被书中记载最早是在《吠陀经》中，那个时代的人们认为从事奉献的瑜伽士们经过彻底的精神练习后会对事物本源有睿智的观察与结论，他们依靠瑜伽士来寻找在生活中达到神圣和谐的途径。瑜伽的详细记述出现在描述瑜伽士仪式的《森林书》中，那时的瑜伽士们生活在森林当中，与世隔绝。

瑜伽历史上最重要的两部经典著作是《薄伽梵歌》（Bhagavad Gita）和帕坦伽利的《瑜伽经》（Yoga Sutra）。《薄伽梵歌》起源于富有启示性的文献《奥义书》，描述了王子阿朱那与奎师那神之间反对世间邪恶的对话。其提供了那个时代最全面的有关古典瑜伽的描述，主要包括：王瑜伽（Raja Yoga）、奉爱瑜伽（Bhakti Yoga）、业瑜伽（Karma Yoga）、智瑜伽（Jnana Yoga），并涵盖了三个主题：神性、瑜伽（专指各种与神性沟通的方式）、与世界弃绝的决心。全书分为18章，篇幅700节，于是后来也衍生出18种瑜伽体式与章节相互呼应。

三、古典瑜伽的流派

现代很多人经常对瑜伽流派混淆不清，经常把哈他瑜伽的多种变化形式理解为最早瑜伽的流派，主要原因则来自于瑜伽千百年来的不断演变。在这里先介绍古典瑜伽的流派，主要分为业瑜伽、奉爱瑜伽、智瑜伽、王瑜伽。

业瑜伽属于动作瑜伽，适应于性格外向活跃的人修行，其通过教习忘我的行动来净化心灵，让人忘记得失。人们在衣食起居、言谈举止等过程中逐渐学会对自我的升华。瑜伽师通常采取极度克制的苦行，严于律己，净心寡欲。

奉爱瑜伽适用于重情绪的人们，强调奉献精神，经常通过唱圣歌来表达奉献的情绪。其修行源动力主要来自于爱，并认为神是爱的化身，主要通过祈祷、礼拜等仪式，将自己奉献给神，将丰富的情绪转变为无条件的爱或奉献。

智瑜伽是知识和智慧的瑜伽，练习者经常通过阅读古老的经典获得对生命真谛的领悟。他们通过自己的心灵来探求自己的本质，要求具备很高的智慧与对事物的洞察能力。瑜伽习练者透过对一切外在事物的表象，去体验和理解其内在。

王瑜伽的创始人是帕坦伽利，他所总结的瑜伽有八大分支：制戒、内制、体式、调息、制感、专注、冥想、三摩地，提供了瑜伽习练者纯洁身体与精神的实践步骤，常被称为“王者之道”，因此也被称之为八分支瑜伽。

四、哈他瑜伽

哈他瑜伽（Hatha Yoga）是当今最流行的瑜伽形式，也是现代瑜伽的鼻祖。无论是高温瑜珈、流瑜伽、阴瑜伽、辅助瑜伽等均来自于哈他瑜伽。哈他瑜伽的“Ha”意思是太阳，“tha”意思是月亮，“Hatha”是太阳和月亮的结合，意味着阴阳的合二为一，其道路是如何将人的肉身转化为神圣的身体，从而获得开悟。尽管哈他瑜伽最早在西方是以促进健康和改变外表为重点闻名于世，然而随着练习者们对瑜伽的逐渐深入，他们通过瑜伽所获得的身体稳定性与平衡状态会使其深入到生命中超越于身体的精神境界。

在公元9世纪或10世纪，哈他瑜伽的理论同时吸收了佛教、炼金术和湿婆教的理论，由于其对身体与神通的修炼形式，使其在当时的印度教中并不成为主流。尽管属于边缘性流派，哈他瑜伽却产生了大量的专著并被广为流传。著写第一本哈他瑜伽著作的人是格拉克沙（Goraksha）瑜伽士，他被认为是哈他瑜伽之父。大约14世纪中期，斯瓦特玛拉玛（Svatmarama）撰写了《哈他之光》（Hatha Yoga Pradipika），斯瓦特玛拉玛指出共有840万种瑜伽体式，在《哈他之光》中首次提到哈他瑜伽是通往王瑜伽的捷径，这部著作对后来的昆达里尼瑜伽（Kundalini Yoga）和音流瑜伽（Nada Yoga）也具有深远的影响。最全面的哈他瑜伽著作是成书于约18世纪早期的《湿婆本集》（Shiva Samhita）。它强调即使是一个普通人（在当时专指男性）也可以练习瑜伽，并受益于瑜伽。湿婆本集主张练习瑜伽不仅可以治病，甚至还可以获得神秘的超能力。然而，对于现今的人们来说，瑜伽练习的目的不是追求奇异的能力而在于能够通过体式练习控制自己的身体，使身心健康。

五、 AUM的意义

AUM由三个字母组成，即A、U、M，符号为ॐ，对其存在不同的解读。

AUM分别代表印度教中信奉的三大神，A是创造神梵天， 存在于肚脐；U是守护神毗湿奴，存在于胸口部位；M是毁灭神湿婆，存在于头部。整个符号代表了宇宙创造者梵天成长圆满。

AUM分别代表了言论、精神、生命气息，整个词代表生灵是宇宙圣灵的一部分。

AUM分别代表长度、宽度和深度，整个词代表至高无上超越任何的形体及模式。

AUM分别代表了无欲望、无恐惧和无愤怒，整个词代表了一个完美的人，其智慧牢牢的扎根于圣灵之中。

AUM分别代表三种性别，即男性、女性和中性，整个词代表了所有的生灵以及梵天。

AUM分别对应三种时态，即过去、现在和未来，整个词则代表超越时间限制的梵天。

A象征警醒和自觉的状态；U则象征梦幻状态；M代表了精神和灵魂的无梦状态。整个这个词又代表了第四种状态在这个状态中结合前面三种状态，超越它们的状态就是入定或三摩地。

因此，在吟唱AUM时需要全神贯注按自己的理解去找寻AUM的含义，找到内心最本源的声音，这种发自身体内部的呼唤会将我们与这些能量连接在一起，于是引导我们去感受到身体空间中的能量流动起来的声音。

六、 瑜伽的饮食观

对于瑜伽的饮食观要追溯到《吠陀经》时期，当时饮食的基本理念是：食品的种类、质量和饮食方式方法，不仅直接影响人的机体，还影响人的精神状况。在《薄伽梵歌》中奎师那曾教导阿朱那时说："你应该吃可以给你长寿和健康的食物，可以让你意识纯洁且坚定的食物，同时这些食物是建立在爱的基础上而不去伤害其他的物种。"因此，当时对人的饮食习惯的评价会直接与人的品质联系起来。如今，瑜伽已经发展出一套均衡的营养饮食方式与理念。尽管现代瑜伽的习练者们还不能完全按瑜伽所倡导的饮食观来严格要求自己，但对于瑜伽饮食观的认识基本一致。现代瑜伽的饮食观念认为，充满能量和纯净的食物是大脑和身体健康的最大保障。而且，瑜伽人认为从人类的生理结构分析，人应该是不趋向于食肉的，所以瑜伽推崇素食主义。

瑜伽理论把食物分为三种形式：悦性食物、变性食物、惰性食物。瑜伽人要求多吃悦性食物、少吃变性食物、完全不吃惰性食物。

1. 悦性食物：即健康食品，包括新鲜水果和大部分蔬菜、干净的水、坚果、种子、豆制品、谷物类、牛奶和奶制品、蜂蜜，以及温和香料和适度绿茶等。悦性食物很健康并能提供身体所需的所有蛋白质、矿物质等。而素食者相对来说他们的抗病能力更强、纯净的食物有助于体式练习，由于越少吃肉，身体越不僵硬。瑜伽人认为这样可以培养高贵的情操，使身体变得健康、纯洁、轻松、精力充沛，使心灵宁静而又愉快，有益身心。这类食物可以创造一个更精细的、更敏锐的身体和神经系统，获得更高的灵性。

2. 变性食物：即有刺激味道的食品（包括味道浓烈的蔬菜）以及具有强烈味道如甜、酸、苦、辣、咸的原料、佐料及制品，如白萝卜、辣椒、洋葱、葱、姜、蒜、芥末、咖喱、酱油、巧克力、咖啡、可可、奶油、红茶、汽水等。而且，一切悦性食物若被加上许多辛辣或其他刺激性强的调料就会成为变性食物。由于变性食物在提供热量的同时会刺激身心。人的内分泌和神经系统将受到刺激，常会引起身心浮躁不安，破坏身心平衡，消耗脑力与能量，影响进入平静状态。

3. 惰性食物：属压抑性食品，包括一切肉类、蛋类、菇类、菌类等，而且还包括已经不新鲜的、腐烂或烹调过熟的食品，所有罐头，经过冷冻、加工或含防腐剂的食品，以及酒精类饮品，麻醉型饮料，烟草，毒品等。这些对瑜伽者是极不合适的，因为这些物质易使肌体的抗病系统受到损害，并对身体的运转具有一定的抑制作用，让人体丧失能量，毁坏身体系统并对心灵有害，不仅扰乱身心安宁，还会使人易怒、易妒，引起怠惰、疾病与心灵迟钝。

另外，除了对食物的分类要求外，瑜伽饮食还需要均衡、有节制的饮食。在《瑜伽之光》中描述瑜伽的练习者应该吃自身食量50%的固体食物、25%的水，必须还有25%是留给胃的空间来便于消化。因此，即使是悦性食物，吃的过多也是不符合瑜伽饮食观的。

第二节　瑜伽运动练习

一、练习瑜伽的正确心态

早在撰写《哈他之光》时期，斯瓦特玛拉玛认为瑜伽有840万种体式，那时瑜伽体式的数目庞大的令人惊异。其实，最早的瑜伽体式只有15种，其中包括4个冥想体式、10个治疗体式、1个放松体式。大家开始练习瑜伽体式时通常会感到体式的内容很多，很难记忆。如果我们通过不断的实践练习会发现习练的体式是比较容易记忆的，是有规律可循的。繁多的体式始终也不会脱离瑜伽最本源的人体运动规律：人体脊柱的前屈、后弯、侧屈、扭转；人体运动面的横断面、额状面、矢状面；人体姿态的站立类、坐位类、俯卧类、仰卧类、平衡类等等。

对于初学者而言，尤其是没有任何舞蹈或运动基础的人难免会有情绪紧张的过程。针对这一点，我会在每学期的前4节课的课程中安排互动问答的教学环节，不同专业的同学们将坐在一间教室里，每个人都有提问与被提问的机会和可能，轻松的气氛会使大家更容易放松下来，彼此融洽。每一个人是如此与众不同，大家各有特点，身体条件也千差万别。有些人天生柔韧性很好，有些人则力量更为出众，有些人兴奋点很低，另一些人则可能很易沉静。无论具备何种条件，瑜伽练习的关键都在于怎样让体式来适应于我们自身，在练习体式时去关注自己的感受，从而随时调整到让自己舒适的位置，保持平稳的呼吸。

人们总认为柔韧性好的人才适合练习瑜伽，不少男性为此放弃了对瑜伽课程的选择。其实不然，如果一名曾经练习过舞蹈的人在做背部伸展式的时候毫不费力的就将身体快速的贴靠在一起，那么他只是在做腿部的伸展练习而不是在练习瑜伽。习练瑜伽体式要求人的身心放松，呼吸深长而稳定，思维集中，时刻关注身体的每一种变化。此时的思想与身体会停留在人愿意停靠的地方，当身体恢复到休息位置时，就会感到无比的舒适与清爽。相反，对于那些柔韧性条件并不好的同学，如果他们能用专注的心态来练习，反而更容易练好瑜伽。

大多数人在学习瑜伽的过程中都希望能通过瑜伽展示自己，然而，这种心理很可能会导致瑜伽练习的伤害事件。每当学习伊始，我会告诉大家学习瑜伽谨记：勿攀比，勿强求。这是因为我们学习瑜伽到一定程度的时候通常会由于对自己身体的掌控能力的提高而沾沾自喜，导致去对比他人习练程度的心理与追求体式难度的状况出现。这些心理因素一定会干预自己的学习进程，严重影响到瑜伽后程的学习与习练的安全性。

那么，不追求体式的练习难度又怎能体现学习过程的进步？我想，体式的练习难度不是强求来的，而是循序渐进的勤于练习才能体会出来的。并且，如果认真的上完一个学期的瑜伽课程，在大家参加考试的时候，老师自然会看出学生对瑜伽的掌握程度，会给出一个合理的分数。瑜伽课堂上的学生们本身条件各有不同，我不可能用体操或者舞蹈的规格来给瑜伽体式考试打分。操练瑜伽体式与习练瑜伽体式有着本质的不同，即使再漂亮的动作也掩盖不住习练者内心的状态。当然，即使是身体僵硬的同学，通过专注的习练瑜伽也是有可能获得高分的。最终，习练瑜伽课程的学生们应该了解并不是体式难度越高，身体受益越大。

二、 瑜伽习练的五个基本原则

（一）正确的放松

瑜伽练习中无论是体式、呼吸控制法，还是冥想练习都需要思想与身体的放松。这种放松不等同于松懈，而是将肌肉与头脑的压力彻底释放出来，每次习练前都仿佛新生的婴儿一般纯净柔软，不掺杂多余的事物，所以人在练习前的身心状态非常重要。

（二）正确的练习

只有通过正确的方法才可以保证瑜伽练习的道路是通畅的，包括每一个步骤都最好有专业的老师指导。即便如此，即使在多年的深入练习后也不可疏忽大意，因为可怕的损伤与头脑中的妄念就是在不经意间产生的。

（三）正确的呼吸

如何呼吸是瑜伽练习的开始就需要认真学习和掌握的，这个学习过程也许会贯彻瑜伽练习的整个路途，因为正确的呼吸就可以控制身体器官、能量通道乃至深层意念。

（四）正确的饮食

素食可以保持一个轻盈的身体和平和的大脑，可以有效抵抗疾病，但前提一定是正确的素食，错误的饮食只会影响人体的健康，并严重涉及到瑜伽的练习中。另外，饮食的时间、饮食量、营养配比、配合练习的饮食调节等都需要正确指导。

（五）乐观的思想和冥想练习

此点可以帮助人调整心态，排除负面或悲观的想法，进入宁静祥和的自我沉静的世界中感受无比的喜悦。持续习练瑜伽需要毅力，而乐观与平静将帮助人们始终坚持下去。

三、 瑜伽课前准备

1. 练习体位法前，要保证空腹或进食3个小时以后再进行练习；

2. 尽量选择安静、清洁、空气新鲜流通的地方练习，但不要在空旷的地方练习瑜伽，在室内练习体位法时，需打开窗户，以使空气流通；

3. 瑜伽练习时最好穿着宽松，可穿柔软的纯棉长或短衣裤，男性最好穿着瑜伽内裤，女性穿着弹性大的运动文胸或不穿文胸；

4. 体式练习要在瑜伽垫上进行，勿在地板或床上等不保温、不平整地方做体式；

5. 左鼻孔或两个鼻孔都畅通时才可练习体式，只有右鼻孔通时最好不要练习；

6. 最好剪短手指甲与脚趾甲，上课时摘掉发饰、首饰、手表，服装里不夹带任何物品，穿干净的袜子或洁净双脚后再练习；

7. 避免攀比与竞争心理，勿强求做高难度体式练习，要做自己感觉舒适的体式，专注练习中内在的感受，听从身体的感觉和反应，练习过程中遇到不适要停下来休息或求助老师；

8. 刚开始练习瑜伽可能会出现各种不同的反应，有人出现恶心、头晕等不适现象。有可能是由于练习中憋气，或者练习方法不当以及身体的特殊情况导致的，此时先让身体放松下来，调整心情与呼吸，待不适感逐渐消失再练习；

9. 练习体式前可从事各类体育运动，而在练完体式后最好不要从事任何运动，可采用放松休息、冥想或散步的方式；

10. 身体有特殊情况或者疾病的人应该遵循医生的指导后再进行练习，生理期、孕期女性需要避免一些体式练习；

11. 上课时务必关闭手机或将手机调至静音，不要迟到早退，以免影响课堂练习；

12. 做完体式后最好穿上衣服、袜子或将毛毯盖在身上保暖，至少做5～10分钟的挺尸式放松，让整个身体彻底放松，完毕后等半个小时后才可以喝水，1个小时后再进食；

13. 尽量吃悦性的食物，少吃变性和惰性食物，日常饮食时间固定，早睡早起。

四、瑜伽的呼吸方法

瑜伽的呼吸以腹式呼吸与完全呼吸为主，对于初学者而言，精神不用过于紧张，为便于放松身体，可以采用经常使用的肩式或胸式呼吸，伴随练习的深入，再掌握腹式呼吸，而后使用完全式呼吸的方法。但是，对于每个人而言，由于情况的千差万别，不可强行规定自己。对于呼吸状态，能够让自己自然、平静与舒适最好。

（一）腹式呼吸

挺尸式，将双手置于腹部，在吸气的同时感觉腹部像气球一样被缓慢充起，随着腹部扩张，横膈膜向下降，承载气体的容积增大，然后腹部跟随深长的呼气像缓缓泄气的气球慢慢萎缩，并朝脊柱贴近，横膈膜自然提起，压缩气体空间，以尽可能把滞留在体内的气体排尽。

腹式呼吸可以充分发挥肺细胞的功能，增大肺活量，并同时加强心脏功能，增大消化系统的动力，有利于排除聚积在肠道的毒素及其余内在淤积物质的释放。人类在胎儿和婴儿时期均以腹式呼吸为主，长大后逐步改变为以胸式呼吸为主。胸式呼吸相对于腹式呼吸并没有充分发挥双肺的作用，大部分肺叶细胞长期闲置不用，失去其活性，使肺活量变小，从而影响人的寿命及潜能的发挥。

初学者学习腹式呼吸，无论是仰卧、坐立、站立、行走都可以进行练习。由于腹式呼吸可以增加人体的新陈代谢，增加人体摄氧量，如果长期练习腹式呼吸就可以有益于健康，帮助身体排除废料，获得能量。每个人最好逐渐将腹式呼吸作为自己生活中的主要呼吸方式，并逐渐带入瑜伽体式练习中。

（二）呼吸控制法

古代瑜伽经典《希瓦本集》中曾说：当瑜伽人可以随心所欲地控制气体，停止呼吸时，那他就成功的掌握了屏息，如果一个人可以控制屏息，那么还有什么不可以控制呢?

帕坦伽利认为："在体式熟练掌握后，吸气和呼气运动的停止就是呼吸控制法（Pranayama）。""呼吸的控制有吸气、呼气、屏息，由时间、地点、数目来调整，停止可长可短。"通俗的讲，通过控制操纵呼吸的行动，能够掌握呼气与吸气及屏息的频率与深度，而逐渐减慢呼吸的速度可以达到完全的平静，此就是呼吸控制法。

Pranayama由两个词组成，Prana和Ayama。Prana不仅仅是呼吸的意思，它还指能量，这种能量一直与人的大脑联系在一起。Ayama是指呼吸的停顿，或呼吸的延伸。帕坦伽利认为，正确的练习呼吸控制法可以消除困扰人们精神上的障碍。由于人的情绪与呼吸有极大的关系，当日常呼吸变得平和稳定，情绪也会被感染，心情变得乐观开朗，情绪更加平衡稳定。在我们的瑜伽课堂上，主要学习的是清理经络呼吸控制法、太阳呼吸控制法、月亮呼吸控制法。

1. 清理经络法（Nadishuddi Pranayama）（图19-2-1）

图19-2-1

清理经络控制法经常被置于体式练习之前，它甚至被认为比清洁法更为重要。斯瓦特玛拉玛在《哈他之光》中说到，在开始练习瑜伽前，清洁所有的经络非常重要。而仅用清理经络法就可以清洁所有的经络，但是所需时间很长。他认为"持续、稳定地通过交替右经和左经这种方式练习呼吸控制法，所有经脉会在三个月或者更长的时间内得到净化。"

方法：舒适坐姿，右手做成呼吸法手势（Pranayama Mudra），即收拢食指和中指，以无名指封堵左鼻道先从右鼻孔吸气，保持（屏息），然后大拇指封堵右鼻道从左鼻孔呼气，接着从左鼻孔吸气，保持（屏息），而后，转到从右鼻孔呼气，再次以右鼻孔吸气。如此完成一轮。

注意：刚开始练习时呼吸均匀，不要加入屏息，顺应自己的呼吸即可。待熟练后呼气时间逐渐延长为吸气两倍，并尝试加入屏息。

2. 太阳式呼吸控制法（Suryabhedana Pranayama）

太阳呼吸控制法可以促进交感神经功能，降低副交感神经的功能，激发右经脉能量，促进新陈代谢，增强消化，有助于鼻窦炎、低血压患者，消除痰湿，如肥胖、水肿、鼻窦炎等。

方法：

（1）舒适坐姿，挺直头部和脊柱，闭上眼睛，放松全身。

（2）右手做成Pranayama Mudra，用无名指封堵左鼻道，以右鼻道吸气（屏息），然后用大拇指封堵右鼻道，以左鼻道呼气，至此为一轮。

注意：高血压病、心脏病患者，高度紧张症，生理期、孕期女性不宜练习。

3. 月亮式呼吸控制法（Chandrabheda Pranayama ）

月亮式呼吸控制法可以促进副交感神经，从而平和心境，缓和情绪，消除紧张，降低新陈代谢，治愈失眠。

方法：

（1）舒适坐姿，挺直头部和脊柱，闭上眼睛，放松全身。

（2）右手做成Pranayama Murdra，用大拇指封堵右鼻道，以左鼻道吸气（屏息），然后用无名指封堵左鼻道，以右鼻道呼气，至此为一轮。

注意：抑郁症、低血压、体寒的人不宜练习，孕期、生理期女性不可加入屏息。

五、瑜伽热身

（一）身体环节热身

1. 山式站立（图19-2-2）

动作：

（1）双脚并拢站立，双脚脚跟和大拇指相互触碰，脚趾放松平伸；

（2）膝部伸直，膝盖向上提升，收缩臀部，提拉大腿后部肌肉；

（3）收腹，展胸，臀部内收，脊柱向上伸展，颈部伸直，面部放松，平视前方。

图19-2-2

2. 颈部运动（图19-2-3）

动作：

（1）山式站立，挺直背部，将注意力放在颈部的伸展上，吸气仰头，呼气低头；

（2）经吸气，呼气向右平转头部，吸气还原，呼气向左平转。

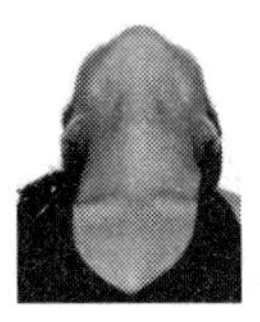
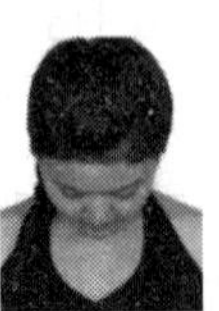

图19-2-3

3．指关节运动（图19-2-4）

动作：

（1）吸气，缓慢将手臂平举至与肩同宽同高；

（2）经呼气，吸气用力握拳，呼气充分打开手指，做几轮后，将十指并拢伸直，吸气十指尖向上，呼气指尖向下。

图19-2-4

4．手腕运动（图19-2-5）

动作：

（1）十指平伸，将大拇指包裹在其余手指中，握拳；

（2）以手腕为轴，吸气向上，呼气向下，自然呼吸，手腕顺时针转动几轮后，再逆时针转动。

图19-2-5

5．肘部运动（图19-2-6）

动作：

（1）双手握拳，大拇指在内，手心向上，两拳相靠，吸气，折叠手臂向内，肘关节尽量靠拢；

（2）呼气，滚动双拳，手心向下，伸直手臂，几轮后、做反方向。

  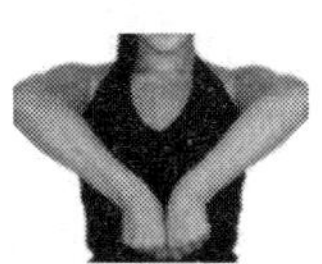 

图19-2-6

6．肩部旋转运动（图19-2-7）

动作：

（1）双臂打开，双肩下沉，手指尖触碰肩部，打开胸廓，吸气，以肩部为轴肘关节向前上方画圈，肘关节尽量靠拢，呼气向下，肩胛骨靠拢，几轮后，做反方向；

（2）双臂伸直打开，以肩为轴，吸气，手臂从前上举，以手指尖画圆，向后呼气落臂，肩胛骨尽量靠拢，几轮后，做反方向。

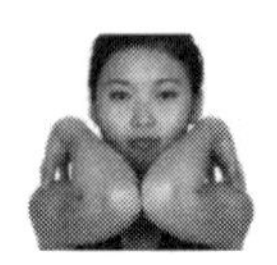

图19-2-7

7．肺部运动（图19-2-8）

动作：

（1）吸气，折叠手臂于胸前，连续呼气两次，肘部向外打开胸廓；

（2）吸气，伸直手臂向两旁打开，手心向上，尽量打开胸廓，抬起脚跟。

图19-2-8

8．中背部运动（图19-2-9）

动作：

（1）吸气，双臂平行前平举，呼气时向左后方转动，左臂伸直，右臂弯曲，眼睛跟随左手指尖方向，吸气回到正面；

（2）呼气，向右后方转动，吸气回到正面，根据自身情况决定轮数与旋转幅度。

9．下背部旋转运动（图19-2-10）

动作：

（1）两腿分开站立约一腿距离，大脚拇趾稍内扣，两手扶在髋部上；

（2）分别向顺时针、逆时针转动，向前画圆时吸气，向后画圆呼气，尽量用髋部画圆，双腿不要移动，膝盖保持伸直。

图19-2-9

图19-2-10

10．开膝运动（图19-2-11）

动作：

（1）上身下落，双腿微屈，两手扶在膝盖上；

（2）深吸气，呼气时下蹲，将一腿的膝盖靠住另一侧的脚心侧面；

（3）吸气还原，呼气时下蹲另一侧，吸气收回，呼气双膝同时下落，以此重复做。

图19-2-11

11．脚踝运动（图19-2-12）

动作：

（1）一腿伸直，抬起另一条腿，伸展脚踝，吸气，向上勾脚，呼气，向下绷脚；

（2）分别以顺时针和逆时针旋转脚踝，保持均匀呼吸，换另一侧做。

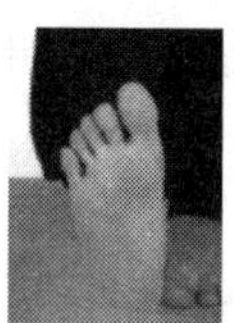

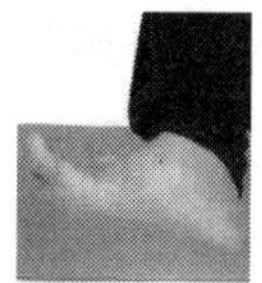
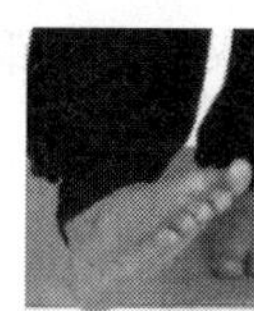

图19-2-12

（二）地面伸展热身

要点：

（1）每一个动作均与呼吸配合，并注意身体紧张僵硬部位的充分放松；

（2）在维持身体平衡的基础上，可以闭上双眼或微睁双眼。

1．手臂伸展练习（图19-2-13）

动作：简易坐，吸气，手臂带动腰侧部向上抻拉身体，延展脊柱，手臂尽量伸直，呼气，手臂下落向两侧充分打开。

图19-2-13

2. 腰部转动练习（图19-2-14）

动作：深吸气胸廓打开，呼气，双臂环抱，向后转动自然呼吸，呼吸加深时转动幅度加大，吸气收回，呼气做另一侧。

3. 脊柱伸展练习（图19-2-15）

动作：简易坐，吸气双臂向上伸直，胸廓打开，呼气，上身下落，脊柱充分伸展，额头贴住或双手延展在地面上，保持自然呼吸。

图19-2-14

图19-2-15

4. 背部伸展练习（图19-2-16）

动作：双腿伸直，双手扶脚跟或双腿，吸气抬头脊柱延展，呼气贴靠上身于双腿。

图19-2-16

5. 牛面坐练习（图19-2-17）

动作：双腿盘坐，双膝贴靠，双手扶双脚，吸气向上展开胸廓，呼气向下延伸脊柱，下巴或额头贴靠在膝盖上或继续向下延展，双肩双臂保持放松，自然呼吸。

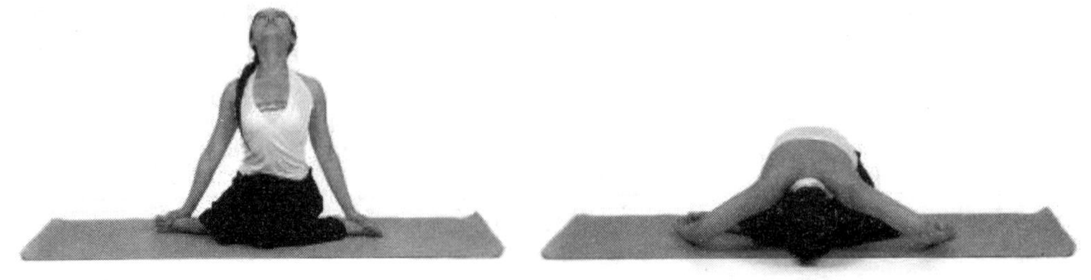

图19-2-17

6. 婴儿伸展练习（图19-2-18）

动作：双膝打开，臀部坐在双腿上，吸气展胸抬头，呼气身体向下，双臂向前延伸脊柱，额头触碰地面，保持呼吸。

图19-2-18

7. 反屈脊柱练习（图19-2-19）

动作：跪坐，吸气向前向上推动身体手臂推直，双腿打开或并拢，呼气，反屈脊柱，双肩下沉，胸廓展开，颈部充分延伸，头部向上看，保持呼吸。

8. 兔子式舒展练习（图19-2-20）

动作：弯曲双膝跪地，勾起双脚，双手臂放松环抱双腿，额头或头顶触地，放松，自然呼吸。

图19-2-19　　　　图19-2-20

9. 花环式练习（图19-2-21）

动作：双脚合拢蹲起，脚面完全贴靠地面，双膝打开，双手置前或扶住脚跟，经吸气，呼气额头向下贴地，几个呼吸后，吸气双手向前交握平举，自然呼吸。

图19-2-21

10. 全身舒展练习（图19-2-22）

动作：

（1）双臂放松，头部、躯干放松，吸气逐渐起身，山式站立，调整呼吸；

（2）双臂于体侧打开，在头顶交叉翻转手心向上，经吸气，呼气躯干向上延伸后向侧面舒展抻拉，呼气回到正中，做另一侧；

（3）再次吸气，呼气身体分别向后方平转，转动中双腿不做任何移动与弯曲。

图19-2-22

（三）太阳致敬式 Suryanamaskar

太阳致敬式由8个体式12个步骤组成，其可以用不同的方法活动脊柱并伸展四肢。因此对于初学者、年长者、身体僵硬的人有非常好的锻炼效果，同时能调节呼吸和集中意识，使人体各系统处于协调状态。

注意：高血压病、心脏病、哮喘病人与生理期女性谨慎练习此式，临睡前、发烧、过度疲劳时、孕期女性勿做太阳致敬式。

1. 太阳致敬式-1（图19-2-23）

动作：面朝太阳的方向，山式站立于垫子头端，吸气，双手由体侧打开，呼气于胸前合十，调整呼吸。

2. 太阳致敬式-2（图19-2-24）

动作：吸气，双臂上举夹住双耳，收紧臀部，整个脊柱向上提升或向后延伸。

3. 太阳致敬式-3（图19-2-25）

动作：呼气，双手臂继续夹住双耳先延长脊柱再向前下落躯干，双手接触地面或放在腿上，躯干贴靠双腿，保持2次呼吸。

图19-2-23　　图19-2-24　　图19-2-25

4. 太阳致敬式-4（奔马式）（图19-2-26）

动作：吸气两手着地，后撤右腿，左小腿垂直于地面，髋部下压，拉长后背抬头，亦可双手并拢伸直上举，眼睛平视前方，保持3次呼吸。

图19-2-26

5. 太阳致敬式-5（板式）（图19-2-27）

动作：呼气，上身向前落下，两手十指张开贴于地，左腿向后与右腿并拢，两臂伸直支撑起身体，将头、背、臀、腿放在一条直线上，收紧双臂、腰背部与臀部，视线在前下方，保持3次呼吸。

6. 太阳致敬式-6（趴曲式）（图19-2-28）

动作：呼气，膝盖着地，延长脊柱，吸气，弯曲两肘，双肘夹紧，胸部和下巴着地，抬高臀部，勾脚着地，收紧腹部，保持2次呼吸。

图19-2-27　　图19-2-28

7. 太阳致敬式-7（眼镜蛇式）（图19-2-29）

动作：吸气，上身向前向上推起，双臂推直，双肩下沉，胸廓打开，肩胛骨相互靠拢，臀部夹紧，双腿打开或并拢，颈部充分延长，头部向上看，保持3次呼吸。

8. 太阳致敬式-8（顶峰式）（图19-2-30）

动作：眼睛持续上看，呼气，依次下落腹、胸、头，吸气，向后下压身体后双脚蹬起，挺直并拢两腿，脚跟尽量着地，也可将脚跟微抬或将两腿打开，臀部向上顶起，双臂下压，打开胸廓与腋下皮肤，头部向下，眼睛看着双腿方向，保持3次呼吸。

图19-2-29　　图19-2-30

9. 太阳致敬式-9（图19-2-31）

动作：吸气，回收右脚，落在两手之间成弓步，右小腿垂直于地面，动作同4。

图19-2-31

10. 太阳致敬式-10（图19-2-32）

动作：呼气，上身向前，两手落地，吸气，回收左腿，重心前移，两腿并拢伸直，脊柱充分延伸，双手臂环绕双腿，腹、胸、头贴靠住双腿，保持5次呼吸。

11. 太阳致敬式-11（图19-2-33）

动作：吸气，抬头，双手臂夹住双耳带动上身抬起，脊柱延长向上或向后弯曲。

12. 太阳致敬式-12（图19-2-34）

动作：呼气，双手回收于胸前合十，闭上双眼，调整呼吸，开始下一轮练习。

图19-2-32　　图19-2-33　　图19-2-34

六、 瑜伽体式

（一）仰卧类（Lie）

1. 半犁式 Ardha Halasana（图19-2-35）

动作：

（1）仰卧，吸气，双腿举起，吸气勾脚，呼气绷脚，做几次后呼气后落下；

（2）仰卧，吸气，双腿举起，自然呼吸做顺时针和逆时针旋转，做几次后呼气落；

（3）仰卧，吸气，双腿举起，打开呼气，合拢吸气，做几次后呼气，落下双腿；

（4）仰卧，吸气，双腿举起，双手臂伸展过头顶，保持5～7次呼吸后，呼气落。

注意：膝盖伸直，感觉困难时可以将手垫在臀部下，熟练后可伸展手臂于头顶。

功能：紧实腹肌和大腿，雕塑双腿线条。

2. 蹬车式 Leg Cycling（图19-2-36）

动作：仰卧，吸气，两腿抬起，一腿弯曲，一腿伸直，呼气，换腿弯曲，自然呼吸，像蹬自行车一样将腿部持续蹬踏，持续30～60秒钟，呼气，落下双腿。

注意：困难者可将双手放在臀部下。

功能：收紧腹部，优美腿部线条。

图19-2-35

图19-2-36

3. 锁腿式 Pawanmuktasana（图19-2-37）

动作：

（1）仰卧，吸气抬起右腿，呼气，双手抱住右膝，腿部弯曲，大腿与胸部紧贴；

（2）吸气，用额头或下巴与膝盖相靠，保持5次呼吸，呼气，缓慢放下右脚，换另一侧做。

注意：

（1）大腿尽量拉近胸部，紧贴腹部，最好右脚先弯曲再左脚，使胃肠顺势蠕动；

（2）一脚弯曲时，另一脚保持放松，膝盖保持伸直，不要离开地面；

（3）孕期女性勿练习此式，生理期女性谨慎练习，不要压迫腹部，可将双腿打开。

功能：

（1）增进消化功能，治疗胃肠疾病及便秘，排毒养颜；

（2）消除腹部过多脂肪，伸展腿部，增加抵抗力，防止感冒。

图19-2-37

4. 鳄鱼扭转式 Makarasana（图19-2-38）

动作：

（1）仰卧，双手打开于体侧，双腿伸直并拢，手心向下；

（2）吸气，向上弯曲抬起双腿，呼气，双腿落向左侧，左手扶住右腿，头拧转到右侧，眼睛向右看手臂伸长的方向，保持5次呼吸。

注意：

（1）腿部落下时，脊柱尽量保持正直，不要倾斜；

（2）腿部下落后，反方向的肩部始终保持贴靠地面。

功能：

（1）祛除腰腹部多余脂肪，强壮肝脏、脾脏和胰腺并消减不适；

（2）治疗胃炎和增强肠部，保持腹部器官健康；

（3）有助于缓解下背部和臀部区域的扭伤和病痛。

5．挺尸式 Savasana（图19-2-39）

动作：仰卧，两腿打开与垫面同宽，脚尖外开，两臂张开放于体侧，手心向上，手指放松或呈智慧手印，闭上眼睛放松全身，延长并深化呼吸，逐渐将呼气延长为吸气的两倍，并始终将意念关注在自己的呼吸上。

注意：

（1）脚趾向外放松，手心向上，手指放松，背部平放在地面上，身体完全放松；

（2）在体式练习后至少要做5分钟的挺尸式恢复放松，注意身体的保温；

（3）身体在平躺时有不适感的人可以借助毯子放在颈部、腰背部或双腿处，也可以弯曲双腿夹住毯子，孕期女性可采用左侧卧的方式来放松，有助于血液供应。

功能：

（1）放松全身肌肉、骨骼、韧带；

（2）治疗失眠、哮喘、糖尿病、消化不良；

（3）消除神经紧张，缓解压力，治疗神经衰弱，全身恢复能量。

图19-2-38

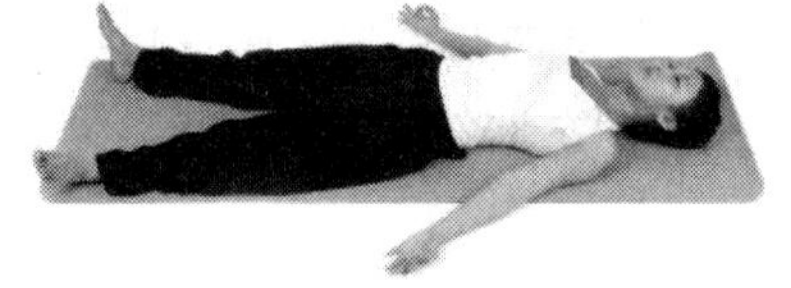

图19-2-39

6．箭式 Karanisana（图19-2-40）

动作：

（1）仰卧，吸气，抬起双腿在15~30度的位置；

（2）保持视线，指尖、脚面在同一平面上，保持呼吸5～7次。

注意：身体或双腿不宜抬的太高，腹部保持收紧时不要屏息，生理期、孕期女性谨慎练习，不要让腹部过于疲劳。

功能：缓解腹部胀气，消除腹部脂肪，有助于减轻胃部疾患，增强肾脏功能。

7．桥式 Setubandasana（图19-2-41）

动作：

（1）仰卧，双手置于身体两侧，弯曲双腿，手臂握住踝关节或手心向下按住地面；

（2）吸气，展开胸廓，逐节抬起臀部、腰部、背部，最后以双肩支撑地面，尽量抬高臀部和背部，下巴抵住锁骨，保持5次呼吸。

注意：

（1）肩部放在地面上，撑起下背部，下巴接触胸部，放松脚趾；

（2）骨盆尽量抬起推向天花板，头部不要左右移动，以免造成损伤；

（3）双腿大腿肌肉向内旋，腿部和臀部收紧，保持体式时下巴始终贴紧锁骨；

（4）有颈部劳损者谨慎练习此式，生理期女性勿练习此式。

功能：

（1）加强颈部力量，颈椎、胸椎、腰椎、尾椎等各个区域得到加强；

（2）背肌与腰、臀部肌肉得到增强，活化松果体、脑垂体、甲状腺和肾上腺。

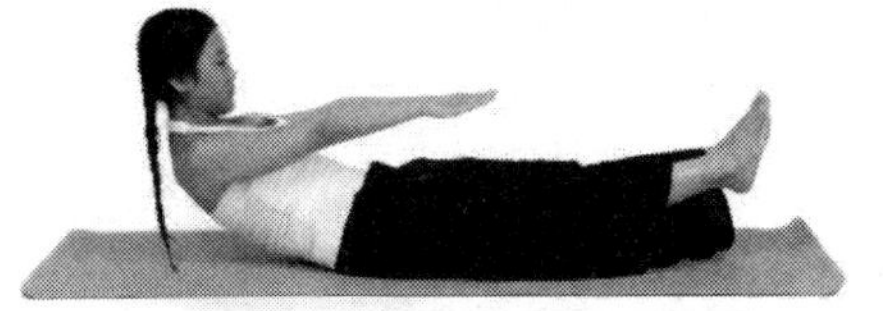

图19-2-40

图19-2-41

8. 鱼式 Matsyasna（图19-2-42）

动作：

（1）仰卧，两腿伸直，双手垫在臀部下方，肘关节尽量靠拢；

（2）吸气，头部后弯，胸廓展开，肘关节发力，使背部向上拱起，胸廓充分展开，头顶着地，自然呼吸，保持5～7次呼吸。

注意：

（1）背部向上拱起时，不要用力过猛而伤及颈部；

（2）双肘尽量靠近便于利用双肘发力，帮助背部向上拱起，胸廓打开；

（3）有高血压病、眩晕症、心脏病及身体虚弱的人，谨慎练习此式；

（4）经常用于配合肩倒立式之后练习，保持时间为肩倒立式一半。

功能：

（1）消除颈部紧张和颈椎疾患，强化甲状腺与扁桃腺的功能；

（2）治疗焦虑及失眠，增强记忆力，对轻微感冒有一定疗效；

（3）扩展胸部，间接强化背肌、腰部及肾脏，给予人全身活力。

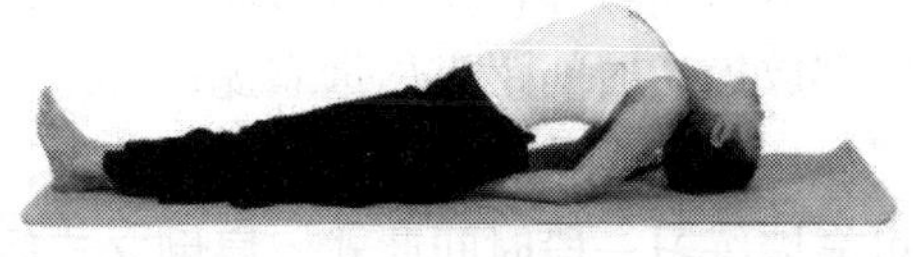

图19-2-42

9. 犁式 Halasana（图19-2-43）

动作：

（1）仰卧，手臂伸直置于腿侧，掌心着地，吸气，缓慢举起双脚到半犁式；

（2）呼气，双腿伸直下落，腰身抬起，双脚及躯干后弯，越过头部着地，膝盖不要弯曲，下巴碰触锁骨，双手臂平展于地面，手心向下，头部不要左右移动，保持呼吸5～10次；

（3）熟练后，双手撑住腰部，尽量使脊柱垂直于地面，保持5次呼吸。

注意：

（1）腰部柔软度及背部力量不够，或颈椎有问题的人双脚暂时不要着地，可以垫高颈背部做练习；

（2）身体向后弯曲时，双腿伸直，下巴抵住锁骨位置；

（3）在保持体式时，不要左右转动头部，以免伤到颈部，体式结束后最好配合相反体位法（鱼式或锁腿式）练习；

（4）高血压病、心脏病、体弱、易疲劳者、颈椎损伤者谨慎练习，生理期、孕期女性勿练习此式。

功能：

（1）强化各脏腑的功能，帮助血液循环，调整内分泌系统；

（2）活化面部，强化颈部，脊椎、背部及腰部，增强肝功能及脾脏功能。

图19-2-43

10. 肩倒立式 Sarvangasana（图19-2-44）

动作：

（1）仰卧，双腿伸展，双手置于体侧，手心向下，膝盖绷直；

（2）吸气，抬起双腿到半犁式，呼气，手掌轻压地面，抬高臀部和腿部，折叠躯干到犁式，以肩部接触地面，双手撑住后腰，肘关节尽量靠拢；

（3）吸气，双腿垂直向上抬起，下巴抵住锁骨，头后部、颈部、双肩、臂后部放在地面上，身体其他部位成一直线垂直于地面，保持体式1～3分钟，依次恢复。

注意：

（1）后背尽可能伸直，全身重量放在肩部，腿部有力伸直，下巴接触锁骨；

（2）头部不要左右移动，面部放松，肘间距离尽量靠拢；

（3）颈椎损伤、晕眩症、高血压病、心脏病者，孕妇谨慎练习，生理期女性勿练习；

（4）初学者待完成犁式后可靠墙练习一段时间此式，肩倒立式后需配合鱼式放松。

功能：

（1）作用于甲状腺和副甲状腺，使健康的血液在颈部和胸部区域循环；

（2）缓解气喘、心悸、哮喘、支气管炎和喉咙病患并消除头疼；

（3）治疗轻微感冒和鼻部病患，缓解高血压、神经衰弱、易怒与失眠，消除便秘，排毒养颜，调节子宫异位、月经失调、痔疮、疝气，活跃腹部器官。

图19-2-44

（二）俯卧类（Bend）

1．鳄鱼放松式 Makarasana（图19-2-45）

动作：

（1）俯卧，双腿打开，手臂放松在身体两侧，头部放松，调整呼吸；

（2）手背交叠，额头放在手背上，或者用手撑住面庞，面部放松，自然呼吸。

功能：用于放松，可清晰的感受腹式呼吸。

图19-2-45

2．船式 Naukasana（图19-2-46）

动作：

（1）俯卧，双臂置于身体两侧，下巴接触地面，左手向前伸展，右手手心向下；

（2）吸气，右腿离地向上抬起，左手同时向上伸展，抬头，眼睛看着左手指尖方向，保持5次呼吸；

（3）呼气，缓慢先落左手，再落右腿，换另一侧做。

注意：

（1）手臂尽量向上伸展，同时臀部收紧，膝盖伸直；

（2）手与腿尽量抬起在一条线内，尽量向上抬起，生理期、孕期女性不宜练习。

功能：

（3）缓解腹部胀气，有助于减轻胃部疾患；

（4）强健背部，消除腰部脂肪，增强肾脏。

图19-2-46

3. 蛇式 Sarpasana（图19-2-47）

动作：

（1）俯卧，两腿伸直，两手在背后十指交叉，双肩尽量打开，胸廓充分扩展；

（2）吸气，上身尽量向上抬起，伸展手臂与双腿平行，保持5次呼吸，缓慢落下。

注意：

（1）胸部完全展开，颈部充分延长，髋部尽量贴地，两肩向后扩展，肩胛骨相靠；

（2）脊椎有严重伤病的人谨慎练习，生理期、孕期女性不宜练习。

功能：

（1）对脊椎曾受过伤和椎间盘轻微移位的人有好处；

（2）增强脊椎，强健背部，扩展胸部。

图19-2-47

4. 眼镜蛇式 Bhujangasana（图19-2-48）

动作：

（1）俯卧，双手置于两肩下方位置，吸气，从腰部发力逐渐将身体撑起，双手撑住垫面，双肩向下沉，充分打开胸廓，肩胛骨相靠；

（2）双腿并拢，臀部收紧，头部上仰，颈部充分拉长，视线向上，保持5次呼吸。

注意：

（1）勿过于强迫身体的反屈幅度，在脊柱反屈时，髋关节尽量放松、贴住地面；

（2）尽量使用腰部的力量，臀部收紧，从腰骶带动使躯干向上向后伸展；

（3）严重脊椎伤病者谨慎练习，有甲亢、胃溃疡、疝气患者，生理期、孕期女性勿做此练习；

（4）初学者可将两腿打开做，如有感觉不适感立即做婴儿式放松。

功能：

（1）使脊柱富有弹性，有助于治疗各种背痛与轻微的脊柱损伤；

（2）每节脊椎都得到伸展与滋养，有助于轻微错位的脊椎得到恢复；

（3）舒缓背部与颈部的僵硬，使颈、喉、胸、腹各部分都得到加强；

（4）平衡腺体，增强消化能力，有助于生殖器官及内分泌腺体的平衡。

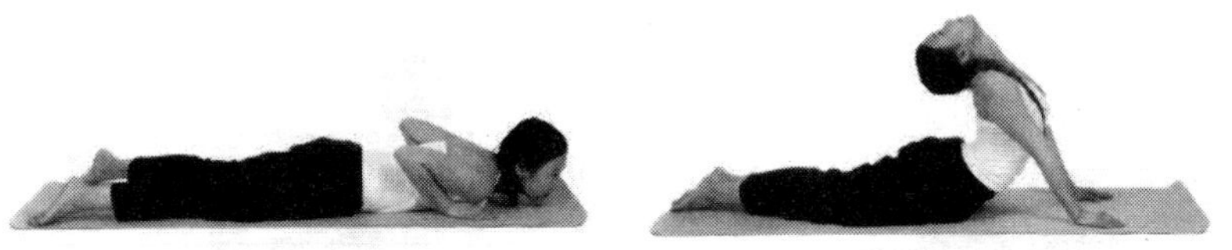

图19-2-48

5. 蛙式 Bhekasana（图19-2-49）

动作：

（1）俯卧，吸气将双膝弯曲，两脚脚跟指向髋部；

（2）呼气，同侧手分别抓住同侧脚踝，吸气，抬起头和胸部上半部；

（3）保持向上仰望，转动两手用两手掌将脚趾脚掌上半部下压，两手指指向头部；

（4）尽量下压两脚脚面，前臂垂直地面，保持5次呼吸。

注意：

（1）初学者不要用力压迫脚面，熟练后再尝试将两脚跟去触及地面；

（2）有严重膝、踝关节与脊椎伤病者谨慎练习，生理期、孕期女性不宜练习此式。

功能：

（1）强化膝盖、脚踝、双脚，减少骨刺的痛苦，有效治疗骨刺；

（2）有助于形成正确的足弓，消除脚跟的痛苦；

（3）加强双膝，解除由于痛风或风湿引起的膝痛，对腹部脏器有好处。

图19-2-49

6. 半弓式 Ardha Danurasana（图19-2-50）

动作：

（1）俯卧，左手置于肩部下方，折叠右腿，右手抓住右脚的脚踝；

（2）吸气，左臂发力将上身抬起，右臂充分伸直，右大腿贴靠垫面，左腿伸直，脊柱立直，髋部紧贴垫面，保持7次呼吸，呼气，缓缓落下身体，换另一侧做。

注意：

（1）右手臂有力伸直，抓稳脚踝，胸廓展开，保持髋部着地；

（2）目视前方，面部放松，颈部延展；

（3）有严重脊椎病患者，甲状腺肿大、胃溃疡、疝气的患者，以及生理期、孕期女性不宜练习。

功能：

（1）强健背部肌肉群，强壮手臂，消除后腰部赘肉；

（2）缓解肩、颈部的紧张，改善肝脏、肾脏、膀胱的功能；

（3）治疗便秘和糖尿病。

图19-2-50

7. 弓式 Danurasana（图19-2-51）

动作：

（1）俯卧，初学者在髋部下方垫上毯子，折叠双腿，腿间距离与髋关节同宽，两手各抓住两脚的脚踝；

（2）吸气，上身抬起，胸廓展开，两臂伸直，将腿尽量向上提拉起来。

注意：

（1）熟练后再将两腿距离靠近，大腿肌肉内旋，手臂有力伸直，抓稳脚踝；

（2）扩胸，两肩向后，胸骨上提，胸廓展开，保持髋部着地；

（3）向上看，面部放松，颈部充分延展，完成后可配合婴儿式放松紧张的后背；

（4）有严重脊椎病患者，甲状腺肿大、胃溃疡、疝气的患者，生理期、孕期女性不宜练习。

功能：

（1）强健背部，强壮手臂，消除后腰部赘肉；

（2）缓解肩、颈部的紧张，改善肝脏、肾脏、膀胱的功能，治疗便秘和糖尿病。

图19-2-51

8. 上犬式 Urdhva Mukha Svanasana（图19-2-52）

动作：

（1）俯卧，两腿分开约30厘米，脚趾向后，手掌放于肩部下方，指尖冲前；

（2）吸气，伸直两臂，上身尽量向上和向后伸展，初学者髋部离开地面即可，熟练后大腿离开地面，以小腿面撑地，腿部尽量伸直，保持5次呼吸。

注意：

（1）尽可能地将胸部向上向前推，肩部向后，手臂有力的伸直，感觉手臂后部也在伸展；

（2）膝部和臀部离开地面，臀部收紧，身体尽量向后仰，头向上向后伸展；

（3）脊椎、手腕、膝、踝、指关节有伤病的人谨慎练习此式，不要让这些部位过于受力，生理期、孕期女性减小练习幅度，勿压迫腹部和伸展幅度过大。

功能：

（1）消除背部、腿部和肩部的僵硬感，伸展脊椎，调节骨盆的血液循环；

（2）恢复脊柱活力，治疗背部疼痛，加强胸部扩展和肺部弹性，丰满胸部；

（3）治疗坐骨神经痛、脊椎关节错位和腰部风湿，对椎间盘突出的人有益处。

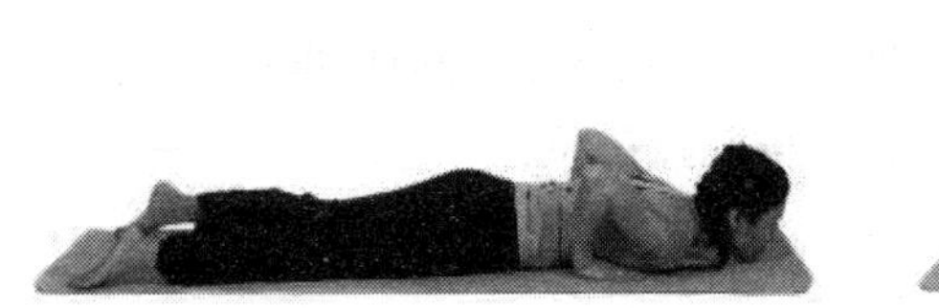

图19-2-52

9. 下犬式 Adho Mukha Svanasana（图19-2-53）

动作：

（1）四肢着地，两腿并拢或打开，腿部尽量伸直，脚跟抬起或踩下，膝盖伸直；

（2）双臂打开，手心贴地，十指微张开，呼气，上身向下，将腋下充分展开，延展脊柱，骶椎尽量向天花板方向伸展，保持5～10次呼吸。

注意：

（1）脚跟落地，脚趾放松，后背伸展向下压，胸廓展开，十指张开；

（2）臀部向上牵引后再落下头部，不要把全身的重量放于手臂，肩头正对前方，面部放松；

（3）过度疲劳、感冒、发烧、高血压病、眩晕症者，生理期、孕期女性慎做此练习。

功能：

（1）放松肩部，治疗肩周炎和颈椎病；

（2）锻炼两腿肌肉和韧带，拉伸双肩和手臂，美化腿部与双臂线条；

（3）消除紧张和疲劳，舒缓情绪与压力，促进面部血液循环，具有美容的功效。

图19-2-53

10. 蝗虫式 Shalabhasana（图19-2-54）

动作：

（1）俯卧，额头或下巴着地，双手握拳，拳心朝上，置于腹股沟处；

（2）吸气，腰部发力，单腿抬起与地面成45度，置于另一条腿的膝盖上或下方；

（3）保持5次呼吸，呼气，依次放下腿，换另一侧做，俯卧放松。

注意：

（1）不要把重量都压在双臂上，用腰部的力量，收紧背部、臀部与大腿，去感受腰骶椎的发热；

（2）腿举起时，膝盖伸直，髋部正对下方，脚面伸展，并尽量抬高；

（3）脊椎有严重伤病者谨慎练习，高血压病、心脏病者，生理期、孕期女性不宜练习。

功能：

（1）增强身体能量，强化腰腹部，增强下背部力量与腰部范围的肌肉群；

（2）滋养脊柱区域，消除腰骶部的疼痛，有益于椎间盘错位；

（3）帮助消化，消除胃部疾患和肠胃胀气，有益于肾脏、膀胱，对前列腺炎、月经不调、风湿病有缓解作用。

图19-2-54

（三）跪坐类（Kneel-Sit）

1. 雷电坐 Vajrasana（图19-2-55）

动作：

（1）双腿跪坐，脚跟外开，大脚趾相触，躯干坐在两脚跟之间，双手放在大腿上，手心冲下或手心冲上成智慧手印；

（2）呼气，双肩下沉，身体与面部放松，闭上双眼，持续做深长的腹式呼吸。

注意：脊柱立直，胸廓展开，不要低头。

功能：放松休息，调整呼吸，此式也是冥想盘坐的一种坐姿。

图19-2-55

2. 婴儿式 Balasana（图19-2-56）

动作：

（1）雷电坐，双手拇指被四指包裹在内，握拳置于腹部，或置于身体两侧；

（2）吸气，展开胸廓，头部向上，呼气，上身缓缓向前下落，肘关节自然下垂或双臂自然放于身体两侧，额头触碰垫面，保持5～10次呼吸。

注意：

（1）躯干下落时，以腹部、胸背、头部的顺序依次向下，可避免头部充血过多；

（2）身体下落后，臀部放在双脚上，不要抬起；

（3）生理期、孕期女性勿将拳头置于腹部，并打开双腿不要压迫到腹部。

功能：

（1）对腰骶部下神经丛，尤其是生殖轮附近的腺体有显著的帮助；

（2）加强腰、背部以及胸廓的伸展，沿展脊柱和腋下，增加双脚和膝盖的柔软度；

（3）减少腹部脂肪堆积，有益于女性生理期的调整。

图19-2-56

3. 猫伸展式 Marjariasana（图19-2-57）

动作：

（1）双膝跪地，膝间距离为一肘，双手撑地，手与膝盖距离为一肘；

（2）吸气抬头，塌腰凹背，拉长颈部，呼气低头，拱腰凸背，下颚触碰锁骨；

（3）初学者一呼一吸连续完成，熟练后在每次吸气与呼气之间均保持3次呼吸，完成10轮后，做婴儿式放松。

注意：

（1）手臂与身体的一肘距离，两臂始终推直，吸气抬头，呼气低头；

（1）老年与儿童，有特殊病症的人，生理期、孕期女性都可以练习。

功能：

（1）使脊柱更有弹性，放松颈部与肩膀，缓解腰部与背部的紧张与疼痛；

（2）活化腰背部神经系统，有助于消化功能，并祛除腹部多余脂肪；

（3）生理期间可消除痛经，孕期练习有助于调节子宫位置并有益于产后恢复。

图19-2-57

4. 虎式 Vyaghrasana（图19-2-58）

动作：

（1）双手撑地与双膝之间一肘距离，双膝跪地，膝盖与髋关节同等距离；

（2）吸气抬头，抬起右腿，上体同时上抬，髋位置摆正，膝盖伸直；

（3）呼气低头，收回腿，额头触碰膝盖，背部拱起，腿部不落地，完成几次后换左侧做，熟练后，可分别在抬头与低头处保持3次呼吸。

注意：膝盖伸直，髋的位置端正，初学者可先将双腿并拢，待熟练后再将两腿打开与髋关节同等距离。

功能：

（1）有助于使脊柱得到伸展和运动，强壮脊柱神经和坐骨神经；

（2）减少髋部与大腿的脂肪，提升臀部，强健生殖器官，有益于女性产后恢复。

图19-2-58

5. 英雄式 Virasana（图19-2-59）

动作：

（1）跪坐，双脚打开，双膝相靠，臀部坐在地面上，双脚放在大腿侧面；

（2）吸气，双手打开于身体两侧，呼气，翻掌于体后合十或互握手臂，闭上双眼，保持5～10次呼吸。

注意：

（1）初学者可打开双膝，或垫毯子在踝关节或臀部，也可把一只脚放在另一只脚上，臀部置上，逐渐移动到两脚分开，手掌合十困难的人则先在背后交握双臂；

（2）熟练后，两小腿内侧要紧靠大腿外侧，脚趾朝后，放在地面上；

（3）手掌合十，尽量靠近肩胛骨处，背部挺直，胸廓打开。

功能：

（1）治疗膝关节风湿和痛风，对扁平足也有好处，有助于形成正确足弓；

（2）长期练习后对于脚踝、脚部、膝盖均有伸展与缓解伤病的作用；

（3）饱腹时练习，可以促进消化，具有缓解胃部坠胀、帮助消化的作用。

图19-2-59

6. 脊柱扭转式 Vakrasana（图19-2-60）

动作：

（1）坐式，双腿前伸，右手在体后置于地面，手指尖冲后，脊柱立直，折叠右腿至左腿膝盖处并与腹部靠拢，膝盖冲上；

（2）吸气，左手上举呼气，躯干向右后方拧转后，头部拧转，左手扶住胸肩部，手肘顶住右膝外侧，目视后方，保持5次呼吸。

注意：

（1）左腿伸直，贴住垫面，逐渐放松身体，先拧转脊柱再拧转双肩与头部；

（2）生理期、孕期女性慎做此练习，可以做相反方向以避免压迫腹部的练习；

（3）完成后，最好配合背部伸展式练习，以平衡脊柱。

功能：

（1）增强大腿、小腿、膝盖处肌肉，增加臀部关节的柔韧度；

（2）按摩腹内脏器官和骨盆肌肉，改善肝脏、胰腺和肾脏等状况；

（3）祛除腰部、臀部和大腿的赘肉，将血液输送到脊背肌肉和神经；

（4）有益于支气管炎、大肠炎、便秘、月经失调、子宫颈炎、肥胖症等疾病。

图19-2-60

7. 背部伸展式 Paschimottansana（图19-2-61）

动作：

（1）坐式，双腿并拢向前伸直，展开胸廓，双手臂从两侧打开，贴住双耳侧，提拉脊柱向上；

（2）吸气，抬头，呼气，向前下落躯干，双手抓住双脚也可抓住小腿或脚踝，脊柱延展，背部凹起，膝盖绷直，保持3次呼吸；

（3）感觉舒适后，呼气，双肘落地，腹、胸、头尽量贴靠腿部，保持5次呼吸。

注意：

（1）两臂夹住双耳上伸，并带动腰部两侧以完成脊柱的充分伸展；

（2）腿部始终保持伸直，躯干下落分别以腹部、胸部、头部贴靠双腿；

（3）生理期、孕期的女性谨慎练习，可抬起头部保持背部挺直，避免腹部压迫。

功能：

（1）滋养骨盆区域，强壮腰骶，提升生命能量；

（2）刺激内脏器官，提高消化功能，减少腰腹部多余的脂肪；

（3）调节糖尿病、消化不良、食欲不振、性功能障碍并控制性欲。

图19-2-61

8. 牛面式 Gomukhasana（图19-2-62）

动作：

（1）坐位，两腿伸直，将左小腿置于右大腿下，左脚置于右半边臀部下，将右脚跨过左大腿，右小腿垂直于地面；

（2）吸气，左手上举，带动脊柱向上，向后向下置于肩胛骨中间位置，右手向后，手心向外，紧紧扣住左手；

（3）头部、脊柱正直，目视前方，自然呼吸，保持5～7次呼吸。

注意：

（1）初学者左右手伸展度不够，易造成头、颈、脊椎弯曲的现象，因此可以用毛巾或瑜伽带辅助练习，以保证脊柱的正直；

（2）手臂上举时贴于耳侧以充分延伸脊柱，肘关节始终打开，胸廓打开；

（3）生理期、孕期女性谨慎练习此式，练习时不可压迫腹部或过于向上伸展手臂。

功能：

（1）调整脊椎整体功能，挺直脊椎，提升能量，增强肾功能，控制性欲；

（2）改善手、脚、肩部僵硬及风湿等疾病，使腿部肌肉保持弹性；

（3）伸展胸部，挺直背部，灵活肩关节，伸展背阔肌，改善痔疮及坐骨神经痛。

图19-2-62

9. 塌式 Supta Vajrasana（图19-2-63）

动作：

（1）英雄坐位准备，即双腿外开折叠，两膝并拢，臀部坐在两腿之间的垫面上，双手放在两腿上；

（2）吸气，双手扶住踝关节，呼气，将上身平躺于地面，肘关节撑住地面保持3次呼吸；

（3）呼气，将整个躯干平卧在地面上，双手伸过头顶，展开胸廓，交叉双手于头后，枕住头部，闭上眼睛，保持10次呼吸，吸气，手部回收，抬起身体，呼气放松。

注意：

（1）小腿粗壮的人可将小腿肌肉用手向外打开后再进行练习；

（2）初学者先学会做英雄坐再进行此练习，可以根据自身情况打开双膝来缓解僵硬，可以在脚踝处、臀部、腰背部、头部下方分别放置瑜伽毯来帮助舒适的练习；

（3）膝部、脚踝有严重病症者谨慎练习，孕期女性最好借用瑜伽毯以保证舒适。

功能：伸展膝关节，足弓，脚踝关节，用于缓解膝关节、足弓、脚踝关节处伤病，放松身体。

图19-2-63

10. 桌式 Kundalini（图19-2-64）

动作：

（1）坐位，脊柱正直，双手手指冲前，双腿弯曲与髋关节同宽；

（2）吸气，将腰腹部向上推起，双臂推直，小腿尽量垂直于地面；

（3）呼气，头部缓慢后仰，充分伸展颈部与胸廓，保持5～7次呼吸。

注意：胸、腹、大腿尽量在一平面内，手臂与小腿垂直于地面。

功能：收紧双臂、腰腹部、大腿部位的赘肉，强化腹脏器，舒展胸廓。

图19-2-64

11. 兔子式 Shashaun Gasana（图19-2-65）

动作：

（1）雷电式准备，双臂放松，置于体侧，吸气，胸廓展开，头部上仰，呼气，上体前屈，将前额置于地面上；

（2）缓缓移动到头部着地，臀部逐渐抬起，保持5次呼吸；

（3）感觉舒适后缓缓滚动头部，头顶着地，并使大腿垂直地面，双手轻握膝外侧或两脚脚跟底部，保持5次呼吸，呼气回落臀部，吸气缓慢起身，雷电坐放松。

注意：

（1）头部尽量靠近膝盖，逐步增大流向头部的血液，使头部慢慢适应加大的血压；

（2）切不要在床上或柔软的地方练习，不利于重心的控制，容易伤及颈部；

（3）高血压病、心脏病、严重鼻炎、眩晕症者勿做此体式，生理期、孕期女性慎做。

功能：增进头部的血液流量，促进面颜红润，预防脱发，使头发浓密，富有光泽。

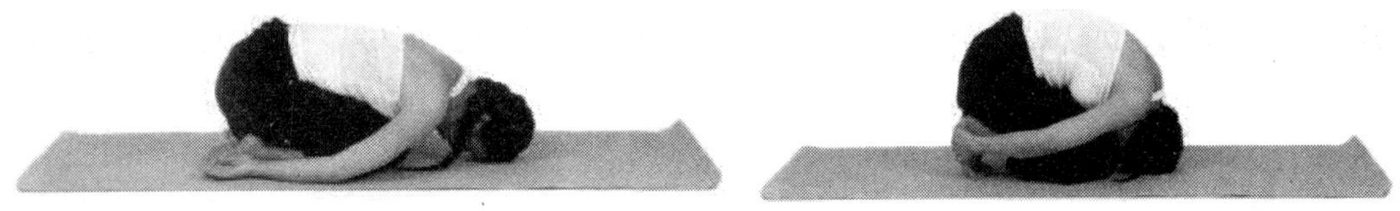

图19-2-65

12. 骆驼式 Ushtrasana（图19-2-66）

动作：

（1）双腿跪地与髋关节同宽，双手插腰，臀部收紧，经吸气后呼气逐渐向后弯曲；

（2）身体有控制地向后弯曲，头部后仰，颈部拉长，感觉舒适后可将一只手臂落下扶住脚跟，保持5次呼吸。

注意：

（1）胸廓打开并向上顶，闭上嘴唇，两膝距离与髋关节同宽；

（2）后弯身体前先向上延展脊柱，打开胸廓同时收紧臀部肌肉；

（3）有脊椎问题、眩晕症、心脏病、高血压病者，生理期、孕期女性慎做此式，尤其在身体后弯时要非常缓慢，并减小幅度。

功能：

（1）伸展和强壮脊柱，促进血液循环，使脊柱神经得到额外血液的滋养；

（2）丰满胸部，纠正驼背与两肩下垂的不良体态。

图19-2-66

13. 侧撑式 Vasisthasana（图19-2-67）

动作：

（1）身体左侧卧，先以左手肘部着地支撑身体，然后右手放在支撑的肘关节位置；

（2）右腿折叠放在左腿下或双腿伸直前后打开一脚距离；

（3）吸气，撑起右手臂将身体向上推起离地，左手臂向上伸展，双手与地面保持垂直，身体成一条直线，目视上方，保持5次呼吸。

注意：

（1）两臂伸直成一条直线，胸廓展开，手指张开，手臂伸直；

（2）两腿并拢伸直，展开髋部，眼睛看上面的手指尖。

功能：收紧双臂，强壮躯干。

图19-2-67

14. 船式 Naukasana（图19-2-68）

动作：坐式，脊柱挺直，双腿伸直，两手放于体后，指尖向前，吸气，两腿离开地面15～30度，稳定后，可尝试将双手放在大腿上，保持5次呼吸。

注意：

（1）收紧腹部，脊柱与头在一个平面内，不要含胸；

（2）双腿要伸直，视线在双脚上，身体在臀部处保持住平衡；

（3）腰骶部有伤病者，生理期、孕期女性谨慎练习此式，不要让腹背部过于疲劳。

功能：

（1）促进肠道蠕动，增加肝脏、脾、胆的健康，改善糖尿病与消化功能；

（2）增强腰下部与腹部、背部的力量。

图19-2-68

15. 束角式 Baddha Konasana（图19-2-69）

动作：

（1）坐位准备，脊柱立直，弯曲双膝，把两脚的脚跟和脚掌贴合在一起，手抓住两脚大拇趾，尽可能拉近大腿根部，胸廓打开，保持3次呼吸；

（2）感觉舒适后，将双手按在膝关节内侧，使两膝两脚外侧尽量贴近地面，保持5次呼吸。

注意：

（1）脊柱立直，臀部不离开地面，膝盖外侧贴不住垫面时可以用毯子垫在膝部下方；

（2）饱腹练习时将脊柱挺直，孕期后期的女性不宜做向前下落躯干的束角式练习。

功能：

（1）增加下背部、腹部、骨盆的血液流通；

（2）防止前列腺，睾丸疼痛，消除坐骨神经痛并防止疝气；

（3）调经，促进卵巢功能，怀孕期间练习可减少分娩痛苦，并避免静脉曲张。

图19-2-69

16. 上脊柱式 Utthitahasta Merudanasana（图19-2-70）

动作：

（1）坐式，完成束角式，调整呼吸，脊柱立直，将身体稍后倾，重心移至臀部；

（2）吸气，双手同时抓住两脚大拇趾，双腿离地，慢慢向前上方伸直双腿，身体脊柱与头背部成一条直线，与腿部成“V”型，臀部保持住平衡，做5～10次呼吸。

注意：

（1）头、颈、背在一条直线上，膝盖尽量伸直，初学者可弯曲膝盖，背部挺直；

（2）面部放松，眼睛看脚趾，收缩腹肌，以臀部保持平衡；

（3）腰背有伤病者，生理期、孕期女性慎做此式，不要让腹背部感觉过于疲劳。

功能：

（1）有助于平衡，双腿得到完全的伸展，大腿和小腿更加匀称；

（2）锻炼腹肌，治疗疝气，缓解严重的背痛，强壮背部。

图19-2-70

17. 坐角式 Pada Prasar Paschimottanasana（图19-2-71）

动作：

（1）坐式，双腿向两侧打开，吸气，双手向前下方压住地面，呼气，脊柱立直；

（2）经吸气，呼气，重心前移，身体前倾，双臂弯曲，胸廓展开，背部凹起；

（3）在身体逐渐放松后，双手托腮，腹部靠拢地面方向，保持5次呼吸。

注意：

（1）始终保持背部的挺直，最大限度伸展上身，初学者可以尽自己能力下到合适位置即可，千万不要依靠身体振动下压；

（2）双脚脚趾始终保持向上，重心前移腹部、胸部逐渐贴地面或腿部，膝盖伸直。

功能：

（1）伸展腿部筋腱，强健骨盆促进骨盆区域的血液循环；

（2）防止疝气的形成，治疗轻微疝气，缓解坐骨神经痛；

（3）控制和规律月经流量，刺激子宫，有助于女性自然生产。

图19-2-71

18. 头碰膝式 Janusirshasana（图19-2-72）

动作：

（1）坐式，右腿伸直向前，左腿弯曲，左脚脚心贴着大腿根部内侧；

（2）吸气，两臂向上，左手抓住右手腕，脊柱延展，呼气，上身下落，腹、胸、面部均贴靠在右膝处，保持5～10次呼吸；

（3）熟练后可做吸气，两臂向上，以右手抓住左手腕，脊柱延展，呼气，躯干下落，贴靠腿部，保持5次呼吸。

注意：

（1）脊柱充分伸展，手臂有力地伸展，腹、胸部尽可能地靠近大腿，肘部触地，在熟练后尝试以额头触碰地面；

（2）心脏病、高血压病与生理期、孕期女性可以抬起头部，背部挺直，勿压迫腹部。

功能：

（1）帮助减少背部和臀部的赘肉，有效治疗背部和肌肉痉挛；

（2）增强膝、踝关节的柔韧度，改善神经系统并按摩腹脏器官；

（3）提高集中力和持久力，平衡能量。

图19-2-72

（四）站立三角类（Upright Triangle）

1. 山式 Tadasana（图19-2-73）

动作：

（1）双腿并拢站立，双臂置于体侧，双脚大拇趾相互靠拢，双脚跟触碰；

（2）脚面与脚趾放松，将身体重量平均放在脚面和脚趾上；

（3）膝盖伸直，收缩臀部、腹部，胸廓打开，双肩下沉提升脊柱向上，自然呼吸。

功能：

（1）缓解肩部僵硬，扩展胸部，纠正不良腿型；

（2）踝骨日益强壮，腿部肌肉也得到均衡的发展，按摩心脏。

2. 风吹树式 Tiryaka Tadasana（图19-2-74）

动作：

（1）山式站立，吸气，右臂举至耳边，掌心向左；

（2）呼气，向左侧倒身体，右臂和手指向外伸出，掌心朝下，保持5次呼吸，吸气，回收身体，呼气倒向右侧，保持呼吸后回收。

注意：

（1）初学者不用抬起脚跟，先从两腿打开开始练习，再做山式站立；

（2）为避免胸部凹陷，上半身不要前倾，熟练后可抬起脚跟练习，以提升平衡力；

（3）侧弯身体时注意收紧臀部，尽量延长脊柱，生理期、孕期女性需减小练习幅度。

功能：

（1）扩张胸部，增强双肩、腰和髋部的灵活性，锻炼不常使用的身体侧面肌肉；

（2）改善体态，增强灵活性，提高平衡感。

图19-2-73　　图19-2-74

3．铲斗式 Utthita Lolasana（图19-2-75）

动作：

（1）山式站立，两腿打开与髋关节同宽，吸气，两臂高举过头顶，视线向上，双手做成铲斗状；

（2）保持双臂伸直，胸廓展开，手腕下垂，呼气，身体向下放松摆动；

（3）上身保持放松状态，前后摇摆身体6次，吸气，回复站立，双臂保持上举，再次重复，做5～10轮后，呼气放松双手，山式休息。

注意：

（1）躯干在放松的状况下来回摆动，如果有头晕的感觉停下来调整呼吸；

（2）有高血压病、心脏病、眩晕症的人勿做此练习。

功能：

（1）增加血液循环量，有助于整个身体充满活力，使大脑清醒，消除疲劳；

（2）刺激交感神经，脏腹器官，伸展背部、髋部。

图19-2-75

4. 三角式 Trikonasana（图19-2-76）

动作：

（1）吸气，做三角式基本位（双臂打开于身体两侧，双腿打开一条腿距离），呼气，右脚尖外开，左脚稍内收约30度，右脚跟与左脚在一条直线上；

（2）吸气，身体向右侧平移伸展脊柱，呼气，身体下落，右手置于小腿或踝关节处，左手上举，胸廓打开；

（3）稳定后，眼睛向上看延伸中的左手指尖，身体充分展开，保持5次呼吸。

注意：

（1）身体在一个平面内，两手臂成一条直线，身体重量平均放在两腿间，髋部、胸廓充分打开；

（2）身体下落后重量不要压放在小腿或踝关节上，将视线放在延伸的手指上；

（3）心脏病、高血压病、眩晕症者，生理期、孕期女性减小练习幅度，让身体舒适。

功能：

（1）增强腿部肌肉，祛除腿部和臀部的僵硬；

（2）纠正腿部不良形态，使腿部匀称发展，增强脚踝；

（3）缓解背部疼痛和颈部扭伤，强健胸部。

图19-2-76

5. 三角侧伸展式 Utthita Parsvakonasana（图19-2-77）

动作：

（1）吸气，做三角基本位，呼气，右脚尖外开，左脚尖内收，弯曲右膝小腿垂直于地面；

（2）吸气，身体向右侧平移脊柱，呼气，右手肘关节撑于膝上，左手臂向上伸展，胸廓打开，眼睛向前看，保持5次呼吸；

（3）吸气，提拉起身体，转头伸直腿，呼气，落下双臂，恢复山式站立。

注意：

（1）腰部与伸直的腿要尽力绷直，腰部、臀部、腿部在一条直线上；

（2）面部放松，胸部尽力打开，手臂有力地向上伸直；

（3）注意力集中在整个脊柱的伸展上，感觉全身的皮肤被充分的伸展和拉伸；

（4）有心脏病、高血压病、眩晕症者，生理期、孕期女性减小练习幅度，让身体舒适。

功能：

（1）加强脚踝、膝盖和大腿，纠正小腿和大腿的缺陷；

（2）缓解坐骨神经痛和关节痛，增加肠胃蠕动，促进排泄；
（3）强健胸部，减少腰部和臀部的脂肪。

图19-2-77

6. 加强侧伸展式 Parsvottanasna（图19-2-78）

动作：

（1）吸气，三角基本式站立，呼气，左脚尖向外打开，右脚尖稍内收，身体向左平转，将髋部正对前方，并调整后脚的位置；

（2）吸气，双手伸过头顶，抬头展开胸廓，呼气，经脊柱向前延伸后再向下，双手放在左脚两侧，腹部靠拢左腿，抬起头部，背部凹起，保持5次呼吸；

（3）呼气，将腹部、胸部、头部逐步贴靠在左腿上，保持身体稳定，做5～7次呼吸。

注意：

（1）膝盖保持伸直，重量平均放在两脚之间，双手交握时，双肩向后，胸廓展开；
（2）一定要延伸脊柱后再向下依次伸展身体，将颈部拉长，充分打开肩部；
（3）高血压病、心脏病、眩晕症者，生理期、孕期女性慎做此练习，保持抬头即可。

功能：

（1）缓解腿部和臀部肌肉的紧张和僵硬，使髋关节和脊椎骨更富有弹性；
（2）腹部器官得到收缩和加强，纠正肩部下垂，为头面部提供血液供应。

图19-2-78

7. 双角式 Prasarita Padottanasana（图19-2-79）

动作：

（1）吸气，做三角基本位，双脚尖内收；

（2）呼气，将两手掌着地，置于肩部投影下方，抬起头部，背部凹起，保持2~3次呼吸，再将头慢慢放在两手之间的垫面上，保持5~7次呼吸。

注意：

（1）初学者两腿可比一条腿距离距离稍大些，将重心置于两腿之间；

（2）放松头面部，肘关节尽量靠拢些，不要把重量放于头部，熟练后重心前移；

（3）高血压病、心脏病、眩晕症者，生理期、孕期女性慎做此练习，保持抬头即可。

功能：

（1）拉伸腿部肌肉，促进头面部与心脏血液循环；

（2）增强消化功能，使胯关节灵活，延长脊背，有增高功效；

（3）集中精力，刺激智力开发，促使能量在全身流动，并补充能量。

图19-2-79

8. 战士式 Virbhadrasana（图19-2-80）

动作：

（1）吸气，做三角基本位，呼气，右脚尖外开，左脚尖稍内收；

（1）经吸气，呼气弯曲右膝，右小腿垂直于地面，头平转向右侧，双臂有力的向两侧伸展，眼睛看右手指尖，保持5次呼吸（战士一式）；

（2）呼气，身体转向右侧，髋部正对前方，吸气，两臂从身体侧面打开向上，双手合十于头顶，抬头向上双手方向，保持5次呼吸（战士二式）；

注意：

（1）重心在两腿之间，胸部髋部充分打开，双手向两侧尽力延伸；

（2）膝盖垂直于地面，不要超过脚踝，大腿平行于地面，脊椎伸展，后腿尽力绷直延伸，臀部收紧，头、颈、背、保持在一条直线上，

（3）有高血压、心脏病、身体衰弱的人，生理期、孕期女性谨慎练习。

功能：

（1）收缩腹部肌肉，加强脚踝力量，改善腿部形状，消除臀部和腿部赘肉；

（2）扩展胸部，加强肺部和腹部器官，激发身体活力和促进身体敏捷；

（3）提高精力、敏捷力，增强自信，促进人的举止仪态，警觉大脑。

图19-2-80

9. 三角扭转伸展式 Parivratta Trikonasana（图19-2-81）

动作：

（1）吸气，做三角基本位，呼气，左脚外开，右脚稍内收，躯干与右腿一起左转，髋部正对前方；

（2）经吸气，呼气身体向下并向左侧拧转，右手掌贴近左脚内侧地面；

（3）深长呼吸，向上伸展左臂，胸廓、髋部尽力打开成一个平面，头部向上看左手指尖方向，保持5～10次呼吸。

注意：

（1）初学者做三角式有困难的人先不要尝试此体式，向下的手臂可以先放在脚内侧，再逐渐移动到外侧；

（2）胸廓、肩部、髋部充分打开，手臂有力向上伸展，身体保持在一个平面内；

（3）初学者或颈椎有问题的人头部向下或向前看即可，不必强求，高血压病、心脏病、身体衰弱者慎做此练习，生理期、孕期女性勿做此练习。

功能：

（1）加强大腿、小腿的肌肉和筋腱，增强背部，伸展胸部；

（2）增强腹部器官功能，加强臀部肌肉。

图19-2-81

（五）平衡类（Balance）

1. 幻椅式 Utkatasana（图19-2-82）

动作：

（1）双腿打开与肩同宽，双臂打开平行举起于体前，掌心向下；

（2）呼气，屈膝，躯干下降，到不能再下时抬起脚跟，继续下蹲，直到大腿与地面平行，保持脊柱垂直，保持5次呼吸；

（3）吸气，脚跟继续高抬，逐渐伸直双腿，呼气，放下脚跟，手臂放下，放松。

注意；

（1）脊柱始终保持垂直于地面，躯干不要向前倾；

（2）身体保持平衡时，大腿平行于地面，脚跟抬起，面部保持放松。

功能：

（1）加强踝关节力量，增进大腿的力量，减少腿部脂肪，均衡的发展腿部肌肉；

（2）按摩心脏，加强平衡性。

2. 鹰式 Garudasana（图19-2-83）

动作：

（1）以山式站立，弯曲双腿，吸气，将左腿绕过右膝，呼气叠放在右大腿上；

（2）左脚放在右小腿后，使左腿胫骨紧贴右小腿，左脚大脚趾刚好勾住右脚脚踝内侧上方，左腿完全盘绕在右腿上；

（3）吸气，双手臂打开于体侧，待身体稳定后，呼气，双手胸前合十，平视前方。

注意：

（1）左大腿的后部放在右大腿的前部上方，稳定后可以逐渐提高身体重心向上；

（2）无法平衡的人可以靠墙练习，身体尽量不要前倾，脊柱立直，双腿无法完成盘绕可以一脚点地，保持身体平稳即可。

功能：强健脚踝，消除肩部僵硬，预防小腿肌肉抽筋。

图19-2-82　　图19-2-83

3. 树式 Vrikeshasnas（图19-2-84）

动作：

（1）吸气，弯曲右腿，将右脚跟放在左腿内侧或根部，左手臂上伸，稳住身体；

（2）再次吸气，右手向上伸展，双手合十，眼睛平视前方一点，打开髋关节，想想自己是一棵大树，稳健秀美，保持5次呼吸。

注意：

（1）头部、颈部、脊椎在一条直线上，身体不要向前或侧面倾斜；

（2）右脚脚心贴住左大腿内侧，手臂伸直，保持呼吸缓慢柔和，胯部随膝盖尽量打开，提拉脊柱向上，支撑腿的脚掌平展、脚趾放松；

（3）初学者可以先靠墙练习，也可以先将折叠脚放低，有利于保持平衡，孕期女性不宜过于伸展双臂，可双手合十于胸前即可。

功能：

（1）加强大小腿、臀部肌肉，并削减臀部与腿部的赘肉，以培养优雅挺拔的姿态；

（2）锻炼平衡感，消除身心疲乏，调节心志紊乱，培养大脑专注与决策力。

图19–2–84

4. 站立锁腿式 Pawanmuktpadasana（图19–2–85）

动作：

（1）山式站立，吸气抬起右腿弯曲，双手抱住右腿，左腿保持伸直，保持2次呼吸；

（2）身体稳定后，呼气，将右腿膝盖贴紧胸部，保持5次呼吸，逐步还原，做另一侧。

注意：

（1）下腿保持伸直，脚部平展，脊柱立直，初学者可先靠墙练习，先不用贴紧腹部；

（2）生理期、孕期女性慎做此练习，勿压迫腹部，保持身体平衡即可。

功能：

（1）强化腹部脏器官，排毒，收紧腿部赘肉；

（2）集中注意力，保持平衡性。

图19–2–85

第三节　瑜伽运动伤痛的预防

近年来，瑜伽在全球已经成为一种备受推崇的时尚健身方式，然而，由于练习瑜伽不当产生的瑜伽伤病层出不穷。习练瑜伽并不是舞蹈或技巧展示，任何的瑜伽伤痛都是与练习者的急于求成或重在表现有关，只有结合自己的实际情况，完全将思维、呼吸与体式同时集中在一点上才能真正预防伤害。因此，瑜伽的辅助练习手段也很重要，当自己的身体现状无法适应于某个体式时可以选择从最简单易行的部分开始，借助瑜伽辅助带、瑜伽毯、瑜伽砖等手段来帮助自己完成练习，而且一切要以自己能够承受的习练程度为前提。那些不结合实际情况，一味要求练习者完成脱离个体实际身体与心理承受能力的所谓瑜伽就是伪瑜伽，违反瑜伽本源（遵循正确呼吸、思维与身体部位相结合）的教导就是误传。当习练者真正出现瑜伽伤害的时候就要停下来认真思考自己的习练方法、途径与瑜伽老师的合适与否，并求助正确的医疗手段来治愈身体伤病，不要忽视与拖延。

瑜伽体式具备特定的操作程序，当真正进入瑜伽体式的习练后需要面对有可能出现的各种问题，我们在循序渐进的习练过程中采用以下的具体方法将会更安全、更有效。

一、正确配合呼吸

初学者的呼吸只要不憋气就可以，倘若没有掌握好腹式呼吸，而在体式练习中强求自己去履行呼吸的模式反而容易导致气息不畅而胸口憋闷、精神紧张。所以，只要跟随自己的身体感受，自然呼吸就好。如果要感觉更舒适就在打开胸廓时吸气，转换动作时呼气，以此类推。很多人在学习了腹式呼吸一段时间后，会死记硬背体式进行过程中的呼吸配合，搞得自己很紧张与疲劳，因此不要过于教条地沉迷在呼或吸的对错上，而遵循瑜伽体式的身体运行规律也许可以让你自然掌握呼吸技巧，即在身体展开时吸气，收缩时呼气；或者在克服重力时吸气，顺应重力时呼气。

二、 做好准备活动

准备活动始终是每一堂瑜伽课中不可忽视的部分。在此过程中，呼吸通畅，体式连贯，用动态连续的方式完全可以更快的热身。如首先可以做发声练习来预热自己的身体，然后做身体环节的基本热身练习，或者也可以挑选几个简单并且让自己感觉舒适的体式主要用于躯干的预热练习，以便更好的进入太阳致敬式或直接进入体式练习。有一定瑜伽练习经验的人通常会直接用太阳致敬式来热身，太阳致敬式由12个体式组成，可以安排在体式练习前连续练习3～6轮，之后将周身通畅，充满能量地进入后面的体式练习。此上这些方法都可以让身体在体温升高后再练习，并在一定程度上避免伤痛的发生。

三、关注脊柱与胸廓

关注脊柱与胸廓是瑜伽体式练习中避免伤痛的重点。这需要我们做到随时伸展脊柱，展开胸廓。任何体式无论是前屈、后弯、侧弯，首先都应该让整个脊柱先向上伸展，同时展开胸廓，以便深入吸气后，再向前侧、后侧或旁侧伸展与扭转。例如，背部伸展式，当摆正脊柱后，先吸气将双臂从身体两侧打开，在胸廓打开后，将双臂贴紧双耳尽力向上伸展脊柱，当吸气深入后再呼气向下进行练习。再如，骆驼式，肘关节在体后需要相互靠拢，目的为充分打开胸廓，同时将髋部正对前方，收紧臀部，在牵引脊柱向上延伸后，再进行向后缓慢的弯曲脊柱，此时髋关节不要松弛，胸骨始终能够保持向上顶起的状态。

四、 调整肩和骨盆的位置

双肩与骨盆是连接脊柱的重要关节，因此在所有体式进行过程中，先注意调整肩与骨盆就可以端正脊柱的位置，以此形成稳定的身体架构去控制身体。

例如，前屈体式中的加强脊柱伸展式，首先，需要通过双手臂向上伸展并展开胸廓，肩部下沉等一系列动作来调整肩关节，在身体逐渐前倾过程中，先尽量延展脊柱后再前移重心这一动作，将骨盆调整到略微前倾的位置。初学者若大腿后部肌肉僵硬，可稍微弯曲膝盖再将躯干向下落，但是任何时候骨盆应该始终保持正对前方。

另外，通过双脚的大拇趾相互靠拢，臀部保持夹紧也能够帮助调整骨盆的位置。在三角类的体式中，例如，由三角基本位打开身体，是通过一脚外开90度，另一脚尖稍内扣来调整至骨盆正对前方的，此时的双肩不能耸起而要下沉，胸廓展开。

五、正确的做扭转体式

在扭转的体式中，需要脊柱首先延展并先行，同时收紧腹肌并拉伸腰肌来配合整个扭转的完成。我们在练习扭转体式的过程中如果想充分的让身体感受扭转又不受伤就一定要使用整个胸、腰、腹部的核心力量，即整个脊柱先行，而不是单纯某一个环节（比如颈部关节的转动）或某一肌肉（比如腰肌）的扭转。

例如，我们在练习脊柱扭转式中向右拧转的动作时，不要急促完成动作，需要先向上举起左臂，目的是首先让脊柱充分向上伸展，同时胸廓展开充分吸气；再将脊柱端正后呼气，以脊柱先行向右转动，同时收紧腹肌并将腰肌拉伸转动到右侧；最后再转动头部向右侧方。在这一系列的身体转动中，我们的核心架构部分起着重要的引领作用，在停留的过程中呼吸逐渐加大了拧转的幅度。

六、随时保护各个关节

人体的骨骼关节都是有运动范围的，我们在瑜伽练习中必须随时关注自己的关节是否承受了过度的运动负荷。例如，如果在下楼或坐下时膝关节有发软或疼痛的感觉，在跳跃时膝关节会疼痛加剧，或者瑜伽盘坐的时候膝关节有疼痛感就可能已经出现关节损伤。

为了随时保护各个关节，首先要做到的是预热各个关节，不要违背身体条件的强行操作体式；其次，需要注意练习体式过程中关节的位置。

例如，在奔马式、战士式、三角侧伸展式、幻椅式中，膝盖始终不要超过脚尖，保持小腿垂直于地面，大腿平行于地面。身体的重量要放在两腿之间，这样可以保护髌骨、半月板和膝关节区域韧带以及避免股神经损伤。

做眼镜蛇式、上犬式等动作时注意在伸展腿和臂时不要让膝和肘关节过度伸展，也就是不要悬空压腿或手臂，在身体支撑的时候膝盖前髌骨不要后陷，肘关节不要前凸，只要保持腿与臂伸展即可，以保护膝和肘关节。做下犬式或顶峰式时，手腕关节与肩关节尽量端正，不要内扣或外旋以保护此处关节。

在体式中涉及支撑身体的部分时尽量保持全手掌用力，不要只把重量压给掌根或手指，此时可以将十个指头打开，来加大支撑面积，而双手支撑时也不要轻易向前移动重心，以保护腕关节和腕部软骨。

做弓式、蝗虫式等体式时要保持髋部端正，不能掀胯，并尽量少做弯腰时又转动身体的练习，如三角扭转伸展式尽量把动作分解成单平面完成，一定不能同时进行平面间动作。例如，要先俯落身体，保持脊柱正常位置再慢慢做水平转动，这样做目的就是为了防止对椎间盘关节的损伤。

思考题

1. 请简述瑜伽的历史。
2. 瑜伽练习的基本原则有哪些?
3. 请简述瑜伽的呼吸方法。

第二十章 导引养生

第一节 二十四式太极拳

一、太极拳概述

太极拳是中国武术的一个重要流派，流行于各地，很受人们的欢迎。太极拳是根据我国古代阴阳哲学的原理而命名的拳术。所有动作的开合、起落、进退、刚柔、蓄发、顺逆、虚实、曲直等，无不和谐地体现出阴阳对立与统一的辩证规律。

太极拳在长期的流行过程中形成了陈式、杨式、吴式、孙式、武式等技术流派。新中国成立以后，编创了二十四式简化太极拳、四十八式太极拳、三十二式太极剑等。20世纪初到80年代末，为了适应武术的国际交流与竞赛，又创编了陈、杨、吴、孙、武式太极拳和四十二式综合太极拳、剑等竞赛套路。各式太极拳尽管在运动风格上有所不同，但体松心静、柔和缓慢、连绵不断、圆活自然、协调完整的要求是基本一致的。

二、太极拳运动特点

1. 体松心静

太极拳是一种“静中寓动、动中求静”的修炼术。它与其他竭尽全力去追求高度、速度、远度的竞技运动截然不同。练习太极拳，首先要使身体充分放松。从头颈部、肩部、胸部、腰部、上肢和下肢均要充分放松，尤其是肩、髋、肘等几个大关节。只有身体放松了，才能在运动中保持自然舒展，柔和顺畅，才能做到“心静”。

在演练太极拳时，尽管运动不息，但也要做到心里宁静从容，正如《太极拳论》中形容的“一羽不能加，蝇虫不能落”的境界。

2. 柔和缓慢

太极拳的动作柔和缓慢，以柔劲为主，以意识引导动作，用意不用力。动作柔和的好处是用力较少，不使肌肉过于紧张。缓慢的好处是能使呼吸深长，增加吸氧量，并且气沉丹田，意、气、劲三者合一。这样动作才能自然舒展，感觉灵敏，步法稳健，气血调和。太极拳在运动时不用拙力，呼吸深沉自然，动作轻松柔缓，形神合一，虽动犹静。

3. 连绵不断

在练习太极拳的过程中，动作不能忽快忽慢、停顿或断续。动作要连贯，势势相承，动动相连，前后贯串，连绵不断，形成有节律的连续运动。

4. 圆活自然

太极拳的动作处处带有弧形。这是因为弧形动作转换灵活，不滞不涩，易于转化，符合力学原理，也符合人体各关节自然弯曲的状态。因此，有人称太极拳为“圆的运动”。

5. 协调完整

太极拳是一种需要身心高度协调配合的运动。无论是整个套路，还是单个动作姿势，都必须做到上下相随、协调完整、内外合一，把身体外形的动作与内在的意识完整地统一起来。

在单个动作上，腰部一动，上、下肢均动，眼睛亦跟着转动。太极拳动作要求以腰为轴，由腰部带动上、下肢运动，全身上下、左右相互呼应，做到“一动无所不动，一静无有不静”。

三、二十四式太极拳动作名称

第一组 （一）起势 （二）左右野马分鬃 （三）白鹤亮翅

第二组 （四）左右搂膝拗步 （五）手挥琵琶 （六）左右倒卷肱

第三组 （七）左揽雀尾 （八）右揽雀尾

第四组 （九）单鞭 （十）云手 （十一）单鞭

第五组 （十二）高探马 （十三）右蹬脚 （十四）双峰贯耳 （十五）转身左蹬脚

第六组 （十六）左下势独立 （十七）右下势独立

第七组 （十八）左右穿梭 （十九）海底针 （二十）闪通臂

第八组 （二十一）转身搬拦捶 （二十二）如封似闭 （二十三）十字手 （二十四）收势

四、二十四式太极拳动作图解

第一组

（一）起 势

1. 身体自然直立，两脚开立，与肩同宽，脚尖向前；两臂自然下垂，两手放在大腿外侧；眼向前平视（图20–1–1、图20–1–2）。

要点：头颈挺直，下颌微向后收，不要故意挺胸或收腹。精神要集中（起势由立正姿势开始，然后左脚向左分开，成开立步）。

2. 两臂慢慢向前平举，两手高与肩平，与肩同宽，手心向下（图20–1–3）。

3. 上体保持挺直，两腿屈膝下蹲；同时两掌轻轻下按，两肘下垂与两膝相对；眼平视前方（图20–1–4）。

要点：两肩下沉，两肘松垂，手指自然微屈。屈膝松腰，臀部不可凸出，身体重心落于两腿中间。两臂下落和身体下蹲的动作要协调一致。

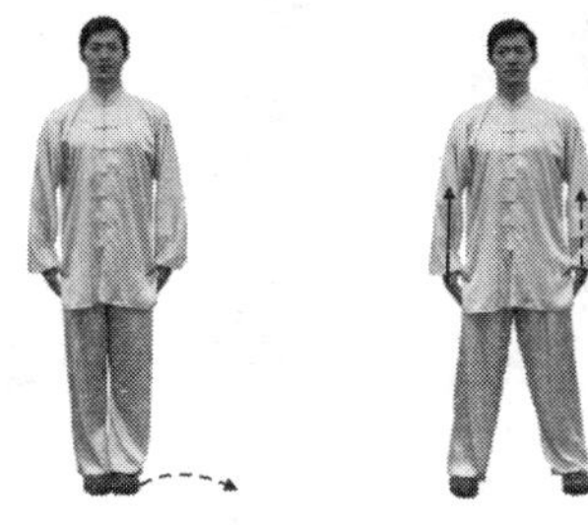
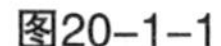

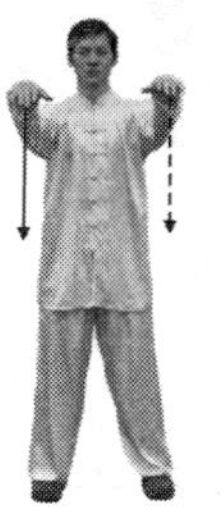

图20-1-1　图20-1-2　图20-1-3　图20-1-4

（二）左右野马分鬃

1. 上体微向右转，身体重心移至右腿上；同时右臂收在胸前平屈，手心向下，左手经体前向右下划弧放在右手下，手心向上，两手心相对成抱球状；左脚随即收到右脚内侧，脚尖点地；眼看右手（图20-1-5）。

2. 上体微向左转，左脚向前方迈出，右脚跟后蹬，右腿自然伸直，成左弓步；同时上体继续向左转，左、右手随转体慢慢分别向左上、右下分开，左手高与眼平（手心斜向上），肘微屈；右手落在右胯旁，肘也微屈，手心向下，指尖向前；眼看左手（图20-1-6、图20-1-7）。

3. 上体慢慢后坐，身体重心移至右腿，左脚尖翘起，微向外撇（45～60度），随后脚掌慢慢踏实，左腿慢慢前弓，身体左转，身体重心再移至左腿；同时左手翻转向下，左臂收在胸前平屈，右手向左上划弧放在左手下，两手心相对成抱球状；右脚随即收到左脚内侧，脚尖点地；眼看左手（图20-1-8、图20-1-9）。

图20-1-5

图20-1-6

图20-1-7

图20-1-8

图20-1-9

4. 右腿向右前方迈出，左腿自然伸直，成右弓步；同时上体右转，左、右手随转体分别慢慢向左下、右上分开，右手高与眼平（手心斜向上），肘微屈；左手落在左胯旁，肘也微屈，手心向下，指尖向前；眼看右手（图20-1-10、图20-1-11）。

5. 与3. 解同，只是左右相反（图20-1-12、图20-1-13、图20-1-14）。

6. 与4. 解同，只是左右相反（图20-1-15）。

要点：上体不可前俯后仰，胸部必须宽松舒展。两臂分开时要保持弧形。身体转动时要以腰为轴。弓步动作与分手的速度要均匀一致。做弓步时，迈出的脚先是脚跟着地，然后脚掌慢慢踏实，脚尖向前，膝盖不要超过脚尖；后腿自然伸直；前后脚夹角成45～60度（需要时后脚跟可以后蹬调整）。野马分鬃式的弓步，前后脚的脚跟要分在中轴线两侧，它们之间的横向距离（即以动作行进的中线为纵轴，其两侧的垂直距离为横向）应该保持在10～30厘米之间。

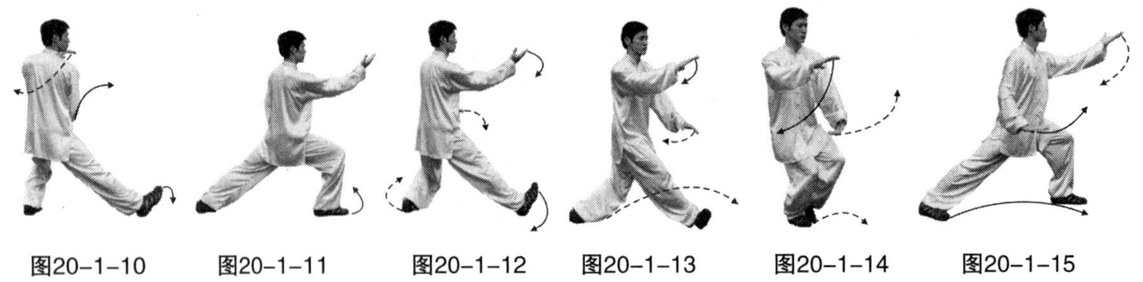

图20-1-10　图20-1-11　图20-1-12　图20-1-13　图20-1-14　图20-1-15

（三）白鹤亮翅

1. 上体微向左转，左手翻掌向下，左臂平屈胸前，右手向左下划弧，手心转向上，与左手成抱球状；眼看左手（图20-1-16）。

2. 右脚跟进半步，上体后坐，身体重心移至右腿，上体先向右转，面向右前方，眼看右手；然后左脚稍向前移，脚尖点地，成左虚步；同时上体再微向左转，面向前方，两手随转体慢慢向右上左下分开，右手上提停于头右侧，手心向左后方，左手落于左胯前，手心向下，指尖向前（图20-1-17、图20-1-18）。

要点：胸部不要挺出，两臂上下都要保持半圆形，左膝微屈。身体重心后移和右手上提、左手下按要协调一致。

图20-1-16　图20-1-17　图20-1-18

第二组

（四）左右搂膝拗步

1. 右手从体前下落，由下向后上方划弧至右肩外侧，肘微屈，手与耳同高，手心斜向上；左手由左下向上、向右下方划弧至右胸前，手心斜向下；同时上体先微向左再向右转；左脚收至右脚内侧，脚尖点地，眼看右手（图20-1-19、图20-1-20、图20-1-21）。

2. 上体左转，左脚向前（偏左）迈出成左弓步；同时右手屈回由耳侧向前推出，高与鼻尖平，左手向下由左膝前搂过落于左胯旁，指尖向前；眼看右手手指（图20-1-22、图20-1-23）。

图20-1-19

图20-1-20

图20-1-21

图20-1-22

图20-1-23

3. 右腿慢慢屈膝，上体后坐，身体重心移至右腿，左脚尖翘起微向外撇，随后脚掌慢慢踏实，左腿前弓，身体左转，身体重心移至左腿，右脚收到左脚内侧，脚尖点地；同时左手向外翻掌由左后向上划弧至左肩外侧，肘微屈，手与耳同高，手心斜向上；右手随转体向上、向左下划弧落于左胸前，手心斜向下；眼看左手（图20-1-24、图20-1-25、图20-1-26）。

4. 与2. 解同，只是左右相反（图20-1-27、图20-1-28）。

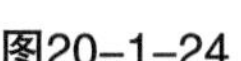
图20-1-24

图20-1-25

图20-1-26

图20-1-27

图20-1-28

5. 与3. 解同，只是左右相反（图20-1-29、图20-1-30）。

6. 与2. 解同（图20-1-31、图20-1-32）。

要点：前手推出时，身体不可前俯后仰，要松腰松胯。推掌时要沉肩垂肘，坐腕舒掌，同时须与松腰、弓腿上下协调一致。搂膝拗步成弓步时，两脚跟的横向距离保持约30厘米。

图20-1-29

图20-1-30

图20-1-31

图20-1-32

（五）手挥琵琶

右脚跟进半步，上体后坐，身体重心转至右腿上，上体半面向右转，左脚略提起稍向前移，变成左虚步，脚跟着地，脚尖翘起，膝部微屈；同时左手由左下向上挑举，高与鼻尖，掌心向右，臂微屈；右手收回放在左臂肘部内侧，掌心向左；眼看左手食指（图20-1-33、图20-1-34）。

图20-1-33　图20-1-34

要点：身体要平稳自然，沉肩垂肘，胸部放松。左手上举时不要直向上挑，要由左向上、向前，微带弧形。右脚跟进时，脚掌先着地，再全脚踏实。身体重心后移和左手上举、右手回收要协调一致。

（六）左右倒卷肱

1. 上体右转，右手翻掌（手心向上）经腹前由下向后上方划弧平举，臂微屈，左手随即翻掌向上，眼的视线随着向右转体先向右看，再转向前方看左手（图20–1–35）。

2. 右臂屈肘折向前，右手由耳侧向前推出，手心向前，左臂屈肘后撤，手心向上，撤至左肋外侧；同时左腿轻轻提起向后（偏左）退一步，脚掌先着地，然后全脚慢慢踏实，身体重心移至左腿上，成右虚步，右脚随转体以脚掌为轴扭正；眼看右手（图20–1–36、图20–1–37、图20–1–38）。

3. 上体微向左转，同时左手随转体向后上方划弧平举，手心向上，右手随即翻掌，掌心向上；眼随转体先向左看，再转向前方看右手（图20–1–39、图20–1–40）。

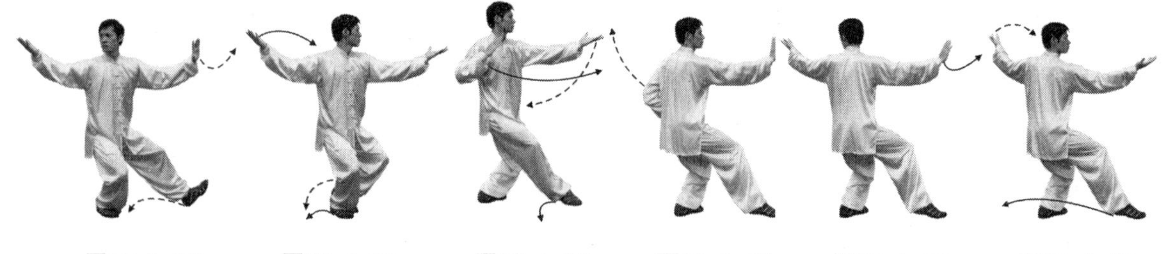

图20–1–35 图20–1–36 图20–1–37 图20–1–38 图20–1–39 图20–1–40

4. 与2. 解同，只是左右相反（图20–1–41、图20–1–42）。

5. 与3. 解同，只是左右相反（图20–1–43）。

6. 与2. 解同（图20–1–44、图20–1–45、图20–1–46）。

图20–1–41 图20–1–42 图20–1–43 图20–1–44 图20–1–45 图20–1–46

7. 与3. 解同（图20–1–47、图20–1–48）。

8. 与2. 解同，只是左右相反（图20–1–49、图20–1–50）。

要点：前推的手不要伸直，后撤手也不可直向回抽，随转体仍走弧线。前推时，要转腰松胯，两手的速度要一致，避免僵硬。退步时，脚掌先着地，再慢慢全脚踏实，同时前脚随转体以脚掌为轴扭正。退左脚略向左后斜，避免使两脚落在一条直线上。后退时，眼神随转体动作先向左右看，然后再转看前手。最后退右脚时，脚尖外撇的角度略大些，便于接着做“左揽雀尾”的动作。

图20-1-47

图20-1-48

图20-1-49

图20-1-50

第三组

（七）左揽雀尾

1. 上体微向右转，同时右手随转体向后上方划弧平举，手心向上，左手放松，手心向下；身体继续向右转，左手自然下落逐渐翻掌经腹前划弧至右肋前，手心向上；右臂屈肘，手心转向下，收至右胸前，两手相对成抱球状；同时身体重心落在右腿上，左脚收到右脚内侧，脚尖点地；眼看右手（图20-1-51、图20-1-52）。

2. 上体微向左转，左脚向前方迈出，上体继续向左转，右腿自然蹬直，左腿屈膝，成左弓步；同时左臂向左出（即左臂平屈成弓形，用前臂外侧和手背向前方推出），高与肩平，手心向内；右手向右下落放于右胯旁，手心向下，指尖向前；眼看前臂（图20-1-53、图20-1-54）。

要点：出手时，两臂前后均保持弧形。分手、松腰、弓腿三者必须协调一致。揽雀尾弓步时，两脚跟横向距离不超过10厘米。

图20-1-51

图20-1-52

图20-1-53

图20-1-54

3. 身体微向左转，左手随即前伸翻掌向下，右手翻掌向上，经腹前向上、向前伸至左前臂下方；然后两手下捋，即上体向右转。两手经腹前向右后上方划弧，直至右手手心向上，高与肩齐，左臂平屈于胸前，手心向后；同时身体重心移至右腿；眼看右手（图20-1-55、图20-1-56、图20-1-57）。

要点：下捋时，上体不可前倾，臀部不要凸出。两臂下捋须随腰旋转，仍走弧线。左脚全掌着地。

4. 上体微向左转，右臂屈肘折回，右手附于左手腕里侧（相距约5厘米），上体继续向左转，双手同时向前挤出，左前臂要保持半圆；同时身体重心逐渐转移变成左弓步；眼看左手腕部（图20-1-58、图20-1-59）。

要点：向前挤时，上体要挺直。挤的动作要与松腰、弓腿相一致。

图20-1-55　图20-1-56　图20-1-57　图20-1-58　图20-1-59

5. 左手翻掌，手心向下，右手经左腕上方向前、向右伸出，高与左手齐，手心向下，两手左右分开，宽与肩同；然后右腿屈膝，上体慢慢后坐，身体重心移至右腿上，左脚尖翘起；同时两手屈肘回收至腹前，手心均向前下方；眼向前平视（图20-1-60、图20-1-61、图20-1-62）。

6. 上式不停，身体重心慢慢前移，同时两手向前、向上按出，掌心向前；左腿成左弓步；眼平视前方（图20-1-63）。

要点：向前按时，两手须走曲线，手腕部高与肩平，两肘微屈。

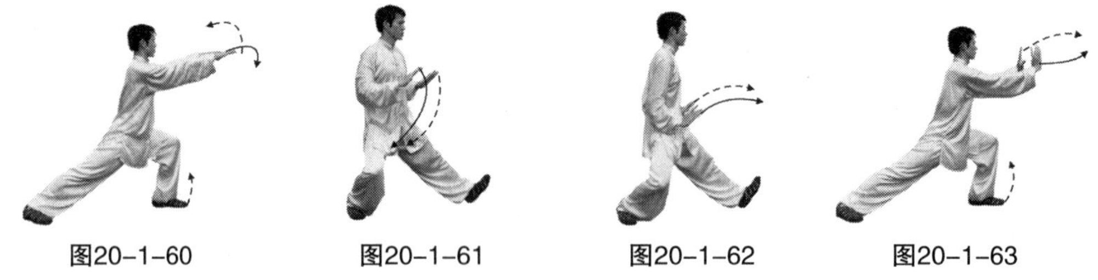

图20-1-60　图20-1-61　图20-1-62　图20-1-63

（八）右揽雀尾

1. 上体后坐并向右转，身体重心移至右腿，左脚尖内扣；右手向右平行划弧至右侧，然后由右下经腹前向左上划弧至左肋前，手心向上；左臂平屈胸前，左手掌向下与右手成抱球状；同时身体重心再移至左腿上，右脚收至左脚内侧，脚尖点地；眼看左手（图20-1-64、图20-1-65、图20-1-66）。

2. 同“左揽雀尾”2. 解，只是左右相反（图20-1-67、图20-1-68）。

图20-1-64　图20-1-65　图20-1-66　图20-1-67　图20-1-68

3. 同“左揽雀尾”3. 解，只是左右相反（图20-1-69、图20-1-70、图20-1-71）。

4. 同“左揽雀尾”4. 解，只是左右相反（图20-1-72、图20-1-73）。

图20-1-69　图20-1-70　图20-1-71　图20-1-72　图20-1-73

5. 同“左揽雀尾”5. 解，只是左右相反（图20-1-74、图20-1-75、图20-1-76）。

6. 同“左揽雀尾”6. 解，只是左右相反（图20-1-77）。

要点：均与“左揽雀尾”相同，只是左右相反。

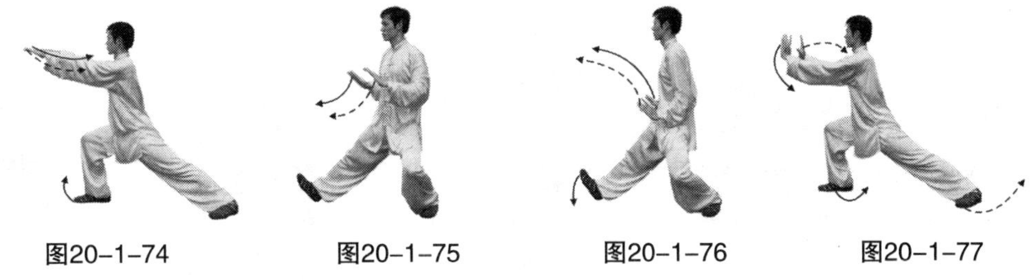
图20-1-74　图20-1-75　图20-1-76　图20-1-77

第四组

（九）单　鞭

1. 上体后坐，身体重心逐渐移至左腿上，右脚尖内扣；同时上体左转，两手（左高右低）向左弧形运转，直至左臂平举伸于身体左侧，手心向左，右手经腹前运至左肋前，手心向后上方；眼看左手（图20-1-78、图20-1-79）。

2. 身体重心再渐渐移至右腿上，上体右转，左脚向右脚靠拢，脚尖点地；同时右手向右上方划弧（手心由里转向外），至右侧方时变勾手，臂与肩平；左手向下经腹前向右上划弧停于右肩前，手心向里；眼看左手（图20-1-80、图20-1-81）。

3. 上体微向左转，左脚向左前侧方迈出，右脚跟后蹬，成左弓步；在身体重心移向左腿的同时，左掌随上体的继续左转慢慢翻转向前推出，手心向前，手指与眼齐平，臂微屈；眼看左手（图20-1-82、图20-1-83）。

要点：上体保持挺直、松腰。完成时，右臂肘部稍下垂，左肘与左膝上下相对，两肩下沉。左手向外翻掌前推时，要随转体边翻边推出，不要翻掌太快或最后突然翻掌。全部过渡动作要上下协调一致。如面向南起势，单鞭的方向（左脚尖）应向东偏北（大约为15度）。

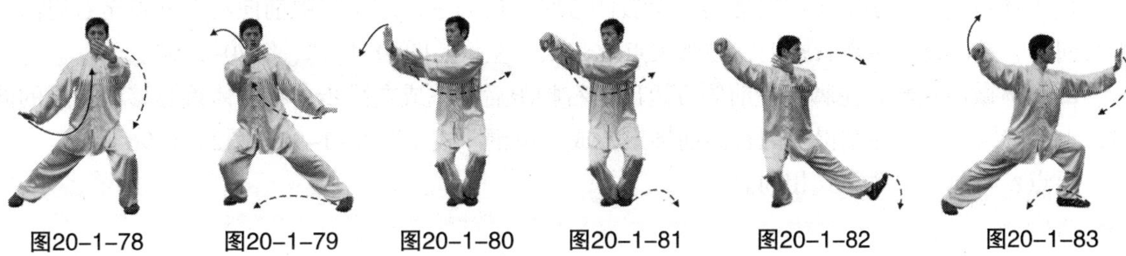
图20-1-78　图20-1-79　图20-1-80　图20-1-81　图20-1-82　图20-1-83

（十）云　手

1. 身体重心移至右腿上，身体渐向右转，左脚尖内扣；左手经腹前向右上划弧至右肩前，手心斜向后，同时右手变掌，手心向右前；眼看左手（图20–1–84）。

2. 上体慢慢左转，身体重心随之逐渐左移；左手由脸前向左侧运转，手心渐渐向左方；右手由右下经腹前向左上划弧，至左肩前，手心斜向后；同时右脚靠近左脚，成小开立步（两脚距离10～20厘米）；眼看右手（图20–1–85）。

3. 上体再向右转，同时左手经腹前向右上划弧至右肩前，手心斜向后；右手向右侧运转，手心翻转向右；随之左腿向左横跨一步；眼看左手（图20–1–86、图20–1–87）。

4. 同2. 解（图20–1–88）。

图20–1–84

图20–1–85

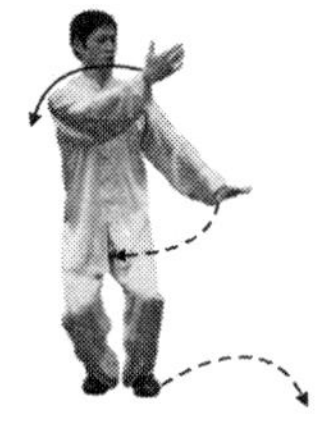
图20–1–86

图20–1–87

图20–1–88

5. 同3. 解（图20–1–89、图20–1–90）。

6. 同2. 解（图20–1–91、图20–1–92）。

要点：身体转动要以腰为轴，松腰、松胯，不可忽高忽低。两臂随腰的转动而转动，要自然圆滑，速度要缓慢、均匀。下肢移动时，身体重心稳定，两脚掌先着地再踏实，脚尖向前。眼的视线随左右手而移动。第三个“云手”，右脚最后跟步时，脚尖微向内扣，便于接“单鞭”动作。

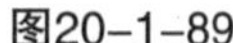
图20–1–89

图20–1–90

图20–1–91

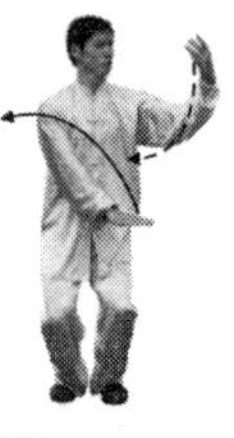
图20–1–92

（十一）单　鞭

1. 上体右转，右手随之向右运转，至右侧方时变成勾手；左手经腹前向右上划弧至右肩前，手心向内；身体重心落在右腿上，左脚尖点地；眼看左手（图20–1–93、图20–1–94）。

2. 上体微向左转，左脚向左前侧方迈出，右脚跟后蹬，成左弓步；在身体重心移向左腿的同时，上体继续左转，左掌慢慢翻转向前推出，成“单鞭”式（图20–1–95、图20–1–96）。

要点：与前“单鞭”式相同。

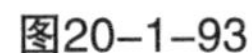
图20-1-93

图20-1-94

图20-1-95

图20-1-96

第五组

（十二）高探马

1. 右脚跟进半步，身体重心逐渐后移至右腿上；右勾手变成掌，两手心翻掌向上，两肘微屈；同时身体微向右转，左脚跟渐渐离地；眼看左前方（图20-1-97）。

2. 上体微向左转，面向前方；右掌经右耳旁向前推出，手心向前，手指与眼同高；左手收至左侧腰前，手心向上；同时左脚微向前移，脚尖点地，成左虚步；眼看右手（图20-1-98）。

图20-1-97　图20-1-98

要点：上体自然挺直，双肩要下沉，右肘微下垂。跟步移换重心时，身体不要有起伏。

（十三）右蹬脚

1. 左手手心向上，前伸至右手腕背面，两手相互交叉，随即向两侧分开并向下划弧，手心斜向下；同时左脚提起向左前侧方进步（脚尖略外撇）；身体重心前移，右腿自然蹬直，成左弓步；眼看前方（图20-1-99、图20-1-100）。

2. 两手由外圈向里圈划弧，两手交叉合抱于胸前，右手在外，手心均向后；同时右脚向左脚靠拢，脚尖点地；眼平视右前方（图20-1-101）。

3. 两臂左右划弧分开平举，肘部微屈，手心均向外；同时右腿屈膝提起，右脚向右前方慢慢蹬出，眼看右手（图20-1-102、图20-1-103）。

要点：身体要稳定，不可前俯后仰。两手分开时，腕部与肩齐平。蹬脚时，左腿微屈，右脚尖回勾，劲使在脚跟。分手和蹬脚须协调一致。右臂和右腿上下相对。如面向南起势，蹬脚方向应为正东偏南（约30度）。

图20-1-99

图20-1-100

图20-1-101

图20-1-102

图20-1-103

（十四）双峰贯耳

1. 右腿收回，屈膝平举，左手由后向上，向前下落至体前，两手心均翻转向上，两手同时向下划弧分落于右膝盖两侧；眼看前方（图20-1-104、图20-1-105）。

2. 右脚向右前方落下，身体重心渐渐前移，成右弓步，面向右前方；同时两手下落，慢慢变拳，分别从两侧向上、向前划弧至面部前方，成钳形状，两拳相对，高与耳齐，拳眼都斜向内下（两拳中间距离10～20厘米）；眼看右拳（图20-1-106、图20-1-107）。

要点：完成时，头颈挺直、松腰松胯、两拳松握、沉肩垂肘，两臂均保持弧形。双峰贯耳式的弓步和身体方向与右蹬脚方向相同。弓步的两脚跟横向距离同“揽雀尾”式。

图20-1-104　图20-1-105　图20-1-106　图20-1-107

（十五）转身左蹬脚

1. 左腿屈膝后坐，身体重心移至左腿，上体左转，右脚尖内扣；同时两拳变掌，由上向左右划弧分开平举，手心向前；眼看左手（图20-1-108、图20-1-109）。

2. 身体重心再移至右腿，左脚收到右脚内侧，脚尖点地；同时两手由外圈划弧合抱于胸前，左手在外，手心均向后；眼平看左方（图20-1-110）。

3. 两臂左右划弧分开平举，肘部微屈，手心均向外；同时左腿屈膝提起，左脚向前方慢慢蹬出；眼看左手（图20-1-111、图20-1-112）。

要点：与右蹬脚式相同，只是左右相反。左蹬脚方向与右蹬脚成180度（即正西偏北，约30度）。

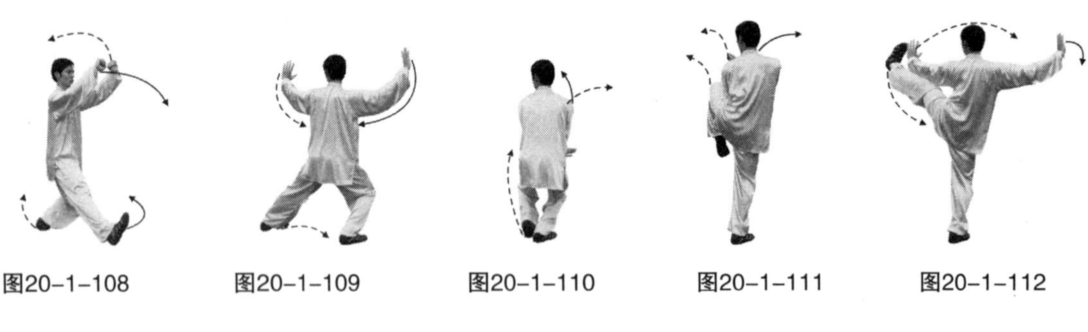

图20-1-108　图20-1-109　图20-1-110　图20-1-111　图20-1-112

第六组

（十六）左下势独立

1. 左腿收回平屈，上体右转；右掌变成勾手，左掌向上、向右划弧下落，立于右肩前，掌心斜向后；眼看右手（图20-1-113）。

2. 右腿慢慢屈膝下蹲，左腿由内向左侧（偏后）伸出，成左仆步；左手下落（掌心向外）向左下顺左腿内侧向前穿出；眼看左手（图20-1-114、图20-1-115、图20-1-116）。

要点：右腿全蹲时，上体不可过于前倾。左腿伸直，左脚尖须向内扣，两脚脚掌全部着地。左脚尖与右脚跟踏在中轴线上。

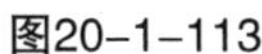
图20-1-113

图20-1-114

图20-1-115

图20-1-116

3. 身体重心前移，左脚跟为轴，脚尖尽量向外撇，左腿前弓，右腿后蹬，右脚尖内扣，上体微向左转并向前起身；同时左臂继续向前伸出（立掌），掌心向右，右勾手下落，勾尖向后；眼看左手（图20-1-117）。

4. 右腿慢慢提起平屈，成左独立式；同时右勾手变掌，并由后下方顺右腿外侧向前弧形摆出，屈臂立于右腿上方，肘与膝相对，手心向左；左手落于左胯旁，手心向下，指尖向前；眼看右手（图20-1-118、图20-1-119）。

要点：上体要挺直，独立的腿要微屈，右腿提起时脚尖自然下垂。

图20-1-117

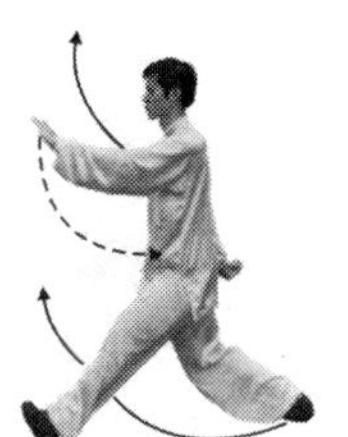
图20-1-118

图20-1-119

（十七）右下势独立

1. 右脚下落于左脚前，脚掌着地，然后以左脚前掌为轴脚跟转动，身体随之左转；同时左手向后平举变成勾手，右掌随着转体向左侧划弧，立于左肩前，掌心斜向后；眼看左手（图20-1-120、图20-1-121）。

2. 同“左下势独立”2. 解，只是左右相反（图20-1-122、图20-1-123）。

图20-1-10

图20-1-121

图20-1-122

图20-1-123

3. 同“左下势独立”3. 解，只是左右相反（图20-1-124）。

4. 同“左下势独立”4. 解，只是左右相反（图20-1-125、图20-1-126）。

要点：左脚尖触地后必须稍微提起，然后再向下仆腿。其他均与“左下势独立”相同，只是左右相反。

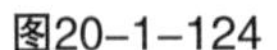
图20-1-124

图20-1-125

图20-1-126

第七组

（十八）左右穿梭

1. 身体微向左转，左脚向前落地，脚尖外撇，右脚跟离地，两腿屈膝成半坐盘式；同时两手在左胸前成抱球状（左上右下）；然后右脚收到左脚的内侧，脚尖点地；眼看前臂（图20-1-127、图20-1-128）。

2. 身体右转，右脚向右前方迈出，屈膝弓腿，成右弓步；同时右手由脸前向上举并翻掌停在右额前，手心斜向上；左手先向左下再经体前向前推出，高与鼻尖平，手心向前；眼看左手（图20-1-129、图20-1-130、图20-1-131）。

图20-1-127

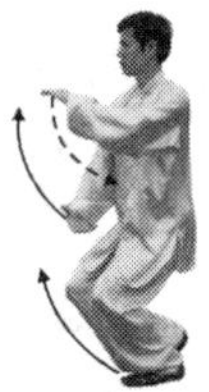
图20-1-128

图20-1-129

图20-1-130

图20-1-131

3. 身体重心略向后移，右脚尖稍向外撇，随即身体重心再移至右腿，左脚跟进，停于右脚内侧，脚尖点地；同时两手在右胸前成抱球状（右上左下）；眼看右前臂（图20-1-132、图20-1-133）。

4. 同2. 解，只是左右相反（图20-1-134、图20-1-135、图20-1-136）。

要点：完成姿势面向斜前方（如面向南起势，左右穿梭方向分别为正西偏北和正西偏南，均约30度）。手推出后，上体不可前俯。手向上举时，防止引肩上耸。一手上举一手前推，要与弓腿松腰上下协调一致。做弓步时，两脚跟的横向距离同搂膝拗步式，保持在30厘米左右。

图20-1-132

图20-1-133

图20-1-134

图20-1-135

图20-1-136

（十九）海底针

右脚向前跟进半步，身体重心移至右腿，左脚稍向前移，脚尖点地，成左虚步；同时身体稍向右转，右手从右耳旁斜向下方插出，掌心向左，指尖斜向下；与此同时，左手向前，向下划弧落于左胯旁，手心向下，指尖向前；眼看前下方（图20–1–137、图20–1–138、图20–1–139）。

要点：身体要先向右转，再向左转。完成姿势后，面向正西。上体不可太前倾。避免低头和臀部外凸。左腿要微屈。

（二十）闪通臂

上体稍向右转，左脚向前迈出，屈膝弓腿成左弓步；同时右手由体前上提，屈臂上举，停于右额前上方，掌心翻转斜向上，拇指朝下；左手上起经胸前推出，高与鼻尖平，手心向前；左手做动作的同时右手翻手掌，使手掌朝外，眼看左手（图20–1–140、图20–1–141、图20–1–142）。

要点：完成姿势上体自然挺直、松腰、松胯；左臂不要完全伸直，背部肌肉要伸展开。推掌、举掌和弓腿动作要协调一致。弓步时，两脚跟横向距离同“揽雀尾”式（不超过10厘米）。

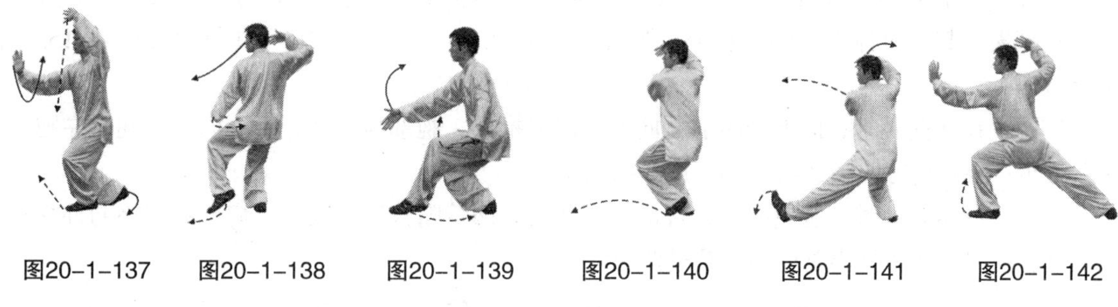

图20–1–137　图20–1–138　图20–1–139　图20–1–140　图20–1–141　图20–1–142

第八组

（二十一）转身搬拦捶

1. 上体后坐，身体重心移至右腿上，左脚尖内扣，身体向右后转，然后身体重心再移至左腿上；与此同时，右手随着转体向右、向下（变拳）经腹前划弧至左肋旁，拳心向下；左掌上举于头前，掌心斜向上；眼看前方（图20–1–143、图20–1–144）。

2. 向右转体，右拳经胸前向前翻转撇出，拳心向上；左掌落于左胯旁，掌心向下，指尖向前；同时右脚收回后（不要停顿或脚尖点地）即向前迈出，脚尖外撇；眼看右拳（图20–1–145、图20–1–146）。

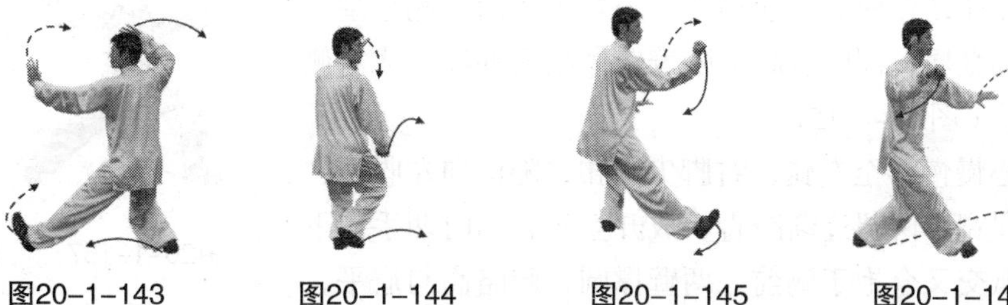

图20–1–143　图20–1–144　图20–1–145　图20–1–146

3. 身体重心移至右腿上，左脚向前迈一步；左手上起经左侧向前上划弧拦出，掌心向前下方；同时右拳向右划弧收到右腰旁，拳心向上；眼看左手（图20–1–147、图20–1–148）。

4. 左腿前弓成左弓步，同时右拳向前打出，拳眼向上，高与胸平，左手附于右前臂里侧；眼看右拳（图20-1-149、图20-1-150）。

图20-1-147　图20-1-148　图20-1-149　图20-1-150

要点：右拳不要握得太紧。右拳回收时，前臂要慢慢内旋划弧，然后再外旋停于右腰旁，拳心向上。向前打拳时，右肩随拳略向前引伸，沉肩垂肘，右臂要微屈。弓步时，两脚横向距离同“揽雀尾”式。

（二十二）如封似闭

1. 左手由右腕下向前伸出，右拳变掌，两手手心逐渐翻转向上慢慢分开回收；同时身体后坐，左脚尖翘起，身体重心移至右腿；眼看前方（图20-1-151、图20-1-152、图20-1-153、图20-1-154）。

2. 两手在胸前翻掌，向下经腹前再向上、向前推出，腕部与肩平，手心向前；同时左腿前弓成左弓步；眼看前方（图20-1-155、图20-1-156）。

要点：身体后坐时，避免后仰，臀部不可凸出。两臂随身体回收时，肩、肘部略向外松开，不要直着抽回。两手推出宽度不要超过两肩。

图20-1-151　图20-1-152　图20-1-153　图20-1-154　图20-1-155　图20-1-156

（二十三）十字手

1. 屈膝后坐，身体重心移向右腿，左脚尖内扣，向右转体；右手随着转体动作向右平摆划弧，与左手成两臂侧平举，掌心向前，肘部微屈；同时右脚尖随着转体稍向外撇，成右侧弓步；眼看右手（图20-1-157）。

图20-1-157

图20-1-158

2. 身体重心慢慢移至左腿，右脚尖内扣，随即向左收回，两脚距离与肩同宽，两腿逐渐蹬直，成开立步；同时两手向下经腹前向上划弧交叉合抱于胸前，两臂撑圆，腕略高与肩平，右手在外，成十字手，手心均向后；眼看前方（图20-1-158）。

要点：两手分开和合抱时，上体不要前俯。站起后，身体自然挺直，头要微微上顶，下颌稍向后收。两臂环抱时须圆满舒适，沉肩垂肘。

（二十四）收　势

两手向外翻掌，手心向下，两臂慢慢下落，停于身体两侧；眼看前方（图20–1–159、图20–1–160、图20–1–161、图20–1–162）。

要点：两手左右分开下落时，要注意全身放松，同时气也徐徐下沉（呼气略加长）。呼吸平稳后，把左脚收到右脚旁再走动休息。

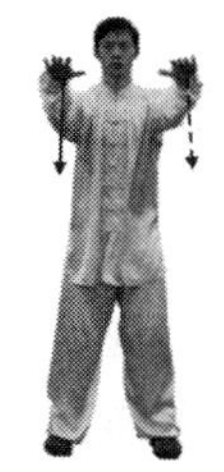
图20–1–159

图20–1–160

图20–1–161

图20–1–162

第二节　八段锦

八段锦由八节动作组成，因简便易学，深受人们喜爱，被比喻成“锦”（精美的丝织品），故名八段锦。八段锦是中国古代导引术中的一个重要组成部分，是一套针对一定脏腑、病症而设计的练功功法。其中每一句歌诀都明确提出了动作的要领、作用和目的。功法中伸展、前俯、后仰、摇摆等动作，分别作用于人体的三焦、心肺、脾胃、肾腰等部位和器官，可以防治心火、五劳七伤和各种疾病，并有滑利关节、发达肌肉、增长气力、强壮筋骨、帮助消化和调整神经系统的功能。

八段锦之所以对人体有良好的作用，是因为它的各个动作对某一脏器的作用有一定的针对性，但是这种作用又是综合性、全身性的，并非头痛医头、脚痛医脚。只有把八段锦各节动作综合起来，才能起到调脾胃、理三焦、去心火、固肾腰的作用。

预备动作

动作说明：两脚并拢，自然站立；肩臂松垂于体侧；头颈正直，用意轻轻上顶，下颌微内收，眼向前平视；用鼻自然呼吸，精神集中，意守丹田（图20–2–1）。

一、两手托天理三焦

1. 左脚向左平跨一步，与肩同宽；两手交叉于腹前，沿身体中线上举至头上方；眼随两手。配合吸气（图20–2–2）。

2. 两手向体侧分开下落，侧平时，上体前俯，两手在头下方十指交叉互握。配合呼气（图20–2–3）。

3. 上体抬起，两手沿身体中线上提，至胸前时，翻掌上托至头上方，两臂伸直，提踵、抬头；眼视手背。配合吸气（图20–2–4）。

4. 两手左右分开，下落至体侧；脚跟下落着地；眼平视前方。配合呼气。

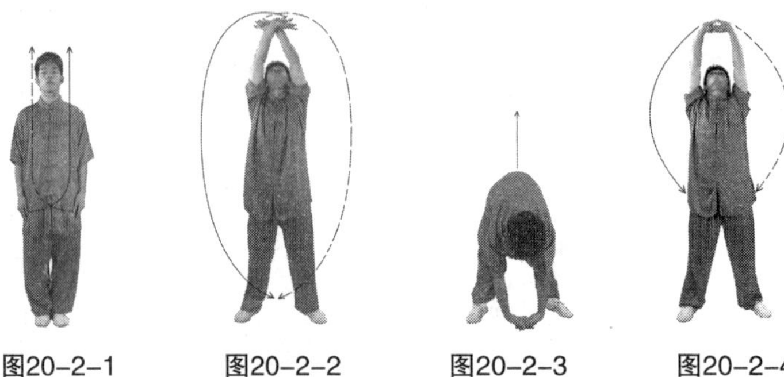

图20–2–1　图20–2–2　图20–2–3　图20–2–4

要点：两手上托，掌根用力上顶，腰背充分伸展。脚跟上提时，两膝用力伸直内夹，可以加强身体平衡。

作用：三焦有主持诸气，总司人体气化的功能。吸气时，两手上托，充分拔长机体，拉长胸腹部，使胸腔和腹腔容积增大；头部后仰，更加扩张了胸部，具有升举气机、梳理三焦的作用；呼气时，两手分开从体侧徐徐落下，有利于气机的下降。一升一降，气机运动平衡。对脊柱和腰背肌肉群也有良好的作用，有助于矫正两肩内收和圆背、驼背等不良姿势。

二、左右开弓似射雕

1. 左脚向左平跨一步，屈膝下蹲，成马步；两手体前交叉提起至胸前，左臂在外，两掌心均向里。配合呼气（图20–2–5）。

2. 右手握拳，拳眼向上，屈肘向右平拉；同时，左手食指上翘，拇指伸直外展，两指成八字撑开，左臂伸肘，向左缓缓用力推出，高与肩平，掌心向左；展臂扩胸，两臂成拉弓状；眼视左手。配合吸气（图20–2–6）。

图20–2–5

图20–2–6

3. 两手变掌，右手向右侧伸展，两手同时下落，再向上交叉于胸前，做右式，动作同图20–2–5、图20–2–6，惟左右相反。

要点：两臂平拉，用力要均匀，尽量展臂扩胸，头项仍保持挺直。马步时，挺胸塌腰，上体不能前俯，两脚跟外蹬。

作用：本节动作主要是扩张胸部作用于上焦。吸气时，双手似开弓式，左右尽力拉开，加大胸廓横径，能吸进更多的新鲜空气；呼气时，双手下落，然后向胸前合拢，帮助挤压胸廓，吐尽残余的浊气；由于两肺的舒张与收缩，对心脏也起到了直接的挤压和按摩作用，加强了心肺功能。在马步过程中完成动作，腿部肌肉力量得到锻炼。

三、调理脾胃须单举

1. 上动至图20–2–7时，上体左转由马步变左弓步；左手握拳收至腰间，右手握拳随体转屈肘向下、向前举至头前；眼视右拳。配合吸气（图20–2–8）。

2. 上体前俯；右拳变掌下按至左脚尖前。配合呼气（图20–2–9）。

3. 上体右转，使左弓步过渡到右仆步再变为右弓步；右手随重心移动贴地划弧至右脚尖前；眼随右手。继续呼气（图20–2–10）。

4. 右手翻掌上举，臂伸直，掌心向上，左手变掌下按，掌心向下；抬头，眼视右手背。配合吸气（图20–2–11）。

5. 右掌变拳，向前下落收到腰间，左手握拳，屈肘前举到头前，做右式，动作同图20–2–8、图20–2–9、图20–2–10、图20–2–11，惟左右相反。最后，左脚收回，并步，两拳抱于腰间。

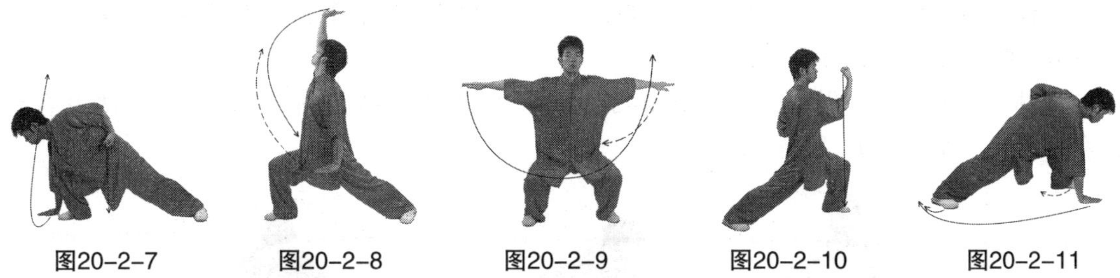

图20–2–7　　图20–2–8　　图20–2–9　　图20–2–10　　图20–2–11

要点：弓、仆步变换，动作连贯匀速。两掌上撑下按，手臂伸直，挺胸直腰，拔长脊柱。

作用：仆步转换成弓步，两手上撑下按对拉拔长，均具有压缩腹腔和舒展腰腹的功能以及对腹腔脏器进行按摩的功能，特别是对脾胃消化系统，具有增强胃肠蠕动、提高消化吸收的作用。

四、五劳七伤往后瞧

1. 左脚向前跨一步，成左弓步；同时，两拳变掌向后，经体侧再向前平举，手心向下。配合吸气（图20–2–12侧）。

2. 重心后移，前脚尖外转；两臂屈肘翻掌交叉于胸前，右手在外，两掌心向里。配合呼气（图20–2–13侧）。

3. 重心前移，上体左转，左脚外展踏实，右脚跟提起；两手翻掌右前左后撑开，指尖朝前；眼视后方。配合吸气（图20–2–14侧）。

4. 上体向右转正，左脚向后收回，两臂向前平举下落，配合呼气。再做右式，动作同图20–2–12侧、图20–2–13侧、图20–2–14侧，惟左右相反。

图20–2–12侧

图20–2–13侧

图20–2–14侧

要点：两臂起落开合要与呼吸配合一致。转头时，头平颈直，眼尽量向后注视。

作用：练习本节动作时整个脊柱尽量拧屈旋转，眼往后注视，主要调整中枢神经系统的功能，能活络颈椎、松弛颈肌，改善脑部供血供氧，从而提高大脑功能，发挥大脑对全身五脏六腑的指挥功能；胸部拧转有益于心肺两脏；腰部拧转有强腰健肾、调理脾胃作用。因此，有防治“五劳七伤”之说。

五、摇头摆尾去心火

1. 接上式。左脚向左平跨一大步，屈膝下蹲，成马步；两手经体侧上举，在头前交叉下落按于膝上，虎口向里；眼视正前方（图20–2–15）。

2. 上体向右前方深俯，重心落向右腿，头尽量向前顶伸。配合吸气（图20–2–16）。

3. 上体深俯，最大幅度向左摇转，右腿蹬伸，重心移至左腿，臀部向右摆动，拧腰切胯；眼视右下方。配合呼气（图20–2–17）。

4. 上体再向右摇转，做右式，同图20–2–16、图20–2–17，惟左右相反。最后，两手落于体侧，左脚收回，并步站立。

图20–2–15

图20–2–16

图20–2–17

要点：上体左右摆动，手、眼、身、步、呼吸配合要一致，头部和臀部相对运动，对拉拔长，要有韧劲。两手不离膝，两脚不离地。

作用：心火被中医认为是情志之火，内发或六气郁而化火出现的一些症状。摇头摆臀、拧转腰胯的中脉运动，牵动全身，能降低中枢神经系统的兴奋性，起到清心泻火、宁心安神的功效。同时，下肢弓、马步的变化，对腰酸膝软等下肢疾患有积极疗效。

六、双手攀足固肾腰

1. 接上式。两手体前上举至头顶，掌心向前；上体后仰，抬头。配合吸气（图20–2–18侧）。

2. 两手随上体前俯至脚尖，手指攀握脚尖，两膝伸直。配合呼气（图20–2–19侧）。

3. 上体抬起，两手沿脚外侧划弧至脚跟，沿腿后上行至腰部，按压肾俞穴；上体后仰，抬头。配合吸气（图20–2–20侧）。

4. 两手自然下落，成站立式，配合呼气。

图20–2–18侧

图20–2–19侧

图20–2–20侧

要点：身体前屈和背伸，主要是腰部活动，因此两膝始终伸直，前俯后仰，速度缓慢均匀，运动幅度应由小到大。

作用：腰部的前俯后仰，可以充分伸展腰腹肌群；双手攀足，可以牵拉腿部后群肌肉。本节动作能提高腰腿柔韧性，防止腰肌劳损和坐骨神经痛等症状。腰部保护着重要的内脏器官、神经、血管，压缩、舒展脏器，具有内按摩功效，“腰为肾之府”，所以，“腰强健则肾固秘”。

七、攒拳怒目增气力

1. 左脚向左平跨一大步，屈膝下蹲，成马步；两手握拳于腰间（图20-2-21）。

2. 左拳向前冲出，拳心向下；两眼瞪大，怒视左拳。用鼻快速呼气（图20-2-22）。

3. 左拳收回，配合吸气。右拳向前冲出，两眼瞪大，怒视右拳。用鼻快速呼气（图20-2-23）。

4. 右拳收回，配合吸气。上体左转，成左弓步；同时两拳体前交叉配合呼气，再向上举起，配合吸气，再两拳分开，右前左后向下劈拳，拳眼向上配合呼气；眼视右拳（图20-2-24）。

图20-2-21

图20-2-22

图20-2-23

图20-2-24

5. 上体右转180度，成右弓步，再做劈拳（图20-2-25），动作同图20-2-24，惟左右相反。

6. 上体左转，成马步；两拳于体前交叉，配合吸气（图20-2-26）。再向两侧崩弹拳，眼平视，配合呼气（图20-2-27）。

7. 左脚收回，两手置于体侧，成站立式。

图20-2-25

图20-2-26

图20-2-27

要点：出拳由慢到快，做好拧腰、瞬间急旋前臂动作，体现“寸劲”。脚趾抓地，挺胸塌腰，并与呼气、瞪眼、怒目配合一致；收拳宜缓慢、轻柔，蓄气、蓄力待发。一张一弛，刚柔相济。

作用：本节动作主要锻炼肝的功能，肝血丰盈，则经脉得以涵养，以至筋骨强健，久练攒拳，则气力倍增。怒目体现了肝的疏泻功能，因“肝开窍于目”，因此怒目可以疏泻肝气，从而调和气血，保证肝的正常生理功能。

八、背后七颠百病消

1. 脚跟上提，两臂屈肘，两手背后上行至脊柱两侧，按压于肾俞穴上；脚跟离地，身体上下抖动七次，再尽量提踵，头向上顶，配合吸气（图20–2–28侧）。

2. 脚跟轻轻着地，同时两手随之下落于体侧，配合呼气。

要点：身体抖动应放松。最后，脚跟上提时，百会上顶；脚跟着地时震动宜轻，意念下引至涌泉，全身放松。

作用：这是全套动作的结束，连续上下抖动使肌肉、内脏、脊柱松动，再做脚跟轻微着地震动，使上述器官、系统整合复位，起到整理运动的作用。随着动作的落下，气血疏通，意将病气、浊气从身上全部抖落，从而取得"百病皆消"的功效。

结束动作

两手经体侧，上举于头顶上方，配合吸气（图20–2–29）；再经体前徐徐下按至腹前，配合呼气。重复多次后，立正还原。

图20–2–28侧

图20–2–29

思考题

1. 太极拳运动的特点有哪些?
2. 请简述二十四式太极拳名称。
3. 请简述八段锦的各个动作的名称。

附录一　教学大纲事例

男生篮球选项课

课程名称：男生篮球选项课
课程性质：公共基础课
课程类别：必修课
适用专业：全校各专业
适用学生类别：内、外招（男）生
总学时数：72学时（36周）
周学时数：2学时

一、课程介绍

篮球运动是由跑、跳、投等技术动作组成的一项综合性运动项目。篮球运动诞生一个多世纪以来，作为一项波及世界范围的竞技运动项目，深受人们的喜爱。篮球运动具有对抗性、集体性、多变性、激烈性与综合性的特点。篮球运动又是身心俱用的全身活动项目，从事篮球运动，既能够享受到轻松愉快，又可体验到竞技的紧张。它不仅能够强身健体，提高人的心身健康水平，还可以使人个性、潜力、智力和创造力得到充分展示；同时它能丰富人们的业余文化生活，从而提高劳动、工作和学习的效率。

本课程主要讲授篮球的基本知识、基本技术、基本战术，介绍竞赛规则和裁判法，重点提高实战能力，以达到娱乐身心，增进健康的目的。

二、教学目标

（一）掌握基本的篮球运动技术和技能，提高临场运用技术的能力；了解篮球运动攻、防战术基础配合和简单常见的全队攻、防战术配合，培养篮球意识，提高实战能力。

（二）了解体育的基本理论和篮球运动的知识；掌握有效提高身体素质、全面发展体能、增强体质的知识和方法，能科学运用篮球运动进行身体锻炼。

（三）培养学生参与篮球运动的兴趣，形成锻炼身体的良好习惯，树立终身体育的观念。

（四）培养学生勇敢顽强、机智果断、努力拼搏、勇于竞争、团结协作的优秀品质和集体荣誉感。

三、教学内容与学时分配（一学年）

<table>
<tr><th>类别</th><th colspan="2">教学内容</th><th>时数</th><th>小计</th><th>百分比</th></tr>
<tr><td rowspan="3">理论部分</td><td colspan="2">《当代大学体育》的相关章节</td><td>4</td><td rowspan="3">8</td><td rowspan="3">11.1</td></tr>
<tr><td colspan="2">选项理论课</td><td>2</td></tr>
<tr><td colspan="2">理论考试</td><td>2</td></tr>
<tr><td rowspan="11">实践部分</td><td rowspan="7">基本技术</td><td>移动</td><td>3</td><td rowspan="11">52</td><td rowspan="11">72.2</td></tr>
<tr><td>运球</td><td>5</td></tr>
<tr><td>传接球</td><td>5</td></tr>
<tr><td>投篮</td><td>7</td></tr>
<tr><td>抢篮板球</td><td>2</td></tr>
<tr><td>持球突破</td><td>2</td></tr>
<tr><td>个人防守</td><td>2</td></tr>
<tr><td rowspan="3">战术</td><td>进攻战术</td><td>8</td></tr>
<tr><td>防守战术</td><td>6</td></tr>
<tr><td>教学比赛</td><td>4</td></tr>
<tr><td colspan="2">身体素质</td><td>8</td></tr>
<tr><td rowspan="2">其它</td><td colspan="2">技术考试</td><td>8</td><td rowspan="2">12</td><td rowspan="2">16.7</td></tr>
<tr><td colspan="2">机动</td><td>4</td></tr>
<tr><td colspan="3">合　计</td><td>72</td><td>72</td><td>100</td></tr>
</table>

四、教材内容纲要

（一）理论部分

1. 基础理论　《当代大学体育》的相关章节

第一学期：绪论　学校体育简介

第二学期：大学体育的使命　体育与现代社会

第三学期：文化视野中的体育　健康的生活方式

第四学期：关注心理健康　实用健身指南

2. 选项理论

简介篮球运动的起源、发展概况和篮球竞赛规则中简单常用的有关条款及裁判法

（二）实践部分

1. 技术部分

（1）移动：基本站立姿势　起动　急停　侧身跑　变向跑　后退跑　滑步　后撤步　跨步

转身

（2）运球：原地高低运球运 球急起急停 体前变向换手运球 体前变向不换手运球 介绍胯下运球 背向运球 后转身运球

（3）传接球：双手胸前传球 双手头上传球 单手胸前传球 单手肩上传球 反弹传球 双手接球 单手接球 介绍单手体侧传球背后传球

（4）投篮：原地单手肩上投篮 跳起单手肩上投篮 行进间单手低手投篮 行进间单手高手投篮 介绍行进间勾手投篮 行进间反手投篮

（5）抢篮板球：抢防守篮板球 抢进攻篮板球

（6）持球突破：原地持球突破

（7）个人防守：防有球队员 防无球队员

2. 战术部分

（1）进攻战术基础配合：传切配合 策应配合 掩护配合

（2）防守战术基础配合：挤过配合 补防配合

（3）快攻：长传快攻 短传快攻

（4）全队战术配合：半场“二一二”区域联防与进攻“二一二”区域联防 半场人盯人防守与进攻半场人盯人

3. 专项身体素质

速度 速度耐力 弹跳 力量

五、成绩考核

第一学期（体育I、体育III）

考试内容

全场往返两次直线运球投篮

1. 考试方法

受测者持球于端线任何位置上，起动（此时开表）快速运球至另一端球篮投篮，投中后运球回出发端球篮投篮，如此往返两次，至第四个篮投中即停表，以达标和技评两方面来评定成绩，达标分占70%、技评分占30%。

2. 考试规则

投篮姿势不限，但必须投中篮后方可运球返回，投篮不中必须补中为止。运球投篮过程中，受测者不得出现带球走或两次运球，否则算违例，每违例一次在计时成绩里加1.0秒。

3. 评分标准

（1）达标（单位：秒）

分数	100	99	98	97	96	95	94	93	92	91
成绩	25.0	25.2	25.4	25.6	25.8	26.0	26.2	26.4	26.6	26.8

分数	90	89	88	87	86	85	84	83	82	81
成绩	27.0	27.2	27.4	27.6	27.8	28.0	28.2	28.4	28.6	28.8
分数	80	79	78	77	76	75	74	73	72	71
成绩	29.0	29.4	29.8	30.2	30.6	31.0	31.4	31.8	32.2	32.6
分数	70	69	68	67	66	65	64	63	62	61
成绩	33.0	33.4	33.8	34.2	34.6	35.0	35.4	35.8	36.2	36.6
分数	60	59	58	57	56	55	54	53	52	51
成绩	37.0	37.8	38.6	39.4	40.2	41.0	41.8	42.6	43.4	44.2
分数	50	49	48	47	46	45	44	43	42	41
成绩	45.0	45.8	46.6	47.4	48.2	49.0	49.8	50.6	51.4	52.8

（2）技　评

等　级		分　数	技术要求与评分标准
优　秀	A⁺	100	运球、投篮技术动作准确、规范、熟练；四次投篮均一次投中，完成技术动作过程无违例现象
	A	95	
	A⁻	90	
良　好	B	85	运球、投篮技术动作较准确、规范、熟练；四次投篮须补篮一次，完成技术动作过程无违例现象
	B⁻	80	
中	C	75	运球、投篮技术动作基本准确，技术规范和熟练程度一般；四次投篮须补篮二次，完成技术动作过程违例不超过二次
	C⁻	70	
及　格	D	65	运球、投篮技术动作不够规范，个别有错误；四次投篮须补篮三次，完成技术动作过程违例不超过四次
	D⁻	60	
不及格	E	50	运球、投篮技术动作错误、不规范；四次投篮均须补篮，完成技术动作过程多次违例
	E⁻	40	

第二学期（体育Ⅱ、体育Ⅳ）

考试内容

全场往返两次绕圈曲线运球投篮

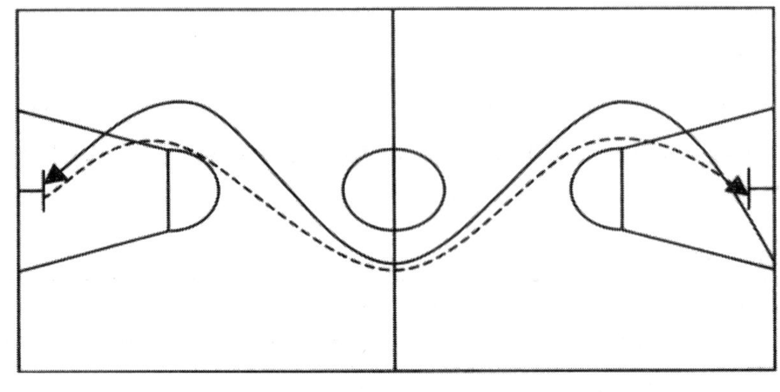

1. 考试方法

受测者持球于端线与三秒限制区交叉点上，起动（此时开表）快速运球依次绕三个圆圈到另一端球篮投篮，投中后按原路线绕三个圆圈运球回出发端球篮投篮，如此往返两次，至第四个篮投中即停表，以达标和技评两方面来评定成绩，达标分占70%、技评分占30%。

2. 考试规则

投篮姿势不限，但必须投中篮后方可运球返回，如投篮不中必须补中为止。

运球过程中，受测者的脚和球不得触及圆圈或进入圆圈，不得带球走和两次运球，否则算违例，每违例一次在计时成绩里加1.0秒。

3. 评分标准

（1）达标（单位：秒）

分数	100	99	98	97	96	95	94	93	92	91
成绩	30.0	30.2	30.4	25.6	30.8	31.0	31.2	31.4	31.6	31.8
分数	90	89	88	87	86	85	84	83	82	81
成绩	32.0	32.2	32.4	32.6	32.8	28.0	28.2	28.4	28.6	28.8
分数	80	79	78	77	76	75	74	73	72	71
成绩	34.0	34.4	34.8	35.2	35.6	36.0	36.4	36.8	37.2	37.6
分数	70	69	68	67	66	65	64	63	62	61
成绩	38.0	38.4	38.8	39.2	39.6	40.0	40.4	40.8	41.2	41.6
分数	60	59	58	57	56	55	54	53	52	51
成绩	42.0	42.8	43.6	44.4	45.2	46.0	46.8	47.6	48.4	49.2
分数	50	49	48	47	46	45	44	43	42	41
成绩	50.0	50.8	51.6	52.4	53.2	54.0	54.8	55.6	56.4	57.8

（2）技　评

等　级		分　数	技术要求与评分标准
优秀	A^+	100	运球、投篮技术动作准确、规范、熟练；四次投篮均一次投中，完成技术动作过程无违例现象
	A	95	
	A^-	90	
良好	B	85	运球、投篮技术动作较准确、规范、熟练；四次投篮须补篮一次，完成技术动作过程无违例现象
	B^-	80	
中	C	75	运球、投篮技术动作基本准确，技术规范和熟练程度一般；四次投篮须补篮二次，完成技术动作过程违例不超过二次
	C^-	70	
及格	D	65	运球、投篮技术动作不够规范，个别有错误；四次投篮须补篮三次，完成技术动作过程违例不超过四次
	D^-	60	
不及格	E	50	运球、投篮技术动作错误、不规范；四次投篮均须补篮，完成技术动作过程多次违例
	E^-	40	

六、教学进度

男生篮球选项课进度

体育Ⅰ 一年级第一学期

课　次	类　别	教学内容
1	基础理论	《当代大学体育》绪论学校体育简介体育课选项要求
2	选项分班	1．按体育部统一安排进行 2．确定选课学生名单 3．介绍男生篮球选项课教学内容、任务与要求
3	篮球	1．学习基本站立姿势、滑步、后撤步、侧身跑 2．学习原地高、低运球、双手胸前传、接球、单手肩上传球 3．发展专项素质：柔韧性
4	篮球	1．复习上次课移动、运球，传接球技术 2．学习起动、急停、变向跑、行进间高、低运球和行进间传接球 3．教学比赛
5	篮球	1．复习起动、急停、变向跑、行进间高、低运球和行进间传接球 2．学习原地单手肩上投篮 3．发展专项素质：速度
6	篮　球	1．复习行进间传、接球，复习原地单手肩上投篮 2．学习行进间单手低手投篮 3．教学比赛 4．身体素质练习：立卧撑
7	篮　球	1．复习行进间高、低运球、行进间单手低手投篮 2．学习单手胸前传接球、双手头上传球、反弹传球 3．身体素质练习：1200米跑
8	篮　球	1．复习单手胸前传接球、双手头上传球、反弹传球、行进间单手低手投篮 2．学习行进间单手高手投篮 3．教学比赛 4．身体素质练习：立卧撑
9	篮　球	1．复习行进间单手低手投篮、单手高手投篮、原地单手肩上投篮 2．学习运球急起急停 3．身体素质练习：1200米跑
10	篮　球	1．复习各种传、接球技术、运球急起急停 2．学习防守有球队员 3．教学比赛 4．身体素质练习：立卧撑

续表

课　次	类　别	教学内容
11	选项理论	简介篮球运动的起源、发展概况和篮球竞赛规则中简单常用的有关条款及裁判法
12	素质考试	1000米跑、一分钟立卧撑
13	篮　球	1. 复习各种投篮技术、防守有球队员 2. 介绍进攻战术基础配合：传切配合 3. 介绍本学期选项考试内容、方法与要求 4. 教学比赛
14	篮　球	1. 复习各种运球技术、传切配合 2. 学习抢进攻篮板球 3. 教学比赛 4. 发展专项素质：力量
15	篮　球	1. 复习抢进攻篮板球 2. 运、传、投综合练习 3. 练习本学期考试内容
16	选项考试	全场往返两次直线运球投篮
17	选项考试	补考
18	机　动	补课

男生篮球选项课进度

体育Ⅱ　一年级第二学期

课　次	类　别	教学内容
1	篮　球	1. 复习运球急起急停和行进间投篮 2. 学习后退跑、转身；学习体前变向换手运球 3. 介绍进攻基础配合：策应配合 4. 发展专项素质：柔韧性
2	篮　球	1. 复习后退跑、转身、体前变向换手运球、策应配合 2. 学习抢防守篮板球；介绍胯下运球 3. 介绍防守基础配合：补防配合 4. 教学比赛
3	篮　球	1. 复习抢进攻、防守篮板球、补防配合 2. 学习体前变向不换手运球；介绍体侧传球 3. 介绍进攻基础配合：掩护配合 4. 发展专项素质：速度耐力

续表

课　次	类　别	教学内容
4	篮　球	1. 复习体前变向不换手运球、掩护配合 2. 介绍行进间勾手投篮 3. 介绍防守基础配合：挤过配合 4. 教学比赛
5	篮　球	1. 复习传切、策应战术基础配合 2. 学习跳起单手肩上投篮；介绍背后运球 3. 介绍快攻：短传快攻 4. 发展专项素质：弹跳力
6	篮　球	1. 复习跳起单手肩上投篮、短传快攻 2. 学习防守无球队员；介绍行进间反手投篮 3. 教学比赛
7	篮　球	1. 复习防守无球队员、跳起单手肩上投篮 2. 学习跨步、原地持球突破 3. 教学比赛 4. 发展专项素质：速度耐力
8	基础理论	《当代大学体育》第一章：大学体育的使命 第二章：体育与现代社会
9	篮　球	1. 复习防守有球队员、原地持球突破 2. 复习掩护配合、挤过配合；介绍后转身运球 3. 介绍快攻：长传快攻 4. 教学比赛
10	篮　球	1. 复习原地持球突破、长传快攻 2. 运、传、突、投综合练习；介绍背后传球 3. 介绍半场人盯人防守 4. 发展专项素质：力量
11	篮　球	1. 复习半场人盯人防守战术 2. 介绍进攻半场人盯人战术 3. 教学比赛 4. 发展专项素质：速度耐力
12	理论考试	按体育部统一要求进行
13	篮　球	1. 复习进攻半场人盯人战术 2. 介绍本学期选项课考试内容、方法与要求 3. 介绍半场“二一一”区域联防 4. 教学比赛
14	篮　球	1. 运、传、突、投综合练习 2. 复习半场“二一一”区域联防 3. 介绍进攻“二一一”区域联防 4. 发展专项素质：力量

续表

课　次	类　别	教学内容
15	篮　球	1．复习进攻“二一一”区域联防 2．练习本学期选项考试内容 3．教学比赛
16	选项考试	全场往返两次绕圈曲线运球投篮
17	选项考试	补考
18	机　动	补课

男生篮球选项课进度

体育Ⅲ　二年级第一学期

课　次	类　别	教学内容
1	选项分班	1．按体育部统一安排进行 2．确定选课学生名单 3．介绍男生篮球选项课教学内容、任务与要求
2	篮　球	1．学习基本站立姿势、滑步、后撤步、侧身跑 2．学习原地高、低运球、双手胸前传、接球、单手肩上传球 3．发展专项素质：柔韧性
3	篮　球	1．复习上次课移动、运球，传接球技术 2．学习起动、急停、变向跑、行进间高、低运球和进行间传接球 3．教学比赛
4	篮　球	1．复习起动、急停：变向跑、行进间高、低运球和行进间传接球 2．学习原地单手肩上投篮 3．发展专项身体素质：速度
5	篮　球	1．复习行进间传、接球、原地单手肩上投篮 2．学习行进间单手低手投篮 3．教学比赛 4．身体素质练习：立卧撑
6	篮　球	1．复习行进间高、低运球、行进间单手低手投篮 2．学习单手胸前传接球、双手头上传球、反弹传球 3．身体素质练习：1200米跑
7	篮　球	1．复习单手胸前传接球、双手头上传球、反弹传球、行进间单手低手投篮 2．学习行进间单手高手投篮 3．教学比赛 4．身体素质练习：立卧撑
8	基础理论	《当代大学体育》第三章：文化视野中的体育 第四章：健康的生活方式

续表

课　次	类　别	教学内容
9	篮　球	1．复习行进间单手低手投篮、单手高手投篮、原地单手肩上投篮 2．学习运球急起急停 3．身体素质练习：1200米跑
10	篮　球	1．复习各种传、接球技术、运球急起急停 2．学习防守有球队员 3．教学比赛 4．身体素质练习：立卧撑
11	选项理论	简介篮球运动的起源、发展概况和篮球竞赛规则中简单常用的有关条款及裁判法
12	素质考试	1000米跑、一分钟立卧撑
13	篮　球	1．复习各种投篮技术、防守有球队员 2．介绍进攻战术基础配合：传切配合 3．介绍本学期选项考试内容、方法与要求 4．教学比赛
14	篮　球	1．复习各种运球技术、传切配合 2．学习抢进攻篮板球 3．教学比赛 4．发展专项素质：力量
15	篮　球	1．复习抢进攻篮板球 2．运、传、投综合练习 3．练习本学期考试内容
16	选项考试	全场往返两次直线运球投篮
17	选项考试	补考
18	机　动	补课

男生篮球选项课进度

体育Ⅳ　二年级第二学期

课　次	类　别	教学内容
1	篮　球	1．复习运球急起急停和行进间投篮 2．学习后退跑、转身、体前变向换手运球 3．介绍进攻基础配合：策应配合 4．发展专项素质：柔韧性
2	篮　球	1．复习后退跑、转身、体前变向换手运球、策应配合 2．学习抢防守篮板球；介绍胯下运球 3．介绍防守基础配合：补防配合 4．教学比赛

续表

课　次	类　别	教学内容
3	篮　球	1. 复习抢进攻、防守篮板球、补防配合 2. 学习体前变向不换手运球；介绍体侧传球 3. 介绍进攻基础配合：掩护配合 4. 发展专项素质：速度耐力
4	篮　球	1. 复习体前变向不换手运球、掩护配合 2. 介绍行进间勾手投篮 3. 介绍防守基础配合：挤过配合 4. 教学比赛
5	篮　球	1. 复习传切、策应战术基础配合 2. 学习跳起单手肩上投篮；介绍背后运球 3. 介绍快攻：短传快攻 4. 发展专项素质：弹跳力
6	篮　球	1. 复习跳起单手肩上投篮、短传快攻 2. 学习防守无球队员；介绍行进间反手投篮 3. 教学比赛
7	篮　球	1. 复习防守无球队员、跳起单手肩上投篮 2. 学习跨步、原地持球突破 3. 教学比赛 4. 发展专项素质：速度耐力
8	基础理论	《当代大学体育》第五章：关注心理健康 第六章：实用健康指南
9	篮　球	1. 复习防守有球队员、原地持球突破 2. 复习掩护配合、挤过配合；介绍后转身运球 3. 介绍快攻：长传快攻 4. 教学比赛
10	篮　球	1. 复习原地持球突破、长传快攻 2. 运、传、突、投综合练习；介绍背后传球 3. 介绍半场人盯人防守 4. 发展专项素质：力量
11	篮　球	1. 复习半场人盯人防守战术 2. 介绍进攻半场人盯人战术 3. 教学比赛 4. 发展专项素质：速度耐力
12	理论考试	按体育部统一要求进行

续表

课　次	类　别	教学内容
13	篮　球	1. 复习进攻半场人盯人战术 2. 介绍本学期选项课考试内容、方法与要求 3. 介绍半场“二一一”区域联防 4. 教学比赛
14	篮　球	1. 运、传、突、投综合练习 2. 复习半场“二一一”区域联防 3. 介绍进攻“二一一”区域联防 4. 发展专项素质：力量
15	篮　球	1. 复习进攻“二一一”区域联防 2. 练习本学期选项考试内容 3. 教学比赛
16	选项考试	全场往返两次绕圈曲线运球投篮
17	选项考试	补考
18	机动	补课

附录二　学生体质健康测评

第一节　测试项目与方法

一、测试成绩的计算

《标准》将测试指标分成必测指标和选测指标。必测指标，包括身高标准体重，权重系数为0.1；肺活量体重指数，权重系数为0.2。选测指标包括三类：第一类，包括台阶实验、1 000米（男）、800米（女），权重系数为0.3；第二类，包括坐位体前屈、掷实心球、仰卧起坐（女）、引体向上（男）、握力体重指数，权重系数为0.2；第三类，包括50米跑、立定跳远、跳绳、篮球运球、足球运球、排球垫球，权重系数为0.2。

综合达标成绩计算公式是：

达标成绩=身高标准体重查表得分×0.1＋肺活量体重指数查表得分×0.2＋第一类选测项目查表得分×0.3＋第二类选测项目查表得分×0.2＋第三类选测项目查表得分×0.2。

二、测试项目介绍及测试方法

（一）必测项

1．身　高

（1）测试方法。受试者赤足，立正姿势站在身高计的底板上（上肢自然下垂，足跟并拢，足尖分开成60度角）。足跟、骶骨部及两肩胛区与立柱相接触，躯干自然挺直，头部正直，耳屏上缘与眼眶下缘呈水平位（图7-2-1）。测试人员站在受试者右侧，将水平压板轻轻沿立柱下滑，轻压于受试者头顶。测试人员读数时双眼应与压板水平面等高，记录员复述后进行记录。以厘米为单位，精确到小数点后一位。测试误差不得超过0.5厘米。

（2）注意事项。① 身高测量计应选择平坦靠墙的地方放置，立柱的刻度尺应面向光源。② 严格掌握“三点靠立柱”、“两点呈水平”的测量姿

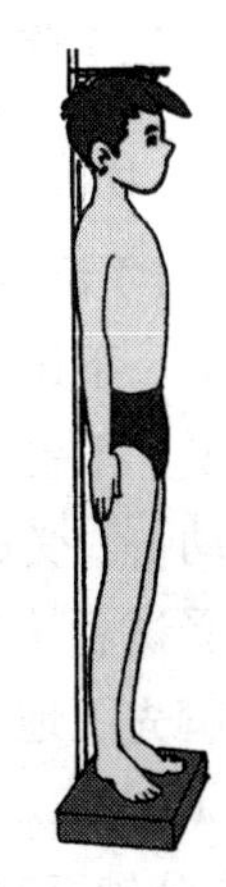

图1　身高测试示意图

势要求，测试人员读数时两眼一定与压板等高，两眼高于压板时要下蹲，低于压板时应垫高。③ 水平压板与头部接触时，松紧要适度，头发蓬松者要压实，头顶的发辫、发结要放开，饰物要取下。④ 读数完毕，立即将水平压板轻轻推向安全高度，以防碰坏。⑤ 测量身高前，受试者应避免进行剧烈体育活动和体力劳动。

2. 体　重

（1）测试方法。测试时，杠杆秤应放在平坦地面上，调整0点至刻度尺水平位。受试者赤足，男性受试者身着短裤；女性受试者身着短裤、短袖衫，站在秤台中央（图7–2–2）。测试人员放置适当砝码并移动游标至刻度尺平衡。读数以千克为单位，精确到小数点后一位。记录员复诵后将读数记录。测试误差不超过0.1千克。

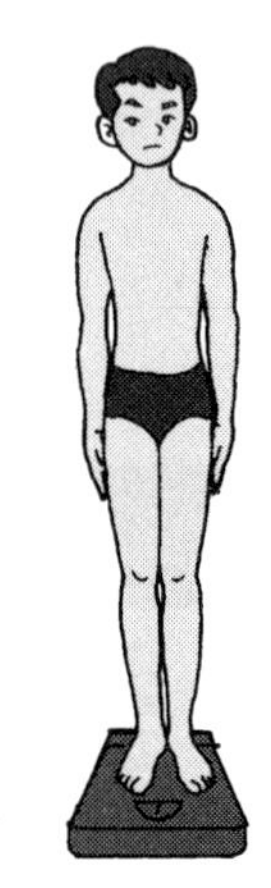
图2　体重测试示意图

（2）注意事项。① 测量体重前受试者不得进行剧烈体育活动或体力劳动。② 受试者站在秤台中央，上下杠杆秤动作要轻。③ 每次使用杠杆秤时均需校正。测试人员每次读数前都应校对砝码标重以避免差错。

3. 肺活量

（1）测试方法。首先告知受试者不必紧张，以中等速度和力度尽全力吹气效果最好。令受试者手持吹气口嘴，面对肺活量计站立试吹1至2次，首先看仪表有无反应，还要试口嘴或鼻处是否漏气，调整口嘴和用鼻夹（或自己捏鼻孔）；学会深吸气（避免耸肩提气，应该像闻花式的慢吸气）。测试时，受试者进行一两次较平日深一些的呼吸动作后，更深地吸一口气，屏住气向口嘴处慢慢呼出至不能再呼为止，防止此时从口嘴处吸气，测试中不得中途二次吸气。吹气完毕后，液晶屏上最终显示的数字即为肺活量毫升值。每位受试者测三次，每次间隔15秒，记录三次数值，选取最大值作为测试结果。以毫升为单位，不保留小数。

（2）注意事项。电子肺活量计的计量部位的通畅和干燥是仪器准确的关键，吹气筒的导管必须在上方，以免口水或杂物堵住气道。

肺活量体重指数=肺活量÷体重（单位：肺活量为毫升，体重为千克）

（二）选测项第一类

1. 台阶试验

（1）测试方法。男生用高40厘米台阶（或凳子），女生用高35厘米的台阶（或凳子），做踏台上、下运动。测试前测定安静时的脉搏，然后受试者做轻度的准备活动，主要是活动下肢关节。上、下台阶（或凳子）的频率是30次/分钟，因而节拍器的节律为120次/分钟（每上、下一次是四动）。受试者按节拍器的节律完成试验。

受试者从预备姿势开始，① 受试者一只脚踏在台阶上；②踏台腿伸直成台上站立；③ 先踏台的脚先下地；④ 还原成预备姿势。用2秒上、下一次的速度（按节拍器的节律来做）连续做3分钟（图3）。做完后，保持静止休息状态，测量运动结束后的1分钟至1分半钟、2分钟至2分半钟、3分钟至3分半钟的3次脉搏数。并用下列公式求得评定指数，计算结果包含有小数的，对小数点后的1位进行四舍五入取整进行评分。

$$评定指数=\frac{踏台上、下运动的持续时间（秒）\times 100}{2\times（3次测定脉搏的和）}$$

（2）注意事项。① 有心脏病的学生不能参加测试。② 按2秒上、下一次的节律进行。当受试者跟不上节奏时应及时提醒，如果三次跟不上节奏应停止测试，以免发生伤害事故。③ 上、下台阶时，膝、髋关节都应伸直。④ 受试者不能自己测量脉搏。⑤ 如果受试者不能完成3分钟的负荷运动，以实际上、下台阶的持续时间进行计算，计算公式同上。

图3　台阶试验测试示意图

2. 800米或1000米跑

（1）测试方法。受试者至少两人一组进行测试，站立式起跑。当听到"跑"的口令后开始起跑。计时员看到旗动开表计时，当受试者的躯干部到达终点线垂直面时停表。以分、秒为单位记录测试成绩，不计小数。

（2）注意事项。① 如果在非800米或1 000米标准场地上进行测试，测试人员应向受试者报告剩余圈数，以免跑错距离。② 测试人员应告知受试者在跑完后应保持站立并缓慢走动，不要立刻坐下，以免发生意外。③ 受试者不得穿皮鞋、塑料凉鞋、钉鞋参加测试。

（三）选测项第二类

1. 坐位体前屈

（1）测试方法。受试者两腿伸直，两脚平蹬测试纵板坐在平地上，两脚分开约10～15厘米，上体前屈，两臂向前伸直，用两手中指尖逐渐向前推动游标，直到不能前推为止（图4）。测试计的脚蹬纵板内沿平面为0点，向内为负值，向前为正值。记录以厘米为单位，保留一位小数。测试两次，取最好成绩。

（2）注意事项。① 身体前屈，两臂向前推游标时两腿不能弯曲。② 受试者应匀速向前推动游标，不得突然发力。

图4　坐位体前屈测试示意图

2. 掷实心球

（1）测试方法。测试时受试者站在起掷线后，两脚前后或左右开立，身体面对投掷方向，双手举球至头上方稍后仰，原地用力把球向前方掷出。如两脚前后开立投掷，当球出手的同时后脚可向前迈出一步，但不得踩线。每人投掷三次，记录其中成绩最好的一次。记录以米为单位，取一位小数。丈量起掷线后缘至球着地点后缘之间的垂直距离。为了准确丈量成绩，应有专人负责观察实心球的着地点。

（2）注意事项。① 受试者需原地投掷，不得助跑。② 球必须从肩上方投出。③ 发现踩线等犯规时，则此次成绩无效。三次均无成绩者，应允许再投，直至取得成绩为止。

3. 仰卧起坐（女）

（1）测试方法。受试者仰卧于垫上，两腿稍分开，屈膝呈90度角左右，两手指交叉贴于脑后。同伴压住其踝关节，以固定下肢。受试者坐起时两肘触及或超过双膝为完成一次（图5）。仰卧时两肩胛必须触垫。测试人员发出“开始”口令的同时开表计时，记录1分钟内完成次数。1分钟到时，受试者虽已坐起但肘关节未达到双膝者不计该次数，精确到个位。

图5　仰卧起坐测试示意图

（2）注意事项。① 如发现受试者借用肘部撑垫或臀部起落的力量起坐时，该次不计数。② 测试过程中，观测人员应向受试者报数。③ 受试者双脚必须放于垫上。

4. 引体向上（男）

（1）测试方法。受试者跳起双手正握杠，两手与肩同宽成直臂悬垂。静止后，两臂同时用力引体（身体不能有附加动作），上拉到下颌超过横杠上缘为完成一次。记录引体次数。

（2）注意事项。① 受试者应双手正握单杠，待身体静止后开始测试。② 引体向上时，身体不得做大的摆动，也不得借助其他附加动作撑起。③ 两次引体向上的间隔时间超过10秒终止测试。

5. 握　力

（1）测试方法。受试者两脚自然分开成直立姿势，两臂自然下垂。一手持握力计全力紧握，记下握力计指针的刻度（或握力器所显示的数字）。用有力（利）手握两次。取最大值，以千克为单位，保留1位小数。

（2）注意事项。保持手臂自然下垂姿势，手心向内，握力计不能触及衣服和身体。

握力体重指数＝握力 ÷ 体重 × 100（单位：握力为千克，体重为千克）

（四）选测项第三类

1. 50米跑

（1）测试方法。受试者至少两人一组测试。站立起跑，受试者听到“跑”的口令后开始起跑。发令员在发出口令的同时要摆动发令旗。计时员视旗动开表计时，受试者躯干部到达终点线的垂直面停表。以秒为单位记录测试成绩，精确到小数点后一位，小数点后第二位数按非“0”时则进1，如10.11秒读成10.2秒记录之。

（2）注意事项。① 受试者测试时最好穿运动鞋或平底布鞋，赤足亦可。但不得穿钉鞋、皮鞋、塑料凉鞋。② 发现有抢跑者，要当即召回重跑。如遇风时一律顺风跑。

2. 立定跳远

（1）测试方法。受试者两脚自然分开站立，站在起跳线后，脚尖不得踩线（最好用线绳做起跳线）。两脚原地同时起跳，不得有垫步或连跳动作。丈量起跳线后缘至最近着地点后垂直距离。每人试跳三次，记录其中成绩最好的一次。以米为单位，保留两位小数。

（2）注意事项。① 发现犯规时，此次成绩无效。三次试跳均无成绩者，应允许再跳，直至取得成绩为止。② 可以赤足，但不得穿钉鞋、皮鞋、塑料凉鞋参加测试。

3. 跳　绳

（1）测试方法。两人一组，一人测试，一人记数。受试者将绳的长短调至适宜长度，听到开始信号后开始跳绳，动作规格为正摇双脚跳绳，每跳跃一次且摇绳一回环（一周圈），计为一次。听到结束信号后停止，测试员报数并记录受试者在1分钟内的跳绳次数。测试单位为次。

（2）注意事项。测试过程中跳绳绊脚，除该次不计数外，应继续进行。

4. 篮球运球

（1）场地器材。测试场地长20米，宽7米，起点线后5米处设置两列标志杆，标志杆距左右边线3米。各排标志杆相距3米，共5排杆，全长20米，并列的两杆间隔1米（图6）。测试器材包括秒表（使用前应进行校正，要求同50米跑）、发令哨、30米卷尺、标志杆10根（杆高1.2米以上），篮球若干个。测试用球应符合国家标准。

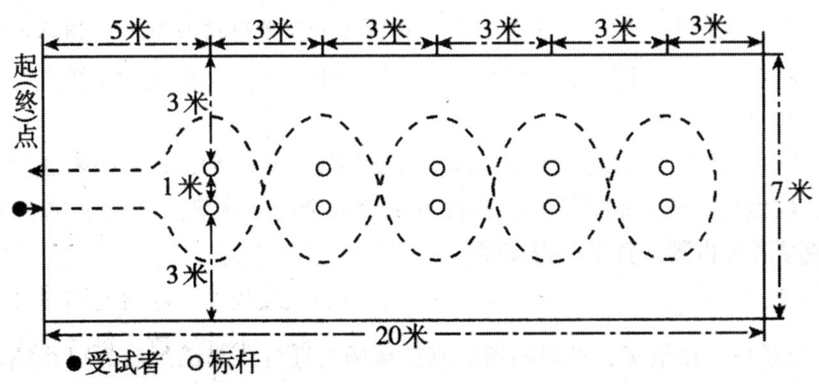

图6　篮球运动球场场地设置及测试示意图

（2）测试方法。受试者在起点线后持球站立，听到出发口令后，按图中所示箭头方向单手运球依次过杆，每次过杆时需换手运球。发令员发令后开表计时，受试者与球均返回起终点线时停表。每名受试者测两次，记录其中成绩最好的一次。以秒为单位记录测试成绩，精确到小数点后1位，小数点后第2位数非“0”时进1。

（3）注意事项。① 测试中篮球脱手后，如球仍在测试场地内，受试者可自行捡回，并在脱手处继续运球，不停表。② 测试过程中出现以下现象均属犯规行为，取消当次成绩：出发时抢跑、运球过程中双手同时触球、膝盖以下部位触球、漏绕标志杆、碰倒标志杆、人或球出测试区域、未按图示要求完成全程路线、通过终点时人球分离等。③ 受试者有两次测试机会，两次犯规无成绩者可再测，直至取得成绩。

5. 足球运球

（1）场地器材。在坚实、平整场地或足球场上进行，测试区域长30米，宽10米，起点线至第一杆距离为5米，各标志杆间距5米，共设5根，标志杆距两侧边线各5米（图7）。测试器材包括足球若干个（测试用球应符合国家标准），秒表（使用前应进行校正，要求同50米跑），30米卷尺，5根标志杆。

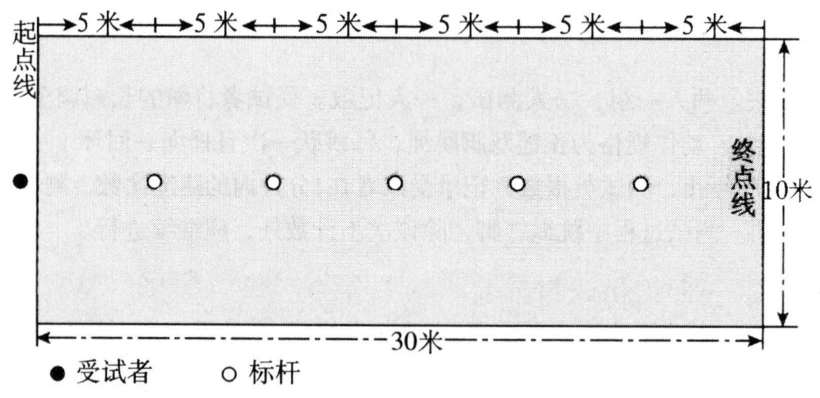

图7 足球运动球场场地设置及测试示意图

（2）测试方法。受试者站在起点线后准备，听到出发口令后开始向前运球依次过杆，受试者和球均越过终点线即为结束。发令员发令后开始计时，受试者与球均到达终点线时停表。每人跑两次，记录其中成绩最好的一次。以秒为单位记录测试成绩，精确到小数点后一位。小数点后第二位数非“0”时进1。

（3）注意事项。① 测试过程中出现以下现象均属犯规行为，取消当次成绩：出发时抢跑、漏绕标志杆、碰倒标志杆、故意手球、未按要求完成全程路线等。② 受试者有两次测试机会，两次犯规无成绩者可再测，直至取得成绩。

6. 排球垫球

（1）场地器材。在坚实、平坦的场地或排球场上进行，测试区域为每人3米 × 3米，测试器材为排球。测试用球应符合国家标准。

（2）测试方法。受试者在规定的测试区域内原地将球抛起，个人连续正面双手垫球，要求手形正确、击球部位准确、达到规定的高度，球落地即为测试结束，按次计数。受试者每次垫球应达到的高度，男生为2.43米，女生为2.24米。每名受试者测试两次，记录其中成绩最好的一次。测试单位为次。

（3）注意事项。① 测试过程中如出现以下现象均只作为调整，不计次数：采用传球等其他方式触球、测试区域之外触球、垫球高度不足等。② 为方便判定垫球高度，可将排球场的球网调整到相应的高度，或者在测试区域外相距0.5米处插两根标杆，标杆顶端用橡皮筋或标志线相连，将标杆调整到相应的高度，测试时通过比较垫球的高度和球网或标志线的高度进行判定。

第二节　测试成绩评定

一、《标准》评分表的使用方法

使用评分表对学生的测试结果进行评价可分为两个部分，首先是对各项测试结果分别评分，得出相应评价指标的得分和等级；第二部分是对每一个学生给出一个总的得分和等级。下面就有关事项分别予以说明。

1. 先按年级、性别找到对应的评分表，使用该表查出相应指标所处的档次及其得分。如果想要对它进行总体评价，就需要对查出的分数进行下一步计算。

2. 等级评价分为优秀、良好、及格、不及格四个等级：优秀，总分90分以上；良好， 总分75分～89分；及格，总分60分～74分；不及格，总分59分以下。

3. 如果个别学生的身高（太高或太低）在表中查不到时，可按下列方法折算后再查表：当学生身高低于表中所列出的最低身高段的下限值时，实测身高需要加上与下限值之差，并且身高每低1厘米，实测体重需加上0.5千克，再查表确定分值； 当学生身高高于表中所列出的最高身高段的上限值时，实测身高减去与上限值的差值，身高每高1厘米，其实测体重需减去0.9千克，再查表确定分值。

4. 学生体质健康标准成绩每学年评定一次，按评定等级记入《国家学生体质健康标准登记卡》。学生毕业时体质健康标准的成绩和等级，按毕业当年得分和其他学年平均得分各占50%之和进行评定。因病或残疾免予执行本标准的学生，填写《免予执行〈国家学生体质健康标准〉申请表》。